Die Kunst des Gesprächs
Texte zur Geschichte der europäischen Konversationstheorie

Herausgegeben von Claudia Schmölders

Deutscher
Taschenbuch
Verlag

Für hilfreichen Rat danke ich namentlich den Lesern des Manuskripts Emil Grütter, Fritz Morgenthaler, Jean-Pierre Schobinger und Hildegard Wittenberg sowie den Lektoren Wolfram Göbel und Ulrike Buergel-Goodwin.

Originalausgabe
1. Auflage März 1979
2. Auflage Oktober 1986: 7. bis 12. Tausend
© Deutscher Taschenbuch Verlag GmbH & Co. KG, München
Umschlaggestaltung: Celestino Piatti unter Verwendung einer Darstellung aus G. Ph. Harsdörffers ›Frauenzimmer Gesprächspiele‹ (II. Teil, Nürnberg 1657)
Gesamtherstellung: C. H. Beck'sche Buchdruckerei, Nördlingen
Printed in Germany · ISBN 3-423-04446-2

Das Buch

Wohl kaum eine der Kategorien modernen geisteswissenschaftlichen Denkens hat in den letzten Jahren so sehr an Präsenz
gewonnen wie die des Gesprächs. Das Verhältnis von Hörer
und Sprecher wird in der Informationstheorie und Linguistik
ebenso analysiert wie in der Massenkommunikationsforschung;
das »Gespräch« fungiert als psychoanalytische Therapie, als
humanwissenschaftlicher Diskurs, als hermeneutische Wissen-
schaftslogik, als Kategorie der Sozialtechnologie und schließlich
auch religionsphilosophischer Erkenntnis.
Unter diesen Umständen müssen auch Theorie und Theoriege-
schichte des Gesprächs als Geschichte von Begriff und Sache
interessieren. Die vorliegende Auswahl bietet Texte zur abend-
ländischen Theorie des sprachlichen Umgangs, zum Gespräch
als sozialem Selbstzweck, zur »Konversation«. Leitgedanke des
Buchs ist es, die historische Ausbildung von »Konversation« zu
einem Ideal sozialen Verhaltens samt seiner Degeneration zu
präsentieren. Das Buch zeigt neben den historischen auch die
ethischen, ästhetischen und soziologischen Dimensionen des
Gegenstandes.
Die Gliederung der Einleitung legt mit Ausnahme des ersten
Abschnitts – der Darstellung des Ideals – den Akzent auf die
Motive seiner Gefährdung; sie deckt sich also bewußt nicht mit
der historischbegrifflichen Gliederung des Textteils. Beide Ge-
sichtspunkte werden ergänzt durch eine systematische Betrachtung des Themas in den Literaturhinweisen am Schluß des
Buches.

Die Herausgeberin

Claudia Schmölders, geboren 1944, Verlagslektorin und Über-
setzerin. Sie promovierte 1973 mit einer Studie zur ästhetischen
Terminologie in Frankreich und Deutschland 1674–1771,
schrieb Arbeiten zur Ästhetik, Hermeneutik und Konversa-
tionsgeschichte und befaßte sich als Redakteurin der Reihe *Die
Märchen der Weltliteratur* mit mündlicher Volkserzählkunst.
Sie lebt heute in Frankfurt am Main.

Inhalt

Einleitung

I. Antike Texte

>»Nur durch Mitteilung, nur aus der Kon-
>versation des Menschen mit dem Men-
>schen entspringen die Ideen. Nicht allein,
>nur selbander kommt man zu Begriffen,
>zur Vernunft überhaupt.«
>
>Ludwig Feuerbach

1. Die antike ars sermonis
oder
Das freundliche Gespräch

Ciceros Wort, daß man zwar viel über die Rhetorik, aber wenig
über das Gespräch nachgedacht habe, ist von vielen Autoren der
folgenden Jahrhunderte wiederholt worden, und mit Recht.
Während die Rhetorik von der Literaturwissenschaft erst spät
wieder als zentrale Redekunstlehre einer fast zweitausendjähri-
gen Epoche entdeckt wurde, blieb das Gespräch als ebenso alte,
wenn nicht ältere Redekunst in bezeichnender theoretischer
Vergessenheit. Ein wesentlicher Grund dafür liegt zunächst in
der Tatsache, daß die Antike, jedenfalls die griechisch-römi-
sche, keine eigenständige Gesprächslehre ausgebildet hat. Bemerkungen zum zwanglosen Gespräch als einer scheinbar
zweckfreien Form des menschlichen Umgangs finden sich
verstreut in Werken zur Ethik wie bei Aristoteles und Cicero,
in der Spruchliteratur wie im biblischen *Buch Jesus Sirach* sowie
in der Symposionliteratur wie bei Plutarch; aber auch in der
Poesie wie bei Horaz. Von orientalischen Lebenslehren, die das
Menschenbild des »rechten Schweigers« in den Mittelpunkt
stellen, soll hier verständlicherweise abgesehen werden. Singu-
lär unter den Werken der Antike, aber aufschluß- und tradi-
tionsreich sind die Theophrastischen *Charaktere;* die Karikatu-
ren vom Schmeichler, Schwätzer, Grobian und Verleumder
können als realistisches Gegenbild zu den zivilisatorischen Anstrengungen aller Konversationslehren gelten.

Der Begriff »Konversation« in dem uns heute geläufigen
Sinne als Bezeichnung eines, wie es im Brockhaus heißt, »ge-
pflegten Gesprächs« stammt aus dem 17. Jahrhundert. Bis zum
16. Jahrhundert bezeichnet man mit Konversation den mensch-

lichen Umgang überhaupt; Gespräch im engeren Sinne hieß lateinisch sermo. Die lateinischen Fassungen von Aristoteles' *Nikomachischer Ethik* übersetzen den griechischen Terminus für »menschlichen Umgang« meist mit der Wortkombination »consuetudo sermoque«, also »gewohnheitsmäßiger und gesprächiger Umgang«; und dieses Motiv der Gewohnheit bleibt in den späteren französischen Übersetzungen von sermo als »conversation familière« erhalten. Schon an den antiken Andeutungen zu einer Gesprächskunstlehre läßt sich ablesen, wie genau die Vorstellung von Gewohnheit und Vertrautheit zur Idee vom rechten sermo gehört. Während die Dialektik als Weise antiken Philosophierens dem Fortgang des Denkens dient, während die Rhetorik als Kunst der Überredung dem Fortschritt des Handelns, sei es in politischer, sei es in juristischer Hinsicht, gewidmet ist, ist die Gesprächskunstlehre schon in ihren Ansätzen mit der Idee von der Wiederholbarkeit des menschlichen Umgangs, also seiner Bewahrung, verschwistert. Um mit der Sprache der Rhetorik zu reden[1], geht es in der ars sermonis nicht um »Pathos«, um aufwühlende und zur Handlung und Entscheidung antreibende Rede, sondern – und das hat die Gesprächslehre mit der Rhetorik gemein – um »Ethos«.

Die Handbücher zur Rhetorik bezeichnen mit diesem Begriff die sympathetische »Affektbrücke« zwischen Redner und Hörer, die zu Beginn jeder Rede geschlagen werden muß. Ihr Charakteristikum ist das Eingehen und Rücksichtnehmen auf die Bedürfnisse des Hörers, der nicht sogleich mit Argumenten und leidenschaftlichen Stellungnahmen überfallen werden, sondern zunächst die Glaubwürdigkeit des Redenden demonstriert haben will. Dieser sogenannten captatio benevolentiae entspricht eine bestimmte Stillage: das sogenannte genus medium oder floridum, ein Stil, dessen Aufgabe weder bloße Information noch leidenschaftliche Überredung ist, sondern das Erfreuen (delectare) oder, wie Quintilian sagt, das Versöhnen (conciliare).

In diesem Sinne hat Cicero in seinem epochemachenden Buch zur Ethik, in den *Drei Büchern über die Pflichten* (De officiis), zwischen dem sermo als leiser und versöhnlicher Rede und der contentio als der öffentlichen, lauten und streitbaren, dem eigentlichen Gegenstand der Rhetorik, unterschieden. Das fried-

---

[1] Zu diesem und allen weiterhin erwähnten rhetorischen Grundbegriffen vgl. Heinrich Lausberg, Handbuch der literarischen Rhetorik. 2 Bde. München 1960.

liche Gespräch soll sich nach Cicero auszeichnen durch Fröhlichkeit und gegenseitigen Respekt; es soll ein »gemeinschaftliches Gut« (S. 97)[2] sein. Tadel und Zorn sind nur zulässig, wenn sie dem Getadelten nutzen.

Die Bemerkungen zum sermo stehen in Abschnitten, in denen Cicero die Idee des »Schicklichen«, des prepon (lat. aptum, das Angemessene), erörtert, in der »das Anstandsgefühl und gleichsam eine Art Schönheitssinn in der Lebensgestaltung, Sichbescheiden, Mäßigung und überhaupt die völlige Beherrschung der Leidenschaften und rechtes Maß sichtbar werden. [...] Wie nämlich die Schönheit des Körpers durch die passende Zueinanderordnung der Glieder das Auge anspricht und schon dadurch erfreut, daß alle Teile in einer gewissen Anmut zusammenstimmen, so ruft dieses Schickliche, das im Benehmen zutage tritt, die Zustimmung derjenigen hervor, mit denen man lebt, durch die Ordnung, Beständigkeit und Einhaltung des Maßes in allen Äußerungen und Taten. Es ist also unseren Mitmenschen gegenüber eine gewisse Rücksicht [reverentia] zu zeigen – besonders gegen die Besten, aber auch gegen die übrigen. Denn als gleichgültig anzusehen, was ein jeder über einen denkt, verrät nicht nur einen selbstherrlichen, sondern auch einen ganz und gar bedenkenlosen Menschen.«[3]

Eine verhältnismäßig breite Ausführung hat die prepon-Lehre, die als eine antike Quelle aller späterer Höflichkeits- und Anstandsliteratur gelten kann, in der Rhetorik erhalten. Hier wird unter dem Schicklichen die Angemessenheit des Redens an Ort und Zeit und Publikum, an Redezweck und -gegenstand, kurz an sämtliche denkbaren konkreten Umstände verstanden. Für die Gesprächskunstlehre ist daran die Idee des Anmessens und Abwägens als einer eben nicht entscheidenden oder klärenden, sondern balancierenden Haltung interessant. Denn gerade darin trifft sich Ciceros Vorstellung vom rechten sermo, der ein »gemeinschaftliches Gut« sei, mit der Lehre vom Umgang, wie sie Aristoteles in seiner *Nikomachischen Ethik* umrissen hat. Die dieser zugrundeliegende Haupttugend der mediocritas, der maßvollen Mitte zwischen zwei Extremen, hat sowohl das ethische wie auch das prepon-Denken der Folgezeit

---

[2] Alle bloßen Seitenangaben verweisen auf die in der vorliegenden Ausgabe abgedruckten Texte.
[3] Cicero, De officiis. Vom pflichtgemäßen Handeln. Hrsg. v. Heinz Gunermann. Stuttgart 1976, S. 87f.

wesentlich geprägt. In der hier abgedruckten Passage fordert Aristoteles dreierlei mediocritas im menschlichen Umgang: erstens die Freundlichkeit (affabilitas) als Mittleres zwischen Schmeichelei und Widerspruch; zweitens die Aufrichtigkeit (veracitas) als Mittleres zwischen Ironie und Prahlerei; drittens die Heiterkeit (urbanitas) als Mittleres zwischen Possenreißerei und Steifheit, grober Zote und mürrischer Schweigsamkeit. Alle drei Tugenden haben, wie sich noch zeigen wird, ihre eigene Geschichte gehabt. Alle drei Tugenden bezeugen zudem eine Verwandtschaft des sprachlichen mit dem gestischen, also unmittelbar körperlichen Ausdruck, was in der Folgezeit mehr und mehr vergessen worden ist. Was Aristoteles von der urbanitas schreibt, daß sie eine der körperlichen Beweglichkeit entsprechende geistige sei, gilt auch für die übrigen Kategorien; der Schmeichler und der Grobian, der Prahler und der Ironische sind mit den Augen Theophrasts in handgreiflicher Aktion vorstellbar, beim Streicheln und Schlagen, Sichaufblähen und Dukken, bei gelenkigem Nachäffen und regloser Steifheit. Lob und Tadel, Selbstüberhebung und -unterwerfung, Ernst und Scherz werden von hier aus als sprachlich-gestische Rhythmik und Gliederung des sozialen Verkehrs erkennbar, als »Mikrodialektik« des alltäglichen Umgangs.

Vor allem *ein* Aspekt dieser Gliederung gehört in die Geschichte der Gesprächskunstlehre, und das ist die Rhythmik von Scherz und Ernst, Arbeit und Erholung; scheinen doch, wie Aristoteles sagt, »Erholung und Scherz im Leben notwendig zu sein« (S. 85). Mit Beginn des 17. Jahrhunderts wird unter Konversation eben dies: das unterhaltsame, rekreative Gespräch verstanden; daß damit umgekehrt die Welt der Geschäfte und der Wissenschaft, kurz, der vitale Ernst des Lebens gänzlich auszubleiben schien, ist ein noch zu deutender Sachverhalt.

Die Idee eines heiteren prepon verbindet in der antiken Literatur so verschiedene Gesprächskonzepte wie die Sokratischen Dialoge und die Plutarchischen Symposionbemerkungen. Schon Cicero würdigt an den Sokratischen Dialogen den lepos, die Feinheit, die Anmut; es war eine Würdigung der sprichwörtlich gewordenen sokratischen Ironie. Noch Hegel hat diesem Redeeduktus höchste Anerkennung und gerechte, weil nicht schwerwiegend philosophische, Anerkennung gezollt: »Bei Sokrates«, heißt es in der *Geschichte der Philosophie*, »ist die Beziehung (Rücksicht), die Seite, die der Fragende aufstellt, geehrt, wird von dem, der antwortet, nur in derselben Rücksicht

erwidert. [...] Der Geist der Rechthaberei, das Sichgeltendma-
chen, das Abbrechen, wenn man merkt, man kommt in Verle-
genheit, das Abspringen durch Scherz oder durch Verwerfen –
all diese Manieren sind da ausgeschlossen; sie gehören nicht zur
guten Sitte.«⁴

Es ist diese Idee einer »rücksichtsvollen« Ironie, die dem dialogischen Philosophieren des Sokrates als Stiläquivalent zugehört: der gleichfalls sprichwörtlich gewordenen »Hebammenkunst« oder mäeutischen Methode. In seinem Dialog *Theaitet*
nennt sich Sokrates, der Sohn einer Hebamme, einen »Geburts-
helfer«; seine Schüler scheinen nichts von ihm zu lernen, »sondern nur aus sich selbst entdecken sie viel Schönes und halten es
fest«⁵. Die ironische Selbstverkleinerung im sokratischen »Ich
weiß, daß ich nichts weiß« bildet zusammen mit der mäeutischen Kunst, dem Schüler gleichsam die Antwort in den Mund
zu legen, während der Lehrer die rechte Frage zu finden hat,
eine konversationelle Moral, die über das Ethos einer rücksichtsvollen Konzilianz hinaus ins handfeste Lob, in eine Kunst
der Affirmation übergeht, sosehr auch der sokratische Skepti-
zismus als philosophische Grundhaltung von seinen späteren
Interpreten hervorgekehrt worden ist⁶.

Diesen Grundzug der sokratischen Dialogik finden wir noch
ausgeprägter in den Bemerkungen Plutarchs zu der Frage des
Xenophon, welche Fragen und Scherze man bei Tisch gebrauchen solle. Daß man den Gast nur fragen dürfe, was dieser
sicher beantworten kann, daß man ihn nur mit dem verspotten
dürfe, was er sicher *nicht* als Makel an sich trage, – diese Form
symposionaler Heiterkeit und Genugtuung hat sich eigentlich
bis heute in den Idealvorstellungen vom rechten Gespräch erhalten. Daß der Gast *selbst*zufrieden das Haus verlassen solle,
ist jedenfalls noch für Kant eine selbstverständliche Regel⁷.

Das zur recreatio gleichfalls nötige Gegenstück zur symposionalen Heiterkeit ist der rhetorische Witz, wie ihn Cicero im

---

⁴ Georg Friedrich Hegel, Vorlesungen über die Geschichte der Philosophie.
Theorie-Werkausgabe. Frankfurt/M. 1971. Bd. 18, S. 462.
⁵ Platon, Theaitet. In: Sämtliche Werke. Köln-Olten, ⁵1967 Bd. 2, S. 575.
⁶ Wir halten uns damit also eher an die Rezeptionsgeschichte als an die Ergeb-
nisse der neueren historisch-kritischen Forschung. Daß »Höflichkeit« als genuin
sokratische Form der Ironie schon von Aristoteles gewürdigt worden ist, zeigt
Wilhelm Büchner, Über den Begriff der Eironeia. In: Hermes, 76 (1941), S. 342.
⁷ Vgl. Kants ausführliche Bemerkungen zum Tischgespräch in: Anthropologie
in pragmatischer Hinsicht. Königsberg 1798.

zweiten Teil seines Buches *Vom Redner* (De oratore) als Kunst, »das Unschickliche auf nicht unschickliche Weise zu sagen«[8], beschrieben hat. Auf dieses Unschickliche macht auch Aristoteles in seinen Bemerkungen über die urbanitas aufmerksam: Die Autoren der neueren Komödie brächten im Gegensatz zu denen der älteren keine groben Zoten mehr auf die Bühne, sondern beherrschten die feine Kunst der Andeutung, wie sie dem städtischen Publikum behage. Dieser urbane Witz, zu dem auch und gerade der Spott über körperliche und seelische Gebrechen gehört, bringt, modern ausgedrückt, das Motiv der Aggression in die Idee der recreatio; wir werden noch zu zeigen haben, wie sich das Verhältnis von symposionalem und rhetorischem Witz in der Geschichte der Konversationstheorie entwickelt.

Nach den bisher skizzierten Ansätzen deutet sich, analog zum Aufbau der konkurrierenden antiken Redekunstlehren wie Poetik und Rhetorik, eine ars sermonis an, und zwar mit einem charakteristischen Ethos (der Konzilianz), einer charakteristischen Norm (dem prepon) und dem charakteristischen Stil des genus medium mit dessen Wirkungsabsicht, der delectatio, die wie die übrigen Charakteristika die Wiederholung des gesprächigen Umgangs zu einer lustvollen Aussicht macht.

Vor allem aber tragen sie dem Motiv des zwanglosen, zufälligen Treffens Rechnung. Das Gespräch, wie es Cicero im Buch *Über die Pflichten* als privaten sermo von der öffentlichen contentio unterscheidet, ist durch eine Idee von zwangloser Assoziation gekennzeichnet, die sowohl in psychologischer wie in sozialer Hinsicht gilt. Daß es bei den antiken Symposien und Konvivien, also den Trinkgelagen und Gastmahlen, üblich war, auch ungeladene Gäste zu »assoziieren«, die sogenannten Schatten (umbrae) mitzubringen, ist belegt. Zwar regelte bei den Symposien ein Symposiarch die Abfolge der Themen, über die man sich unterhielt, und die unterhaltenden Handlungen, die die einzelnen Gäste beizutragen hatten; das zwanglose Gespräch war aber deshalb nicht verboten. Schon in der Antike freilich deuten sich degenerative Möglichkeiten an, ein Rückgang der gesprächigen Selbsttätigkeit der Gäste: An die Stelle des Gesprächs treten Würfelspiele, Vorführungen jeglicher Art sowie die Sitte des Vorlesens; Plutarch erwähnt, daß man in Rom schließlich platonische Dialoge mit verteilten Rollen verle-

---

[8] Cicero, Vom Redner. Hrsg. v. Raphael Kühner. München o. J., S. 209 (= Goldmanns Gelbe Taschenbücher 850/51).

sen ließ, und Martial geißelt mit Vergnügen den seine eigenen Dichtungen vorlesenden Gastgeber.

Welche Wurzeln der eigentlich gesellige *Affekt* hat, der im Ethos des conciliare gefördert und gepflegt werden soll, zeigt ein Blick auf die Art und Weise, wie das Symposion gewöhnlich abgeschlossen wurde: mit dem fröhlichen, wohl auch lärmenden Umzug der berauschten »Komasten«. Der Begriff des Komos liegt etymologisch dem der Komödie zugrunde, wie es Aristoteles in seiner Poetik dargelegt hat; »Komödie« heißt der Gesang des Komos, der im Dienste des Dionysos umherschwärmenden Menge. Vor diesem Hintergrund muß Ciceros zweite Bemerkung zum sermo gelesen werden; auch vom Redner, heißt es, sei ab und zu »comitas adfabilitasque« zu verlangen, wenn er die Menge – auch die der Soldaten – wohlwollend und freundlich stimmen wolle[9]. Der Begriff der comitas, also hier der zur Freundlichkeit sozialisierten Fröhlichkeit und Leutseligkeit (affabilitas), ist in der Antike dem Sinnbezirk von liberalitas, humanitas und urbanitas zugeordnet; erst die Konversationslehren der Renaissance unterscheiden zwischen affabilitas und urbanitas. Während jene der recreatio dient, soll diese als Inbegriff des geselligen Affekts durchgängig im menschlichen Umgang herrschen[10]. Diese Sonderung von Scherz und Ernst liegt dem antiken Symposiondenken freilich noch nicht zugrunde; auch das Symposion als Literaturform verwirklicht sich in der Verbindung von Scherz und Ernst, in der *Rhythmik* von nachdenklicher und fröhlich erholsamer Rede.

Tatsächlich können Symposion und Konvivium als soziale, der liberalitas wie auch der buchstäblich körperlichen recreatio gewidmete Institutionen und eigentliche Praxis der ars sermonis gelten. Deren doppeltes Ideal der erholsamen, geselligen Fröhlichkeit und der rücksichtsvollen Konzilianz gibt ein brauchbares Schema zur Einteilung der späteren, oft ungemein detaillierten Konversationslehren ab: Zu unterscheiden sind rekreative oder affektive von respektiven Vorschriften. Während die rekreativen die Regeln über Lob, Schmeichelei, Kompliment, Witz, Fröhlichkeit und Freundlichkeit umfassen, sind die respektiven, wie der Name sagt, der Berücksichtigung der Um-

[9] Cicero, De officiis. Vom pflichtgemäßen Handeln, a.a.O., S. 182f.
[10] Die hier angedeutete Annahme eines genuin geselligen Affekts wird weiter unten zu begründen versucht; vgl. vor allem S. 65f.

stände im weitesten Sinne, im engeren Sinn dem Respekt vor dem anderen und der Hintanstellung der eigenen Bedürfnisse gewidmet; Inbegriff der respektiven Gesprächsregeln ist das Verbot der Rechthaberei.

2. Die christliche Technik des Schweigens
oder
Die Angst vor dem Nächsten

Die Ethiken von Cicero und Aristoteles bestimmen den Menschen als redebegabtes zoon politicon, das nicht so sehr durch Intellektualität als vielmehr durch Sozialität, durch einen Sinn für das Gerechte, das gemeinsame Maß, charakterisiert ist. Im Vergleich dazu spielt in der hebräischen Tradition das Gespräch als Gegenstand ethischer Normierung eine ungleich größere Rolle. Im *Buch Jesus Sirach*, das die Grundzüge der hebräischen Sittenlehre in sich vereinigt, dominieren die Kategorien der weisen und der törichten Rede, der Lüge und des Geheimnisses, des Schwörens und Fluchens. Der tiefgreifende Unterschied dieser auf der Wahrheit und Verbindlichkeit des Redens bestehenden Gesprächslehre zu der oben skizzierten Idee von der Angemessenheit (prepon) entspricht der oft festgestellten Differenz zwischen rhetorisch-politischem und biblischem Rede-Ethos. Das Wort Gottes und die daraus gezogene Lehre vom Talmud, dem hebräischen Corpus oraler Überlieferung, ist per definitionem autoritär und nicht wie die rhetorische Rede persuasiv. Vor dem Hintergrund der griechischen Redeauffassung scheint hier das Gespräch um soviel an dogmatischer Ausrichtung zu gewinnen, wie ihm an Sozialität verlorengeht.

Das genaueste Beispiel dafür liefert die Idee der Freundschaft als lebendiger Praxis einer zwanglosen, nämlich weder familiär noch politisch erzwungenen, sozialen Assoziation. Während in der Umgangslehre des Aristoteles als erste soziale Tugend die zwischen Schmeichelei und Widerspruch angesiedelte Freundlichkeit genannt wird, die als eine der Freundschaft nahe verwandte, wenn auch weniger affektive Beziehung gilt, ist im *Buch Jesus Sirach* die Freundschaft vor allem mit dem Begriff des Geheimnisses assoziiert. Geheimnisverrat gilt als Ausdruck asozialen Verhaltens. Statt wie bei Aristoteles und Cicero in eingewöhnter Dialektik von Lob und Tadel bekundet sich

Freundschaft im *Buch Jesus Sirach* hauptsächlich im Halten gegebener Worte und Versprechen. Für diesen ethischen Rigorismus gibt es naturgemäß keine Gradationen; ein halb verratenes Geheimnis ist ein verratenes. In seiner Rhetorik hat Aristoteles einmal die Freundschaft als erwiderte Freundlichkeit definiert: Freundlichkeit aber bestehe darin, daß man das Wohl des andern um seiner selbst willen wünsche. Auch die Umgangslehre der *Nikomachischen Ethik* sieht zwischen Freundlichkeit und Freundschaft nur einen gradweisen Unterschied; nur eine affektive, keine ethische Differenz. Der Idee, freundschaftliche Vertrautheit in der bindenden Verpflichtung statt in Gewöhnung und affektiver Bindung zu sehen, entspricht ein Blick auf die Gesellschaft, in der man solcher Freunde bedarf: also einer feindlichen. Tatsächlich ist es das Kennzeichen vieler späterer und nicht nur rein höfischer Konversationslehren, Verschwiegenheit zum obersten Gebot zu erheben und freundschaftliche Verbündung nur als verschwiegene vorzustellen.

Vor diesem hebräischen Hintergrund muß nun die christliche Umdeutung der antiken Konversationsidee gesehen werden. Der exemplarische Text dafür sind die *Drei Bücher über die Pflichten* (De officiis libri tres, entst. nach 386) von Ambrosius, dem Bischof von Mailand. Entstanden in enger, zum Teil wörtlicher Anlehnung an Ciceros gleichnamiges Werk, illustriert der Text die christliche Apotheose des – mönchischen – Schweigens; die Abhandlung über die Pflicht des Stillschweigens nimmt fast das ganze erste Buch ein, also eben jene Stelle, die Cicero der Erörterung des Ehrenhaften (honestum) gewidmet hatte. Im dritten Kapitel wird paradigmatisch ein Wort aus dem *Buch Jesus Sirach* zitiert: »Umhege dein Besitztum mit Dornen und kette fest dein Silber und Gold und mache deinem Munde Tor und Riegel und deinen Worten Joch und Waage.‹ Dein Besitztum ist dein Geist, dein Gold ist dein Herz, dein Silber deine Rede.«[11] Die Vorstellung vom Reden als einer Form des Verausgabens und vom Schweigen und Verschweigen als einer Form des Besitzens muß als eine sicher ältere, jedoch durch das Christentum nachdrücklich propagierte Ideologie begriffen werden, wenn anders man wesentliche Entwicklungen späterer Konversationslehren adäquat beschreiben will. Für unseren Zusammenhang sind bei Ambrosius vor allem zwei Motive inter-

[11] Ambrosius, Pflichtenlehre und ausgewählte kleinere Schriften. Übs. von Joh. Niederhuber. München 1917. Bd. 2, S. 16.

essant. Das eine ist die biblische Eingangsbegründung der Schweigepflicht: »Aus deinen eigenen Worten wirst du verurteilt«; sie wird im 5. Kapitel ergänzt und erklärt: »Vor jedem sichtbaren Widersacher, der reizt, der stachelt, der den Zunder der Lust oder Sinnlichkeit legt, hat man sich in acht zu nehmen. Wenn uns also einer schmäht, neckt, zu Tätlichkeiten reizt, zu Zank herausfordert, dann laßt uns Schweigen üben!«[12]

Beherrschung der Sinnlichkeit als Demonstration von Überlegenheit und Angst vor dem Nächsten und dessen Urteil sind in der Tat die Leitgedanken der christlichen Konversationslehre, wenn von einer solchen überhaupt die Rede sein kann. Schon die Wortgeschichte belehrt über das Ausmaß der sozialen Depravierung. Die lexikalischen Belege für conversatio in mittellateinischen Wörterbüchern zeigen einen charakteristischen Bruch: conversatio soll einerseits »mönchischer Lebenswandel« bedeuten und wird sogar synonym mit conversio, also Bekehrung, verwendet; conversatio soll aber andererseits »sexueller Verkehr« bedeuten. Die eigentliche soziale Dimension, in der der sermo als sinnliche *und* intellektuelle zwischenmenschliche Interaktion angesiedelt ist, entfällt. Statt dessen wird der Begriff des sermo von der Kirche mit dem Wort Gottes, vor allem dem Wort der Predigt assoziiert; damit also recht eigentlich in die Nachfolge der rhetorischen oratio gestellt.

Wem der soziale sermo – und damit natürlich auch die ars sermonis – zu weichen hat, erklärt Ambrosius im 22. Kapitel *Vom Schicklichen im Reden,* das die ciceronischen Bemerkungen über das Verhältnis von sermo und contentio charakteristisch verändert[13]. Statt persuasiver contentio nennt Ambrosius den Glaubenstraktat, also die exegetische Abhandlung dessen, was längst schon gesagt ist und gültiger nicht mehr gesagt werden könnte. Die spezifische Demut des Exegeten vor dem Schriftwort – ähnlich wie die des Schriftgelehrten vor dem Talmud – bildet den wohl schärfsten Gegensatz zum nötigen Selbstbewußtsein des Rhetors. Die Kunst der Rhetorik, deren Erbe die christliche Homiletik bekanntlich angetreten hat, bezeugt aber umgekehrt gerade als Kunst (ars) ein soziales Wissen darum, daß die erfolgreiche persuasio und die schließlich er-

---

[12] Ebd., S. 19.

[13] Ebd., S. 59: »Die Rede nun wird zwiefach eingeteilt: in das gewöhnliche Gespräch und die (förmliche) Abhandlung und Untersuchung über den Glauben und die Gerechtigkeit.«

reiche Übereinstimmung das Resultat einer intensiven und vielgliedrigen Interaktion sein müsse; sie bezeugt mit andern Worten das Wissen um die Möglichkeiten des Mißerfolgs und der Gefährdung.

Eben an diese Stelle aber tritt das christliche Besitzdenken. Der Gläubige ist selig in sich selbst, er bedarf zu seiner Bestätigung und Versicherung des anderen nicht mehr. Die Entstehung dieser Ideologie aus dem Geist der christlichen Affektbeherrschung und -disziplinierung wird bei Ambrosius' Rezeption der prepon-Lehre handgreiflich. Ist deren Kernsatz bei Cicero die Beobachtung, daß es einen »selbstherrlichen und ganz und gar bedenkenlosen Menschen« verrate, wer es als »gleichgültig ansehe, was ein jeder über einen denkt«, so lautet der Kernsatz bei Ambrosius: »Selig fürwahr das Leben, dessen Wertschätzung nicht vom fremden Urteil abhängt, sondern das, ein Selbstrichter, im eigenen Empfinden erlebt wird!«[14]

Eine der wesentlichen Konsequenzen dieser Auffassung ist für die christlichen Umgangslehren der Verlust der recreatio, der symposionalen wie auch urbanen Heiterkeit. Den Scherz verbietet Ambrosius überhaupt ganz, gemäß dem Schriftwort: »Wehe euch, die ihr lacht! Ihr werdet weinen! sagt der Herr.« Die deutlichsten Belege in dieser Hinsicht liefert lang vor Ambrosius der gleichfalls an antiken Vorbildern orientierte Clemens von Alexandrien in seinem Buch *Der Erzieher* (Paidagogos, entst. zw. 150–250 n. Chr.). Hier wird im 4. Kapitel *Wie man sich bei Gastmahlen unterhalten soll* ganz zielsicher gerade der komos, also der fröhlich berauschte Umzug nach dem Symposion strikt verboten, denn »der Umzug ist ein betrunkenes Herumtreiben, das unüberlegt Liebeshändel veranlaßt; Liebesverlangen aber und Trunksucht, die unvernünftigen Leidenschaften, sollen aus unserer Gemeinschaft in weite Ferne verbannt sein«[15]. In diesen Kanon von Verboten gehört auch die Versagung der Musik, die noch im *Buch Jesus Sirach* als zulässig und süß empfunden wird. »Wir aber«, schreibt Clemens, »verwenden ein einziges Instrument, allein das friedenbringende Wort, mit dem wir Gott preisen.« An dieser Stelle ist nicht nur das Verbot der Instrumente auffällig, sondern der Zusammenhang dieses Verbotes mit der grundsätzlichen Delegierung des

[14] Ebd., S. 135.
[15] Clemens von Alexandreia, Der Erzieher. Übs. v. Otto Stählin. München 1934, S. 50ff.

affirmativen, lobenden Verhaltens; gelobt wird nur noch Gott der Herr. Auch Clemens verbietet das Lachen, ja fast schon das Lächeln; als vorbildlich gilt ihm das homerische »lächelnd mit furchtbarem Antlitz«.

Die Frage drängt sich auf, wie denn überhaupt »Nächstenliebe« denkbar sein soll, wenn gleichzeitig die affektive Spontaneität einer lustvollen comitas verboten wird. Die Atmosphäre der christlichen Umgangslehre ist eine Atmosphäre innerweltlicher Angst und zwischenmenschlichen Mißtrauens; noch eine der meistgelesenen christlichen Lebenslehren des Spätmittelalters, *Die Nachfolge Christi* (De imitatione Christi, 1400) des Thomas a Kempis, bringt die daraus resultierende dialektische Beziehung zwischen Angst und Militanz in Kapitelüberschriften wie *Vom Vertrauen auf Gott, wenn die Geschosse der Worte drohen*[16] zum Ausdruck. Mit ihren Techniken der inneren Seelenführung hat die Kirche in der Tat an die Stelle einer gesprächigen Kultur über die Jahrhunderte hinweg einen Kult des Dialogs entwickelt – sei es zwischen dem Gläubigen und dem Priester in der Beichte, sei es zwischen Gott und dem Gläubigen im Gebet, sei es zwischen dem Mönch und dem Schriftwort in der Exegese; ja, nimmt man alle bisher aufgezeigten Merkmale zusammen, so hat sie eine spezifische Entsprachlichung des menschlichen Verkehrs idealisiert.

Die hier als christliche beschriebene Figur psychischer Selbstkontrolle hat Norbert Elias in seinem umfangreichen Werk *Über den Prozeß der Zivilisation* (1938) ausführlich analysiert. Am Leitfaden der Benimmschrift von Erasmus *Über das anständige Benehmen der Knaben* (De civilitate morum puerorum, 1528) stellt Elias die Tendenz vor allem der höfischen Anstandsliteratur heraus, primitive physische Bedürfnisse aus Rücksicht auf den Mitmenschen unter stetige Kontrolle zu nehmen und anhaltende Selbstzucht zu üben; »Fremdzwang« in »Selbstzwang« zu verwandeln. Spucken, sich kratzen, erbrechen, seine Notdurft verrichten, gähnen, husten, vor allem aber die Äußerungen physischer Aggressivität sollen unterdrückt und einer »psychischen Modellierung« unterworfen werden, die den reibungslosen Umgang in einer wachsenden und immer mobileren Gesellschaft zu garantieren imstande wäre[17].

[16] Thomas a Kempis, Die Nachfolge Christi. Übs. v. Felix Braun. München o. J., S. 128 (= Goldmanns Gelbe Taschenbücher 944).
[17] Norbert Elias, Über den Prozeß der Zivilisation. Soziogenetische und psychogenetische Untersuchungen. 2 Bde. Bern und München ²1969. Bd. 1, S. 65 ff.

Daß der derart beschriebene »Prozeß der Zivilisation« aber nicht erst mit der höfischen Beherrschung der primitiven *körperlichen* Bedürfnisse beginnt, sondern, diese gleichsam vorbereitend, mit der christlichen Disziplinierung der primitiven *kommunikativen* Bedürfnisse, ist an Elias' Thesen zu ergänzen. Wir werden darauf noch genauer zurückkommen.

3. Die Renaissance-Kunst der Unterhaltung
oder
Die ästhetische Selbstbeherrschung

Die ersten Gesprächslehren der höfischen Epoche finden sich in eben jenen Texten, die Norbert Elias seiner zitierten Untersuchung über den Prozeß der Zivilisation zugrunde gelegt hat: also in den sogenannten Tischzuchten und Sittenbüchern. Welcher Metamorphose das Christentum die antike Idee einer heiteren urbanitas unterworfen hat, zeigt sinnfällig eines der meistverbreiteten Sittenbücher des Mittelalters, der *Facetus*, eine didaktische Spruchdichtung aus dem 13. Jahrhundert. Der vir facetus ist noch bei Cicero eben jener heiter urbane, am Bild des Sokrates modellierte Mitbürger. Aber im Mittelpunkt des *Facetus* steht gerade nicht die Lehre vom geselligen und gesprächigen Umgang, sondern ein charakteristisches Detail dieses Umgangs: die Sitten bei Tisch, genauer: die Verpflichtung zur Sauberkeit und zur Vermeidung womöglich ekelerregender Gesten. Nur am Rande werden die Regeln eines Gesprächs bei Tisch behandelt, und es muß auffallen, daß das Gebot des Mißtrauens an vorderster Stelle steht. Selbst hier also, wo es um den alltäglichsten und nötigsten Anlaß der recreatio geht, ist das Verhältnis von rekreativen und respektiven Regeln zuungunsten der ersteren verschoben; zwar werden hin und wieder »vrölichkeit« und Lachen gutgeheißen, aber wichtiger sind doch die respektiven Regeln wie: gut zuhören, niemanden unterbrechen, nicht schwatzen, ehrlich und, wie gesagt, mißtrauisch sein[18]. Diese Dominanz der respektiven Regeln hängt mit der christlichen Grundhaltung der Anstandslehren überhaupt zusammen, die ja

---

[18] Carl Schroeder (Hrsg.), Der deutsche Facetus »Cum nihil utilius«. In: Palaestra 86, Berlin 1911. Zur Gruppe der Facetus-Bücher vgl. besonders John Mason, Gentlefolk in the Making. Philadelphia 1935, S. 372.

gerade das Wertmosaik von Demut, Bescheidenheit, Zurückhaltung, Ehrerbietung als gleichsam weltlichen Widerschein re-
ligiöser Demut zusammensetzen.

Was für eine gewaltige Lücke hier in der christlich-höfischen
Sittenlehre bestanden hat, bezeugt ein von der Geschichts-
schreibung mehr oder minder übersehenes Buch aus dem Jahre
1499: das Buch *Über das Gespräch* (De sermone) von Giovanni Pontanus, wohl das erste regelrechte Buch über die Konversation, also über den zwanglosen, rekreativen gesprächigen
Umgang. Nicht nur das schwerfällige Latein dieses Buches hat
die Historiker der Sittenlehre abschrecken mögen. Vor allem
wird es das Vorurteil gewesen sein, daß das Thema »Konversation« notwendig mit dem in höfischer Zeit aufkommenden Kult
der Frau zusammenhängen müsse. Tatsächlich spielt die Frau
aber weder in den antiken noch christlichen Gesprächslehren
irgendeine nennenswerte Rolle; auch und gerade das Buch des
Pontanus belegt diesen Sachverhalt.

Es gehört in die zweite Hälfte der Renaissance und zur Reihe
jener Bücher, die, wie etwa Leon Battista Albertis *Über die
Familie* (Della Famiglia 1437–41), nach langen christlichen
Jahrhunderten und einer ausgeprägten mönchischen Kultur das
antike Interesse an der Sozialität neu zu entdecken und wieder-
zubeleben suchen. So greift auch Pontanus ausdrücklich auf die
Lehre vom rechten Umgang aus der *Nikomachischen Ethik*, auf
Ciceros Lehre vom rhetorischen Witz und rechten sermo sowie
auf die sokratische Ironie zurück, um einen, wie er sagt, »novus
orator« zu kreieren, den Typus des Redners, der weder politisch noch juristisch tätig ist, sondern gleichsam ausschließlich
rekreativ, ohne doch deshalb auf den Typus des »guten Gesell-
schafters« reduzierbar zu sein. Der Pontanische Redner ist vielmehr der Inbegriff des urbanen Menschen mit dessen spezifisch
sozialen Tugenden wie Leutseligkeit, Freundlichkeit, Heiterkeit, humanitas und comitas. Die Rede des vir facetus bei Pontanus ist einmal mit »einem guten Mahl, das weder fade ist noch
allzu sehr gewürzt«, verglichen worden[19], und es scheint wichtig, sich diese wenigstens noch metaphorische Rückbindung der
urbanen an die symposionale comitas gegenwärtig zu halten.

Das eigentlich Auffällige an diesem Buch ist freilich die Krea-
tion des Typus als solchen – als gehe es nicht um das heitere

---

[19] Ernst Walser, Die Theorie des Witzes und der Novelle nach dem De Sermone des Jovianus Pontanus. Straßburg 1908, S. 82.

Gespräch, sondern um den heiteren Menschen, nicht also um das kommunikative Geschehen, sondern um die charakterliche und psychische Modellierung. Mit diesem Ansatz wird das der Antike noch gegenwärtige Bewußtsein einer Rhythmik von Ernst und Scherz, Erholung und Arbeit nahezu verdrängt; nur deshalb erscheint Pontanus' vir facetus noch nicht als Produkt einer arbeitsteiligen Gesellschaft, weil die sozialen Tugenden der affabilitas und comitas ausdrücklich auch für den Ernst des Lebens und der Geschäfte gelten sollen.

Die Idee, den Typus des antiken Redners, wie ihn vor allem Cicero und Quintilian beschrieben haben, für ein neues, den Gegebenheiten der Renaissance angepaßtes Menschenbild zu verwenden, hat nach Pontanus noch nachdrücklicher Baldassare Castiglione aufgegriffen. Sein *Buch vom Hofmann* (Il libro del cortegiano, 1528) ist bis in den Aufbau hinein an Ciceros Buch *Vom Redner* orientiert und übernimmt von diesem vor allem die Witzlehre. Obwohl so der Hofmann gleichsam von vornherein als exemplarisch »sprachliches« Geschöpf definiert zu sein scheint – und mit fortschreitender Entwicklung der Diplomatie und Kabinettspolitik wird er es ja auch immer mehr –, liegt es auf der Hand, daß in der höfischen Umgangslehre nicht ohne weiteres das antike Ethos der Konzilianz herrschen kann. Hatte noch Pontanus den aristotelischen Begriff der mediocritas, der gesuchten »mittleren«, vermittelnden sozialen Haltung zum Wesen der urbanen comitas erklärt, so wird im höfischen Umgang mit dem Machthaber die Kategorie des Widerspruchs, die der Schmeichelei entgegengesetzt ist und ein »Mittleres« erst ermöglicht, nahezu getilgt.

Zwar gehört es zu den Topoi der späteren Hofliteratur, daß der Hofmann unter keinen Umständen dem Laster der Schmeichelei und der liebedienerischen Unterwerfung verfallen dürfe; die Häufigkeit dieser Mahnungen macht aber umgekehrt auf die offenbar gängige Praxis aufmerksam. Aus der rhetorischen Theorie der Antike geht jedenfalls in die höfische ars sermonis nicht das conciliare, sondern die delectatio ein, und diese ausschließlich. Die eigentliche Aufgabe des Hofmanns ist, zu gefallen, und zwar mit allen verfügbaren Mitteln, mit seiner geistigen und körperlichen Bildung, seiner Kleidung, seiner Sprache und seiner Moral. Anders als der vir facetus besitzt der Hofmann keine spezifisch soziale Affektivität im Sinne der comitas. Abgesehen von seiner Verpflichtung auf Aufrichtigkeit und Anstand ist er eine ästhetische Gestalt; man hat häufig auf die

Beziehung zwischen Castiglione und Raffael, dem Maler der Grazie, aufmerksam gemacht. Was sich derart bei Castiglione andeutet, ist nichts anderes als die Tendenz, die soziale Affektivität durch ästhetische Attraktivität zu ersetzen; aus dem heiteren, leutseligen, und freundlichen vir facetus wird der gewandte, graziöse, vielseitige Cortegiano.

Schon in der pessimistischen Hoflehre des Antonio de Guevara und mehr noch bei der Graciáns aus dem 17. Jahrhundert wird deutlich, in welchem Maß hier die kommunikative Interaktion zugunsten von Selbststilisierung und Rollenzwang preisgegeben wird. So unterhaltsam Castigliones Buch auch geschrieben ist, sosehr es mit seiner breit ausgeführten Witzlehre der Novellenkunst der Renaissance auch entgegenkommt – gemessen an der antiken, ja selbst der Umgangslehre im *Buch Jesus Sirach* –, ist der Hofmann eine einsame Figur. Kaum ein Autor hat diese Atmosphäre des höfischen Lebens ausdrücklicher beklagt als Montaigne, der in seinem kleinen Essay *Über die dreierlei Arten des Umgangs* (Des trois commerces, 1588) den freundschaftlichen Umgang aufs schönste rühmt. Bei Hofe steht keine comitas als rekreatives Regulativ wider den »Ernst« des Lebens zur Verfügung, denn dieser ist gleichsam per definitionem asozial. Als Rolle ist vorgeschrieben die mißtrauisch taktierende, »politisch« distanzierte Haltung, und folgerichtig wird für den Hofmann der Rückzug aufs Land, wenn nicht überhaupt in die Einsamkeit, zur eigentlichen recreatio.

Die Idolisierung der Zwanglosigkeit in der höfischen Epoche, wie sie sich in den poetisch-rhetorischen Stilidealen der Naivität, der graziösen Simplizität und in der bevorzugten Gattung des Schäferspiels bis zum Ende des 17. Jahrhunderts immer mehr manifestiert, muß in der Tat als Gegenbewegung zur wachsenden Bedeutung von Etikette und Zeremoniell bei Hofe gesehen werden. Bekanntlich hat sich die Kirche, und besonders die quietistischen Strömungen des 16. und 17. Jahrhunderts, dieser Bedürfnisse in einem Kult der Kindlichkeit (le culte d'enfant Jésus) angenommen, also gleichsam in den Schoß der Religion eingeschlossen, was der herrschenden Gesellschaft abging. Daß es in diesem Zeitraum gegenreformatorische Theologen wie François de Sales und später Fénelon waren, die im Umgang mit dem Wort Gottes das anboten, was aus dem konkreten gesprächigen Umgang zu schwinden schien, differenziert das Bild von der kommunikationsunterdrückenden Kirche ein wenig; denn einerseits huldigten diesem Kult der süßen Frömmigkeit und Kindlichkeit einflußreiche Mitglieder der Gesellschaft, andererseits bahnt sich in der quietistischen Theologie Fénélons der Rousseauismus ideengeschichtlich an.

4. Die höfische Etikette der Konversation
oder
Der unterdrückte Ausdruck

Ihren markantesten Ausdruck hat die Erstarrung in Zeremoniell und Etikette in der französischen Konversationslehre des 17. Jahrhunderts, der eigentlichen Epoche der Konversation, gefunden. Ein Blick auf die Wortgeschichte zeigt, daß erst mit Beginn des 17. Jahrhunderts Konversation der »vertraute, gesprächige, zwanglose Umgang« bedeutet. Noch im 16. Jahrhundert, bei Montaigne, heißt conversation »Umgang« überhaupt und wird auch mit »commerce« synonym verwendet; das Wortfeld des rein gesprächigen Umgangs ist bis zum Ende des 16. Jahrhunderts von der Wortfamilie »deviser«, aber auch »entretenir« besetzt. Dieser Sachverhalt ist einiger Überlegung wert. Was die Wortfamilie des »deviser« mit ihren für das 16. Jahrhundert lexikalisch erfaßten Bedeutungen der späteren Semantik des »converser« voraus hat, ist das Moment des Willentlichen, Absichtlichen; schließt also auch und gerade das ernste, zweckgebundene Gespräch ein. Dieser Grundzug ist bis in die Literaturgeschichte hinein bedeutsam geworden: in der sogenannten »Devise«, einer im 12. Jahrhundert entstandenen wappenähnlichen Mischgattung aus Wort und Bild, die gleichsam zum Ausdruck bringen sollte, unter welcher Devise der Träger – also primär der Ritter – sein Leben und Tun stellen und wonach er beurteilt sein wollte.

Der Platz des »zwanglosen gesprächigen Umgangs« wird im 16. Jahrhundert vom Begriff »entretenir, entretenement«, also buchstäblich »Unterhaltung« besetzt.

Mit dem 17. Jahrhundert verschwindet nun nicht nur das Wortfeld des »deviser« ganz auffällig aus den lexikalischen Belegen. Das Wörterbuch von Furetière (1690) verzeichnet fast dreimal soviel Einträge zum Wortfeld »entretien«, und dies mit einer gewichtigen Verschiebung zur materiellen und geschäftlichen Seite hin: Man »unterhält« einander nicht nur beim Tanz an den Händen, man »unterhält« vor allem, wie etwa der König, ein Heer, eine Akademie, eine Mätresse.

Der erste für unseren Zusammenhang wichtige Autor des 17. Jahrhunderts, François de Sales, differenziert schließlich in einem seiner Seelenführungsbriefe *Über die Herzlichkeit* (Entretien de la cordialité, 1629) folgendermaßen: »Aber die herzliche Liebe zum Nächsten muß von zwei Tugenden begleitet sein, deren eine sich Freundlichkeit [affabilité] nennt und die andere Unterhaltsamkeit [bonne conversation]. Die Freundlichkeit [affabilité] ist es, die eine gewisse Sanftheit in die Geschäfte [affaires] und die ernsten Unterredungen [communications sérieuses] bringt, die wir miteinander haben. Die Unterhaltsamkeit [bonne conversation] ist es, die uns angenehm und anmutig macht in den Erholungen [recréations] und in den weniger ernsten Gesprächen, die wir mit unseren Nächsten führen [communications moins sérieuses].«[20]

Vor diesem wortgeschichtlichen Hintergrund ist nun *die* höfische Konversationslehre des 17. Jahrhunderts zu betrachten, das Handbuch höfischer Manieren von Nicolas Faret: *Der feine Mensch oder Die Kunst, bei Hofe zu gefallen* (L'Honneste homme ou l'art de plaire à la court, 1630). Daß Faret, der ausdrücklich zwischen der Unterhaltung mit dem Fürsten (entretien) und den Ebenbürtigen (conversation) unterscheidet, den entretien ausschließlich mit respektiven Grundregeln charakterisiert wie: nicht schmeicheln, nicht widersprechen, sich unterwürfig zeigen, die Neigungen des Fürsten beachten und schweigen, wenn man nicht aufgefordert ist zu reden, ist nicht weiter verwunderlich. Für die zeremonielle Verhärtung bei Hof sprechen die Regeln der »conversation des esgaux«, worunter Faret hauptsächlich Freunde versteht. Aber auch im Umgang mit diesen Freunden überwiegen ganz deutlich die respektiven Regeln: Man darf sich nicht gehenlassen, man muß auf der Hut sein.

Am bezeichnendsten jedoch sind die Bemerkungen zur rekreativen Konversation. Die ästhetische Kunst zu gefallen, die bei Hof an die Stelle des sozialen comitas- und urbanitas-Affektes tritt, erscheint hier nicht mehr wie noch bei Castiglione als ästhetische Attraktivität und körperlich-geistige Vielseitigkeit, sondern, gleichsam formalisiert, unter dem bezeichnenden Begriff der souplesse und habileté: also der Geschmeidigkeit und Geschicklichkeit. Hatte Aristoteles noch den Begriff der heiteren urbanitas als gleichsam ins Geistige übertragene Gelenkigkeit beschrieben, so ist bei Faret das Motiv der Heiterkeit gewi-

---

[20] François de Sales, Œuvres. Paris 1969, S. 1111.

chen. Sie fehlt selbst in den Bemerkungen zur sogenannten raillerie, dem Scherzen in der Konversation. Das Scherzen, heißt es,
sei eine etwas freiere, und das heißt aggressivere Art des Redens,
leicht pikant; eine sanfte Nahrung der Unterhaltung, die an-
dernfalls schließlich kalt und langweilig werde.

Diese Beschreibung ergänzt, was Faret über die Verwendung
und Charakteristik der bon mots sagt, der kleinsten und wichtigsten Einheit der französischen Konversationskultur. Das bon
mot ist der höfische Nachfolger dessen, was Cicero in seiner
rhetorischen Witzlehre als dicacitas, als kurzes, schlagfertiges
Witzwort von der cavillatio, dem ausführlichen Schwank, unterschieden hatte. Beide, cavillatio und dicacitas, werden sowohl in der urbanen Konversationslehre des Pontanus als auch
in der höfischen von Castiglione als zulässig betrachtet. Die
cavillatio kann als konversationelles Äquivalent zur Novelle betrachtet werden; ihr Charakteristikum ist die Zulässigkeit des
Lügens. Es darf gelogen werden, wie Pontanus schreibt, um die
Geschichte anschaulicher, plastischer, schöner zu machen. Daß
der Zuhörer eine erzählte Situation »mit Händen müsse
greifen« können, ist ein Topos der zeitgenössischen Gesprächslehren (vgl. Castiglione, S. 116). In der rund hundert Jahre nach
Castigliones *Buch vom Hofmann* erschienenen Konversationslehre von Faret nun ist das Erzählen von Geschichten zu einem
fast absoluten Tabu erhoben; selbst unter Freunden gilt nichts
als lästiger und langweiliger.

Die grundsätzlich andere Stellung des 17. Jahrhunderts zum
Verhältnis von langer und kurzer, gedrängter Rede klingt schon
bei Faret an, wenn er die Erfinder von bon mots ganz über-
schwenglich als Leute lobt, deren Begabung, mehrere Dinge auf
einmal zu sagen, etwas Göttliches, Geniales an sich habe; gegen
Jahrhundertende taucht für dieses Phänomen der Vergleich
zwischen einem Goldstück und dem zahlreichen Wechselgeld,
das man für jenes zu geben habe, auf[21].

Diesem Ersatz des sinnlich-anschaulichen Erzählens durch
»goldene Worte« entspricht eine charakteristische Veränderung
der konversationellen Interaktion. Daß in der Konversationsat-
mosphäre bei Faret nicht eigentlich mehr gelacht werden darf,
versteht sich; der Schöpfer und Erfinder eines bon mot ist ge-

---

[21] So von Charles Perrault, Parallèle des Anciens et des Modernes en ce qui
regarde les arts et les sciences. (Erstausgabe 1688–1697). 2 Bde. München 1964.
Bd. 2, S. 175.

halten, seine Freude nicht zu zeigen. Worum es hier geht, wird noch deutlicher in Farets genauen mimischen und gestischen Vorschriften für die Konversation der Damen; sie sehen ein gleichmäßig unverzerrtes, heiteres Gesicht für alle Fälle vor. Dem älteren Ideal anschaulichen Erzählens dagegen ist eine gesprächige Interaktion komplementär, in der die spontanen physischen Reaktionen, also die Lust an der mimisch-gestischen Erwiderung und Mithandlung, selbstverständlich ist; ein gutes Symptom für diese kindlich anmutende Ausdruckslust ist die Possenreißerei, das Nachäffen, die noch della Casa für erwähnenswert hält.

Nur aus dem Geist einer unterdrückten spontanen Expressivität konnte im 17. Jahrhundert ein Buch wie die *Beobachtungen über die schickliche Beredsamkeit* (Observations sur l'éloquence des bienséances, 1686) des Jesuiten René Rapin entstehen. Rapin schreibt über die alte rhetorische Regel, wonach ein Redner, der überzeugen und hinreißen will, vor allem die rechte, von Herzen kommende mimisch-gestische Expressivität mitbringen müsse. Im Rahmen einer Rhetorik der Konversation, wie sie Rapin vorstellt, wird daraus die charakteristische Forderung, daß der »schicklich« Redende Wort, Mimik und Gestik sorgfältig aufeinander abzustimmen habe, damit nicht die Miene die Rede Lügen strafen könne.

In der Rhetorik wird die physische Expressivität des Redners traditionell actio, Handlung, genannt. Wir haben oben auf den wortgeschichtlichen Hintergrund, auf die Aufspaltung des Wortfeldes »deviser«, in dem das Reden noch im Sinnbezirk des Planens, Wollens, Handelns gesehen wird, hingewiesen, auf den Ersatz durch die Wortfelder des geschäftlichen »entretenir« und des »unernsten« »converser«. Was sich bei Faret und Rapin zeigt, ist eine Konsequenz dieser Entwicklung. Es ist der kommunikative *Handlungs*spielraum, der hier einerseits drastisch eingeschränkt und andererseits charakteristisch kompensiert wird: Tritt doch in der Idee des »goldenen Wortes« an die Stelle der Vitalität die Idee des Wertvollen, der Genuß des Besitzes[22]. Die geistreiche, komprimierte dicacitas bringt nicht bloß ein

---

[22] Folgt man René Spitz (Vom Dialog. Stuttgart 1976, S. 10ff.), so macht das Verbot der mimischen Expressivität eine entscheidende Errungenschaft frühkindlicher Sozialisation wieder rückgängig: die Unterscheidung von »belebt« und »unbelebt«. Die spätere Entstehung einer »Hermeneutik« der Konversation sowie die Entstehung der Physiognomik ist, so gesehen, Ausdruck einer bestimmten Form sozialer Verunsicherung.

gewisses Genie des Sprechers, sondern auch ein spezifisches Vergnügen des Hörers mit sich; der Genuß des geistreichen bon mot besteht schließlich auch im Selbstgenuß dessen, der diesen Reichtum zu genießen, die Mannigfaltigkeit aufzulösen und sämtliche Anspielungen zu deuten weiß.

5. Die Regeln der Salonkonversation
oder
Der Zwang zur Zwanglosigkeit

Komprimierung der Mannigfaltigkeit bedeutet aber vor allem auch Verrätselung. Bekanntlich hat die Salonkultur in Frankreich, beginnend mit dem Salon der Madame de Rambouillet um 1613, die sogenannte »préciosité«, die Stilistik des Geistreichen, die Molière so verspottet hat, hervorgebracht und damit die Atmosphäre, in der Schlüsselromane wie die der Madeleine de Scudéry und schließlich auch verschlüsselte Gesellschaftskritik wie die *Charactères* (1688) von La Bruyère entstanden sind. Die konversationelle Bindung wird hier gleichsam enger; das Sich-beim-Tanz-an-den-Händen-Halten wird zwar, wie gezeigt, mit dem Terminus »entretenir« bezeichnet, als charakteristische »Unter-Haltung« dieser Gesellschaft wird sie aber ebenso greifbar in der konversationellen Stilistik des Verschleierns und Enträtselns, des cacher und découvrir. Sie verlangt eine Vertrautheit der Personen untereinander, die nicht nur Gewohnheit ist, wie der Begriff einer »conversation familière« nahelegt, sondern Enge, aus der Verschlüsselung und Verschleierung sich als ganz natürliche Distanzierungsversuche ergeben. So entsprechen soziologisch gesehen die salonkonversationellen Momente der Komprimierung und Verrätselung gerade dem umgekehrten Bedürfnis einer novellistisch oder gar episch zu unterhaltenden Gesellschaft, die Ausführlichkeit und sinnliche Anschaulichkeit liebt.

Vor allem ein Autor der hier diskutierten Epoche hat sich mit diesem Stilelement des bon mot ausführlich beschäftigt, der Jesuit Dominique Bouhours in seinen *Unterhaltungen von Ariste und Eugène* (Entretiens d'Ariste et d'Eugène, 1670). Diese Dialoge enthalten unter anderem eine Unterhaltung über den Typus, der sich als Schöpfer der bon mots und als geistreicher Unterhalter in die Geschichte der Konversation eingeschrieben hat: über den bel esprit, den Schöngeist. Die Aussprüche dieses Schöngeistes vergleicht Bouhours mit Diamanten, die gleichermaßen solide und brillant seien[23]. Was der bel esprit gleichsam nachlässig in die Unterhaltung oder in seine kleinen Schriften streut, hat die schon erwähnte Devise als quasiliterarisches Vorbild. Wie viele seiner Zeitgenossen hat auch Bouhours in den *Unterhaltungen* einen Essay über die Devise geschrieben, und diese dort als eine bestimmte Art Metapher definiert, die einen tiefen und verborgenen Sinn enthalte und die man nicht, ohne sie auszulegen, verstehen könne, die aber, sobald man sie verstünde, Bewunderung und Vergnügen errege[24].

An Sätzen wie diesen ist nicht nur die Annäherung des geistreichen Genießens an ein Geschäft, das Geschäft des Auslegens, auffällig. Die Entzifferung des Verrätselten und die Erkenntnis des Gemeinten ist vielmehr Ausdruck eines regelrechten Geheimniskultes, der in der Atmosphäre des Salons noch als harmlose Spielerei wirken mag, in Wahrheit aber die höfisch-politische Atmosphäre spiegelt. Denn wie es Bouhours in seinem Dialog *Über das Geheimnis* im zitierten Buch sagt, kommt, wer zu schweigen versteht, ins Vertrauen des Fürsten und des Kabinetts[25].

Der Abfall des konversationellen Ethos zu einer Kunst des Dekouvrierens zeigt sich am deutlichsten in den Werken des spanischen Jesuiten und Höflings Baltasar Gracián. Dessen *Handorakel und Kunst der Weltklugheit* (Oráculo manual, 1647), im 19. Jahrhundert von Arthur Schopenhauer übersetzt und zahllos nachgedruckt, kulminiert in der Bemerkung: »Einst war es die Kunst aller Künste, reden zu können: jetzt reicht das nicht mehr aus; erraten muß man können, vorzüglich, wo es auf Zerstörung unserer Täuschung abgesehen ist.« (S. 154) Hier ist aus der Stilistik der Konversation eine Hermeneutik geworden. Zwar zählt auch Gracián noch die alten respektiven Regeln auf, wie: nicht zu lange reden, nicht übertreiben, nicht von sich selber reden, nicht widersprechen, nicht klagen, nicht spitzfindig sein, niemanden necken und ähnliches – aber auffällig werden bei ihm taktische Anweisungen wie: Stichelreden anzuwenden verstehen, Winke verstehen, widersprechen können: »Eine

---

[23] Dominique Bouhours, Entretiens d'Ariste et d'Eugène. Amsterdam 1670, S. 212.
[24] Ebd., S. 342.
[25] Ebd., S. 179f.

30

große List im Erforschen; nicht um sich, sondern um den andern in Verwicklung zu bringen. Die Wirksamste Daumenschraube ist die, welche Affekte in Bewegung setzt: daher ist ein wahres Vomitiv für Geheimnisse die Lauheit im Glauben derselben.« (S. 158) Genauer als mit der Metapher vom Widerspruch als Brechmittel läßt sich wohl kein Gegenbild zur symposionalen Gesprächskultur illustrieren.

Eine ähnliche Entwicklung hat auch auf der Ebene der Salonkonversation stattgefunden. In seinem großen Essay *Über die Konversation* (De la Conversation, 1677) macht der Chevalier de Méré es ausdrücklich zur Regel, daß man alles beobachten müsse, was im Kopf und im Herzen der Leute, mit denen man sich unterhalte, vorgehe, und daß man sich rechtzeitig daran gewöhnen müsse, diese Gefühle und Gedanken an fast unmerklichen Zeichen zu erkennen[26]. Es ist die Sprache der Physiognomie, der Gestik und Mimik, deren Unterdrückung sich nun bei dem, der verstehen will, empfindlich bemerkbar macht; der große Aufschwung der Lehre von der Physiognomie im 18. und 19. Jahrhundert steht nicht zuletzt in diesem Gefolge.

Mit der Konversationslehre von Méré erreicht die höfisch-salonatmosphärische Verkümmerung des respektiven zum restriktiven Ethos ihren Höhepunkt. Der dreißigseitige Essay besteht nahezu ausschließlich aus Verboten; die einleitenden Bemerkungen zur grundsätzlich rekreativen Funktion der Unterhaltung nehmen sich wie eine pflichtgemäße Wiederholung eines in idealistische Ferne gerückten Topos aus. Das interessanteste Dilemma dieser Konversationslehre liegt aber wohl in dem paradoxen Zwang zur Zwanglosigkeit, in der Aufforderung, zwanglos zu erscheinen und gleichzeitig eine Fülle von Regeln zu beachten, die dennoch Lob und Witz und spontane Reaktion fast ganz verbieten. An den rekreativen Beitrag des Unterhalters werden höchste stilistische und intellektuelle Anforderungen gestellt; man soll gut über jedes Thema denken, das zur Sprache kommt; man soll das Beste dazu bemerken, was sich dazu bemerken läßt, und das ganze im angenehmsten Ton und mit der gefälligsten Miene, »ohne darauf zu achten, was vorher oder nachher kommt«[27].

Mit dieser Bemerkung wird freilich der Kern der rekreativen Spontaneität getroffen: die Idee der zwanglosen Assoziation.

[26] Chevalier de Méré, De la Conversation. In Œuvres. Ed. par Charles-H. Boudhors. Paris 1930. Bd. 2, S. 107.
[27] Ebd., S. 105.

Wenn Méré an anderer Stelle die Bemerkungen des unterhaltsamen »honnête homme« mit »kleinen Porträts« vergleicht, die man jedes für sich und ohne Zusammenhang betrachten solle, so illustriert dies anschaulich die Verdrängung der assoziativen Zwanglosigkeit durch die Idee der Unverbindlichkeit[28]. Nimmt man die Idee des Einander-Unterbrechens im Gespräch als konkreten Ausdruck des konversationellen Interagierens, so entfällt diese Interaktion, wenn der Sprecher ohnehin seine Gedanken nur noch auf den kürzesten Nenner bringen darf; das Verbot, niemanden zu unterbrechen, wirkt in dieser Konversationsstilistik wie ein Relikt. Auch hier also, wie in der oben skizzierten Theorie des bon mot, läßt sich eine charakteristische Entsinnlichung beobachten, deren Metapher, das »kleine Porträt«, nun nicht mehr den Akzent auf das Wertvolle, sondern auf das In-sich-Geschlossene, auf das in die Miniatur gepreßte Individuum legt.

Gemessen an der Tradition der Konversationslehren im hier skizzierten Sinn, spielen die häufig mit diesem Thema assoziierten weiblichen Autoren eine verschwindend geringe Rolle. Ihr Part ist die Praxis und damit die eigentliche Konversations*kultur*. Die Blüte der französischen Konversationskultur beginnt in den ersten Jahrzehnten des 17. Jahrhunderts mit dem Salon der sprichwörtlich gewordenen Madame de Rambouillet, in dem Bürger, Adlige und die Autoren der préciosité und der Frühklassik verkehrten. Um 1650 gründete Mademoiselle de Scudéry, Autorin vielbändiger Romane und weiblicher Mittelpunkt der »préciosité«-Bewegung, ihren Salon; er bestand rund zehn Jahre und versammelte jeden Samstag etwa zwölf Personen – ein Beispiel also für eine wirklich kulturbildende Institutionalisierung von Geselligkeit.

Die Konversationslehre der Scudéry kann als einzige auch literaturgeschichtlich bedeutsame Äußerung eines weiblichen Autors gelten. Gemessen an denen der männlichen, zeichnet sie sich durch eine um weitere soziale Implikationen unbekümmerte Darstellung der damals idolisierten »galanten« Konversation aus. Auch die Scudéry formuliert das Paradoxon vom »Zwang zur Zwanglosigkeit«; als ideal gilt, nie zu wissen, was man sagen *wird*, aber stets genau, *was* man sagt (S. 175). Was die

---

[28] Über die Bedeutung des Prinzips der zwanglosen Assoziation für die psychische Entwicklung vgl. Lawrence Kubie, Psychoanalyse und Genie. Hamburg 1966, S. 44 ff.

galante Konversation der »anständigen« voraus hat, ist das affektive, erotisch–kokettierende Moment. Interessanterweise hat die Scudéry dieses Motiv besonders breit in ihrem Essay *Über das Briefschreiben* (De la manière d'écrire des lettres, 1685) ausgeführt: Nicht im zweckgebundenen, sondern erst im galanten Brief könne der Geist sich in seiner ganzen Fülle zeigen und die Imagination wirklich frei spielen; man könne von einem Thema zum andern wechseln, ohne irgendwelchen Zwang, und so seien diese Art Briefe recht eigentlich eine Konversation unter abwesenden Personen[29].

Für den historischen Zusammenhang ist an dieser Gesprächslehre zweierlei interessant. Der erotisch-galante Affekt ersetzt bei der Scudéry den sozialen comitas-Affekt viel nachdrücklicher, als es im Essay über die Konversation deutlich wird. Der langatmige Essay *Über das Scherzen* (De la raillerie, 1685) bestätigt zudem, daß auch hier das Geschichtenerzählen als womöglich lügenhaftes Reden der Aufforderung weicht, Information zu liefern, also historische oder exotische Berichte. Gleichzeitig rückt der Begriff des Pikanten, also die hintersinnige Aggression, in den Vordergrund; und dies mit der Begründung, daß, wie es in einer frühen deutschen Übersetzung heißt, »die Weltleute dadurch Gelegenheit finden, ihre Wahrheit bis zu einem gewissen Punkt herauszusagen, ohne daß man sich mit Recht dadurch beleidigt fühlt«[30]. In dieser konversationellen Umwertung von Wahrheit und Lüge spiegeln sich einmal mehr die Folgen eines zur Restriktion erstarrten konzilianten Respekts; eben weil im Etiketten- und Zeremonienwesen die Lüge überhandnimmt, wird aggressive Ehrlichkeit zum rekreativen Prinzip.

Das Ersetzen der comitas durch die Affekte der Erotik und der Aggression ist aber bei der Scudéry nur die Kehrseite einer radikalen Absonderung der Konversation aus dem Ernst der gesellschaftlichen Wirklichkeit. Während die bisher zitierten Konversationslehren mehr oder minder formale Regeln geben, welche Rücksichten man im Gespräch zu nehmen habe, wendet die Scudéry sich dem Inhaltlichen zu. Die *Konversation über die Konversation* beginnt mit einer umständlichen Aufzählung

[29] Madeleine de Scudéry, Conversations sur divers sujets. Amsterdam ⁵1686, S. 39 f.
[30] Kluge Unterredungen/ Der in Frankreich berühmten Mademoiselle de Scudéry … Aus dem Französischen ins Teutsche gebracht … durch die bey den Blumen-Hirten an der Pegnitz so genannte Crone. Nürnberg 1665, S. 157.

sämtlicher denkbarer Themen für eine Konversation, um dann in das Reglement zu münden, daß man nicht über dies *oder* jenes reden dürfe, sondern über alles, vorausgesetzt, man vertiefe sich nicht in die Sache (S. 174). Mit dieser Egalisierung und Relativierung der konversationellen Sujets wird bewußt der Typus ausgeschlossen, der die zeitgenössische Wirklichkeit mehr und mehr zu beherrschen beginnt: der Typus des Spezialisten und Gelehrten, des Pedanten, um in der Sprache des Salons zu reden. Der wahre Gesellschafter dagegen versteht die Kunst, »de detourner les choses«: die Dinge zu wenden; das heißt, von schwierigen Sachen einfach, von galanten galant und von einfachen gekonnt zu reden (S. 175).

Diese Übernahme der rhetorischen Dreistillehre in die konversationelle Stilistik belegt nicht nur den Ersatz der delectatio durch Erotik; denn nichts anderes besagt die Behauptung, daß nur die mittleren, »galanten« Sujets keiner stilistischen Bearbeitung bedürften. Die Übernahme erfolgt vor allem zu einem literarhistorisch interessanten Zeitpunkt, kündigt sich doch im letzten Drittel des 17. Jahrhunderts eine energisch antirhetorische Tendenz an. Der Wortführer des französischen Klassizismus, Nicolas Boileau, hatte rund zehn Jahre vor dem Erscheinen der *Conversations* der Scudéry das Stilideal der Simplizität gegen den preziösen Wortkult und gegen das rhetorische Ornament aufgestellt; und auch François Fénelon, einer der einflußreichsten Theologen der Zeit, verlangte für Predigt und Poesie einen ungezwungenen konversationellen Stil.

Damit setzt sich auf literarischer Ebene durch, was bei den herrschenden Schichten aus dem täglichen Gespräch verdrängt wurde. Was die Konversation als gesellschaftlich reglementierte sprachliche Interaktion nicht mehr zuläßt, erhält nun im *schriftlichen* Umgang neue Dignität: Lob, Naivität, Witz, eine gewisse Respektlosigkeit (badinage) und zwanglose Assoziationen werden zu Kennzeichen des Briefstils, wie ihn Madame de Sévigné in ihren vielen hundert Briefen an ihre Tochter zu größter Popularität gebracht hat. Mit dieser Wendung kündigt sich das Ende der Konversationsepoche an. Auch und gerade im Frankreich des 18. Jahrhunderts wird über Konversation kaum mehr geschrieben, und wenn, so wird wie bei Trublet auf die Überholtheit der Sache aufmerksam gemacht.

6. Die bürgerliche Moral der Konversation
oder
Die lustlose Geselligkeit

Einige soziologische und intellektuelle Bedingungen für diese
Entwicklung lassen sich an der Entfaltung des Verhältnisses der
verschiedenen Redekunstlehren der Zeit illustrieren. Das Stilideal der Simplizität, das Boileau im 17. Jahrhundert der Rhetorik – auch und gerade des klassischen Dramas – vorzuschreiben
bemüht war, entsprach in einem sehr spezifischen Sinne einer
Neuordnung des Verhältnisses von Wort und Sache überhaupt;
die Überwucherung des Gemeinten durch artifizielles verbales
Ornament, wie es in der préciosité und im barocken Stil sich
dokumentierte, sollte einer Rhetorik der Sache, einer Besinnung
auf die Inhalte weichen. Daß es die *Sache* sei und nicht ihre
Formulierung, die den Hörer überzeugen könne, kommt im
18. Jahrhundert an zahlreichen Stellen zum Ausdruck; ganz
pragmatisch etwa in dem Argument David Humes, daß die antiken Redner eben wegen der geringen Zahl der Zuhörer sich
kunstvoller, wohl auch nicht ganz fairer Mittel hätten bedienen
können, um ihr Publikum zu überreden; daß aber der moderne
Politiker in der Konfrontation mit einer anonymen Masse mit
Fakten und wissenschaftlich erwiesenen Tatsachen kommen
müsse[31]. Ähnliches meint d'Alembert in seinem Artikel über die
Beredsamkeit in der *Encyclopédie*, wenn er die Simplizität des
Stils als angemessenen Ausdruck eines gehaltvollen, *an sich*
überzeugenden Gedankens fordert.

Dieser Entlassung der Rhetorik als einer für den sozialen
Einigungsprozeß nicht mehr verwendbaren Redekunstlehre
entspricht eine charakteristische Entwicklung im Bereich der
Poetik. Einer der umstrittensten französischen Ästhetiker,
Charles Batteux, stellte um die Jahrhundertmitte das an Boileau
orientierte Stilideal der naïveté auf: Naiv sei die wahre Sprache
des Genies, das im Grunde nur zu sagen brauche, was es denke,
um schöne Dichtung zu erzeugen[32]. Was sich hier andeutet, ist
eine spezifische Entsprachlichung zugunsten der Entdeckung
von Sachlichkeit und »Natur«; der Entwicklung der Naturwis-

---

[31] David Hume, Of Eloquence. In: Essays and Treatises on Several Subjects.
London – Edinburgh ⁴1753. Bd. 1, S. 147f.
[32] Charles Batteux, Lettre sur la naïveté du style. In: Cours de Belles-Lettres.
Paris 1748. Bd. 3, S. 9f.

senschaften und ihrer objektiven, wissenschaftlichen Erkenntnisse korrespondiert die Entdeckung des poetischen Vermögens als einer Naturgabe, des Naturgenies.

Ihren soziologischen und freilich mannigfaltig vermittelten Ausdruck findet diese Entsprachlichung in der Entdeckung der kleinsten »natürlichen« Form der Vergesellschaftung, in der Entdeckung der Familie. Ist noch im 17. Jahrhundert der Begriff einer »conversation familière« einfach eine Metapher für gewohnten Umgang, so wird im 18. Jahrhundert der Familie als einem Ort der Geborgenheit eine Aufmerksamkeit gewidmet, die der Erhaltung eines konversationellen Ethos eher entgegensteht[33]: Den sozialen Tugenden von vertrautem Umgang, Konzilianz, Respekt, zwangloser Assoziation und gegenseitiger »komischer« recreatio wird gleichsam das soziologische Substrat entzogen.

Gewiß hat es auch im 18. Jahrhundert, besonders bei den Enzyklopädisten bekannte, für die Aufklärung und Durcharbeitung vorrevolutionären Gedankenguts überaus wichtige Salons gegeben; bezeichnenderweise nannte man sie jedoch »bureaux d'esprit«. Für die bürgerliche Form der sozialen Assoziation wichtiger waren die zahllosen Vereinigungen, die aber mit ihrer meist wissenschaftlichen, politischen oder geheimbündlerischen Zweckbestimmung das wesentliche Charakteristikum der symposionalen oder Salon-Assoziation, nämlich Geselligkeit um ihrer selbst willen zu pflegen, gerade ausschlossen. Nur die besonders in England bald weit verbreitete Institution der Kaffeehäuser, aus der sich im 19. Jahrhundert das englische Klubwesen entwickelte, bot dergleichen gesellige Möglichkeit, in der freilich das Moment einer zur Anonymität tendierenden Öffentlichkeit das ältere Motiv der geselligen Vertrautheit zu überwiegen drohte. Die für Deutschland charakteristische Verspätung in der Ausbildung von Öffentlichkeit in diesem Sinn ist häufig konstatiert worden; sie verdankt sich unter anderm den spezifischen Affektansprüchen der pietistischen und nationalsprachlich-patriotischen Bewegungen. Wir kommen darauf noch zurück.

[33] Vgl. dazu Jürgen Habermas, Strukturwandel der Öffentlichkeit, Neuwied-Berlin ⁵1971, S. 48 ff.; sowie Philip Ariès, Geschichte der Kindheit. München 1978, S. 556 ff. Die Beobachtung von Ariès, daß die Entfaltung des Familiensinns im 18. Jahrhundert der Ausbildung einer geselligen Affektivität geradezu entgegensteht, bestätigt das von Habermas konstatierte Auseinandertreten von privater und öffentlicher Sphäre.

Die eigentlichen Erben des konversationellen Ethos sind im 18. Jahrhundert nicht ganz einfach auszumachen. Jedoch hat es den Anschein, als ob sich wesentliche Ideologeme in den drei großen Sphären der Publizistik, des Kommerzes und des Freundschaftskultes mit der hier sich entwickelnden Brief- und Gesprächskultur wiederfänden.

Daß die zu Jahrhundertbeginn aus dem Boden schießenden Moralischen Wochenschriften sich als Nachfahren einer nunmehr publizistisch institutionalisierten »conversation familière« betrachten, zeigen nicht nur ihr konversationeller Stil, der die Zwanglosigkeit von Brief und Essay nachahmt, sondern schon ihre Titel: *Der Schwätzer* (The Tatler), *Der Müßiggänger* (The Idler), *Der Gesellige* und *Der Freund,* um nur einige deutsche und englische Blätter zu nennen. Welcher neue Gesellschaftstypus sich hier herausbildet, ist im ersten Beitrag der wohl berühmtesten englischen Wochenschrift, dem *Zuschauer* (Spectator), anschaulich dargestellt: Der Autor stellt sich seinem Publikum als ein Mr. Spectator vor, der zwar ungemein viel gelesen habe und viel gereist sei, sich aber lebenslänglich nicht getraut habe, in der Gesellschaft den Mund aufzumachen. Gleichsam zur Entschädigung und Entschuldigung für dieses unhöfliche und unbefriedigende Verhalten wolle er nun alles, was er Interessantes gelesen und gesehen habe, seinem Publikum mitteilen.

In den Moralischen Wochenschriften »modelliert« sich das bürgerliche Publikum ähnlich wie das höfische und städtische in den Anstandsbüchern der vorangehenden Jahrhunderte[34]. Daß die Beiträge auch zahlreiche größere und kleinere Abhandlungen zur rechten Konversation enthalten, versteht sich. An ihnen ist charakteristisch der moralisierende Ton, aber auch die neuen Gruppen, die nun ins Scheinwerferlicht publizistischer Öffentlichkeit rücken. So werden im *Spectator* die groben Sitten der Kaffeehausbesucher gerügt, wird der fade, plumpe, aggressive Witz verboten, werden Satiren wider die rohen Sitten des Disputierens, Spottens und Aushorchens geschrieben; Samuel Johnson widmet sogar einen kleinen Essay der englischen Unsitte der »Wettergespräche«[35].

---

[34] Zur Entstehung bürgerlicher Öffentlichkeit aus dem Geist der Konversation vgl. Jürgen Habermas, a. a. O., S. 59 ff., sowie vor allem Wolfgang Martens, Die Botschaft der Tugend. Die Aufklärung im Spiegel der deutschen Moralischen Wochenschriften. Stuttgart 1969, S. 74 ff.
[35] Samuel Johnson, The Idler. No. 11, Saturday, 24. June 1758.

So töricht und banal und unerzogen es nun auch in den Kaffeehäusern und den Kreisen des Landadels zugegangen sein mag, so aufschlußreich erscheint es, daß die bürgerlichen Konversationslehren der Vorstellung einer rekreativen Heiterkeit oder gar Erotik weiter keine Beachtung schenken. Der einzige Autor, der zu Jahrhundertbeginn nachdrücklich seine Stimme für den Witz in der Unterhaltung als Ausdruck von Freiheit erhoben hat, war Shaftesbury, ein Platoniker, dessen Ästhetisierung der Moral erst wieder im letzten Drittel des Jahrhunderts zur Geltung kam[36].

Daß es die Emanzipation des Bürgers selbst sei, die solche Disziplinierung forderte, zeigt der große Essay über die Konversation von Henry Fielding, der ja als Autor nicht eben über mangelnden Witz verfügte. Die Konventionalität und bemerkenswerte Flächigkeit seines Konversationsideals liegt aber sichtlich in dem Bestreben, das konversationelle Ethos soweit wie möglich von seinen aristokratischen Ursprüngen zu lösen; die hartnäckige Verurteilung von Arroganz, Stolz und Selbstbewußtsein läßt Fielding als Ideal einzig eine wünschenswerte Egalität entwickeln.

An der charakteristischen Unlustigkeit der bürgerlichen Konversationslehren haftet nun aber nicht nur das soziologische Motiv einer bürgerlichen Schüchternheit in vornehmer »Gesellschaft«, sondern vor allem auch ein psychologischer Faktor. Kehren wir dazu ins 16. Jahrhundert zurück.

Die beiden wichtigsten Bücher zum Ethos des gesprächigen Umgangs, die ausdrücklich nicht für höfische Kreise geschrieben waren, sind der *Galateus* von Giovanni della Casa und das Buch *Über den bürgerlichen Umgang* von Stefano Guazzo. Beide führen jenen Ansatz zur sittlichen Disziplinierung fort, der nach Norbert Elias mit Erasmus' Anweisungen *Über die anständigen Sitten der Knaben* ins Bewußtsein einer breiteren Öffentlichkeit tritt. Unter den Gesprächsregeln bei della Casa fällt nicht nur das Lügenverbot auf; statt der Lügengeschichten ist es in beschränktem Maße erlaubt, Träume zu erzählen, wenn diese mit einer moralischen Pointe enden. Aufschlußreicher ist, was della Casa als rekreatives Prinzip zuläßt: das sogenannte Vexieren, also die lustige Verspottung des anderen. Auch in dieser Gesprächslehre also gilt die Aggression – und nicht die

---

[36] Shaftesbury, Sensus communis: An Essay on the Freedom of Wit and Humour. London 1709.

comitas – als konversationelle Erholung; der Stoßseufzer, »daß wir keineswegs dies mühselige sterbliche Leben ohne allen Scherz, Kurzweil und Ruhe hinbringen könnten«, ertönt ausdrücklich in diesem Zusammenhang.

Wie so häufig, so ist auch im Bereich der Konversationslehren ein Blick auf die Metaphern, mit der Rede charakterisiert wird, sinnvoller als manches theoretische Argument. Während Pontanus die rechte Rede noch mit den Metaphern der Süßigkeit (suavitas) oder auch des Salzigen veranschaulicht – und das Wort vom »gesalzenen Witz« ist ja noch heute geläufig, wenn auch weniger als die vom »beißenden« –, finden sich bei della Casa Vergleiche wie die, daß manche Leute sich an ihren Reden gar nicht genug »sättigen« könnten und daß wiederum die, die jene unterbrechen wollten, gleichsam den Rednern die Brocken aus dem Munde zu reißen versuchten. Die Idee von der Triebhaftigkeit des Redens wird auch bei folgenden Metaphern unterstellt: Daß, wem das Wort in dem Augenblick abgeschnitten werde, da er es äußern wolle, es diesem zumute sein müsse, wie jemandem, der eben gähnen wolle und dem ein anderer die Hand auf den Mund lege; oder wie einem, der seinen Arm erhoben hat, um einen Stein nach einem Vogel zu werfen, und einer stünde hinter ihm und halte ihm den Arm auf; oder wie einem, der im vollen Lauf sich seinem Ziel nähere, und er werde gewaltsam aufgehalten. Der Autor dieser für eine breite Schicht geschriebenen Anstandslehre war ein Geistlicher, Erzbischof von Benevent; und für eine geistliche oder seelsorgerliche Erfahrung im Umgang mit Redenden spricht die Bemerkung, daß »Reden nichts anderes sei, als dem, der da zuhört, sein Gemüt eröffnen« (S. 127).

Auch von hier aus ist zu ergänzen, was Norbert Elias als disziplinierende Funktion solcher Bücher beschrieben hat. Der zivilisatorische Anspruch, vitale körperliche Bedürfnisse nicht nur wie Aggression, sondern auch wie Kommunikation unbefriedigt zu lassen, wird offenkundig nicht einfach mit einer Verwandlung von »Fremdzwang« und »Selbstzwang« beantwortet, sondern auch entsprechend kompensiert. Es liegt an der Ausblendung der gesamten, teilweise ja auch schon in den Tischzuchten integrierten Konversationslehren, daß Elias dieses wichtige Motiv hat übersehen können[37]. Seinem Nachweis, daß

---

[37] Der ›Exkurs über die höfische Modellierung des Sprechens‹ (Elias, a.a.O., Bd. 1, S. 145 ff.) behandelt nur Fragen der Sprachnorm.

etwa in der zunehmenden Tabuisierung des Messergebrauchs beim Essen ein Symptom zunehmender Aggressionsunterdrückung zu sehen sei, muß unsere Beobachtung entgegengehalten werden, daß in der Modellierung des Gesprächs die – witzige – Aggression das Feld gegen die freundliche comitas behauptet, ja zunehmend an Boden gewinnt; daß also auf der Ebene der *symbolischen* Interaktion erhalten bleibt, was auf der der physischen erfolgreich bewältigt scheint[38].

Ein charakteristisches und nicht zufällig christliches Beispiel dafür sind die dreißig Gesprächsregeln, die der Pietist August Hermann Francke im 17. Jahrhundert (1698) schrieb. Hier wird nicht nur das Geschichtenerzählen verboten, weil der »Lügengeist« darin herrsche; die Geselligkeit an sich wird, wie von vielen christlichen Autoren, hauptsächlich als Gelegenheit zu sündigen begriffen. Verboten sind zwar Spott, Widerspruch und vor allem das Lachen; erlaubt aber ist – und das kann als spezifisch pietistischer Beitrag gelten – das Bestrafen: »Wenn du andere ihrer Sünden wegen bestrafen sollst, so schütze nicht die unbequeme Zeit vor, wenn dich deine Furchtsamkeit und Blödigkeit davon abhält; die Furchtsamkeit und Blödigkeit muß eben so wohl als andere böse Gemütsbewegungen überwunden werden. Doch bestrafe dich allemal zuvor selbst, ehe du andere bestrafst, damit deine Bestrafung aus Mitleiden herrühre.«[39]

In seinem vieldiskutierten Werk über *Die protestantische Ethik und den Geist des Kapitalismus* (1905) hat Max Weber die These aufgestellt, daß die Ausbildung und Entwicklung des Kapitalismus ohne die pietistisch–puritanische Form der »innerweltlichen Askese« nicht denkbar sei[40]. Konversationslehren wie die von Francke zitierte predigen aber nicht nur Askese, sondern Kasteiung. Ein grausames Beispiel dafür stammt von dem zweiten großen deutschen Pietisten, von Nikolaus Ludwig Graf Zinzendorf. In seinen *Gedanken vom Reden und Gebrauch der Worte* (1723) stellt er jeglichen gesprächigen Um-

[38] Auf die wachsende Aggressivität selbst im künstlerisch-symbolischen Interaktionsbereich haben Ernst Gombrich und Ernst Kris aufmerksam gemacht; vgl. Ernst Gombrich, Psychoanalyse und Kunstgeschichte. In: E. G., Meditationen über ein Steckenpferd. Frankfurt/M. 1978, S. 65 ff. Ein vergleichbares Phänomen wäre die Dissonanzbehandlung in der Musik besonders des 19. Jahrhunderts.

[39] August Hermann Francke, Dreißig Reguln zur Bewahrung des Gewissens und guter Ordnung in der Conversation oder Gesellschaft. Leipzig 1689, 21. Regel.

[40] Vgl. Max Weber, Die protestantische Ethik. München-Hamburg 1965, S. 115 ff.

gang unter das Motto »Wir sollen aus unsern Worten gerichtet werden« und unter die Devise: »Wohl dem, der sich selbst richtet, und von dem Herrn gezüchtigt wird, auf daß er nicht mit der Welt verdammet werde.« (S. 188). Selbst die fast fünfzehnhundertjährige zivilisatorische Entwicklung, die zwischen dieser und der Konversationslehre des Ambrosius liegt, hat diesem christlichen Grundmotiv offensichtlich nichts anhaben können.

Bei Zinzendorf kommt zudem noch eine charakteristisch moderne Ergänzung hinzu: Geredet werden darf »kein einziges Wort, das keinen wahren Nutzen zum Grunde hat« (S. 188). Wir können hier auf den spezifisch christlichen »Kapitalismus« im Umgang mit dem Wort nicht weiter eingehen. Daß es der Schweigende sei, der im Gespräch mit Gott sich einen unvergänglichen Schatz sammle, ist ein alter, schon zitierter Topos, der nun auf den Umgang mit Menschen übertragen wird und einem Sicherheitsbedürfnis Ausdruck gibt, das wiederum nur aus dem Erlebnis einer feindlichen Umwelt zu erklären ist. Damit sollen die bekannten sozialen Leistungen des Pietismus nicht geschmälert, vielmehr auf die dieser Umgangslehre inhärente Paradoxie aufmerksam gemacht werden, die sich schon bei Ambrosius angedeutet hat: auf das Problem, wie denn soziales Engagement affektiv fundiert sein soll, wenn eben diese Affektivität unterdrückt werden muß. Die pietistische Lösung dieses Problems durch ein affektiv außerordentlich stark besetztes Gemeindeleben, aus dem sich seinerseits der deutsche Patriotismus viel Nachdruck geholt hat, ist selbst von neutralen Forschern als Ursprung des Individualismus und deutschen Innerlichkeitskults[41] und damit eben gewissermaßen als soziale Sackgasse beschrieben worden.

Die Verpflichtung auf »nützliches Reden« stammt nicht erst von Zinzendorf. Schon die Konversationslehre des Guazzo aus dem 16. Jahrhundert liefert dafür einen anschaulichen Beleg. Für dessen humanistisches urbanitas-Ideal ist bezeichnend die Abwehr der mönchischen vita contemplativa. Der Mensch könne nur unter Menschen Erfahrungen sammeln, und ein Mensch ohne Erfahrungen sei nicht besser als ein Tier. Gleichwohl dominiert auch bei Guazzo das Ideal der Schweigsamkeit, wenn auch dessen ideologische Herkunft nicht ganz mit der christlichen oder höfisch-politischen identisch ist. Wovon

---

[41] Vgl. dazu Gerhard Kaiser, Pietismus und Patriotismus im literarischen Deutschland. Wiesbaden 1961.

Guazzo handelt, wird am deutlichsten in seiner Redemetaphorik: in der immer wiederkehrenden Metapher vom Wort als Münze. Daß man im Gespräch Gold und nicht pure Scheidemünze zu geben habe, daß man immer mehr einnehmen solle als ausgeben, denn dazu habe uns die Natur schließlich *zwei* Ohren und *eine* Zunge gegeben, sind nur einige Beispiele (S. 130).

Tatsächlich kann die Konversationslehre des Guazzo als ein schönes Beispiel für eine kaufmännische Umgangslehre gelten. Vor dem Hintergrund der *affektiven* Auffassung von Rede, die wir bei della Casa festgestellt haben, bekundet der Vergleich von Münze und Wort bei Guazzo eine genuin *konventionelle;* auch der Wert der Münze wird durch Übereinkunft festgesetzt. Damit ist einer pluralistischen Sicht das Tor geöffnet; denn Übereinkünfte können je verschieden zustande kommen und haben je verschiedene Bedingungen. Das Schweigegebot dieser kaufmännischen Konversationslehre ist die Kehrseite ihrer Erfahrungslehre: Was der Kaufmann nicht unvorsichtig preisgeben sollte, sind seine Erfahrungen, mit andern Worten: Information; zu schweigen gilt gleichsam als Akt der Sparsamkeit und nicht so sehr als Ausdruck des Mißtrauens oder als mühsame Selbstbeherrschung. Den sichersten Beleg dafür liefert die Idee der recreatio, wie sie Guazzo am Schluß des Buches am Beispiel eines Gastmahls vorführt. Das Gastmahl gilt ihm als Ausdruck der liberalitas, also der Freigebigkeit, mit der sich der Kaufmann von seinem täglichen Geiz sollte erholen können. Gleichwohl erscheint es symptomatisch, mit welchen Gesprächen Guazzo dieses Gastmahl einleitet und ausklingen läßt: mit Gesprächs*spielen* nämlich, deren erstes, vor dem Essen, ein »Spiel von der Einsamkeit« ist und deren zweites, nach dem Essen, ein »Spiel von der Konversation« ist. Dieses Spiel nun besteht darin, daß man irgendeinen Gegenstand als Produkt des Zusammenwirkens zweier Faktoren darstellt: also etwa das Blühen einer Blume als Resultat des Zusammenwirkens von Erde und Sonne. Hier wird aufs schönste der *Nutzen* der Erholung demonstriert, genauer: die Nutzung der recreatio für die Produktivität und damit für die creatio.

Tatsächlich ist, wie wir noch sehen werden, in den bürgerlichen Konversationslehren die Tendenz deutlich, die Erlaubnis zur Erholung durch eine Verpflichtung auf Produktivität zu verdrängen; in ihr kommt das bürgerliche Arbeitsethos zum Zuge, das sich bis zum 19. Jahrhundert zu einer erbitterten Abwehr des aristokratischen Müßiggängertums gesteigert hat.

7. Der Witz als Leistung
oder
Der bürgerliche Individualismus

In seiner vielgelesenen *Moralphilosophie* (La filosofia morale, 1670) hat Emanuele Tesauro, der Haupttheoretiker des italienischen Manierismus, die Umgangslehre des Aristoteles reproduziert und breit ausgeführt. Die ausführlichste Darstellung erhält bei ihm das Kapitel von der recreatio, also dem, was bei Aristoteles die urbanitas leistet. Aus dieser urbanitas wird bei Tesauro eine intellektuelle Operation, bei der etwas auf sinnreiche Weise gelehrt werde; und unter sinnreich versteht er die Technik, eine Sache nicht auf eigentliche, sondern auf bildliche Weise zu sagen; gemeint ist also das metaphorische Reden.

Die Kunst der Metapher galt in der Tat im Manierismus als Inbegriff poetischer Kreativität[42]; Tesauro hat ihrer Kunst ein ganzes Buch gewidmet. Auch der schon erwähnte Bouhours legt seinem Essay über die Devise die aristotelische Metapherndefinition zugrunde; ja, die gesamte Theorie des ingeniums, französisch: esprit, deutsch zunächst: Witz, später: Genie, ist mit der metaphorischen Leistung, möglichst entlegene Dinge miteinander vergleichbar zu machen, verschwistert.

In welchem Grad mit der Theorie vom aufzufindenden Dritten, Gemeinsamen die konkrete intellektuelle und soziale Entwicklung zur arbeitsteiligen Spezialisierung kompensiert wird, läßt sich hier nur andeuten. Daß eigentlich in allen großen europäischen Ländern des 18. Jahrhunderts dieser »Witz« als Inbegriff poetisch-schöpferischen Denkens gegolten hat, ist eine Tatsache. Halten wir an dem oben dargestellten Befund fest, wonach die »komische« recreatio im Sinne einer zwanglos entfalteten *sozialen* Affektivität mehr und mehr aus der Theorie der Konversation verschwindet, so ist der Schluß auf eine nunmehr arbeitsteilige Befriedigung dieses Bedürfnisses durch das poetische Genie kaum von der Hand zu weisen. Ja, die gewaltigen, durch die konkrete poetische Leistung doch nicht ganz zu rechtfertigenden Hoffnungen, die die literarische Theorie des 18. und noch mehr des 19. Jahrhunderts auf dieses Genie setzen, wirken von hier aus wie das Eingeständnis, daß hier ein wesent-

---

[42] Zum Zusammenhang von Manierismus, Metaphern-Kult und dem psychologischen Phänomen des Narzißmus vgl. Arnold Hauser, Der Ursprung der modernen Kunst und Literatur. München ²1973.

liches Moment des sozialen Daseins eine womöglich unzweck-
mäßige Eigenentwicklung genommen habe. Für diese Vermutung spricht nicht zuletzt die Entdeckung von Sprachtheoreti-
kern wie Diderot, Vico und Herder, daß die Sprache selbst, also
das soziale Medium par excellence, in ihren Ursprüngen durch
und durch poetisch sei. Die Entfaltung dieses Arguments zu
einer regelrechten Sprachphilosophie ist bekannt. Ihr wichtig-
stes Anliegen war freilich die Erkenntnis und Verteidigung der
sprachlich-nationalen Individualität, womit andererseits nur
wiederholt wurde, was die Theorie vom ingenium immer schon
behauptet hatte: daß im metaphorisch-poetischen Ausdruck das
Individuum zu Worte komme.

Der Verdacht, daß die Idolisierung des metaphorischen Aus-
drucks letztlich den Verlust einer kommunikativen Gemein-
schaftlichkeit anzeige und mit der Idolisierung des Individuums
Hand in Hand gehe, bestätigt sich am intellektuellen Hintergrund der *Gedanken über die Konversation* (Pensées de la conversation, 1735) des Abbé Trublet. Der Essay gipfelt in einem
literaturkritischen Vergleich zwischen Montaigne und Madeleine de Scudéry, die in ihren Romanen mehr oder weniger
fiktive, jedenfalls exemplarische Konversationen dargestellt
hatte. Im Vergleich zu diesen verwirrenden, den Ablauf der
Geschichte hemmenden Unterhaltungen, in denen eigentlich
keine Figur eine rechte Individualität entfalte, sei an Montaigne
eben dies: die essayistische *Selbst*darstellung zu rühmen. Damit
wird einem der striktesten Verbote konversationeller Interaktion widersprochen; gerade die Selbstdarstellung, der Ausdruck
dessen, was das Individuum meint und möchte, hatte ja in der
Theorietradition von Devise und bon mot, besonders aber in
den Verboten der mimisch-gestischen Expression, ihren restriktiven Höhepunkt erreicht.

Daß Trublet ausgerechnet einen Schriftsteller und dessen
schriftstellerische Selbstdarstellung lobt, bezeugt, welche
Schwierigkeit unter diesen Umständen die Behauptung eines
konversationellen Ethos machen mußte; scheint doch die Idee
einer rückhaltlosen Selbstdarstellung mit der Forderung nach
rücksichtsvoller Konzilianz nicht eben einfach vereinbar. Statt
nun die gesellschaftskritische Folgerung zu ziehen, daß es womöglich die konversationelle, im weiteren Sinne also auch soziale Situation selbst sei, die das Individuum nicht zu Worte
kommen lasse, drückt Trublet in seinen einleitenden Sätzen das
Unbehagen an der normierten, reglementierten *Sprache* aus, die

eigentlich keine rechte Verständigung erlaube. Man errate sich weit öfter, als daß man sich verstünde. Am Beispiel zweier Taubstummer, die das Schreiben gelernt haben, demonstriert Trublet die Unvollkommenheit solch einer Kommunikation, der es an der entscheidenden sinnlichen Präsenz fehle.

Der sich hier andeutende Ersatz von Konversations- durch Sprachkritik fand seinen deutlichsten Ausdruck in jenem *Brief über die Taubstummen für jene, die hören und verstehen können* (Lettre sur les sourds et les muets à l'usage de ceux qui entendent et qui parlent), den Diderot 1751 veröffentlichte[43]. In diesem Brief nun wird die Sprache als gesellschaftlich-rationale *Institution* mit dem ursprünglichen Bedürfnis nach totaler *Expression* kontrastiert; schon die pure Abfolge der Wörter sei wider den Geist der sinnlichen Ganzheit des Individuums. Den Taubstummen führt Diderot gleichsam experimentell als Beispiel eines Urmenschen vor, dessen kommunikativer Habitus noch nicht durch eine syntaktisch-lexikalische Reglementierung verzerrt sei; er hat die herrschende Sprache nicht lernen können. Für den ideologischen Ort dieser Beweisführung ist bezeichnend, wie sich Diderot die ideale Konversation des Taubstummen denkt: Er gibt ihm ein damals eben erfundenes Instrument, das sogenannte »Farbenklavier«, an die Hand, mit dem der Taubstumme seine simultanen Empfindungen würde kommunizieren können. An diesem urtümlichen Bedürfnis nach totaler, simultaner, kurz: poetischer Expression, die auch für Diderot eine grundsätzlich metaphorische ist, interessiert für den Zusammenhang von Konversations- und Sprachkritik besonders der Modus der Verständigung; die poetische Expressivität unterstellt oder ersehnt die Möglichkeit eines unmittelbaren Verständnisses. Eine Hypothese, die in Trublets Essay in der resignierenden Formulierung auftaucht, daß wirkliches Verstehen nur zwischen zwei möglichst ähnlichen Individuen denkbar sei (S. 195).

[43] Denis Diderot, Lettre sur les sourds et les muets à l'usage de ceux qui entendent et qui parlent. Ed. par P. H. Meyer. Genf 1965, bes. S. 60ff.

8. Die idyllische Konversation
oder
Die bürgerliche Naivität

Das Experiment mit dem Taubstummen – und kein sinnfälligeres Beispiel ließe sich für das, was wir oben »Entsprachlichung des sozialen Umgangs« genannt haben, finden –, dieses Experiment bildet nun aber den Höhepunkt einer konversationstheoretisch bedeutsamen Auseinandersetzung um das Verhältnis von Sprache und Poesie, die schon zu Beginn des Jahrhunderts eingesetzt hatte. In einem Brief an die Académie française von 1717 hatte sich Fénélon, also jener Theologe, der schon für einen konversationellen Stil in der Predigt plädiert hatte, auch für eine Befreiung der Poesie von den starren Regeln der französischen Syntax engagiert; das positive Gegenbeispiel sind für ihn die antiken Sprachen mit ihrer flexiblen Möglichkeit zur Inversion, zur Umstellung von Subjekt und Objekt[44].

Dieses zunächst recht abstrakt anmutende Problem nahm der schon erwähnte Charles Batteux in seinen *Briefen über den französischen Satz verglichen mit dem lateinischen* (Lettres sur la phrase françoise comparée avec la phrase latine, 1748) auf und erläuterte, daß in der Tat das Lateinische im Gegensatz zum Französischen eine »natürliche« Wortfolge besitze[45]. Der Begriff der natürlichen Wortfolge (ordre naturel) setzt nun aber bei Batteux den einer »natürlichen Ideenfolge« voraus; diese wird im Reden abgebildet. In seinem *Brief über die Naivität des Stils* (Lettre sur la naïveté du style, 1748) hat Batteux dann den naiven Stil als genuin poetischen beschrieben und an Beispielen antiker Literatur illustriert. Denn der naive Stil, der zugleich der schöne sei, bilde eben die »natürliche Ideenfolge« ab; das poetische Genie sagt, was es denkt, vor allem aber: es sagt, was es *will*[46]. Eben diese intentionale, rhetorisch-persuasive Grundhaltung war es, die Diderot in seinem Brief über die Taubstummen aus der Idee von Poesie verbannt haben wollte, denn die Empfindung kenne keine Sukzession, keine Abfolge von Ideen; erst das zielgerichtete Wollen, die Absicht, setze eine Rangordnung voraus und eine Unterscheidung zwischen dem, was zuerst kommen, und dem, was folgen solle.

---

[44] François Fénélon, Lettre à l'Académie. Ed. par E. Caldarini. Genf 1970, S. 68 ff.

[45] Charles Batteux, a. a. O., Bd. 2, S. 14.

[46] Charles Batteux, a. a. O., Bd. 3, S. 9 f.

Das Stilideal der Naivität ist spätestens seit Montaigne, den Trublet in seinen *Gedanken über die Konversation* zitiert, das Redeideal eines zwanglosen, freundschaftlichen Gesprächs; auch und gerade Montaigne hatte es zudem als Signum der Volkssprache in ihrem Gegensatz zur lateinischen Gelehrtensprache verteidigt. Daß sich in der Diskussion um die Batteuxsche »naïveté du style« der genuine Zusammenhang von Sprach-, Konversations- und Gesellschaftskritik herstellt, belegt die erste deutsche Reaktion auf Batteuxs Schrift, die *Abhandlung vom Naiven (1755)* von Christoph Martin Wieland. Dessen Kritik an Batteux gipfelt in der Bemerkung, daß die Naivität des Stils nicht mit der – rhetorischen – Idee von der Zweckgebundenheit des Redens vereinbar sei: »Die ersten Menschen haben bei ihren Reden keinen anderen Zweck haben können, als einander ihre Gedanken bekannt zu machen, und wenn sie und ihre Kinder die angeschaffne Unschuld bewahrt hätten, so wäre ihre Rede nach ihrer wahren Bestimmung ein offenherziges Bild dessen, was in eines jeden Herz vorgegangen wäre, und ein Mittel gewesen, Freundschaft und Zärtlichkeit unter den Menschen zu unterhalten. Jedermann weiß, daß die Sprache von den itzigen Menschen meistenteils gebraucht wird, andern zu sagen, was sie nicht denken.«[47]

In der Folge entwirft Wieland ein idyllisches Bild vom naiven Umgang, wie es der zeitgenössischen Idyllendichtung gemäßer nicht sein konnte. Hier wird aus der antiken Idee eines freundlichen sermo, der gleichwohl aus der Mikrodialektik von Rede und Widerrede, Lob und Tadel, Ernst und Heiterkeit lebt, ein regelrechter »sermo amoenus«, eine liebliche, aber widerspruchs- und witzlose Kommunikation. Auch Moses Mendelssohn, der Philosoph dieser empfindsamen Epoche, verlangte in seiner Abhandlung *Über das Erhabene und das Naive* (1771) von der naiven Person, daß sie »ohne Ansprüche und ohne Selbstbewußtsein« aufzutreten habe[48]; ein Etikett, das für Kinder und Frauen gedacht war und die Idee der Intentionalität noch weit entschiedener mit der der Schönheit in Gegensatz brachte als Wieland.

[47] Christoph Martin Wieland, Abhandlung vom Naiven. In: Prosaische Jugendwerke. Akad. Ausg. Berlin 1916. Abt. I, Bd. 4, S. 15 f.
[48] Moses Mendelssohn, Betrachtungen über das Erhabene und das Naive in den schönen Wissenschaften. In: Gesammelte Schriften. Leipzig 1843, Bd. 1. S. 341.

Daß ein naiver Umgang auch anders vorstellbar sei, belegt Klopstocks Aufsatz *Über die Freundschaft* (1759) in einem fingierten Briefwechsel zwischen einem »naiven« und einem »Mann von Welt«; und tatsächlich ist das Ideal eines offenen, kräftigen, freundschaftlichen Gesprächs, wie es Klopstock sich wünscht, vor allem in der *Brief*theorie der Epoche gepflegt und verlangt worden. So nennt Johann Fürchtegott Gellert in seinen *Gedanken von einem guten deutschen Briefe* (1742) den Brief eine »freie Nachahmung des guten Gesprächs«: »Man überlasse sich der freiwilligen Folge seiner Gedanken und setze sie nacheinander hin, wie sie in uns entstehen.«[49] Hier kommt das Prinzip der zwanglosen Assoziation schließlich wieder zu seinem Recht; die Einfälle müssen nicht mehr geschliffen, geistreich oder meisterhaft sein, sondern, wie schon in den Briefen der Madame de Sévigné, vor allem das Individuum in seiner Spontaneität zeigen. Besonders die Epoche des Sturm und Drang, die man eine »Zeit der Briefwut«[50] genannt hat, überbordet vom Bedürfnis nach Seelenmitteilung und schriftlicher Kommunikation. Was hier an Zwanglosigkeit und Intimität gewonnen wird, geht freilich einer *sozialen* Affektentfaltung verloren. Nicht bloß läßt sich zu jedem einzelnen Freund eine je andere Beziehung herstellen; auch das individualistische Bedürfnis nach Selbstdarstellung wird unverhältnismäßig befriedigt.

[49] Christian Fürchtegott Gellert, Die epistolographischen Schriften. Mit einem Nachwort v. R. M. Nikisch. Stuttgart 1971, S. 3 und S. 47 f.

[50] Vgl. Georg Steinhausen, Geschichte des deutschen Briefes. Berlin 1889, S. 303. In diesem Zeitraum gehört auch das Eindringen der Kategorie »Gespräch« in die Handbücher der Poetik und Redekunst; vgl. etwa Johann Georg Sulzer, Artikel »Gespräch« und »Selbstgespräch« in: Allgemeine Theorie der schönen Künste. 2 Theile. Leipzig 1771–1774, sowie Johann Joachim Eschenburg, Entwurf einer Theorie und Literatur der schönen Redekünste. Berlin-Stettin ⁴1817, mit ausführlichen Literaturangaben. Auf das große Interesse des 18. Jahrhunderts am dichterisch-philosophischen Dialog, an Gattungen wie Totengespräch, Briefroman usw., die in England, Frankreich und Deutschland gepflegt werden, hat Rudolf Hirzel aufmerksam gemacht; vgl. R. H., Der Dialog. Ein literarhistorischer Versuch. 2 Bde. Leipzig 1895. Bd. 2, S. 398 ff.

9. Politische, ökonomische und patriotische Konversation
oder
Die bürgerliche Anonymität

Die auffällige Idolisierung der Willenlosigkeit, die im Ideal der idyllischen Konversation und freien Assoziation zum Ausdruck kommt, ist in Deutschland andererseits als Reaktion auf die »politischen« Konversations- und Umgangslehren der ersten Jahrhunderthälfte zu verstehen. Wohl die einflußreichste stammt von Christian Thomasius, einem Schüler des Naturrechtlers Samuel Pufendorf. In dem 1710 erschienenen *Kurzen Entwurf der politischen Klugheit* verwendet Thomasius den Begriff des »Politischen«, wie er zu dieser Zeit à la mode und vor allem von Gracián geprägt war; Thomasius war einer seiner nachdrücklichsten deutschen Anhänger. Hatte Gracián das taktische Erraten des feindlichen Gegenübers zu einem festen Bestandteil seiner Konversationslehre gemacht, so wird bei Thomasius gleich eine Wissenschaft daraus; 1692 schrieb er für Friedrich III. von Brandenburg eine *Neue Erfindung einer wohlgegründeten und für das gemeine Wesen höchstnötigen Wissenschaft, das Verborgene des Herzens anderer Menschen auch wider ihren Willen aus der täglichen Konversation zu erkennen*.

Mit der Einbeziehung dieses intentionalen, taktischen Motivs tritt aber die spezifische Paradoxie dieser Konversationslehre zutage. Als Schüler Pufendorfs mußte auch Thomasius die Bemerkungen über die »tägliche« Konversation, die man mit Fremden, Freunden und Feinden führen müsse, mit der Grundsatzerklärung einleiten, daß der Mensch von Natur aus zur Geselligkeit geschaffen sei, ja, einen »appetitus socialis« besitze[51]. Diesen Grundsatz hatten im Jahrhundert zuvor Hugo Grotius und Pufendorf gegen die Staatsphilosophie des Thomas Hobbes gesetzt, der seinerseits das gesellschaftliche Leben als einen »Krieg aller gegen alle« betrachtet haben wollte. Eben dieser Gesellschaftspessimismus liegt aber auch der Konversationstheorie Graciáns zugrunde. So kommt es, daß Thomasius zwar einerseits den geselligen Verkehr bejaht, aber andererseits zu keinem rechten Freundschaftsideal, zu keinem *befriedigten* »appetitus socialis« kommt. Seinen Bemerkungen über die »ver-

---

[51] Christian Thomasius, Kurzer Entwurf der politischen Klugheit... Frankfurt-Leipzig 1710, S. 108.

trauliche Konversation unter auserlesenen Freunden« fehlt jegliche Affektivität; ganz im Gegensatz etwa zu Montaigne oder Bacon kann bei ihm sogar das Motiv der Rücksichtslosigkeit in die Idee freundschaftlicher Vertrautheit eingehen: »Ist zu merken, daß Vertraulichkeit nichts anderes sei als eine solche Bezeugung zweier Bekannten, nach welcher ein jeder in seinem Tun und Lassen sich soviel Freiheit nimmt, als ob er ganz allein wäre, und sich nicht bekümmert, ob solche Freiheit dem andern gefalle oder nicht.«[52]

Wie wenig gesellig für Thomasius die Idee der recreatio insgesamt aussieht, bezeugt nicht nur dieses Lob des Alleinseins. Moralistischer Pietist, der er war, läßt Thomasius auch den Witz in der Konversation nur als Verteidigung zu; seinen rechten Ort hat dieses Vergnügen bei ihm an anderer Stelle: als Geschicklichkeit im kaufmännischen Erwerb, als »Kaufmannswitz«. Auch hier also setzt sich die oben beschriebene Verwandlung einer rekreativen Geste in die Forderung nach Kreativität durch; belebt wird durch den Witz das Geschäft, die Produktion – eine eindrucksvolle Demonstration der bürgerlichen Verpflichtung auf »nützliches Reden«.

An welcher Stelle das spezifische Dilemma der bürgerlichen Konversationslehren liegt, läßt sich noch deutlicher bei Henry Fielding beobachten. Dessen *Essay über die Konversation* (1742) ist getragen vom Bestreben, die Egalität der Gesprächspartner zur Bedingung des optimalen Gesprächs zu machen; der ethische Grundsatz dieser Doktrin ist das biblische »Was du nicht willst, das man dir tu, das füg' auch keinem andern zu«; also eine Äquivalenz-Ethik. Damit aber steht Fielding mitten in der sich breit entfaltenden englischen Moralphilosophie. Seit Anfang des Jahrhunderts hatte man über das Problem der moralischen Normbildung nachgedacht; manche Autoren behaupteten, es gebe einen angeborenen Sinn für moralisches Verhalten, so wie es einen Sinn für das Schöne gebe, wieder andere, wie David Hume, fanden, daß man die Norm allererst aus der Erfahrung, aus dem täglichen Umgang gewinne. Der Begriff, der für dieses ermittelnde Verhalten in den fünfziger Jahren populär wurde, hieß »Sympathie«; das sympathetische Vermögen, sich an die Stelle eines andern zu versetzen, wurde zur Bedingung von moralischer Erfahrung beziehungsweise Normbildung.

[52] Ebd., S. 155 f.

Daß der Haupttheoretiker dieser Sympathiedoktrin Adam Smith war, der große englische Nationalökonom und Theoretiker des Wirtschaftsliberalismus, ist für unseren Zusammenhang nicht bloß am Rande interessant. Es ist die Theorie des Tausches, aus dem ein gemeinsam fixierter Wert hervorgeht, die auch die *Theorie der moralischen Empfindungen* (Theory of moral sentiments, 1759) beherrscht. Mit dieser Formalisierung verliert freilich die Sympathie an sozialisierender Affektivität, was ihr an moralischer Objektivität zuwächst. David Hume hat einmal beschrieben, auf welche Gesellschaftserfahrung die Doktrin von der sympathetischen Einfühlung antwortet: »Nicht nur sind wir selbst häufig in wechselnden Situationen; jeden Tag treffen wir Leute, die sich in einer anderen Lage als wir selbst befinden und mit denen wir niemals reden könnten, wenn wir beständig in derselben Situation blieben und denselben Gesichtspunkt behielten, der uns eigen ist. Der Austausch von Urteilen [sentiments] in Gesellschaft und Konversation erlaubt es uns deshalb, einen unveränderlichen Maßstab zu bilden, mit dessen Hilfe wir Charaktere und Benehmen billigen oder mißbilligen können.«[53]

Wie in der ökonomischen Lehre von Adam Smith das wirtschaftliche Tauschverhalten das Komplement zur arbeitsteiligen Differenzierung ist, so liegt also auch hier dem normbildenden Austausch die Idee einer nachhaltigen Verschiedenheit der Leute zugrunde. Vergleicht man diesen »empirischen« Individualismus mit dem oben skizzierten »poetischen« der französischen Theorie, in der sich die Individuen nur bei größtmöglicher Ähnlichkeit verstehen, so wird deutlich, was beiden Konversationstheorien abgeht: Es ist die Vorstellung einer normstiftenden Gruppe, eines vertrauten, geselligen Zirkels, von der die Konversationslehren vorangehender Jahrhunderte geprägt sind. Das gilt nicht nur für die symposionale, die höfische und salonkonversationelle Situation. Selbst der verhältnismäßig realitätsoffene Blick des Guazzo auf die soziale Vielfalt ist vom Relativismus der Humeschen Beobachtung weit entfernt; das macht vor allem die Darstellung des Gastmahls anschaulich, mit der er sein Buch schließt, aber auch die Einbeziehung des »häuslichen Umgangs« in den Begriff der Konversation im dritten Teil.

Dieser Sachverhalt ist bedenkenswert. Die Ausgliederung der Geschäftswelt aus dem privaten Bereich, also die Entstehung

[53] David Hume, A Treatise of Human Nature. Ed. by L. A. Selby-Bigge. Oxford 1896, S. 603.

der modernen Familie, die nicht mehr unbedingt mit ihren Dienstboten und Handwerkern und Landarbeitern zusammenlebt, hat sich im 18. Jahrhundert als Auflösung des sogenannten »ganzen Hauses«, des oikos, durchgesetzt; ein Prozeß, der mit dem zunehmenden Aufschwung der Geldwirtschaft in Verbindung gebracht worden ist. So ist es nur folgerichtig, wenn in diesem Jahrhundert – in dem übrigens auch die ersten Restaurants auftauchen – die wichtigsten sozialen Institutionen, die der antiken Idee vom sermo ihr Gepräge verleihen, von den Konversationslehren mehr oder minder vernachlässigt werden: das Gastmahl als genuin liberaler Anlaß einer symposionalen recreatio und zwanglosen Assoziation und die Idee des *vertrauten* Umgangs, wie er sich am nachhaltigsten im familiären dokumentiert. So behandelt Thomasius das Thema *Von der Klugheit eines Haus-Vaters* ausdrücklich nicht unter dem Stichwort »Conversation«, sondern widmet ihm ein eigenes Kapitel, und bei Fielding steht die Beschreibung eines Gastmahls unvermittelt neben der konversationellen Doktrin.

Daß mit der Entlassung der beiden sozialen Konkretionen konversationeller Geselligkeit andere, und zwar anonymere Bezugsgruppen in die Konversationslehre eingehen würden, zeigt sich am deutlichsten in der deutschen Tradition. Ein gutes Beispiel dafür liefert der erste deutsche Konversationstheoretiker des 17. Jahrhunderts, Georg Philipp Harsdörffer, mit seinen *Frauenzimmer-Gesprächspielen* (1641–1649). Im Zentrum dieser acht kleinen Bücher stehen, wie der Name sagt, Gesprächs-, meist Rätsel-Spiele, die vor allem den Damen eine Fülle von zeitgenössischem Wissen vermitteln sollen. Von Harsdörffer stammt auch eine der schönsten Gesprächsdefinitionen: »Die freundlichen Gespräche sind gleich einer mit Klee und Blumen bewachsenen Wiesen, auf welcher man mit freiem Gemüt nach Belieben ausspazieren mag, und zwar nicht mit gleichem Schritt, sondern nach eines jeden Vermögenden Gang und Belieben.«[54]

Das ist eine klassische Beschreibung von Konversation als einem »sermo amoenus«, einem lieblichen Gespräch. Und tatsächlich hat Harsdörffer für die meisten dieser Spiele einen sogenannten »locus amoenus« ausgesucht – ein Ort, wie er in der

[54] Georg Philipp Harsdörffer, Ars Apophtegmatica. Nürnberg 1662, Nr. 2612. Der Topos vom Spaziergang ist in der Literarhistorie häufig mit der essayistischen Schreibweise assoziiert worden; vgl. Ludwig Rohner, Der deutsche Essay. Neuwied-Berlin 1966, S. 687–689.

antiken und mittelalterlichen Poesie oft beschrieben wird und im platonischen Dialog *Phaidros* auch wirklich als Ort des Gesprächs über den Eros aufgesucht wird: friedlich, sicher, sonnig, aber auch schattig, im Grünen und meist an einem plätschernden Bach gelegen. Mit der Wiesenmetapher – und wir haben auf die Geldmetapher bei Guazzo und die Triebmetapher bei della Casa hingewiesen – meint Harsdörffer aber nun nicht nur das rekreative Moment am Gespräch. Als Mitglied der sogenannten »Fruchtbringenden Gesellschaft« gehörte er in die Gruppe der deutschen Sprachtheoretiker, die sich im 17. Jahrhundert patriotisch um die Emanzipation der deutschen Sprache kümmerten. So ist auch ein Großteil der Gesprächspiele der Pflege des Deutschen gewidmet. In den Kreisen der barocken Sprachgesellschaften aber galt die Sprache selbst als riesige Pflanze, als Gewächs. Die Rückbindung der Konversationskultur an die patriotische Sprachpflege im Deutschland dieser Epoche unterscheidet sich damit nachdrücklich vom Zusammenhang zwischen normativer Sprachregelung und konversationeller Reglementierung im gleichzeitigen absolutistischen Frankreich. Was sich im 17. Jahrhundert bei Harsdörffer andeutet, setzen im 18. Jahrhundert sprachpatriotische Autoren wie Klopstock und Herder fort; ihren Höhepunkt erreicht diese Entwicklung in der Sprachtheorie Wilhelm von Humboldts, die in ihrem Kern eine dialogische Gesprächsphilosophie ist.

10. Streit, Ironie und Heimlichkeit
oder
Die unfreundliche Konversation

Und damit stehen wir im 19. Jahrhundert. Schon die beiden wichtigsten deutschen Konversationslehren gegen Ende des 18. Jahrhunderts deuten die Probleme an, die sich aus der teils arbeitsteiligen, teils kulturellen Individualisierung und Partikularisierung ergeben. So etwa zeichnet sich die wohl bekannteste deutsche Umgangslehre, *Über den Umgang mit Menschen* (1788) von Adolph Freiherr von Knigge, durch eine kaum noch überschaubare Vielfalt von sozialen Gruppen und Alltagssituationen aus, für die ein gemeinsames Benimm-Reglement zu finden zwar nötig, aber fast unmöglich erscheint. Unter Knigges Gesprächsregeln fallen Sätze auf wie »Widersprich dir (!) nicht« und »Bleibe immer konsequent« und vor allem das Verschwiegenheitsgebot[55]. Die eindrücklich formulierte Verpflichtung zum Schweigenkönnen stammt bei Knigge nun allerdings nicht aus der höfischen oder christlichen oder merkantilen Sphäre, sondern aus der für das 18. und besonders das 19. Jahrhundert charakteristischen bürgerlichen Neigung zur Geheimbündelei[56]. Knigge war zeit seines Lebens Mitglied von Geheimbünden wie den Rosenkreuzern, Illuminaten und Freimaurern, die mit ihrer streng hierarchischen Organisation und ihrem verbindlichen Umgangskodex einem gesellschaftlichen Bedürfnis zu entsprechen schienen.

Auch Christian Garve beklagt in seiner Konversationslehre die arbeitsteilige Spezialisierung besonders der bürgerlichen Gelehrten, die kaum noch ein gemeinschaftliches, nicht allzu oberflächliches Gespräch zulasse. Die Gedanken Garves *Über Gesellschaft und Einsamkeit* (1797) sind zweifach wichtig. Zum einen, weil er, wenn auch langatmig, als Popularphilosoph argumentiert und damit die deutsche Tradition des Sokratismus fortsetzt, die dann in der Romantik ihren Höhepunkt erreichen sollte. Von hier aus wird verständlich, daß für Garve das ideale Gespräch die Debatte ist, also eben jene Art von Gespräch, die der Konversation traditionell entgegengesetzt wird. Die neue Dignität des Widerspruchs begründet Garve aufschlußreich genug: Nicht nur sei es der »Sieg der Wahrheit«, der die Gesprächsteilnehmer einer Debatte entzücken müsse; es seien der Streit als solcher und die streitbare Erregung des Gemüts. Hier hat also, modern ausgedrückt, die Aggression als konversationeller Affekt die Oberhand gewonnen. Was in den Konversationslehren seit der Renaissance unter den Stichworten dicacitas, bon mot und Witz als *eine,* wenn auch attraktive Form der recreatio gilt, der gleichwohl das Gebot des friedlichen gesprächigen Umgangs stets übergeordnet blieb, ist in Garves Debattierideal gleichsam sanktioniert. Wohin sich die positive, friedliche und freundliche Affektivität verlagert, zeigen Garves Bemerkungen zum *Selbstgespräch.* Hier, in der Meditation, im Bücherlesen, im Dialog mit sich selbst, sei der Mensch entspannt und einig.

[55] Adolph Freiherr von Knigge, Über den Umgang mit Menschen. Hannover ⁵1797, S. 67f.
[56] Zur »Soziologie des Geheimnisses« vgl. vor allem Georg Simmel, Das Geheimnis und die geheimen Gesellschaften. In: G. S., Soziologie. Berlin ⁵1968, S. 257–304.

Mit dieser Affektverteilung stimmt Garve einen Grundton des 19. Jahrhunderts an. Eines der herausragenden Anstandsbücher, die *Schule der Höflichkeit* (1824) des Kunsthistorikers Carl Friedrich von Rumohr enthält – in der Geschichte der Höflichkeitsliteratur wohl einmalig – ein eigenes Kapitel *Von den besonderen Vorteilen und vornehmlichsten Methoden der Grobheit,* die im Umgang mit der Menge nötig sei[57]. Besonders Schopenhauer, der Übersetzer von Graciáns *Handorakel* und Verfasser einer ganzen »Eristik«, die als Kunst des unfairen Streitens Schule gemacht hat, zog konsequent das Selbstgespräch und den Umgang mit Büchern dem Umgang mit Menschen vor; das Gespräch, sagt er einmal, verhalte sich zur Meditation wie eine Maschine zu einem lebendigen Organismus[58].

Die hier zutage tretende Affektzersplitterung in öffentliche Grobheit und private, selbstgesprächige Sanftmut spiegelt aber nur die oben beschriebene Aussparung jener zirkulären Form von Vergesellschaftung, wie sie die konversationelle Geselligkeit verlangt, die weder genügend anonym ist, um Grobheit, und nicht vertraut genug, um Selbstgefälligkeit unwidersprochen zu lassen, und doch das affektiv befriedigende Gefühl einer geselligen Integration vermittelt.

Daß und wie der Grobianismus des 19. Jahrhunderts eine buchstäblich verkehrte Form der urbanitas sei, belegen anschaulich die zeitgenössischen Schilderungen des Großstadtlebens; Friedrich Engels hat einmal eindrucksvoll die Londoner Szene einer sich stoßenden und drängenden Menschenmenge beschrieben. Den eigentlichen Nachfahren des noch in der Renaissance durchaus denkbaren »urbanen«, leut*seligen* Menschen hat aber Baudelaire gezeichnet: Es ist der Typus des Flaneurs, der sich ziel- und sprachlos in der Menge herumtreibt und rauschhaft das Aufgehen in der Masse genießt[59].

Welche affektiven Ersatzbildungen sich hier einstellen konnten und vielleicht mußten, zeigt schon Friedrich Schleiermachers *Versuch einer Theorie des geselligen Betragens* (1797). Das Grundproblem des geselligen Betragens sei, die rechte Mitte zu

[57] Carl Friedrich von Rumohr, Schule der Höflichkeit. Stuttgart-Tübingen 1834. Bd. 2, S. 45 ff.
[58] Arthur Schopenhauer, Über Philosophie und ihre Methoden. In: Parerga und Paralipomena II. Berlin 1851, § 6.
[59] Vgl. dazu Walter Benjamin, Der Flaneur. In: W. B., Charles Baudelaire. Hrsg. v. R. Tiedemann. Frankfurt/M. 1974. Hier auch das Zitat von Engels, S. 56.

halten zwischen der Allgemeinheit und der Individualität, dem, was alle Anwesenden gemeinsam interessiere und was ihnen allen gemeinschaftlich verständlich sei, und dem, was das Individuum davon halte. Diese Fähigkeit zur Balance, die Schleiermacher in Erinnerung an die alte prepon-Lehre »schickliches Benehmen« nennt, dann aber lieber als »Elastizität« beschreibt, veranschaulicht er an einer physikalischen Metapher: Solche »elastischen« Leute könnten ihre Oberfläche je nach Bedarf ausdehnen und zusammenziehen und dennoch eine gewisse Undurchdringlichkeit behalten, eben den harten Kern der Individualität. Der genaue Grund des Vergnügens an solcher Geselligkeit liegt aber nun nicht in dieser geselligen Gewandtheit, sondern in einer Art subversiver Kommunikation. Es sind die Redeweisen von Ironie und Persiflage, Anspielung und Parodie, die für Schleiermacher auf dem »höchsten Gipfel des Schicklichen« liegen[60]. Der Genuß, den diese Art zweideutiger Verständigung biete, sei die Bildung einer »Art von geheimer Gesellschaft«, und besonders wenn der Kreis ansonsten aus sehr verschiedenartigen Leuten bestünde, gebe es »kein höflicheres und freundlicheres Hilfsmittel, als die Einheit bestehen zu lassen und zur Herzenserleichterung neben ihr und in ihr, ohne Nachteil der Anderen, insgeheim [...] eine reizendere und gehaltvollere Vereinigung zu stiften«[61]. Hier ist der antike Gedanke von einer heimisch machenden, gesellig integrierenden Fröhlichkeit (comitas) zur ironischen Herzenserleichterung und Heimlichkeit abgefallen.

Das große Interesse der deutschen Romantik an der Idee der Ironie ist bekannt. Ihre größten Kritiker waren Hegel und Kierkegaard; letzterer hat die Bindungsunfähigkeit der Ironiker hart verurteilt, ersterer hat vor allem die sokratische Ironie vor dem romantischen Zugriff zu retten versucht. Ihre breiteste Entfaltung hat die Idee der Ironie als einer »dialogischen« Grundhaltung bei dem romantischen Philosophen, Ästhetiker und Nationalökonomen Adam Müller gefunden. Dessen Definition des Gesprächs, das »zwei durchaus verschiedene Sprecher, die einander geheimnisvoll und unergründlich sind, dann zwischen beiden eine gemeinschaftliche Luft, einen gewissen Glauben, ein Vertrauen« (S. 238) verlangte, zeigt in nuce die zeitgenössische

[60] Friedrich Daniel Schleiermacher, Versuch einer Theorie des geselligen Betragens. In: F. S., Werke. Hrsg. v. Otto Braun. Leipzig 1927. Bd. 2, S. 27.
[61] Ebd., S. 29.

Problematik: das offenkundige Unvermögen, sich eine Gesprächs*gruppe* vorzustellen. In dieser wäre es die personelle Mannigfaltigkeit, die den Fortgang des Gesprächs garantierte. Statt dessen verlangt Müller eine unergründliche Geheimnisträchtigkeit des einzelnen. Was dieses Gespräch am Leben erhält, ist die Neugier, nicht Widerspruch und Zustimmung. Dieser Sachverhalt ist auch sozialhistorisch interessant. In seinem Vortrag *Über Gespräche* hat Moritz Lazarus noch 1876 die These aufgestellt, daß man die besten Gespräche mit Fremden führe, also eigentlich auf Reisen[62].

Im Zentrum solcher Gesprächsideale steht die Lust an der Information. Deren lange Tradition haben wir schon bei den Konversationslehren des 16. Jahrhunderts konstatieren können: bei Guazzos These, daß man in der Konversation Erfahrung gewinne; aber auch beim Verbot plastischer Lügengeschichten durch die moralistische Verpflichtung auf das Erzählen von wirklich Vorgefallenem. Mit der Lust an der gesprächsweisen Information scheint aber der Verlust an gesprächiger Affirmation Hand in Hand zu gehen. Das Ideal des freundschaftlichen Gesprächs – das es freilich über die Jahrhunderte hinweg immer gegeben hat und geben wird – ist aber nicht primär Information, sondern eben Affirmation: die soziale Bedingung von Selbstentfaltung. Gerade der Typus des Reisegesprächs dagegen zeigt eklatant, daß der beständige Wechsel des Zuhörers den Erzähler zum Erzählen der stets selben Geschichten zwingt, ihn also indirekt verarmt, da die Unbekanntschaft des Gegenübers dessen Kritiklosigkeit garantiert.

11. Konversation als Institution
oder
Die instrumentalisierte Harmonie

Das Moment der Affirmation hat Müller in seiner zweiten Forderung nach einer »gemeinschaftlichen Luft, einem gewissen Glauben, einem Vertrauen« bezeichnenderweise ohne jede Konkretion an freundschaftlicher Geselligkeit aufgenommen.

---

[62] Zur Genesis dieser Gesprächslust aus der merkantilen Welt von »fremden« Händlern und Kaufleuten vgl. Georg Simmel, Exkurs über den Fremden. In: G.S., Soziologie. Berlin ⁵1968, S. 509 ff.

Und dies nicht nur aus romantischer Logik. Die Idee des Dialogischen, die sein ganzes, meist antithetisch argumentierendes Werk durchzieht, hat als Antithese die Idee des Monologischen, worunter Müller nicht nur den rechthaberischen, einsilbigen Gesprächspartner versteht, sondern den ganzen Sinnbezirk des Stabilen, Dauerhaften, Institutionellen, wie er sich in den Phänomenen des Grundbesitzes, der Kirche und des Staates manifestiert. Der Sinnbezirk des Dialogischen wird mit den Stichworten: Vermittlung, Ironie, Freiheit, Beweglichkeit, Komödiantentum und ähnlichem umrissen; seine sozialen Manifestationen sind das Geld, die Geldwirtschaft, das Tauschverhalten, die »Geselligkeit« des Politikers, also das genaue Gegenteil einer wirklich persönlichen dialogischen Beziehung, die ihre Inhalte nicht vertauschen kann.

Eben hier liegt auch das psychologische Dilemma dieser Gesprächslehre. Statt die »gemeinschaftliche Luft« und das »Vertrauen« aus einer gesprächigen Interaktion entstehen zu lassen, muß Müller, um an der Grundverschiedenheit der Gesprächspartner festhalten zu können, das gemeinsame Dritte immer schon voraussetzen; es muß Institution sein. Den deutlichsten Ausdruck findet dieser Gedankengang in Müllers Theorie des nationalen Kredits, also im ökonomischen Bereich. Hier findet er die Möglichkeit, wenigstens die Entfaltung des *merkantilen* Dialogs unter dem Schutz eines vertrauenswürdigen Staates, wie es der Garant des Kredits sein muß, zu demonstrieren.

Die Tendenz, die entschwindende Idee von konversationeller Geselligkeit, in der sich eine zwanglos assoziierte Gruppe von Personen zwanglos gegenseitig unterhält, in gesellschaftliche *Institutionen* zu bannen, ist nicht bloß bei Müller zu beobachten. Schon Schiller bemerkt in seinen Briefen *Über die ästhetische Erziehung des Menschen* (1795), daß »schöne Mitteilung« nur noch in »auserlesenen Zirkeln«, in der »reinen Kirche« oder der »reinen Republik« denkbar sei[63]. Damit wird die normative Intention der traditionellen Konversationslehren: zu gegenseitiger Rücksichtnahme und Befriedigung zu erziehen, zu ihrer Voraussetzung verkehrt, als könne die Vorstellung einer befriedigenden sozialen Atmosphäre nur noch von einem puristischen, ja puritanischen Maximum an organisierter Friedlichkeit geboten werden.

---

[63] Friedrich Schiller, Über die ästhetische Erziehung des Menschen in einer Reihe von Briefen. In: Werke in vier Bänden. Frankfurt/M. 1966. Bd. 4, S. 286.

Dieser Beobachtung entspricht eine Entwicklung in der herrschenden Konversationspraxis selbst. Für diese sind nicht die berühmten literarischen Salons um Henriette Herz und Rahel Levin charakteristisch, sondern das, was Ludwig Tieck in seinem Stück *Die Teegesellschaft* (1796) karikiert hat: Hier reduzieren Verlogenheit und Egoismus das Gespräch derart auf Anspielungen, daß sich schließlich die ganze Gesellschaft bei einer Wahrsagerin treffen muß, um buchstäblich die Karten auf dem Tisch zu sehen.

Für den Institutions-Charakter der konkreten konversationellen Praxis stehen im 19. Jahrhundert vor allem zwei Phänomene: die Erfindung der Konversationslexika und die ansteigende Zahl von Unterhaltungsspielen. Das große Konversationslexikon von Brockhaus erschien zuerst 1796–1808, in zweiter Auflage 1812–1819; sie wurde das Vorbild der dann in vielen Sprachen erscheinenden, immer mehrbändigeren Konversationslexika modernen Stils. Komplementär zur enzyklopädischen Verwaltung und Verteilung des Wissens und der sogenannten Bildung steht die Organisation der Unterhaltung im Spiel: besonders im Kartenspiel, aber auch in der Mode der »lebenden Bilder«, des Laienschauspiels und des Vorlesens mit verteilten Rollen. Müller hat einmal treffend bemerkt, daß man mit dem Kartenspiel das Gespräch in einen kleinen Handel habe degenerieren lassen; und in der Tat kommt ja auch im Kartenspiel eben jene kämpferische Gewinn- und Verlust-Ideologie zum Zuge, die dem Geist der ciceronischen Bestimmung aufs schärfste zuwiderläuft: das Gespräch soll »ein gemeinschaftliches Gut« bleiben. Gewiß hat es Unterhaltungsspiele schon seit der Antike gegeben. Besonders die alte Tradition der Rätselspiele macht darauf aufmerksam, daß und wie längst vor der Entstehung einer eigenständigen Konversations-Etikette die agonalen Bedürfnisse für den gesprächigen Umgang reglementiert wurden.

In welchem Maß und in welchem Bereich sich im 19. Jahrhundert, das Nietzsche einmal das »klassische Jahrhundert des Krieges« genannt hat, das gegenteilige Bedürfnis nach harmonischer Kommunikation äußert, zeigt der enorme Aufschwung der *musikalischen* Unterhaltung. In der bürgerlichen Freude am Miteinander-Musizieren kommt gleichsam eine ursprüngliche symposionale comitas zu ihrem Recht. Den Auftakt bildet die Gründung einer modernen Form des Symposions: der ersten »Liedertafel« durch Karl Friedrich Zelter, 1809, einer Vereinigung mit ausdrücklich auch geselliger Zielsetzung[64]. Die zahllosen Nachgründungen, die Entstehung von Männergesangvereinen und Chören, der Aufschwung der Kammer- und Instrumentalmusik, all dies steht für die auch und gerade von Schopenhauer durchdachte und empfundene Notwendigkeit einer kommunikativ befriedigenden »Herzenssprache«. Vor allem die Entwicklung der Oper gehört in diesen Zusammenhang; die Oper war im Frankreich des 19. Jahrhunderts *der* gesellige Treffpunkt und im Deutschland desselben Zeitraums in der Auseinandersetzung um Wagners Idee von der Oper als »Gesamtkunstwerk« Anlaß revolutionärer Konzepte.

Die für das 19. Jahrhundert skizzierte Entwicklung ergänzt damit wiederum, was Norbert Elias am Beispiel der Zivilisierung aggressiver Impulse aufgezeigt hat. Die Eindämmung privater, unmittelbar physischer Aggression, wie sie etwa von den höfischen Anstandslehren gefordert wird, führt nach Elias zur Bildung eines staatlichen Gewaltmonopols, zur Institutionalisierung in Armee und Polizei; komplementär dazu entwickeln sich instrumentalisierte Formen der Auseinandersetzung wie etwa im wirtschaftlichen Konkurrenzdenken. Die weiter oben aufgewiesene Tendenz, sich für die Unterdrückung physischer Aggressivität durch verbale gleichsam zu entschädigen, bezeugen aber nicht nur die Gesprächslehren des 19. Jahrhunderts, sondern nicht zuletzt auch der publizistische Grobianismus; die Härte der damaligen wissenschaftlichen und vor allem ideologischen Auseinandersetzungen ist bekannt.

Was dagegen im 19. Jahrhundert auf der Ebene der *symbolischen* Interaktion institutionalisiert und buchstäblich instrumentalisiert wird, ist der positive Affekt, die comitas in der musikalischen Kommunikation; und diese Institutionalisierung hat eine ideologische Tradition. Wir haben eingangs darauf hingewiesen, wie zielsicher der Kirchenvater Clemens in seiner Gesprächslehre gerade die musikalische comitas abgeschafft und durch ein einziges »Instrument«, das Wort Gottes, ersetzt haben will. Tatsächlich ließe sich analog zur Sublimierung und Monopolisierung physischer Aggressivität durch den Staat und andere Institutionen eine Sublimierung und Monopolisierung der physischen comitas, der harmonisierenden, affirmativen sozialen Affektivität durch die Kirche konstatieren. Die romantische

---

[64] Vgl. dazu Eberhard Preußner, Die bürgerliche Musikkultur. Kassel-Basel 1954, S. 128 ff.

Tendenz, Kunst als Religionsersatz zu betrachten, ist unter diesem Aspekt kein Phänomen der Säkularisierung, sondern ein – wenn auch vielfältig verzerrter – Versuch von Resozialisierung.

Daß im 19. Jahrhundert die parallele Entwicklung von Naturwissenschaft und Atheismus gleichwohl nicht zu einer unmittelbaren Wiedergewinnung dieser comitas geführt hat, sondern zu parareligiösen Humanitätsidealen wie dem Positivismus eines August Comte, zu Existentialismus und Darwinismus, ist eine bedenkenswerte Tatsache. Ihr Zustandekommen dürfte jedenfalls nicht zuletzt auch an der unzureichend entwickelten Idee des Liberalismus gelegen haben, dessen vorwiegend wirtschaftliche Praxis schließlich zu monopolkapitalistischen Ergebnissen geführt hat.

12. Konversation als Wissenschaft
oder
Die unterentwickelte Liberalität

Als wie wichtig das Phänomen konversationeller Interaktion gleichwohl empfunden worden ist, bezeugt die romantische Aufwertung und Zuordnung des Begriffs Konversation selbst. Der Philosoph Johann Gottlieb Fichte schlägt zu Jahrhundertbeginn die Einführung des sokratischen Dialogs in den akademischen Unterricht vor und eine Einrichtung von »Conversatorien«[65]; Hegel bezeichnet das sokratische Philosophieren als »Konversation«[66]; Friedrich Schlegel verlangt für die zukünftige Philosophie eine »sokratische Methode«[67], das *Handwörterbuch der Wissenschaften* (1827) von Wilhelm Traugott Krug bezeichnet Sokrates schlicht als »Conservationsphilosophen«[68], und Ludwig Feuerbach schreibt noch 1843 in seinen *Grundsät-*

[65] Johann Gottlieb Fichte, Deducirter Plan einer zu Berlin zu errichtenden höheren Lehranstalt. 1807. Stuttgart-Tübingen 1817, S. 15.

[66] Georg Friedrich Hegel, Vorlesungen zur Geschichte der Philosophie, a.a.O., S. 456.

[67] Friedrich Schlegel, Vorlesungen über Transzendentalphilosophie. 1800/1801. In: Kritische Friedrich Schlegel-Ausgabe. Hrsg. v. Ernst Behler. München-Paderborn-Wien 1964. Bd. XXII, 2, S. 103.

[68] Wilhelm Traugott Krug, Handwörterbuch der Wissenschaften. Leipzig 1827, S. 452.

zen der Philosophie der Zukunft: »Nur durch Mitteilung, nur aus der Konversation des Menschen mit dem Menschen entspringen die Ideen. Nicht allein, nur selbander kommt man zu Begriffen, zur Vernunft.«[69] Damit ist die Idee von Konversation ins Akademische übergegangen.

Weniger Feuerbach mit seiner revolutionären Verteidigung einer Einheit von Liebe, Dialogik und Erkenntnis als Friedrich Schleiermacher, der Übersetzer Platons, hat als Hauptvertreter der modernen Hermeneutik wie als Philosoph einer Dialektik, die ganz an der Idee des Streitgesprächs orientiert war, die beiden Grundmuster der gesprächigen Interaktion zu eigenständigen Disziplinen erhoben, ohne ihre gemeinsame Rückbindung ans alltägliche Gespräch zu vergessen. Zumal mit seiner *Ethik* und dem dort angedeuteten Versuch, die Idee der Gastfreundschaft aufs neue zu durchdenken[70], hat Schleiermacher eine bisher ungenutzt gebliebene Möglichkeit bewußt gemacht, die Vorstellung von konversationeller Geselligkeit von ihrem poetischen und akademischenAbstellgleis zurück in die »politische« Sphäre zu holen – ist doch die Gastfreundschaft die älteste und sozial nachdrücklichste Form der liberalitas.

Seinen Höhepunkt erreicht das deutsche theoretische Interesse am Gespräch – und verglichen mit dem ungefähr gleichzeitigen englischen naturwissenschaftlichen Interesse am Darwinismus und dem französischen am Positivismus ist es ein auffälliges –, seinen Höhepunkt erreicht dieses Interesse in der Sprachtheorie selbst. Mit seiner Entdeckung, daß die Figur des dialogischen Redens und Verstehens als eigentlich sprachgenerierende soziale Interaktion zu betrachten sei, ist Wilhelm von Humboldt zum Begründer der modernen Sprachtheorie geworden[71]. In deren Nachfolge entstand die moderne Völkerpsychologie, die in Heymann Steinthal und Moritz Lazarus ihre frühesten deutschen Vertreter gefunden hat; von Lazarus stammt auch der erste Vorschlag zu einer wissenschaftlichen Erforschung der alltäglichen »Gespräche«.

Wie zur Bestätigung, daß die Verwissenschaftlichung des Themas den Verlust einer spontanen Praxis anzeige, die den vergleichsweise naiven normativen und idealistischen Ge-

[69] Ludwig Feuerbach, Kleine Schriften. Frankfurt/M. 1966, S. 203.

[70] Vgl. Friedrich D. Schleiermacher, Entwurf eines Systems der Sittenlehre. Hrsg. v. A. Schweizer, Berlin 1835, S. 307 ff.

[71] Vgl. besonders den wichtigen Vortrag ›Über den Dualis‹, den Humboldt 1827 vor der Berliner Akademie der Wissenschaften hielt.

sprächslehren doch immer noch zugrunde liegt, zeugen die entsprechenden Ideen aus der zweiten Jahrhunderthälfte von einem bedenklichen Pessimismus. Zwar bringt noch 1885 Detlev von Liliencron in einem Aufsatz über die *Kunst der Conversation* die Grundmotive des symposionalen und dialektischen Gesprächs in Erinnerung; vor allem weist er auf die konversationelle Möglichkeit öffentlicher Meinungsbildung hin[72]. Eben diese Bildung der öffentlichen Meinung ist aber längst an die Presse übergegangen.

Was sich schon zu Beginn des 18. Jahrhunderts beobachten ließ: daß die wesentlichen Stilistika der Konversation wie Witz, zwanglose Assoziation, Lust am Erzählen und Räsonieren in den schriftlichen öffentlichen Umgang eingehen, erscheint gesteigert im 19. Jahrhundert im Phänomen des Feuilletonismus. Die ersten Feuilletons waren Bühnenkritiken, also gleichsam Selbstbetrachtungen des gesprächigen Umgangs; sie erschienen zuerst 1800 im *Journal des Débats,* das diese Texte mit einem Strich vom übrigen »ernsthaften« Journalismus abtrennte. Die enorme Entwicklung des Feuilletons in Frankreich, dem Land der Konversation, ist bekannt; Balzac hat desillusionierende Sätze darüber geschrieben. Aus den Reihen der Feuilletonisten kommen denn auch die entschiedensten Konversationskritiker, und zwar beider Seiten. So auf der einen Seite Bogumil Goltz, der lebenslang ein beißender Kritiker der »höflichen« Konversation gewesen ist und die Unterdrückung des menschlichen Gemüts beklagte, das sich nun einmal auch ereifern und »expektorieren« müsse (S. 262).

Ganz anders dagegen der deutsche Essayist und Feuilletonist Ludwig Bamberger. Dessen Essay *Etwas über das Briefschreiben* (1898) stellt den vollendeten Sieg des schriftlichen über den gesprächigen Umgang vor. Nicht bloß bezeichnet Bamberger den *Monolog* als »Elementarbewegung der Rede«. Die perspektivische Verkehrung gipfelt in der Idee, daß es »einzig die Gewöhnung an die Anwesenheit anderer« sei, die den Menschen dazu erziehe, daß er *nicht* »beständig laut mit dem Munde, sondern nur in den vier Wänden seines Schädels« spreche[73]. Könnte man dies noch als Ermahnung zur Rücksichtnahme le-

[72] Detlev von Liliencron, Die Kunst der Conversation. In: Deutsche Rundschau XLII (1885), S. 382ff.
[73] Dieses und die folgenden Zitate von Ludwig Bamberger stammen aus: L. B., Studien und Meditationen. Berlin 1898, S. 18–31.

sen, so zeigt die Apologie des einsamen Briefschreibers das genaue Gegenteil: »Er stellt sich seine Gemeinde in freier Wahl, unabhängig von Zeit und Ort zusammen, ruft jeden zu der ihm passenden Stunde herbei, entläßt ihn, wenn gerade ein Hindernis eingreift, und ruft ihn wieder, wenn die Stimmung zurückkehrt. Alle Freunde der weitesten Tafelrunde vertragen sich brüderlich miteinander, denn keiner bekommt den andern zu sehen.« Anders als die leere Geselligkeit verlange der briefliche Umgang, »möglichst viel zu geben und zu leisten. Er macht an sich selbst den Anspruch der vertraulichen Offenheit, verbunden mit der Anstrengung, welche das schriftliche Auftreten vor einem Auditorium begehrt.« Sätze wie diese zeigen in nuce die Problematik des brieflichen Verkehrs besonders schriftstellerisch ambitionierter Leute. Es ist der paradoxe Gedankengang, daß der Freund einerseits als anonymes Auditorium und Richter das »Werk« seines Freundes beurteilen soll, andererseits als persönlicher Empfänger mit größter Willkür gerufen und zurückgeschickt werden kann.

Die Unfähigkeit, zwischen Offenheit und persönlicher Bindung einerseits, Öffentlichkeit und literarischer Leistung andererseits überhaupt eine Differenz zu denken, spiegelt freilich eine gesellschaftliche Situation, in der die persönliche Bindung eben keine Offenheit und die öffentliche Meinung kein Versagen erlaubt. Mit Bemerkungen wie »Ich behaupte, das gemeinsame Leben wäre nicht eine Stunde zu ertragen, wenn jeder jeden Augenblick alles oder nur das sagen müßte, was er denkt«, hat Bamberger diese Situation akzeptiert. Konversationstheoretisch ist sie durch eine strenge Unterdrückung der zwanglosen Assoziation gekennzeichnet; wie schon im Zeitalter Montaignes entfalten sich kompensatorische Gattungen wie Essayistik, Feuilleton und Brief; ein literarischer Impressionismus, wie ihn um die Jahrhundertwende exemplarisch Peter Altenberg repräsentiert hat.

Für die zunehmende Verwissenschaftlichung der Konversationstheorie stehen zu Beginn des 20. Jahrhunderts vor allem zwei Autoren: Sigmund Freud und der deutsche Soziologe Georg Simmel. Zur Begrüßung des ersten deutschen Soziologentages 1910 hielt Simmel eine Rede über die *Soziologie der Geselligkeit* mit dem charakteristischen Fazit, daß das gesellige Zusammensein ein »Schatten« des gesellschaftlichen sei. Folgerichtig wird aus der Konversation ein sinnentleertes Reden um des Redens willen; der Witz gilt Simmel mehr oder minder als »Armutszeugnis«, als typisch konversationellen Affekt kennt er nur noch die Koketterie[74].

Die Entstehung der Soziologie oder wesentlicher soziologischer Gedankengänge aus dem Geist einer unentfalteten sozialen Affektivität hat Simmel nicht nur mit diesem Vortrag demonstriert. In seinem soziologischen Hauptwerk *Soziologie* (1908) konstatiert er wie Bamberger, daß das Aussprechen von allem, »was wir einem Andern mit Worten oder auf sonstige Weise mitteilen, auch das Subjektivste, Impulsivste, Vertrauteste«, jeden Menschen »ins Irrenhaus bringen« würde«[75]. Auf eben diese sozialpsychologische Depravierung der spontanen Kommunikation hat Freud mit seiner Entdeckung vom therapeutischen Nutzen der »freien Assoziation« geantwortet. Sein Nachweis von der spezifischen *Logik* des Unbewußten, die keineswegs ins Irrenhaus bringen muß, ist die längst fällige Reaktion auf die lange Tradition christlicher, höfischer und schließlich merkantiler Rationalisierung der konversationellen Interaktion. Deren rekreative Affektivität hat Freud in seiner Abhandlung über *Den Witz und seine Beziehung zum Unbewußten* (1905) als »Lustgewinn aus erspartem Hemmungsaufwand«[76] definiert; und mit der Einführung der »freien Assoziation« in die analytische Prozedur hat ja ein ganz analoges, wenn auch leider verselbständigtes Erlassen von Hemmungen den Wert einer Therapie erhalten.

Daß der Grund solcher Verselbständigung im fehlenden *Gruppen*bewußtsein der psychologischen Fragestellung zu suchen sei, ist von der neueren Forschung längst erkannt[77]. Es war die einseitige Ausbildung von Individual- und Massenpsychologie, die das Phänomen einer geselligen Affektivität sui generis gar nicht erst zur Sprache kommen ließ. Daß aber eine Trieblehre, die vom Dualismus zwischen »Eros« und »Thanatos« beherrscht wird, den Ansprüchen einer Sozialpsychologie nicht genügt, haben erst die Forschungen von René Spitz gezeigt; sie

---

[74] Georg Simmel, Soziologie der Geselligkeit. In: Verhandlungen des ersten deutschen Soziologentages. Tübingen 1911, S. 1–16. Diese Auffassung von Konversation ist freilich auch bei Simmel nur die Kehrseite eines überindividualistischen Anspruchs an Konversation, wie ihn Simmel an anderer Stelle formuliert; vgl. seinen ›Exkurs über den schriftlichen Verkehr‹ sowie den ›Exkurs über die Soziologie der Sinne‹, in: G. S., Soziologie, a. a. O., S. 287f., S. 483–493.

[75] Ebd., S. 259.

[76] Sigmund Freud, Der Witz und seine Beziehung zum Unbewußten. In: Freud-Studienausgabe. Frankfurt/M. 1970. Bd. 4, S. 112f.

[77] Vgl. Peter R. Hofstätter, Gruppendynamik. Hamburg 1957.

unterstützen die Annahme eines autonomen Sozialgefühls und -bedürfnisses. Wenn Spitz auch und gerade im erwidernden Lächeln des Säuglings das archaische Modell von Kontaktaufnahme und »Gespräch« zwischen Mutter und Kind sieht und in diesem wiederum das Vorbild einer sozialen Kontaktaufnahme überhaupt[78], so entspricht dieser Beobachtung die traditionelle Zuordnung des Lächelns zur Freundlichkeit, also zu dem, was in der Antike als comitas, affabilitas, suavitas zum vertrauten Repertoire zwischenmenschlichen Verhaltens gehörte.

Die rasche Ausbreitung der Psychoanalyse hat die Notwendigkeit solchen »Lustgewinns« zur Genüge demonstriert. Daß er einer realitätsbildenden gesellschaftlichen Praxis fehlte, bezeugt die gesamte politische und philosophische Geschichte der ersten Jahrhunderthälfte jedenfalls in Deutschland[79]. Der unzureichend erkannte, jedenfalls nicht laut genug formulierte Zusammenhang von konversationeller Geselligkeit, Gastfreundschaft, Liberalität, Meinungsbildung und sozialer Affektentfaltung hat bei nicht wenigen Autoren zur Auffüllung des sozialen Vakuums durch den Nationalismus geführt. Der Grundbestand der konversationellen Regeln ist freilich auch im 20. Jahrhundert in zahlreichen Etikettenbüchern erhalten geblieben; aber der Etikette entspricht eine immer systemlosere, schließlich gar alphabetische Anordnung von Anlässen und Regeln, die keine Gesinnung mehr zusammenhält.

Die Idee eines affektiv bindenden, rekreativen Gesprächs hat sich im 19. wie auch im 20. Jahrhundert vor allem in der Ideali-

[78] Vgl. René Spitz, Vom Dialog. Stuttgart 1967.
[79] Ein eklatantes Beispiel für die statt dessen kultivierte Haltung sind die folgenden Bemerkungen von Richard von Schaukal, die er Anfang Mai 1911 in der Zeitschrift ›Das Gewissen‹ (Wien, Heft 5) unter dem Titel ›Von der Einsamkeit des schöpferischen Menschen‹ erscheinen ließ: »Welcher sonderbare Widerspruch: ich bin ›der zurückhaltendste Mensch von der Welt‹ und dennoch, wenn ich spreche, wenn ich schreibe, bekennensfroh wie wenige. [...] Ich fliehe die Öffentlichkeit und stürze mich doch als Schriftsteller in sie, wo sie am breitesten ist. [...] Aber es ist nicht nur der Schriftsteller in mir, der den Menschen der Feder anvertraut: auch der Brief ist mir Bekenntnisangelegenheit, ja dem Fremdesten, wenn er mir als empfängliches Gefäß taugt, kann ich mich bis zu einem Grad erschließen, der ihn oft mehr befremden mag, als es mich je gereut hat. Es ist nämlich in keinem dieser Fälle – Buch, Brief, Gespräch – *Vertrauen*, worum es sich handelt (was aber für den Gegensatz zur ›Zurückhaltung‹ bezeichnend wäre), es ist nichts als ›Mitteilung‹, Überströmen, geistige Bewegung, die ich, ein körperlich Seßhafter, von Zeit zu Zeit brauche, ohne mich weiter darum zu bekümmern, was ihre Wirkung auf andere bedeute. Es sind – mit wenigen Ausnahmen – Selbstgespräche vor Zuhörern, auf die es mir nicht ankommt, die mir aber dazu als Mittel nötig sind.«

sierung des Zwiegesprächs gehalten. Von der dialogischen, sinnlich-emanzipatorischen Philosophie Feuerbachs über das emphatische Lob des Zwiegesprächs bei dem amerikanischen Essayisten William Emerson, der sich angeblich das Leben im Himmel als ein einziges Gespräch vorstellte, über Nietzsches Formulierung, daß allein das Zwiegespräch noch vom »spielenden Äther der Humanität«[80] beseelt sei, bis zur dialogischen Philosophie Martin Bubers reichen die Belege für die Pflege, aber auch für den Rückzug eines sozialen Bedürfnisses in den privatesten Bereich.

Daß es gleichwohl immer und zu jeder Zeit gelungene gesellige Gespräche, ja regelrechte Künstler auf diesem Gebiet gegeben hat, steht außer Frage. In einer kleinen Monographie *Über das Reden* (Talking, 1926) hat der englische Essayist J. B. Priestley einmal die vielleicht gültigste und bescheidenste Formulierung gefunden: »Im Gespräch sollte es eine natürliche Entfaltung geben, ein Aufblühen aller, die miteinander reden. Streit wird es unvermeidlich geben, aber es wird ein Turnier sein, keiner wird umgebracht. Statt ein kalter Haufen von Leichnamen zu sein, werden die Besiegten mit den Siegern zusammen trinken.«[81]

[80] Friedrich Nietzsche, Zwiegespräch. In: Menschliches, Allzumenschliches I, Nr. 374. Aus: F. N., Werke in 3 Bdn. Hrsg. v. Karl Schlechta. München 1966. Bd. 1, S. 643.
[81] J. B. Priestley, Talking. London 1926, S. 15.

I. Antike Texte

> »Die Reden des Freundlichen sind Honig-
> seim, trösten die Seele und erfrischen die
> Gebeine.«
>
> Sprüche Salomos

Vorbemerkung

Aus der Antike sind uns keine systematischen Konversationslehren im neuzeitlichen Sinne überliefert; nur eine Reihe von
Abhandlungen und Bemerkungen in Poesie und Prosa zu Ein-
zelthemen wie Schwatzhaftigkeit, Schmeichelei, Klatsch und
ähnlichem. Unsere Texte stammen aus den großen Bereichen
der dialektischen Philosophie, der Ethik und der Symposionliteratur, die zwar den beiden andern zunächst nicht ebenbürtig
zu sein scheint, aber die Idee von Konversation in dem alten
Zusammenhang von Gesprächs- und Eß- bzw. Trinkkultur repräsentiert.

Der Dialog *Phaidros* von Platon (427–347 v. Chr.), dem unser
Auszug entnommen ist, entstand etwa in den fünfziger Jahren
des vierten Jahrhunderts. Wie im berühmten *Symposion* unterhält sich Sokrates hier mit Phaidros über den Eros; an diesem
Thema wird die Idee der philosophischen Dialektik in ihrem
Gegensatz zur herrschenden sophistischen Rhetorik entwickelt.
So ist der *Phaidros* auch als Platons »Lehrbuch der Rhetorik«
bezeichnet worden; er endet ganz sokratisch mit einer Lobrede
auf das philosophische Gespräch: »... wenn einer, die dialektische Kunst anwendend, eine geeignete Seele nimmt und mit
wissenschaftlichen Reden bepflanzt und besät, die sich selbst
und dem Pflanzenden zu helfen geschickt und nicht unfruchtbar sind, sondern einen Samen enthalten, aus dem in andersge-
arteten Gemütern wieder andere Reden erwachsen.«[1] Die sokratischen Gespräche sind trotz ihres philosophischen Inhalts
schon bald als mustergültige Gespräche überhaupt betrachtet
worden; auf sie bezieht sich auch Cicero in der hier abgedruckten Passage.

Die *Nikomachische Ethik* (Ethika Nikomacheia) des Aristoteles (384–322 v. Chr.) stammt wahrscheinlich aus seinen letzten

[1] Zit. nach Platon, Sämtliche Werke. 3 Bde. Köln-Olten ⁵1967; Bd. 2, S. 477.

Lebensjahren. Sie ist benannt nach dem Sohn Nikomachos und besteht aus drei Hauptstücken: Das erste führt in die aristotelische Lehre vom Glück (eudämonia) als dem höchsten Gut ein, das der Mensch durch sein Handeln erreichen könne; der zweite Teil handelt etwas weniger systematisch von den Affekten der Unbeherrschtheit und Mäßigung, Lust und Unlust; dann folgen Abschnitte über die Freundschaft und schließlich noch einmal eine Erörterung der Eudämonie. Die zentralen Ideale dieser Ethik heißen Maß und Tugendwissen; sie gelten als Quintessenz eines halben Jahrtausends griechischer Verhaltensreflexion. Von der Idee des Maßes, als einer Balance zwischen zwei Extremen, ist auch unser Auszug über den Umgang geprägt.

Die *Charakterskizzen* (Charakterēs) von Theophrast (371–287 v. Chr.), dem Hauptschüler und Freund des Aristoteles, gelten in der antiken Literatur als einzigartig. Erst 1786 in Parma vollständig erschienen, zeichnen sie in karikaturistischer Manier dreißig Typen, wie sie wohl in der griechischen Komödie hätten verwendet werden können. Unter den zahlreichen neuzeitlichen Übersetzungen ragt die des französischen Moralisten La Bruyère heraus, der sie 1688 zusammen mit eigenen, sehr konversations- und gesellschaftskritischen Beobachtungen herausgab. – Theophrast verfaßte außerdem zahlreiche Schriften zur Logik, Metaphysik und besonders zur Naturwissenschaft.

Das *Buch Jesus Sirach,* später auch *Ecclesiasticus* genannt, weil es von der Kirche so häufig benutzt wurde, gehört zu den Weisheitsbüchern des Alten Testaments. Es stammt von einem hebräischen Schriftgelehrten namens Jesus, Enkel des Sirach. Es enthält Lieder und Sprüche und gehört damit zur sogenannten gnomischen oder Spruchliteratur, die seit der Antike immer auch moralische und Bemerkungen zum rechten Gespräch enthält. Das *Buch Jesus Sirach* faßt als Lehrbuch der Sittenlehre zusammen, was das Alte Testament an ethischen Vorstellungen enthält. Es entstand etwa zwischen 187 und 171 v. Chr. in einer Epoche heftiger Auseinandersetzungen zwischen Griechen- und Judentum. Offensichtlich wurde es geschrieben, um die Grundsätze der hebräischen Weisheits- und Sittenlehre gegen den Ansturm neuer Ideen zu versammeln. Die katholische Kirche nahm den Text zunächst in die kanonischen Bücher auf und benutzte ihn fleißig; erst auf dem Konzil zu Trient (1545–1563) schloß man es aus dem Kanon inspirierter Bücher aus.

Cicero (106–43 v. Chr.) schrieb sein Werk *Über die Pflichten* (De officiis) ein Jahr vor seinem Tode. Es übte einen nachhaltigen Einfluß aus; der Kirchenvater Ambrosius adaptierte es im vierten nachchristlichen Jahrhundert für den klerikalen Gebrauch, und so wurde es zum verbindlichen Pflichtenkodex des Mittelalters. In der Renaissance galt es als Lehrbuch der Humanität; im 18. Jahrhundert waren Voltaire und Friedrich der Große seine Apologeten. Der Ansatz und die gedankliche Struktur des Werkes, besonders auch das Interesse am Gespräch, gehen auf den griechischen Stoiker Panaitios von Rhodos zurück. Das erste Buch ist dem Begriff des Ehrenhaften (honestum) gewidmet, das zweite dem des Nützlichen (utile), das dritte dem möglichen Widerstreit beider Werte; diese Fragestellung stammt ganz von Cicero, dem pragmatischen Politiker. Unser Ausschnitt ist dem ersten Buch entnommen, in dem als wesentlicher und für das rechte Gespräch (sermo) verbindlicher Teilbereich des Ehrenhaften die Idee des Schicklichen (aptum, griech. prepon) erörtert wird. Für die Geschichte der Konversationstheorie ist die Erwähnung des friedlichen sermo vor allem deshalb wichtig, weil sie vom berühmtesten Rhetoriker der Antike stammt: von Cicero.

Plutarch (46–120 n. Chr.) hat in seinen *Moralia,* aus denen unser Auszug stammt, über alle möglichen Themen geschrieben: ethische, naturwissenschaftliche, ökonomische, religiöse und hygienische. Für unsern Zusammenhang interessieren besonders auch die Abhandlungen über das alltägliche Reden, wie der Text *Über die Schwatzhaftigkeit,* in dem es als eigentlicher Redezweck bezeichnet wird, bei den Zuhörern Glauben zu erwecken, oder wie der Aufsatz *Daß ein Philosoph sich vornehmlich mit Fürsten unterhalten müsse.* Hier unterscheidet Plutarch zwischen einer inneren und einer äußeren Rede, zwischen Gespräch und Selbstgespräch. Beide hätten Freundschaft zum Ziel; ersteres Freundschaft mit sich selbst, letzteres Freundschaft mit andern. Von den mehr ins Ethische gehenden Aufsätzen sind noch erwähnenswert *Über erlaubtes Eigenlob* und *Wie man einen Freund von einem Schmeichler unterscheidet.* Wie das Loben von Menschen überhaupt, so ist auch das Eigenlob später in der christlich-höfischen Atmosphäre verboten worden; das genaue Gegenteil, die Schmeichelei, ist eben deshalb zum Charakteristikum des Hoflebens geworden – damit aber auch das oft diskutierte Problem, ob und wie ein Fürst Freunde und Widerspruch um sich haben könne. Die *Neun Bücher Tischgespräche*

(Symposiakōn biblio IX), denen unser Auszug entnommen ist, sind ein gutes Beispiel für die Symposionliteratur, auch »Buntschriftstellerei« genannt. Ihr Charakteristikum ist die thematische und stilistische Vielfalt, das Alternieren zwischen Scherz und Ernst, Theorie und Praxis.

SOKRATES: Heran denn, edle Geschöpfe, und überzeugt den
Phaidros, den Vater schöner Kinder, daß, wenn er nicht aus-
reichend philosophiert, auch seine Fähigkeit nicht ausreichen
wird, über etwas zu reden. Antworten soll Phaidros.

PHAIDROS: Fragt nur!

SOKRATES: Ist nicht also überhaupt die rednerische Kunst eine
Art Seelenführung mittels Reden, nicht nur in den Gerichts-
höfen und was es sonst alles für öffentliche Versammlungen
gibt, sondern auch in privaten Kreisen? Und zwar dieselbe,
über geringe sowohl wie große Dinge? Und ist ihre richtige
Anwendung nicht weniger angesehen, wenn es um Ernstes,
als wenn es um Unbedeutendes geht? Oder wie hast du dies
gehört?

PHAIDROS: Nein, beim Zeus, nicht ganz so; sondern am meisten wird wohl in Rechtssachen kunstmäßig gesprochen und
geschrieben, gesprochen wird aber auch bei Volksreden; von
weiterer Verwendung habe ich jedoch nicht gehört.

SOKRATES: Aber hast du denn nur von den Redekunstlehren des
Nestor und Odysseus gehört, die sie in Stunden der Muße
vor Ilion verfaßten, von der des Palamedes aber hast du nichts
gehört?

PHAIDROS: Bei Zeus, auch von denen des Nestor und des
Odysseus nicht, wenn du nicht etwa den Gorgias zu einem
Nestor stempelst oder Leute wie Thrasymachos und Theo-
doros zu einem Odysseus.

SOKRATES: Vielleicht. Doch lassen wir diese beiseite. Sag mir
aber: was tun die Prozeßgegner vor Gericht? Stellen sie nicht
wirklich Rede gegen Rede? Oder was sollen wir sonst sagen?

PHAIDROS: Eben dies.

SOKRATES: Über Recht und Unrecht?

PHAIDROS: Ja.

SOKRATES: Wird nun nicht derjenige, der dies kunstmäßig tut,
bewirken, daß dieselbe Sache denselben Menschen einmal gerecht und dann wieder, wenn er es so will, ungerecht erscheint?

PHAIDROS: Natürlich.

SOKRATES: Und in einer Volksrede, daß der Stadt dieselben

Dinge einmal als gut, ein andermal wieder als das Gegenteil erscheinen?

PHAIDROS: So ist es.

SOKRATES: Nun der eleatische Palamedes: wissen wir nicht, daß durch seine kunstfertige Rede den Hörern dieselben Dinge als gleich und ungleich erscheinen, als eines und vieles, als ruhend und auch wieder als bewegt?

PHAIDROS: Durchaus.

SOKRATES: Also nicht nur vor den Gerichten und bei der Volksrede gibt es die Kunst des Gegeneinanderredens, sondern in allem, was gesagt wird, ist offenbar wohl irgendeine einzige bestimmte Kunst vorhanden – wenn es denn eine ist –, mit deren Hilfe man imstande ist, alles allem ähnlich zu machen, soweit die Dinge das vertragen und vor entsprechenden Hörern und falls ein anderer solche Gleichsetzungen vornimmt und dadurch etwas vertuschen will, es ans Licht zu ziehen.

PHAIDROS: Was meinst du damit?

SOKRATES: Folgendermaßen, glaub ich, wird es vor unserem forschenden Blick erscheinen: kommt Täuschung eher bei stark voneinander verschiedenen Dingen zustande oder bei wenig verschiedenen?

PHAIDROS: Bei wenig verschiedenen.

SOKRATES: Aber wenn du mit kleinen Schritten deinen Platz wechselst, wirst du eher unbemerkt auf die entgegengesetzte Seite kommen als mit großen.

PHAIDROS: Selbstverständlich.

SOKRATES: Also muß jemand, der einen anderen täuschen will, ohne doch selbst getäuscht zu werden, die Ähnlichkeit der Dinge und ihre Unähnlichkeit genau auseinanderhalten.

PHAIDROS: Das ist freilich notwendig.

SOKRATES: Wird er etwa imstande sein, wenn er die Wahrheit eines jeden Dinges nicht kennt, die Ähnlichkeit des von ihm nicht gekannten Dinges, ob sie nun groß ist oder klein, in den anderen Dingen zu unterscheiden?

PHAIDROS: Unmöglich.

SOKRATES: Bei denen also, die ihre Meinungen im Widerspruch zur Wirklichkeit bilden und so getäuscht werden, hat sich dieser Zustand offenbar durch gewisse Ähnlichkeiten eingeschlichen.

PHAIDROS: So geschieht es ja wohl.

SOKRATES: Ist es also möglich, daß jemand die Kunst beherrscht, Schritt vor Schritt etwas vom Platz zu rücken und durch die Ähnlichkeiten jeweils von dem wirklichen Ding zum Gegenteil wegzuführen oder selbst diesem Schicksal zu entgehen, wenn er nicht das Wesen eines jeden Dinges erkannt hat?

PHAIDROS: Nimmermehr.

SOKRATES: Wer die Wahrheit nicht weiß und dafür Meinungen nachgejagt hat, mein Freund, wird also, wie es scheint, eine lächerliche und kunstlose Redekunst zu bieten haben.

PHAIDROS: Damit muß er rechnen.

SOKRATES: Willst du also in der Rede des Lysias, die du bei dir trägst, und in den Reden, die wir hielten, etwas von dem sehen, was wir als kunstlos und als kunstmäßig bezeichneten?

PHAIDROS: Das ist mein allergrößter Wunsch, da wir ja jetzt in dürren Worten reden, ohne ausreichende Beispiele zu haben.

SOKRATES: Und da trifft es sich gut, wie es scheint, daß die beiden Reden gehalten wurden, die ein Beispiel dafür bieten, wie derjenige, der die Wahrheit weiß, mit Worten sein Spiel treibt und die Hörer auf den falschen Weg führt. Und ich wenigstens, Phaidros, gebe den Göttern dieses Ortes die Schuld; vielleicht haben aber auch die Künderinnen der Musen, die Sängerinnen zu Häupten, uns diese Gabe eingehaucht; ich habe nämlich mit keinerlei Redekunst etwas zu schaffen.

PHAIDROS: Es sei, wie du sagst, nur erkläre, was du meinst!

SOKRATES: Wohlan denn, lies mir den Anfang der Rede des Lysias!

PHAIDROS: »Über mein Anliegen weißt du Bescheid und hast gehört, daß ich glaube, es sei vorteilhaft für uns, wenn das, was ich meine, geschieht. Ich halte es nicht für richtig, daß meine Bitte nur darum nicht erhört würde, weil ich nun einmal nicht in dich verliebt bin. Denn die Verliebten bereuen dann die erwiesenen Wohltaten ...«

SOKRATES: Halt! Wo also sein Fehler steckt und was er kunstlos macht, soll gesagt werden, nicht wahr?

PHAIDROS: Ja.

SOKRATES: Ist nun nicht jedermann dies jedenfalls klar, daß wir in manchen solcher Fragen einer Meinung sind, in manchen aber verschiedener?

PHAIDROS: Ich glaube zu verstehen, was du sagst, aber sag es deutlicher!

SOKRATES: Wenn jemand das Wort »Eisen« oder »Silber« ausspricht, denken wir uns dabei nicht alle dasselbe?

PHAIDROS: Jawohl.

SOKRATES: Wie aber bei »gerecht« und »gut«? Wird da nicht der eine in diese, der andere in jene Richtung gelenkt, und sind wir nicht uneins miteinander und mit uns selbst?

PHAIDROS: Ganz recht.

SOKRATES: In manchen Begriffen stimmen wir also zusammen, in anderen nicht.

PHAIDROS: Ja.

SOKRATES: Auf welcher Seite sind wir also leichter zu täuschen, und in welchen Fällen vermag die Redekunst mehr?

PHAIDROS: Offenbar bei den Begriffen, in denen wir unsicher sind.

SOKRATES: Also muß derjenige, der der Redekunst nachgehen will, zuerst diese Dinge methodisch eingeteilt und ein gewisses bezeichnendes Bild von jeder der beiden Arten gewonnen haben, wo die Menge notwendig unsicher ist und wo nicht.

PHAIDROS: Der hätte wohl, Sokrates, eine schöne Art erfaßt, wer dies gewonnen hätte.

SOKRATES: Sodann darf es ihm, glaube ich, bei keiner Sache, an die er herantritt, verborgen bleiben, sondern er muß es scharf wahrnehmen, zu welcher der beiden Gattungen der Gegenstand gehört, über den er reden will.

PHAIDROS: Natürlich.

SOKRATES: Wie ist es also mit dem Eros? Sollen wir sagen, er gehöre zu den umstrittenen Dingen oder zu den unumstrittenen?

PHAIDROS: Zu den umstrittenen doch wohl; oder meinst du, es wäre dir sonst gestattet, das, was du soeben über ihn äußertest, zu sagen, etwa: ein Schaden ist er für den Geliebten und für den Liebenden, und dann wieder: er ist gerade das größte der Güter?

SOKRATES: Sehr gut gesagt; aber sag auch dies – ich kann mich nämlich wegen meiner gottbegeisterten Stimmung nicht genau erinnern –, ob ich den Eros am Anfang der Rede begrifflich bestimmte.

PHAIDROS: Ja, bei Zeus, unglaublich eingehend.

SOKRATES: Ach, um wieviel geschulter im Reden sind, nach deinen Worten zu schließen, die Nymphen, die Töchter des Acheloos, und Pan, der Hermessohn, als Lysias, des Kephalos Sohn! Oder habe ich unrecht, und hat auch Lysias im

Anfang seiner Rede über den Eros uns gezwungen, den Eros als eines von den seienden Dingen, und zwar nach seinem Willen, aufzufassen, und dann mit Bezug darauf alles verfaßt und so die weitere Rede durchgeführt? Willst du, daß wir den Anfang der Rede nochmals lesen?

PHAIDROS: Ja, wenn du meinst. Freilich, was du suchst, ist nicht darin.

SOKRATES: Sprich, damit ich den Wortlaut höre!

PHAIDROS: »Über mein Anliegen weißt du Bescheid und hast gehört, daß ich glaube, es sei vorteilhaft für uns, wenn das, was ich meine, geschieht. Ich halte es nicht für richtig, daß meine Bitte darum nicht erhört würde, weil ich nun einmal nicht in dich verliebt bin. Denn die Verliebten bereuen dann die erwiesenen Wohltaten, sobald es mit ihrer Begierde zu Ende ist.«

SOKRATES: Da fehlt freilich viel, wie es scheint, daß er das tut, was wir suchen. Zumal er ja auch nicht vom Anfang her, sondern vom Ende in der Rückenlage die Rede in umgekehrter Richtung zu durchschwimmen unternimmt und so mit dem anfängt, was ein Verliebter erst am Schluß zu seinem geliebten Knaben sagen könnte. Oder irre ich mich, Phaidros, du liebes Haupt?

PHAIDROS: Es ist wirklich der Schluß, Sokrates, worüber er sich verbreitet.

SOKRATES: Und wie steht es mit den übrigen Teilen? Scheint es nicht, als ob die Redeteile aufs Geratewohl hingeworfen sind? Oder leuchtet es ein, daß das an zweiter Stelle Gesagte mit einiger Notwendigkeit an die zweite Stelle gesetzt werden mußte oder entsprechend ein anderer Punkt der Rede? Denn mir, der ich nichts davon verstehe, kam es so vor, als sei vom Verfasser gar nicht kleinlich das, was ihm gerade einfiel, ausgesprochen worden; weißt du aber irgendeine schriftstellerische Notwendigkeit, aus der jener diese Sätze in solcher Reihenfolge nebeneinander gesetzt hat?

PHAIDROS: Es ist nett von dir, daß du mich für fähig hältst, seine Ausführungen so genau zu durchschauen.

SOKRATES: Aber das, glaube ich, würdest du jedenfalls wohl sagen, daß jede Rede wie ein Lebewesen zusammengefügt sein muß, indem sie sozusagen ihren eigenen Körper hat, so daß sie weder ohne Kopf noch ohne Fuß ist, sondern Mittelstücke und Randstücke hat, die als zueinander und zum Ganzen passend geschrieben sind.

PHAIDROS: Ganz gewiß.

SOKRATES: Sieh dir also die Rede deines Freundes an, ob es so oder anders mit ihr steht, und du wirst finden, daß sie sich in nichts von dem Epigramm unterscheidet, das angeblich auf den Phryger Midas gemacht ist.

PHAIDROS: Was für eines ist das, und was hat es mit ihm auf sich?

SOKRATES: Es lautet so:

> Ich bin aus Erz ein Mädchen hier, lieg auf des Midas
>   Grabmal;
> solang das Wasser rinnen mag und hohe Bäume grünen;
> an diesem Platze bleibe ich, auf viel beweintem Hügel;
> den Wandrern will ich kund es tun, daß Midas hier be-
>   graben.

Daß es nichts ausmacht, ob da ein Vers als erster oder als letzter gesprochen wird, bemerkst du wohl, glaube ich.

PHAIDROS: Du verspottest unsere Rede, Sokrates.

SOKRATES: So wollen wir sie denn, damit du keinen Kummer hast, auf sich beruhen lassen – obwohl sie mir wenigstens eine Menge Beispiele zu enthalten scheint, durch deren Betrachtung jemand gefördert werden könnte, der sie nachzuahmen versucht, ohne sie ganz zu übernehmen – und wollen zu den andern Reden kommen; es war nämlich in ihnen etwas, glaube ich, was diejenigen beachten sollten, die über Reden Untersuchungen anstellen wollen.

PHAIDROS: Welcher Art ist denn das, was du meinst?

SOKRATES: Die beiden waren irgendwie entgegengesetzt; denn die eine besagte, man solle dem Verliebten, die andere aber: dem Nichtverliebten gefällig sein.

PHAIDROS: Und zwar auf recht mannhafte Weise äußerten sie sich.

SOKRATES: Ich dachte, du würdest die Wahrheit sagen, nämlich: auf wahnsinnige Weise; und wirklich, was ich suchte, ist eben dies. Eine Art Wahnsinn, sagten wir, sei der Eros, nicht wahr?

PHAIDROS: Ja.

SOKRATES: Von Wahnsinn aber gibt es zwei Arten, die eine durch menschliche Krankheiten verursacht, die andere durch gottbewirkte Herauslösung aus den gewohnten Ordnungen.

PHAIDROS: Ganz recht.

SOKRATES: Und von dem göttlichen Wahnsinn unterscheiden wir nach vier Göttern vier Teile, indem wir die seherische

Inspiration dem Apollon zuschrieben, dem Dionysos die der Weihen, den Musen die dichterische, die vierte aber der Aphrodite und dem Eros, und vom Liebeswahnsinn sagten wir, daß er der beste sei; und da wir, ich weiß nicht wie, die Liebesleidenschaft bildlich darstellten und dabei vielleicht die Wahrheit an einem gewissen Punkte berührten, vermutlich aber auch in andere Richtung abschweiften, haben wir keine ganz unglaubwürdige Rede zusammengemischt und eine Art mythischen Hymnus, ebenso maßvoll wie bedächtig im Ausdruck, gleichsam spielend auf meinen und deinen Gebieter, Phaidros, verfaßt, auf den Eros, den Aufseher schöner Knaben.

PHAIDROS: Und mir jedenfalls gar nicht unangenehm zu hören.

SOKRATES: Dies also wollen wir daraus entnehmen, wie die Rede vom Tadel zum Lob übergehen konnte.

PHAIDROS: Wie meinst du es denn?

SOKRATES: Mir scheint das andere wirklich im Scherz vorgetragen zu sein; aber von den beiden Arten dieser etwa zufällig gesprochenen Reden – wenn man ihre Wirkung kunstmäßig erfassen könnte, wäre es nicht unwillkommen.

PHAIDROS: Von welchen Arten denn?

SOKRATES: Auf eine einzige Sicht durch Zusammenschau das vielfach Zerstreute hinzuführen, damit man durch Bestimmung jedes einzelne Ding klarmacht, worüber man jeweils Belehrung erteilen will. Wie soeben über den Eros, dessen Wesen bestimmt wurde, mag nun gut oder schlecht geredet worden sein, jedenfalls bekam die Rede dadurch das Deutliche und das mit sich selbst Übereinstimmende.

PHAIDROS: Und die andere Art, die du meinst, Sokrates?

SOKRATES: Daß man umgekehrt fähig ist, nach Arten durch Schnitte zu zerlegen, und zwar nach den Gliedern, wie sie gewachsen sind, und zu versuchen, nicht nach Art eines schlechten Kochs einen Teil zu zerbrechen. Sondern wie vorhin die beiden Reden den unbesonnenen Zustand des Denkens als einen gemeinsamen Begriff auffaßten und wie aus einem Körper doppelte und dabei gleichnamige Teile gewachsen sind, die man »linke« und »rechte« nennt: so hielten auch die beiden Reden den Zustand der Denkstörung für einen in uns bestehenden einheitlichen Begriff, dann aber schnitt die eine Rede den linken Teil ab, zerschnitt ihn weiter und hörte nicht auf, bis sie darin einen Eros fand, den man wohl den »linken« nennen könnte und ganz zu Recht schmähte; die andere aber führte uns auf die rechte Seite des Wahnsinns, die gleich wie jene benannt ist, und fand einen göttlichen Eros und wies ihn vor und pries ihn dann als die Ursache größter Glücksgüter für uns.

PHAIDROS: Du sprichst die volle Wahrheit.

SOKRATES: Von diesen Dingen bin ich ja selbst ein Liebhaber, Phaidros, von den Zerlegungen und den Zusammenführungen, damit ich imstande sei, zu reden und zu denken; und wenn ich irgendeinen anderen für fähig halte, die Einheit mit gleichzeitigem Blick auf die Vielheit zu sehen, dem gehe ich nach, auf dem Fuße ihm folgend wie einem Gotte. Und wirklich, ob ich diejenigen, die imstande sind, dies zu tun, richtig benenne oder nicht, mag Gott wissen, ich nenne sie jedenfalls einstweilen Dialektiker.

ARISTOTELES
Vom Umgang

Was den Umgang, das Zusammenleben und den Verkehr in Worten und Taten betrifft, so scheinen die einen liebedienerisch zu sein, da sie alles den Leuten zu Gefallen loben und niemals widersprechen, sondern meinen, sie dürften denen, mit denen sie zusammentreffen, nicht unangenehm sein. Die Gegensätzlichen, die immer widersprechen und sich nicht darum kümmern, irgendwem weh zu tun, heißen grob und streitsüchtig. Daß diese genannten Haltungen tadelnswert sind, ist klar, ebenso, daß die Mitte zwischen ihnen lobenswert ist, wo man denn annimmt, was und wie man soll, und entsprechend ablehnt. Sie hat keinen Namen, gleicht aber am meisten der Freundschaftlichkeit. Denn wer die mittlere Haltung besitzt, ist das, was wir meinen, wenn wir von einem rechten Freunde sprechen, nur daß da noch die Liebe dazukommt.

Der Unterschied von der Freundschaft besteht darin, daß die Leidenschaft fehlt und die Liebe zu denen, mit denen man umgeht. Denn man nimmt da alles auf, wie man soll, nicht aus Liebe oder Haß, sondern weil man diese Haltung hat. Man wird sich dann gleich verhalten zu Unbekannten und Bekannten, zu Verwandten und Fremden, nur eben in jedem Falle, wie es sich schickt. Man soll sich nämlich nicht in derselben Weise um Verwandte wie um Fremde kümmern oder sie verletzen.

Im allgemeinen wird man also, wie gesagt, verkehren, wie man soll. Indem man sich an das Schöne und Zuträgliche hält, wird man sich bemühen, nicht zu verletzen und an der Freude der andern teilzunehmen. Denn da man es mit dem Angenehmen oder Schmerzlichen im Umgang zu tun hat, so wird der richtig Handelnde dort, wo es für ihn unschön oder schädlich ist, sich am Vergnügen zu beteiligen, es mißbilligen und lieber verletzen. Und wenn ein Tun Schande bringt, und zwar eine bedeutende, oder Schaden, der Widerspruch aber nur wenig verletzt, so wird er es nicht hinnehmen, sondern widersprechen.

Er wird aber verschieden umgehen mit Angesehenen und mit Beliebigen und mit mehr oder weniger Bekannten, und was es sonst für Unterschiede gibt, und wird jedem das Passende zuteil werden lassen; an sich wird er sich lieber am Angenehmen beteilen, sich hüten, zu verletzen, und die Folgen bedenken, wenn sie bedeutend sind, ich meine das Edle und das Zuträgliche. Und um einer nachfolgenden großen Freude willen wird er im Kleinen verletzen.

Derart ist also der Mittlere, doch hat er keinen eigenen Namen. Von jenen, die sich beliebt machen wollen, ist der, der nur angenehm sein will und sonst nichts, liebedienerisch; wer daraus einen Nutzen erhofft im Bezug auf das Geld und was durch Geld zu erlangen ist, ist ein Schmeichler. Wer sich aber über alles ärgert, ist, wie gesagt, grob und streitsüchtig. Die Extreme scheinen einander gegenüberzustehen, weil die Mitte keinen Namen hat.

Ungefähr in demselben Bereich befindet sich auch die Mitte zwischen Einbildung und Ironie. Auch sie hat keinen Namen. Doch schadet es nichts, auch dies zu durchgehen. Denn durch die Behandlung des Einzelnen begreift man sicherlich die ethischen Dinge besser und überzeugt sich davon, daß die Tugenden Mitten sind, wenn man sieht, daß dies überall gilt.

Wir haben nun schon jene genannt, die beim gesellschaftlichen Verkehr sich auf das Angenehme und Schmerzliche bezieht. Jetzt sei von der gesprochen, die die Wahrheit und Unwahrheit in Wort, Tat und Auftreten betrifft.

Der Eingebildete scheint sich den Anschein rühmenswerter Eigenschaften zu geben, die er nicht besitzt, oder größerer, als er sie besitzt. Der Ironische umgekehrt verleugnet, was er hat, oder macht es geringer, der Mittlere endlich ist aufrichtig und bleibt in Leben und Wort immer er selbst und gibt zu, was er besitzt, und macht es weder größer noch geringer. Dies alles kann man zu einem besonderen Zwecke tun oder auch nicht. Doch jeder spricht und handelt und lebt so, wie er ist, wenn er nicht einen besonderen Zweck verfolgt.

An sich ist die Lüge schlecht und verwerflich, die Wahrheit schön und lobenswert. So wird denn auch der Wahrhaftige als der Mittlere zu loben sein, die Lügnerischen sind aber beide zu tadeln; mehr immerhin der Eingebildete.

Reden wir nun über jeden Einzelnen und zuerst über den Wahrhaftigen. Wir meinen nun nicht jenen, der in Abmachungen zuverlässig ist und was Gerechtigkeit und Ungerechtigkeit angeht (denn dies gehört zu einer anderen Tugend), sondern jenen, der, ohne daß etwas Derartiges in Frage steht, im Wort und im Leben aufrichtig ist, weil dies seine Art ist. Ein solcher wird wohl anständig sein. Denn der Aufrichtige wird die Wahrheit sagen, auch wo es nicht darauf ankommt, und dann um so mehr, wo es darauf ankommt. Die Lüge wird er als eine Schande meiden, da er sie ja schon an sich meiden würde. Jemand dieser Art ist lobenswert. Er wird eher nach dem Zuwenig von der Wahrheit abweichen. Dies scheint passender, da die Übertreibungen widerwärtig sind.

Wer sich nun bedeutender macht, als er ist, ohne besondere Absicht, ist zwar einem schlechten Menschen ähnlich (denn sonst hätte er keine Freude an der Lüge), aber wird doch eher eitel als schlecht sein. Wenn er aber eine Absicht hat, so ist es noch nicht allzu tadelnswert, wenn diese in Ehre oder Ansehen besteht; besteht sie aber in Geld, oder was mit Geld zu erreichen ist, so ist es schon häßlicher.

Die Einbildung besteht nicht in der Fähigkeit, zu prahlen, sondern in dem Willen dazu. Denn der Eingebildete ist so auf Grund seines Verhaltens und weil er so ist wie der Lügner, der an der Lüge selbst Freude hat, und weil er damit Ehre und Gewinn sucht.

Wer um des Ansehens willen prahlt, schreibt sich Eigenschaften zu, die gelobt oder gepriesen werden; wer es um des Gewinnes willen tut, schreibt sich Eigenschaften zu, deren die Nächsten bedürfen und deren Nichtvorhandensein man verstecken kann. Sie nennen sich Seher, Weise oder Ärzte. Darum behaupten die meisten derartiges von sich und prahlen damit. Denn das Genannte findet sich bei ihnen.

Der Ironische, der sich geringer macht, scheint eine feinere Art zu haben; denn er scheint nicht wegen des Gewinnes so zu sein, sondern um die Anmaßung zu meiden. Am liebsten verleugnet er, was große Ehre macht, wie es auch Sokrates zu tun pflegte. Wer sich aber in kleinen und offenkundigen Dingen verstellt, heißt affektiert und ist eher verächtlich. Zuweilen erscheint gerade dies als Prahlerei, wie etwa das Tragen eines lakonischen Kleides. Denn das Übermaß und der allzu krasse Mangel sind beide prahlerisch. Wer aber die Ironie mit Maß anwendet und in nicht gar zu handgreiflichen und bekannten Dingen, erscheint als liebenswürdig.

Der Wahrhaftigkeit ist vor allem die Einbildung entgegengesetzt. Denn sie ist der schlimmere Fehler.

Da es nun im Leben auch eine Erholung gibt und in ihr Unterhaltung und Scherz, so scheint es auch da angemessene Umgangsformen zu geben: was man reden und anhören soll und wie. Es macht freilich einen Unterschied, ob man bei derartigem mitredet oder bloß zuhört. Aber auch da gibt es natürlich der Mitte gegenüber ein Übermaß und einen Mangel.

Wer nun im Komischen übertreibt, wirkt als Possenreißer und als ordinär. Er sucht um jeden Preis das Lächerliche und strebt mehr danach, Lachen zu erregen als etwas Schickliches zu sagen und die ausgelachte Person nicht zu verletzen. Wer aber selbst niemals scherzt und sich über die Scherzenden ärgert, gilt als ungebildet und steif. Wer endlich angemessen scherzt, heißt gewandt als einer, der sich zu wenden weiß.

Dergleichen scheinen nämlich Bewegungen des Charakters zu sein, und wie man den Körper nach seinen Bewegungen beurteilt, so auch den Charakter. Da aber das Komische das Nächstliegende ist und die meisten sich an Spiel und Scherz mehr freuen, als sie sollen, so gelten auch die Possenreißer als liebenswürdig und werden gewandt genannt. Daß sie sich aber von diesen unterscheiden, und zwar nicht wenig, ergibt sich aus dem Gesagten.

Der mittleren Haltung ist endlich auch die Korrektheit eigentümlich. Der Korrekte redet und hört solche Dinge, wie es sich für einen Anständigen und Vornehmen gehört. Bestimmte Scherze darf ein solcher wohl machen und sich anhören. Der Scherz des vornehmen Menschen unterscheidet sich indessen von demjenigen des sklavischen und der des Gebildeten von demjenigen des Ungebildeten.

Das mag man auch aus der Alten und Neuen Komödie entnehmen. Für jene lag das Komische in den Zoten, für diese eher in den Anspielungen, was im Bezug auf die Schicklichkeit keinen kleinen Unterschied macht.

Soll man nun das rechte Scherzen bestimmen als ein Reden, das für einen vornehmen Menschen nicht unschicklich ist, oder als eines, das den Hörer nicht verletzt, sondern vielmehr amüsiert? Oder ist dies zu unbestimmt? Denn den einen verletzt dies, den andern jenes, und dies gilt auch für das Zuhören. Was man nämlich gerne anhört, das wird man wohl auch selbst sagen. Doch wird man nicht alles sagen. Denn der Scherz ist eine Art von Beleidigung, und die Gesetzgeber verbieten bestimmte Arten von Beleidigung. Vielleicht sollten sie auch bestimmte Scherze verbieten. Der Liebenswürdige und Vornehme wird sich dementsprechend verhalten und gewissermaßen für sich selbst Gesetz sein. Das ist also der Mittlere, mag man ihn nun korrekt oder gewandt nennen.

Der Possenreißer hat eine Schwäche für das Komische und

schont weder sich noch andere, wenn er nur Lachen hervorrufen kann, und sagt Dinge, die der Liebenswürdige niemals sagen, ja die er zum Teil nicht einmal anhören würde. Der Ungebildete ist aber für dergleichen Umgang ungeeignet. Denn er trägt nichts bei und ärgert sich über alles. Doch scheinen Erholung und Scherz im Leben notwendig zu sein.

So sind also drei Mitten im Leben angeführt worden, alle im Bezug auf den Verkehr in bestimmten Reden und Handlungen. Ihr Unterschied besteht darin, daß die eine sich auf die Wahrheit bezieht, die zwei andern auf das Angenehme und von diesen die eine auf den Scherz, die andere auf die sonstigen Arten des Umgangs.

Der Schmeichler

Schmeichelei kann man als ein unwürdiges Verhalten bezeichnen, aus dem der Schmeichler Nutzen zieht.

Wenn der Schmeichler seinen Gönner begleitet, sagt er zu ihm: »Merkst du, wie die Leute dich bewundern? Solche Ehre hat sonst niemand in der ganzen Stadt!« – »Gestern hat man dich unter den Lauben am Markt in den Himmel gehoben.« Mehr als dreißig Leute hätten herumgesessen, und als die Rede darauf gekommen sei, wer der Tüchtigste wäre, sei *sein* Name natürlich in aller Munde das A und das O gewesen.

Während er dergleichen schwätzt, putzt er ihm ein Fädchen vom Mantel, und wenn ihm der Wind ein Stäubchen ins Haar geweht hat, so entfernt er es. Und lachend meint er: »Siehst du? Kaum bin ich zwei Tage nicht bei dir gewesen, da ist dein Bart schon voll grauer Haare – freilich hast du für deine Jahre noch schwarzes Haar wie kaum einer.«

Wenn der Gönner etwas sagt, so heißt er die andern still sein; hört der Gönner hin, so gibt er seinen Beifall kund, und ist er fertig mit Reden, dann stimmt er laut zu: »Ausgezeichnet!« Wenn der Gönner einen faulen Witz macht, so lacht er hell auf, ja er stopft sich den Mantel in den Mund, als könnte er sich vor Lachen nicht halten.

Kommen ihnen Leute entgegen, so heißt er sie warten, bis der Gönner vorüber ist. Den Kindern kauft er Äpfel und Birnen und überreicht sein Geschenk vor den Augen des Gönners. Dann küßt er sie ab und sagt: »Ach, ihr herzigen Buben eines tüchtigen Vaters!« Begleitet er ihn zum Einkauf beim Schuhmacher, so stellt er fest, daß der Fuß hübscher sei als der Schuh.

Besucht der Gönner einen Freund, so läuft er voraus und sagt ihn an: »Du bekommst hohen Besuch.« Dann kehrt er um und berichtet: »Ich habe dich angemeldet.« Natürlich ist er auch gern bereit, in atemloser Beflissenheit auf dem Weibermarkt Besorgungen zu machen.

Er ist der erste von den Gästen, der den Wein lobt, und in einem fort wiederholt er: »Was für ein köstliches Mahl!« Langt er zu, so ruft er: »Ein wahrer Leckerbissen!« Dann fragt er den

Gönner, ob er nicht friere und sich nicht lieber zudecken lassen wolle und ob er ihm behilflich sein dürfe. Dabei beugt er sich an sein Ohr nieder und flüstert ihm etwas zu. Auch wenn er mit andern redet, blickt er nur ihn an.

Im Theater nimmt er dem Sklaven das Kissen aus der Hand und legt es selber hin.

Das Haus des Gönners hält er für ein herrliches Bauwerk, seine Felder seien prächtig bestellt, und sein Porträt findet er glänzend getroffen.

Der Schwätzer

Will man die Schwatzhaftigkeit umschreiben, so könnte man sie als Unbeherrschtheit im Reden bezeichnen.

Der Schwätzer trifft beispielsweise jemanden, der den Mund auftut, um ihm etwas zu erzählen, und unterbricht ihn: Das sei noch gar nichts; er selber sei mit der Angelegenheit genau vertraut, und wenn er ihn anhören wolle, werde ihm sofort alles klarwerden. Will der andere inzwischen etwas erwidern, so fällt er ihm ins Wort: »Vergiß nicht, was du erzählen wolltest!« – »Gut, daß du mich daran erinnerst.« – »Es ist doch schön, wenn man sich einmal richtig aussprechen kann.« – »Was ich noch sagen wollte …« – »Auf Anhieb hast du den Zusammenhang verstanden!« – »Schon längst war ich gespannt, ob du auch darauf kommen würdest.« Mit solchen und ähnlichen Redensarten wirft er um sich, so daß sein Partner überhaupt nicht zu Worte kommt. Wenn er jeden reihum totgeredet hat, geht er sogar auf Leute los, die in Gruppen zusammenstehen, und jagt sie auseinander, während sie mitten bei ihrer Verhandlung sind.

Dann geht er in die Schulen und auf die Sportplätze und stört die Kinder beim Lernen, so viel schwatzt er den Lehrern und Trainern vor. Wenn ihm jemand bedeutet, er habe keine Zeit mehr, so ist er gleich bereit, ihn bis nach Hause zu begleiten.

Hat er gehört, was in der Volksversammlung verhandelt wurde, so tritt er es sofort breit. Dabei kommt er auf den Rednerstreit zu sprechen, der seinerzeit unter Aristophon vorgefallen sei, und auf die Reden, die er dereinst selbst mit großem Beifall vor dem Volk gehalten habe. Gleichzeitig schiebt er aber in sein Geschwätz Anklagen gegen die Menge ein, so daß die Zuhörer den Faden verlieren oder einschlafen oder ihn mitten in seinem Erguß stehenlassen.

Als Schöffe unterbricht er den Richter bei seinem Spruch, im Theater stört er die anderen Zuschauer, und bei einer Mahlzeit läßt er niemanden zum Essen kommen. »Schweigen ist nicht leicht für einen, der gerne redet«, meint er dabei; seine Zunge werde nie trocken, und er könne einfach nicht still sein, auch wenn man ihn für geschwätziger halte als eine Schwalbe.

Sogar von seinen eigenen Kindern läßt er sich zum Narren halten, wenn sie ihn beim Schlafengehen bitten: »Papa, erzählen! Dabei schlafen wir dann schon ein.«

Der Grobian

Grobheit ist eine unfreundliche Art, sich auszudrücken.

Fragt man den Grobian: »Wo ist der und der?«, so antwortet er: »Laß mich in Ruhe!« Wenn man ihn grüßt, gibt er den Gruß nicht zurück. Hat er etwas zu verkaufen, so nennt er dem Käufer keinen Preis, sondern fragt: »Was krieg ich?«

Wenn ihm jemand eine Freude machen und zu einem Festtag ein Geschenk schicken will, so meint er, er habe keine milden Gaben nötig. Macht man ihn aus Versehen schmutzig, stößt ihn an oder tritt ihm auf den Fuß, so hört er sich keine Entschuldigung an. Bittet ihn ein Freund, sich an einer Spende zu beteiligen, so sagt er zunächst, er denke gar nicht daran. Später kommt er mit seinem Geld und schimpft: »Auch das ist zum Fenster hinausgeworfen!«

Wenn er auf der Straße stolpert, so flucht er womöglich auf den Stein. Daß er längere Zeit auf jemanden warten soll, bringt er wohl kaum übers Herz. Zu singen, zu tanzen oder etwas vorzutragen ist ihm ganz unmöglich. Sogar zu den Göttern zu beten ist ihm zuviel.

Der Aufschneider

Aufschneiderei kann man ein Sich-Aufspielen mit Vorzügen nennen, die man in Wahrheit nicht besitzt.

Der Aufschneider steht etwa am Kai und erzählt den Ausländern, er habe viel Kapital auf dem Meere schwimmen. Dann macht er genaue Ausführungen über die Bedeutung des See-

Risikos und wieviel er selbst schon verdient und verloren habe. Während er so den Mund voll nimmt, schickt er seinen Sklaven zur Bank. Auf seinem Konto hat er eine ganze Drachme.

Einen Weggefährten hält er zum Narren, indem er ihm vom Alexander-Zug erzählt, an dem er persönlich teilgenommen, von seinem guten Verhältnis zum König und von den vielen edelsteingeschmückten Trinkgefäßen, die er erbeutet habe. Übrigens die Künstler in Asien, behauptet er, könnten mehr als die europäischen. So prahlt er, ohne je aus der Stadt herausgekommen zu sein.

Ja, Antipater habe ihm schon drei Briefe geschrieben und ihn jedesmal wieder gebeten, er möchte doch nach Makedonien kommen. Zwar sei ihm abgabenfreie Holzausfuhr von dort zugesagt worden, aber er habe doch abgelehnt, damit auch nicht ein einziger Spitzel von ihm sagen könne, er sei den Makedonen freundlicher gesonnen, als es sich für einen Athener gehöre.

Während der Teuerung seien ihm seine Spenden für die bedürftigen Mitbürger auf mehr als fünf Talente gekommen; es sei ihm nun einmal ganz unmöglich, etwas abzuschlagen. Sitzt er dann mit fremden Leuten zusammen, so bittet er einen von ihnen, selbst einmal nachzurechnen. Er addiert die Hunderter und Tausender, nennt bei jedem Betrag ganz glaubwürdig den Namen des Empfängers und bekommt am Ende sogar zehn Talente heraus. Diese Summe habe er allein an freiwilligen Spenden aufgebracht – ganz zu schweigen von der obligatorischen Ausrüstung eines Schiffes und den anderen öffentlichen Aufwendungen, die er alle geleistet habe.

Auf dem Markt für die edleren Pferderassen tut er, als wäre er zum Kauf entschlossen. Und an den Stoffauslagen sucht er Kleidung bis zum Betrag von zwei Talenten aus, worauf er dem Sklaven Vorwürfe macht, daß er keine Goldstücke mitgenommen habe.

Er wohnt in einem Miethaus, erzählt aber jedem, der es nicht besser weiß, er habe es vom Vater geerbt. Doch er beabsichtige, es zu verkaufen, weil es ihm für seine Gäste zu klein werde.

Der Verleumder

Verleumdungssucht ist ein innerer Trieb, anderen Menschen Gemeinheiten nachzusagen.

Wenn man den Verleumder fragt: »Was ist der und der eigentlich für ein Mensch?«, so gliedert er seinen Stoff wie ein Ahnenforscher: »Zunächst will ich bei seinen Vorfahren beginnen. Sein Vater hieß ursprünglich Sosias. Beim Militär verwandelte er sich in einen Sosistratos, und als er das Bürgerrecht erworben hatte, in einen Sosidemos. Freilich die Mutter! Sie ist von altem Adel, aber eine Thrakerin. Wenigstens heißt die süße Unschuld Krinokoraka. Mit solchen Namen soll man bei ihr zu Hause zum Adel gehören. Er selbst ist ein ganz übler Patron, wie sich bei derartigen Eltern nicht anders erwarten läßt.«

Zu einem Bekannten sagt er: »Ich weiß doch über solche Späße genau Bescheid! Da kannst du mir nichts vormachen.« Und dann kommt er gar mit Einzelheiten: »Diese Art Weiber schnappen die Passanten von der Straße weg. Das Haus hier ist die richtige Schenkelschaukel. Da hört nämlich sozusagen der Spaß auf. So wie die Hunde auf den Gassen hängen sie zusammen. Überhaupt sind sie rein mannstoll. In eigener Person machen sie die Hoftür auf.«

Natürlich ist er sofort dabei, wenn von anderer Seite gehetzt wird. »Dieser Kerl ist mir mehr zuwider als alle anderen Menschen«, bestätigt er. »Rein äußerlich ist er schon ein Scheusal; aber seine Schlechtigkeit sucht ihresgleichen. Der beste Beweis: Seine Frau hat ihm Tausende als Mitgift in die Ehe gebracht. Seitdem sie ihm ein Kind geboren hat, gibt er ihr nur noch einen Dreier Wirtschaftsgeld und zwingt sie, im Dezember kalt zu baden.«

Ist er in Gesellschaft, so klatscht er über jemanden, der eben fortgegangen ist. Und hat er erst angefangen, dann findet er keine Ruhe, bis er nicht auch seine Verwandten durchgehechelt hat. So verbreitet er eine Unmenge böser Dinge über seine Freunde und Verwandten und sogar über Verstorbene.

Denn Verleumden bedeutet für ihn Meinungsfreiheit, Demokratie und Unabhängigkeit. Und er verleumdet für sein Leben gern.

Unterricht über den Mund

Halte nicht zurück das Wort in der Welt
Und verbirg deine Weisheit nicht.

Denn in der Rede wird die Weisheit kund
Und die Einsicht in der Antwort der Zunge.

Widersprich nicht der Wahrheit
Und deiner Torheit schäme dich.

Schäme dich nicht, deine Sünden zu bekennen,
Und stelle dich der Strömung des Flusses nicht entgegen.

[4,23–26]

Bleibe fest bei deiner Überzeugung,
Und einerlei sei deine Rede.

Sei schnell bereit zum Hören,
Und mit Gelassenheit gib Antwort.

Wenn du Einsicht hast, so antworte deinem Nächsten,
Wenn aber nicht, so sei deine Hand auf deinem Munde.

Ehre und Schmach liegen in der Rede,
Und die Zunge des Menschen ist sein Untergang.

Laß dich nicht doppelzüngig heißen,
Und lege mit deiner Zunge keinen Hinterhalt;

Denn für den Dieb ist Schmach bestimmt
Und bitterer Tadel für den Doppelzüngigen.

Im Großen und Kleinen verfehle dich nicht,
Und aus einem Freunde werde kein Feind.

Schlechten Ruf und Schande empfängt die Schmähsüchtige,
Ebenso der zweizüngige Bösewicht.

Überlaß dich nicht der Willkür der Leidenschaft,
Auf daß du nicht fortgerissen wirst gleich einem Stier,

Deine Blätter du abfrissest und deine Früchte verdirbst
Und dich zurücklassest als einen dürren Baum.

Böse Leidenschaft richtet ihren Besitzer zugrunde
Und macht ihn zur Freude seiner Feinde.

Sanfte Rede erwirbt viele Freunde,
Und eine wohlwollende Zunge mehrt die, so freundlich
    verkehren.   [5,10–15; 6,1–5]

Wer über eine Schlechtigkeit sich freut, wird getadelt werden,
Und wer einen Klatsch wiederholt, dem fehlt es an Einsicht.

Wiederhole daher niemals ein Wort,
So wird dich niemand schmähen.

Wider Freunde und Feinde erzähle nichts,
Und wenn es dir nicht zur Sünde gereicht, offenbare nichts.

Denn wer dich hört, hütet sich vor dir
Und wird seinerzeit dich hassen.

Hörtest du ein Wort, so sterbe es in dir,
Sei getrost, es wird dich nicht zerreißen.

Von einem Wort bekommt der Tor Wehen
Wie die Gebärende von der Leibesfrucht.

Ein Pfeil, der im fleischigen Schenkel steckt,
Ist ein Wort im Innern des Toren.

Stelle den Freund zur Rede, ob er es nicht etwa getan hat,
Und wenn er es getan hat, daß er es nicht wieder tue.

Stelle den Freund zur Rede, ob er es nicht etwa gesagt hat,
Und wenn er es gesagt hat, daß er es nicht wiederhole.

Stelle den Freund zur Rede, denn oft kommt eine Verleumdung
    vor,
Und traue nicht jedem Wort.

Mancher verfehlt sich, aber ohne Absicht,
Und wer hat noch nicht gesündigt mit seiner Zunge?

Stelle deinen Nächsten zur Rede, ehe du ihn anfährst,
Und gib Raum dem Gesetz des Allerhöchsten.

[19,5–17]

Besser ist der Fall auf den Fußboden als durch die Zunge;
So kommt der Sturz der Bösen in Eile.

Ein Wort zur Unzeit – ein unartiger Mensch;
Im Munde der Ungezogenen findet es sich stets.

Der Spruch aus dem Munde des Toren wird mißbilligt;
Denn er spricht ihn nicht zu seiner Zeit aus.

[20,18–20]

Ein böser Makel ist am Menschen die Lüge,
Im Munde der Ungezogenen findet sie sich immerfort.

Besser ein Dieb als einer, der stets lügt,
Beide aber erben Verderben.

Das Ende des lügenhaften Menschen ist schimpflich,
Und seine Schmach bleibt allezeit bei ihm.

Wer weise ist im Reden, bringt's vorwärts,
Und der kluge Mann gefällt den Großen.

[20,24–27]

Wenn der Einsichtige ein weises Wort hört,
So lobt er es und fügt noch eines hinzu.

Der Ausschweifende hört es, und es mißfällt ihm,
Und er wirft es hinter sich.

Die Rede des Toren ist wie eine Bürde auf der Reise,
Aber auf den Lippen des Weisen findet man Anmut.

Nach dem Mund des Klugen fragt man in der Versammlung,
Und seine Worte überlegt man im Herzen.

Wie ein Gefängnis ist dem Toren die Weisheit,
Und die Erkenntnis des Einsichtslosen sind unverständliche
  Worte.

Ketten an den Füßen ist den Unverständigen die Zucht
Und wie Fesseln an der Rechten.

Der Tor erhebt beim Lachen seine Stimme.
Der kluge Mann aber lächelt kaum leise.

                              [21,15–20]

Den Unterricht über den Mund vernehmet, o Söhne,
Und wer ihn beachtet, wird nicht gefangen.

Von seinen Lippen wird der Sünder in Beschlag genommen,
Und der Schmähsüchtige und Stolze kommen durch sie zum
  Fall.

Ans Schwören gewöhne deinen Mund nicht,
Und das Nennen des Heiligen sei deine Gewohnheit nicht.

                              [23,7–9]

Die Töpfergefäße erprobt der Ofen,
Die Prüfung des Menschen erfolgt in der Unterredung mit ihm.

Gemäß der Pflege des Baumes ist die Frucht,
So offenbart der Ausdruck der Gedanken die Gesinnung des
  Menschen.

Vor der Unterredung lobe niemand;
Denn sie ist die Erprobung des Menschen.

                              [27,5–7]

Die Rede des Weisen ist allezeit Weisheit,
Der Tor aber wechselt wie der Mond.

Inmitten der Toren achte auf die Zeit,
In der Mitte der Einsichtigen aber verbleibe immerdar.

Die Rede der Toren ist ein Greuel,
Und ihr Lachen erschallt bei sündhafter Schwelgerei.

Das Gerede des viel Schwörenden ist haarsträubend,
Und dessen Streit wirkt ohrenverstopfend.

Blutvergießen bringt der Streit der Übermütigen,
Und ihr Geschimpf ist schwer anzuhören.

Wer Geheimnisse enthüllt, verliert das Vertrauen,
Und er findet keinen Freund mehr nach seinem Herzen.

[27,11–16]

Wo man singt, verschwende die Rede nicht
Und spiele nicht zur Unzeit den Weisen.

Ein Siegel aus Edelstein mit goldener Zier
Ist die Liedesweise beim Weingelage.

Ein Siegel aus Smaragd in goldener Fassung
Ist Liedesklang bei süßem Wein.

Sprich, Jüngling, wenn du mußt,
Wenn man dringend zwei- oder dreimal dich fragt.

Fasse dich kurz und sage mit Wenigem viel
Und sei wie einer, der es weiß, zugleich aber schweigt.

Inmitten der Großen erhebe dich nicht
Und unter Greisen schwätze nicht viel.

Vor dem Donner zuckt der Blitz,
Und dem Bescheidenen eilt die Gunst voraus.

[32,4–10]

Weil aber die Rede des Menschen von einem so großen Einflusse in alle seine Verrichtungen ist, so muß auch ihrer insbesondere gedacht werden. Es gibt zwei Arten derselben, die *eigentliche Rede,* wo einer allein, ununterbrochen und mit Anstrengung spricht und *das Gespräch,* wo mehrere abwechselnd
und nach Bequemlichkeit reden. Die eigentliche Rede gehört
zur Führung der Prozesse, für die Volksversammlungen, in den
Senat; das Gespräch ist der Gesellschaft, den gelehrten Unterredungen, den freundschaftlichen Zusammenkünften gewidmet;
es ist der Schmuck und die Würze unsrer Tafel. Für die eigentliche Rede hat man Regeln gegeben, deren Inbegriff die Rhetorik
ausmacht; für das Gespräch keine; ob ich gleich nicht zweifle,
daß auch dieses die seinigen habe. Aber die Lehrer einer Kunst
finden sich nur alsdann, wenn Leute da sind, welche sie lernen
wollen. Die Gesprächskunst zu studieren fällt niemandem ein:
Aber alles ist voll von Leuten, die Redner werden wollen. Indessen lassen sich alle die Regeln, welche in Absicht der Worte
und einzelner Sätze für die öffentliche Rede gegeben werden,
auch auf das Gespräch anwenden.

Das Werkzeug, durch welches wir unsre Gedanken andern
empfindbar machen, ist die Stimme. Die Stimme hat zwei Vollkommenheiten: Deutlichkeit und Wohlklang. Beides muß
hauptsächlich von der Natur herkommen. Doch kann das eine
durch Übung der Sprachwerkzeuge, das andre durch Nachahmung guter Muster, das heißt solcher, die vernehmlich und
geläufig zugleich sprechen, befördert werden. Bloß dadurch erweckten die beiden Catuli die Meinung von sich, daß sie Wissenschaften und Geschmack besäßen. In der Tat fehlte es ihnen
auch nicht an gelehrter Kultur; – aber darin waren ihnen viele
gleich. Ihr eigentlicher Vorzug bestand darin, daß sie das Lateinische in einer höheren Vollkommenheit sprachen. Ihr Ton
hatte etwas Einnehmendes. Sie ließen die Buchstaben nicht zu
deutlich hören und verschluckten auch keinen. Dieser Fehler
macht die Aussprache unvernehmlich, jener pedantisch und abgeschmackt. Ihre Stimme war ohne Anstrengung stark und
doch nicht singend. Der Ausdruck des Lucius Crassus war reicher, mannigfaltiger; er war nicht weniger geistreich und wit

zig; und doch glaubte man, daß die Catuli besser sprächen.

Was diese letztere Fähigkeit, die Gabe zu scherzen, und das Salz einer feinen Spötterei betrifft: so wurden darin von Cäsar, Onkel des Catulus, alle übertroffen. Selbst vor Gericht und vor dem Volke hat oft ein bloßes Gespräch von ihm, welches lachen machte, den Sieg über die ausgearbeiteten Reden andrer erhalten.

Man sieht leicht, daß, wer in jeder Handlung seines Lebens sich anständig zeigen will, keinen von allen diesen Punkten außer acht lassen dürfe.

Das Gespräch also, von welchem wir aus der Sokratischen Schule die besten Muster haben, muß gelassen, ohne Heftigkeit und ohne Rechthaberei geführt werden; es muß einen Charakter von Munterkeit und fröhlichem Wesen haben. Keiner muß sich desselben als eines Eigentümers bemächtigen, um die übrigen davon auszuschließen. Sondern, so wie viele andre Rechte, so muß auch das Gespräch für ein gemeinschaftliches Gut angesehen werden, woran jeder nach der Reihe teilhaben solle. Vor allen Dingen muß man achtgeben, wovon man spricht. Sind die Gegenstände wichtig, so muß der Ton des Gesprächs ernsthaft, sind sie geringfügig, so muß er lustig und scherzend sein. Vornehmlich hüte man sich, durch sein Gespräch Fehler des Charakters zu verraten: welches dann vornehmlich geschieht, wenn man von Abwesenden geflissentlich Böses redet, es sei durch Spott oder durch ernsthafte Verleumdung; noch mehr, wenn man sich zu ehrenrührigen und beschimpfenden Ausdrücken herabläßt.

Unsre meisten Gespräche handeln entweder von häuslichen Angelegenheiten oder von öffentlichen Vorfällen oder von Sachen, welche die Künste und Wissenschaften betreffen. Wenn die Unterredung sich zuweilen von diesen Gegenständen verirrt, so muß man suchen, sie darauf wieder zurückzuführen; doch ohne Zwang und so wie sich die Gelegenheit dazu ergibt. Denn nicht alle Menschen finden an einerlei Sachen noch ein Mensch zu allen Zeiten und in gleichem Grade an derselben Sache Geschmack.

Ein kluger Mensch wird auch genau bemerken, wie lange seine Unterhaltung dem andern Vergnügen macht; und so wie er nicht ohne vernünftige Ursache angefangen hat zu reden, so wird er auch das Ziel wissen, wo er aufhören soll.

Was aber eine Hauptregel bei allen Handlungen des menschlichen Lebens ist, sich von Affekten, das heißt von zu heftigen und durch die Vernunft nicht regierten Gemütsveränderungen zu hüten: das ist auch eine fürs Gespräch. Weder Zorn und Begierde auf der einen noch Schüchternheit und Schwäche auf der andern Seite müssen sich in demselben verraten.

Der gute Umgang erfordert noch überdies, daß eine gewisse Zuneigung und Achtung gegen den, mit welchem wir sprechen, aus unsern Reden hervorleuchte.

Zuweilen ist es Pflicht, unsern Freunden ihre Fehler mit Ernst zu verweisen; bei welchen Gelegenheiten es denn auch erlaubt ist, in einem heftigen Tone und mit nachdrücklicheren Ausdrücken zu reden. Doch muß es immer sichtbar sein, daß wir nicht deswegen Vorwürfe machen, weil wir aufgebracht sind. Wir müssen vielmehr zu Verweisen bei unsern Freunden – so wie die Ärzte zum Schneiden und Brennen bei ihren Kranken – ungern, selten und niemals anders unsre Zuflucht nehmen, als wenn es durchaus notwendig ist und jedes andre Hilfsmittel unkräftig befunden worden. Nie muß sich Unwille einmischen; denn im Zorne läßt sich keine Sache gut und mit Überlegung tun. Es ist aber in den meisten Fällen möglich, unsre Vorstellungen liebreich und freundschaftlich und doch zugleich scharf und eindringend zu machen, unsern ganzen Ernst zu beweisen und doch alles Beleidigende zu verhüten. Der andre muß gewahr werden, daß das Bittre und Unangenehme, was in unsern Vorstellungen liegt, uns selbst eine Überwindung gekostet habe, zu der wir uns nur um seines Besten willen haben entschließen können. Sind Streitigkeiten mit wirklich feindselig gesinnten Gegnern zu führen, so ist es auch dann geziemend, wir mögen noch so bittre und unsrer unwürdige Vorwürfe hören, dem Zorne zu widerstehen und eine ernsthafte Gelassenheit zu behalten. Denn alles, was in einer heftigen Gemütsbewegung geschieht, kann weder mit gesetztem Anstande noch so geschehen, daß es von den Zuschauern gebilligt werde.

Ein andrer häßlicher Übelstand ist, sich selbst zu loben, besonders Dinge von sich zu rühmen, die unwahr sind, und auf diese Weise die Rolle des prahlenden Offiziers in der Komödie zum Gelächter der Anwesenden zu spielen.

Welches sind die Fragen und Scherze, von denen Xenophon
sagt, daß es besser sei, sie bei Tische zu brauchen, als sie nicht
zu brauchen?

Die erste von den zehn Fragen, die jedes Buch enthalten soll,
betrifft in diesem zweiten einen Gegenstand, den Xenophon,
Sokrates' Schüler, uns gewissermaßen aufgegeben hat. Er sagt
nämlich, Gobryas habe, da er mit dem Cyrus speiste, manches
an den Persern bewundert, besonders auch dieses, daß sie sich
solcher Fragen und Neckereien gegeneinander bedienten, die
ihnen allen so angenehm waren, daß sie dieselben nicht anders
als mit Verdruß würden gemißt haben. Und in der Tat, wenn
andere oft selbst durch ihre Lobeserhebungen beleidigend werden, sollten denn nicht diejenigen wegen ihres Verstandes und
munteren Witzes Bewunderung verdienen, die ihre Spöttereien
so fein anzubringen wissen, daß sie selbst dem, der sich getroffen fühlt, viel Vergnügen machen? Aus dieser Ursache gab uns
Sopater, da wir einst bei ihm zu Gaste waren, zu verstehen, er
möchte gern wissen, von welcher Art und Beschaffenheit diese
Fragen eigentlich wären. »Denn bei dem gesellschaftlichen Umgange«, sagte er, »kommt immer sehr viel darauf an, daß man im
Fragen und Scherzen den Wohlstand zu beobachten weiß.«
    »Allerdings sehr viel«, antwortete ich; »indessen siehe nur zu,
ob nicht Xenophon selbst bei Beschreibung sowohl des sokratischen Gastmahls als der persischen Mahlzeiten die Art jener
Fragen bestimmt. Wenn es euch beliebt, die Sache näher zu
untersuchen, so glaube ich, daß jeder sich gerne über das fragen
läßt, worauf er leicht antworten kann, das heißt über solche
Dinge, von denen er Erfahrung hat.« Denn sind die gefragten
Dinge unbekannt, so wird man entweder, wenn man nichts zu
sagen weiß, unwillig, gleich denen, die um etwas angesprochen
werden, das sie nicht geben können; oder man gerät, wenn die
Antwort verkehrt und unbestimmt ausfällt, in Verwirrung und
Gefahr, ausgelacht zu werden. Ist hingegen die Antwort nicht
allein ungezwungen, sondern auch scharfsinnig, so macht sie
dem, der sie gibt, desto mehr Vergnügen. Diese Eigenschaft
aber hat sie nur dann, wenn man eine Kenntnis und Fertigkeit in

solchen Dingen besitzt, wovon andere nichts wissen oder gehört haben, wie zum Beispiel in der Astrologie und Dialektik. Jeder macht sich ein großes Vergnügen daraus, die Sache, worin er, wie Euripides sagt, sich selber übertrifft, nicht nur den ganzen Tag zu treiben, sondern auch mit andern davon zu sprechen; und man ist denjenigen gut, die uns über Dinge fragen, von welchen man weiß, daß sie anderen unbekannt sind, und die man doch gerne an den Tag geben will.

Aus dieser Ursache lassen Leute, die zu Wasser und zu Lande weit herumgereist sind, sich gerne über entlegene Länder, über ferne Meere, über fremde Sitten und Gebräuche fragen. Sie erzählen dann bereitwillig alles, was sie wissen, und beschreiben uns jede Bai, jede Gegend, weil sie das Vergnügen, davon zu reden, als eine Vergütung für die ausgestandenen Beschwerlichkeiten betrachten. Überhaupt sieht man es gern, wenn man über solche Dinge gefragt wird, die man auch wohl ohne vorhergegangene Frage von selbst zu erzählen pflegt. Denn man glaubt, durch die erteilte Antwort der Gesellschaft noch einen großen Gefallen zu erweisen, die man sonst mit der Erzählung zu ermüden befürchten müßte. Diese Art von Redseligkeit ist besonders den Seefahrern eigen. Leute von feinerer Lebensart wollen erst über solche Dinge gefragt sein, die sie selbst mit glücklichem Erfolge ausgeführt haben, von denen sie aber ohne Veranlassung aus Furcht und Schonung gegen die Anwesenden nicht zu reden wagen. [...]

Mit solchen Leuten, die sich selber loben und ihre wohlgelungenen Unternehmungen hererzählen, ist man immer sehr unzufrieden, es wäre denn, daß sie von anderen dazu aufgefordert werden und gleichsam gezwungenerweise davon zu reden scheinen. Es geschieht ihnen also ein großer Gefallen, wenn sie um ihre getanen Gesandtschaften oder andere Staatsverrichtungen, wobei sie etwas Großes und Glänzendes ausgeführt haben, gefragt werden. Daher pflegen auch die, welche gegen sie neidisch oder übelgesinnt sind, sie am allerwenigsten über Dinge von der Art zu fragen, sondern vielmehr, wenn andere dies tun, gleich vorzubeugen und das Gespräch auf andere Gegenstände zu lenken, damit sie ihnen ja keine Gelegenheit zu Erzählungen geben, die für sie rühmlich sein würden. Man kann sich also dergleichen Leute sehr verbindlich machen, wenn man sie über solche Dinge befragt, wovon man weiß, daß ihre Feinde und Neider sie nicht gern sprechen hören. [...]

Aber dies gilt doch gewiß nicht von denen, die noch den

Gefahren ausgesetzt sind oder sich in traurigen Umständen befinden. Man hüte sich also wohl, jemanden über seine Unfälle zu befragen. Denn es kann für ihn nicht anders als kränkend sein, wenn er von seinem verlorenen Prozeß, von der Beerdigung seiner Kinder oder von der Einbuße, die er bei seinem Handel zu Wasser und zu Lande leidet, vieles erzählen soll. Dagegen ist es einem sehr angenehm, wenn er über den glücklichen Ausgang seines Rechtshandels, über die vom Könige erhaltenen Gnadenbezeugungen oder über die Gefahren, denen er entgangen ist, während seine Gefährten durch Stürme oder durch die Hände der Räuber umgekommen sind, gefragt wird. Ja, die Erzählung davon ist oft für ihn eine Art von Genuß, und daher wird er es nicht leicht müde, sie immer von vorne anzufangen. Überdies sehen es die Leute gern, wenn man sie nach dem Glück ihrer Freunde oder nach den Fortschritten ihrer Söhne in den Wissenschaften, in der Verteidigung ihrer Klienten und in der Gunst der Fürsten befragt. Noch lieber aber hören sie Fragen, welche die Schande und den Verlust ihrer Feinde oder deren Überführung und Verdammung vor Gericht betreffen; auf diese antworten sie desto bereitwilliger, weil sie sich scheuen, dergleichen Materien von selbst anzufangen, um nicht der Schadenfreude beschuldigt zu werden.

Man tut ferner wohl, den Jäger über die Hunde, den Liebhaber vom Fechten über die gymnischen Spiele, den Buhler über die Reize schöner Personen zu befragen. Der Gottesfürchtige, der die Opfer liebt und so gerne nicht allein seine gehabten Träume, sondern auch alle Unternehmungen, die ihm vermittelst der Vorbedeutungen, der Opfer und der Gunst der Götter gelungen sind, erzählt, wird sich mit Vergnügen über dergleichen Dinge befragen lassen. Alten Leuten tut man überhaupt mit Fragen einen großen Gefallen, wenn auch gleich die Erzählung sie nicht selbst betrifft, und sie sehen es gerne, wenn man ihnen nur Gelegenheit zum Reden gibt.

> Nestor, Neleus' Sohn, verkünde mir lautere Wahrheit!
> Wie starb Atreus' Sohn, der große Held Agamemnon?
> Wo war denn Menelaus? Und welchen listigen Anschlag
> Fand der Meuchler Ägisthus, den stärkeren Mann zu ermorden?
> War er etwa noch nicht im achäischen Argos und irrte
> Unter den Menschen umher, daß er sich des Mordes erkühnte?

Telemach legt hier eine Menge Fragen auf einmal vor und gibt dem Nestor Gelegenheit zu vielen Erzählungen. Er macht es also nicht so wie manche, die sich nur auf das Notwendige beschränken, die Antworten zusammendrängen und auf solche Art Greisen den angenehmsten Zeitvertreib rauben. Überhaupt, wenn man durch seine Fragen dem anderen mehr Vergnügen als Verdruß machen soll, muß man sie nur so einrichten, daß die darauf erteilten Antworten bei den Zuhörern nicht Tadel, Haß und Erbitterung, sondern Lob, Freundschaft und Wohlwollen hervorbringen. Dies sind ungefähr die Regeln in Absicht der Fragen.

Was nun die Scherze und Stichelreden betrifft, so muß derjenige, der sie nicht mit Vorsicht und Feinheit zu rechter Zeit zu brauchen weiß, sich ihrer lieber gänzlich enthalten. Wer an einem schlüpfrigen Orte geht, kann leicht von einem Vorbeilaufenden durch bloße Berührung umgeworfen werden. Ebenso sind wir auch beim Weine durch jede uns anstößig scheinende Rede gleich in Hitze zu bringen. Durch Stichelreden werden wir manchmal noch mehr als durch wirkliche Schmähungen aufgebracht, weil wir aus Erfahrung wissen, daß letztere in den meisten Fällen im Zorne unwillkürlich ausgestoßen, erstere aber ohne alle Veranlassung bloß aus Mutwillen und Bosheit vorgebracht werden. Im ganzen genommen, reizen witzige Spötter unseren Unwillen weit mehr als unbesonnene Schwätzer. [...]

Stichelreden gleichen Pfeilen mit Widerhaken, die lange in der Wunde steckenbleiben; sie verursachen dem, der sich getroffen fühlt, weit mehr Kränkung und Verdruß, als sie durch den in ihnen liegenden Witz die anderen, die zuhören, belustigen. Denn wer an einer solchen Rede Vergnügen findet, scheint auch dem Spötter Glauben beizumessen. Die Stichelrede ist, wie Theophrast sagt, ein versteckter Vorwurf eines begangenen Fehlers. Der Zuhörer also, der um die Sache weiß und sie für wahr hält, setzt leicht durch Vermutung das Fehlende hinzu. [...]

In dem so weisen Lakedämon mußte man sich unter anderem auch in der Kunst üben, auf eine unanstößige Art zu scherzen und den angebrachten Scherz zu vertragen. Wollte sich aber jemand die Neckereien nicht gefallen lassen, so hörte der Scherzende sogleich auf. Wenn also Scherze, die bloß unanstößig sind, schon eine nicht gemeine Übung und Geschicklichkeit erfordern, muß es nicht vollends sehr schwer sein, solche vorzubringen, die den Betroffenen angenehm sind? Indessen möchten doch wohl, wie mich dünkt, zuerst diejenigen Scherze, die für Schuldige beißend sein würden, solchen Personen, die von einem gleichen Verdachte weit entfernt sind, einiges Vergnügen machen. [...]

Selbst die Könige finden Vergnügen daran, wenn man von ihnen als armen und gemeinen Leuten spricht, so wie einst ein Schmarotzer, über den sich Philipp lustig machte, zu ihm sagte: »Muß ich dich nicht füttern?« Indem man ihnen Gebrechen, die sie nicht haben, vorwirft, so macht man die Vorzüge, die sie besitzen, bemerkbar; nur müssen sie auch diese Vorzüge wirklich und unleugbar haben, sonst möchte die Rede zweideutig scheinen und Verdacht erwecken. Wer einem Reichen droht, seine Gläubiger gegen ihn aufzuhetzen, wer dem Mäßigen, der nichts als Wasser trinkt, Trunkenheit und Ausschweifung vorwirft, wer den Prachtliebenden, den Freigebigen einen Knicker oder einen Geizhals nennt, wer einen großen Rechtsgelehrten oder Staatsmann bedroht, ihn vor Gericht eines Verbrechens zu überführen, alle diese belustigen durch ihre Scherze so sehr, daß man über sie lachen muß. [...]

Man kann ferner auch dadurch, daß man das Gute und Nützliche aus Scherz mit schimpflichen Namen belegt, vorausgesetzt, daß es auf eine feine Art geschieht, dem anderen mehr Vergnügen machen als durch ausdrückliche Lobsprüche; so wie im Gegenteil auch nichts beißender ist, als einen mit ehrenvollen Benennungen zu verhöhnen, wenn man zum Beispiel einen Bösewicht Aristides, einen Feigherzigen Achilles nennt oder wenn dort Ödipus beim Sophokles sagt:

Um sie buhlt Kreon, er, der biedre, treue Freund.

Durch Beschimpfungen zu loben scheint also die entgegengesetzte Art der Ironie zu sein. Dieser bediente sich Sokrates, da er Antisthenes' Geschicklichkeit, sich die Freundschaft und Gunst der Leute zu erwerben, eine Kuppelei, Verführung und Bezauberung nannte. Dem Philosophen Krates gab man den Namen eines Türerbrechers, weil er in allen Häusern mit Achtung und Vergnügen aufgenommen wurde. Nicht weniger kann auch ein Vorwurf, der Dankbezeugungen enthält, einen angenehmen Scherz abgeben. So sagte Diogenes von Antisthenes:

Er, der mit Lumpen mich bekleidete, mich zwang,
Mein Brot zu betteln, mich aus jedem Hause stieß.

Es wäre bei weitem nicht so fein gewesen, wenn er gesagt hätte: Er hat mich weise, zufrieden und glücklich gemacht. [...]

Um von Stichelreden einen schicklichen Gebrauch zu machen, muß man ferner auch wissen, wie sich Laster von bloßen Neigungen, zum Beispiel Geldgeiz oder Zanksucht von dem Hange zur Musik oder zur Jagd unterscheiden. Anspielungen auf jene reizen unseren Unwillen; Scherze über diese hingegen machen uns Vergnügen. [...]

Eben dieser Unterschied findet auch in Absicht körperlicher Fehler statt. So lacht man zum Beispiel darüber, wenn man mit seiner krummen oder eingebogenen Nase aufgezogen wird. Philipp, Kassanders Sohn, machte sich nichts daraus, da Theophrastus zu ihm sagte: »Ich wundere mich, daß deine Augen nicht auf der Flöte spielen, da doch die Nase ihnen so nahe ist.« Cyrus riet einem Manne, der eine Habichtsnase hatte, eine Frau mit einer eingedrückten Nase zu heiraten, auf solche Weise würden sie gut zusammenpassen. Sticheleien hingegen auf eine übelriechende Nase oder Atem werden schon für beleidigend gehalten. Auf gleiche Art läßt man sich's wohl gefallen, ein Kahlkopf genannt zu werden, aber Stichelreden auf Blindheit nimmt man übel. Antigonus spottete über sich selbst wegen seines verlorenen Auges, und da er einstmals eine mit großen Buchstaben geschriebene Supplik in die Hände bekam, sagte er: »Nun wahrlich, das kann auch ein Blinder lesen!« [...]

Wer also Stichelreden brauchen will, muß dabei den Charakter und die Denkungsart der Menschen in Betracht ziehen und im Umgange mit andern jeden Verdruß, jede Beleidigung sorgfältig vermeiden.

Bei der Liebe herrscht eine große Verschiedenheit, sowohl überhaupt als auch besonders in den sich darauf beziehenden Scherzen. Manche Verliebte werden darüber aufgebracht und unwillig, andere finden Vergnügen daran. Man muß daher in diesem Falle den rechten Zeitpunkt kennen. Das Feuer läßt sich, wenn es erst entstanden und noch schwach ist, vom Winde leicht auslöschen; ist es aber erst einmal groß geworden, so bekommt es dadurch noch mehr Stärke und Nahrung. Ebenso verhält sich's auch mit der Liebe. Solange sie noch geheim und im Entstehen ist, wird sie leicht über diejenigen, die sie an den Tag bringen wollen, erzürnt und aufgebracht; allein, wenn sie wirklich zum Ausbruch gekommen und bekanntgeworden ist, lacht sie selbst über die Sticheleien und wird durch sie immer mehr entflammt. Verliebte sehen es sehr gerne, wenn man sie mit ihrer Liebe aufzieht, besonders in Gegenwart der Person, die sie lieben, nur darf der Scherz nicht auf andere Dinge ausgedehnt werden. Selbst dann, wenn einer in seine eigene Frau verliebt ist oder eine anständige Neigung zu tugendhaften Jünglingen hat, empfindet er über die dahin zielenden Scherze ein großes Vergnügen und weiß sich viel damit. Als daher ein Verliebter dem Arkesilaus in der Schule die Aufgabe vorlegte: Mir scheint keine Sache die andere zu berühren – so versetzte dieser darauf: »Wie? Rührt dich denn dieser da nicht?«, indem er zugleich auf einen schönen Jüngling zeigte, der neben ihm saß.

Außerdem muß man auch auf die Anwesenden mit Rücksicht nehmen. Scherze, die einer in Gesellschaft von Freunden und Bekannten angenehm findet, machen ihn unwillig, wenn er in Gegenwart seiner Frau, seines Vaters oder seines Lehrers damit aufgezogen wird, es wäre denn, daß solche Personen an dem Gesagten ebenfalls Gefallen hätten. So kann man zum Beispiel in Gegenwart eines Philosophen jemand damit aufziehen, daß er barfuß geht oder des Nachts studiert; in Gegenwart des Vaters, daß er das Seinige zu Rate hält; in Gegenwart der Gattin, daß er mit Buhlerinnen keinen Umgang hat, sondern ihr völlig treu und ergeben ist. So gab Tigranes auf Cyrus' Frage: »Wie aber, wenn deine Frau hört, daß du ein Lastträger bist?« zur Antwort: »Ja, sie wird es nicht nur hören, sondern auch mit eigenen Augen sehen.«

Stichelreden werden ferner auch dadurch weniger unangenehm und beleidigend, wenn derjenige, der sie vorbringt, gewissermaßen selbst mit davon betroffen wird. Dies geschieht zum Beispiel, wenn ein Armer die Armut, ein geringer Mann die niedrige Herkunft, ein Verliebter die Liebe zum Gegenstand seiner Scherze macht. Man glaubt alsdann, daß ein Mensch, der sich in den nämlichen Umständen befindet, es nicht aus Übermut und Hohn, sondern bloß aus guter und fröhlicher Laune tut. [...]

Vor allen Dingen aber muß man darauf Bedacht nehmen, daß die Stichelrede sogleich auf die Fragen oder Scherze des anderen wie von ungefähr angebracht werde, aber ja nicht von weitem her vorbereitet oder studiert zu sein scheine. Zänkereien und Streitigkeiten, die über Tische unter den Gästen selbst entstehen, erträgt man noch ziemlich geduldig; kommt aber jemand von außen dazu und wagt es, einen der Gäste zu schmähen oder sonst Händel anzufangen, so wird er von allen gehaßt und als ein Feind angesehen. Auf gleiche Weise läßt man auch gern einen freimütigen Scherz hingehen, der ungesucht und ohne alle Nebenabsicht durch die Umstände selbst veranlaßt wird; sobald er aber nicht zur Sache gehört, sondern vielmehr mit Gewalt herbeigezogen scheint, gilt er für eine mit Vorbedacht angetane Beleidigung. Von der Art war der Scherz des Timagenes, da er jemanden sehr beißend damit aufzog, daß seine Frau sich oft zu erbrechen pflegte. Desgleichen auch die an den Philosophen Athenodorus getane Frage, ob die Liebe der Eltern gegen die Kinder in der Natur liege. Solche zur Unzeit und ohne Veranlassung gebrauchten Sticheleien verraten allemal Schmähsucht und feindselige Gesinnung. Wer sich dergleichen zuschulden kommen läßt, muß oft, wie Plato sagt, für die leichteste Sache, für ein bloßes Wort, die schwerste Strafe leiden; da hingegen diejenigen, die hierin die gelegene Zeit kennen und in acht nehmen, den Ausspruch eben dieses Plato bestätigen, daß die Kunst, fein und angenehm zu scherzen, immer das beste Kennzeichen eines gesitteten und guterzogenen Menschen sei.

»Darum sprechen wir so gern, weil wir
durch wechselseitige Reden einander zu
trösten trachten und unser von verschiedenen Gedanken ermüdetes Herz zu befreien
wünschen.«

Thomas a Kempis

Vorbemerkung

Die humanistische Epoche kündigt sich vor allem in Italien mit
dem Aufstand gegen die christlich-mittelalterliche Scholastik
an; mit der Wiederentdeckung vom Wert eines politisch-sozia-
len Lebens, wie es die Antike bejaht hatte. In diesen Umkreis
gehören die ersten Konversationsbücher, die feste Regeln für
den gesprächigen Umgang aufstellen und damit gleichsam zwischen dem sozialethischen Traktat, den höfischen Anstandslehren und den sogenannten »Tischzuchten« stehen. Eines der ersten Bücher dieser Art ist *Die Kunst des Redens und Schweigens*
(De arte loquendi et tacendi, 1245) des Albert von Brescia, ein
pädagogisches, für den Sohn Stephanus geschriebenes Werk,
das sich nach dem Horaz-Vers gliedert: Achte darauf, wer was
wem sagt, warum, wie, wann. Die zahlreichen Zitate vor allem
aus dem *Buch Jesus Sirach,* aus dem *Dionysius Cato* – einem der
verbreitetsten Benimmbücher des Mittelalters, das aber nicht
viel zum Thema Gespräch enthält –, schließlich aus den Sprü-
chen Salomos und aus Cicero bezeugen die unchristliche Tradition der Gesprächsidee.

Eines der wichtigsten Bücher zu unserem Thema stammt von
Giovanni Pontanus (1426–1503), Sekretär und Prinzenerzieher
bei Ferdinand I. Er schrieb sein Buch *Über das Gespräch* (De
sermone) 1499, es erschien erst nach seinem Tod (1509) und
stellt den interessanten Versuch dar, für das neuzeitlich-bürger-
liche Leben auch einen neuen Redner-Typus zu kreieren, analog zu, aber eben nicht identisch mit Ciceros Ideal vom politischen Redner. Es ist der Typus des *urbanen* Menschen, der
freundlich, leutselig und vor allem heiter gesprächig sein soll.
Die drei Hauptstücke des Buches bestehen in der Darstellung
der Gegentypen, also des Schmeichlers, des Lügners, des Wi-

dersprechers; ferner in der Rezeption und Ausbreitung der antiken Witzlehre, mit der Pontanus zur Novellentheorie der Renaissance beigetragen hat, sowie in der nachdrücklichen Propagierung der sozialen mediocritas, der vermittelnden Freundlichkeit. Den Schluß des Buches bildet eine Würdigung der sokratischen Ironie.

Auch die Atmosphäre in Baldassare Castigliones (1478–1529) *Buch vom Hofmann* (Il libro del cortegiano, geschrieben 1508–16, erschienen 1528) ist heiter. Wie sein Vorbild, Ciceros Buch *Über den Redner,* ist es in Gesprächsform abgefaßt und zeichnet das Bild des Hofmanns, wie er am Hof zu Urbino idealisiert wurde. Das Werk hatte allein im 16. Jahrhundert fast sechzig Auflagen und galt bald als Grundbuch des europäischen Adels. Dieser Hofmann hat in seinen Gesprächen hauptsächlich die Aufgabe zu unterhalten; wie bei Pontanus nimmt auch hier die antike Witzlehre und das vergnügte Erzählen von Lügengeschichten breiten Raum ein. Für den gesprächigen Umgang im engeren Sinne hat Castiglione keine dem Erasmus (vgl. Einleitung, S. 20) vergleichbaren Regeln aufgestellt; statt dessen wird sehr viel Wert auf die Sprachregelung, das heißt auf die rechte Aussprache der Wörter und den rechten Dialekt gelegt. Das *Buch vom Hofmann* ist schließlich auch, wenn nicht das erste, so doch das wichtigste Anstandsbuch, das der *Frau* einen gehörigen Platz einräumt. Castigliones Forderung, daß die Konversation der Frau aus Schlagfertigkeit und Sanftmut zusammengesetzt sein solle, »gleichsam aus Gegensätzen«[1], kann allerdings eher als Überforderung denn als geglückte Idealbildung gelten.

Ein besonders in Süddeutschland und Österreich verbreitetes Buch war die *Hof-Schule* (Aviso de privados; y doctrina de cortesanos, 1539) des spanischen Bischofs Antonio de Guevara (1480–1545), einem der bekanntesten Autoren seiner Zeit. Um 1600 von einem Jesuiten ins Deutsche übersetzt, hatte das Buch bis 1645 nicht weniger als fünfzig verschiedene Ausgaben. Verglichen mit Castigliones Schilderung gibt Guevara die – offenbar an spanischen Höfen besonders trostlose – Atmosphäre höfischen Mißtrauens wieder; seine Anweisungen gipfeln in der Bemerkung, daß, »wer bei Hofe viel gelten und viel bekommen will, sein Herz ebensowohl ans Schweigen und Verstellen gewöhnen muß, wie den Leib zum Dienen und Arbeiten«. (S. 122)

---

[1] S. 247 der in den Quellennachweisen zit. Ausgabe.

Folgerichtig hatte Guevaras gleichzeitig erschienenes Buch über die *Verachtung des Hofes und Lob des Dorfes* einen ungeheuren Erfolg.

Der *Galateus* des Bischofs Giovanni della Casa (1503–1556) erschien 1558 und steht in der Nachfolge von Erasmus (vgl. Einleitung S. 20). Der genaue Titel lautet: *Traktat des Herrn Giovanni della Casa, worin von einem alten Analphabeten die Rede ist, der einen jungen Mann in den Formen unterweist, die man beim Umgang mit andern wahren oder meiden muß. Diese Abhandlung ist betitelt Galateus oder Von den Sitten.* In drei Hauptstücken werden zunächst die primitiven Sauberkeitsregeln, sodann die Gesprächs- und schließlich allgemeinere Anstandsregeln behandelt. Der *Galateus* wurde in Italien so bekannt wie der »Knigge« in Deutschland; 1609 erschien gar eine fünfsprachige Ausgabe in lateinisch, deutsch, französisch, italienisch und spanisch.

Das umfangreichste Buch zu unserm Thema stammt von Stefano Guazzo (1530–1593), dem Sohn eines Schatzmeisters und Sekretär verschiedener hoher Persönlichkeiten. *Der bürgerliche Umgang* (La civil conversatione) erschien 1574 und brachte es schon in den nächsten fünfzig Jahren auf über fünfzig Auflagen. In einem Gespräch zwischen dem Arzt Hannibal und dem Genesung suchenden Ritter Wilhelm wird in vier Hauptstücken das vielleicht vollständigste Bild der damaligen italienischen Gesellschaft und ihrer Vorstellungen vom geselligen Umgang präsentiert. Das erste Buch handelt von den Vorzügen des geselligen im Vergleich zum Leben in der Einsamkeit; das zweite vom Umgang mit Menschen in der Öffentlichkeit, das dritte vom Umgang in Haus und Familie, das vierte schließlich zeigt ein exemplarisches Gastmahl. – Unser Auszug entstammt dem zweiten Buch und dokumentiert mit seiner Auffassung von der Sprache als Geld das bürgerlich-kaufmännische Selbstbewußtsein dieser Konversationslehre.

Der Essay *Von der Kunst des Gesprächs* von Michel de Montaigne (1533–1592) erschien zuerst in der Ausgabe seiner berühmten *Essais* von 1588. Montaigne gilt als Begründer der modernen Prosagattung des Essays; ihr Herauswachsen aus der zeitgenössischen Konversationskultur ist häufig konstatiert worden. Wie die Rede im Gespräch, so ist auch der Essay durch das zwanglose, unsystematische Assoziieren von Gedanken gekennzeichnet; Montaigne selbst hat seine »Versuche« mit Bildern wie »Salat« und »Ragout« veranschaulicht. Die »Kunst des

Gesprächs«, die unser Auszug beschreibt, hat mit gepflegter Konversation wenig zu tun, bezeugt vielmehr Montaignes Liebe zum kräftigen Widerspruch. Der Essay ist im Französischen *De l'art de conférer* überschrieben; »converser« und »conversation« braucht Montaigne für den allgemeineren Begriff vom menschlichen Umgang, wie ihn das 16. Jahrhundert noch versteht. Der Essay zu diesem Thema heißt bei Montaigne *Von dreierlei Umgang* (De trois commerces; »commerce« wird synonym mit »conversation« gebraucht); hier zeichnet er auch ein schönes Bild vom zwanglosen gesprächigen Umgang unter Freunden, unter denen man, anders als bei Hofe, auch einmal schweigen *dürfe*.

Von Natur begehrt der Mensch Ruhe und Erholung

Zuvörderst: Da das Leben der Menschen voller körperlicher und geistiger Arbeit und Beschwerlichkeiten ist, sucht er nach den Arbeiten Spaß. Von Natur aus nämlich zieht es uns zu Ruhe und Vergnügen. Denn sowohl von den Königen als auch in gut verwalteten Bürgerschaften und besonders von den Römern, den Herren der Völker, wurden Spiele verschiedener Art eingerichtet, denen das ganze Volk und auch die Beamten selbst zusahen, wobei sie sich von den täglichen Arbeiten und Pflichten erholten, sowohl privat wie auch öffentlich; so erfanden etwa auch Bauern oder Steinmetze Späße zum Gefallen der Zuschauer, und wo ihnen diese fehlten, linderten sie Arbeit und Mühsal durch Gesang. Daher ist richtig und naturgemäß von jenem römischen Ritter und erlesenen Dichter gesagt worden: »Die Schienbeine tönen von Eisen, aber er singt bei aller Mühe.«

Urbanitas und Wahrheitsliebe werden zu Recht gelobt

Zu Recht aber wird die urbanitas gelobt, und von den meisten urbanen und heiteren Menschen werden Bekanntschaft und vertraulicher Umgang geschätzt, und, da den Geschäften und Verwaltungen eine vernünftige Ordnung zugrunde liegt, deren größte Freundin die Wahrheitsliebe ist, werden die, die sie pflegen, von allen mit Vertrauen bedacht und sehr hoch geachtet.

Wo aber dem Bemühen um das Wahre und Gerechte auch der Antrieb zur Mäßigung des Geistes und des Gefühls kommt und das, was man das Mittlere [mediocritas] nennt, dort haben urbanitas und Wahrheitsliebe Bestand, die guter Männer und edler Bürger würdig sind und beide als Tugend bezeichnet werden: die eine nämlich, ein ehrenhaftes Linderungsmittel für die übernommenen Arbeiten, ist auch Entspannung von Sorgen und Lasten, die andere aber, die den Menschen derart bestimmt, daß durch sie das menschliche Zusammenleben besteht und das Vertrauen in die Bürgerschaft lebendig ist, das alle unsere Aufgaben und Taten umschließt, ist auch Gewähr für unsere Versprechungen und Reden. Dies sagt uns Christus als Gott und als Mensch, wenn er verkündet, daß er die Wahrheit sei. [...]

Diese zwei, also einmal die Wahrheit und ein andermal die Feinheit des Sprechens, sind so sehr allein um die Rede bemüht, daß sie sich damit die Worte und die Sache nutzbar machen. Diesen beiden Tugenden aber, die die Entspannung von Arbeit und Beschwerlichkeit suchen, gaben unsere Vorfahren den Namen urbanitas, und den, dem sie zugeschrieben wurde, nannten sie bald urban, bald aber heiter oder freundlich.

Warum die Urbanen auch heiter [facetus] genannt werden

Es wurden diejenigen urban genannt, die eine Redeweise benutzen, wie sie eines Bürgers und eines Menschen, der in der Stadt verkehrt, würdig ist, da ja sowohl das Leben als auch die Sprache derer, die auf den Feldern leben, rauher ist und da die Sitten, die Aussprache und Gebärden von bäuerlicher Art sind; heiter nannte man sie aber, weil sie bei Zusammenkünften und bei häuslichem Geplauder, desgleichen bei Gesprächen mit Freunden und Landsleuten, die Worte mit Liebenswürdigkeit setzten und zu Vergnügen und Erbauung der Zuhörer.

Bei jenen Alten war nämlich auch das Verbum »facio«: ich mache, in sehr häufigem Gebrauch, etwa wenn sie sagten: einen Vertrag schließen, Frieden schließen, Krieg führen, Hinterhalte legen, Spiele veranstalten, Vergnügungen nachgehen, Scherze treiben, Worte setzen und noch sehr vieles Verschiedenes sonst. Die, die eine geschliffenere und reichere Sprache hatten, nannten sie beredt [facundus]. [...] Daher nennt man die, die bei Gesprächen die Worte zum Ergötzen der Zuhörer und in anmutiger Sprache setzen [facere], heiter [facetus] und freundlich, zudem gemütlich und gefällig, nicht weniger gern auch scharfzüngig. [...]

Über die Freundlichkeit [comitas]

Es soll sie jeder gegenüber jedem haben, und nicht nur bei wenigen, nicht nur bei den Bürgern, Bekannten und Freunden, nicht nur bei Gleichgesinnten und solchen gleichen Standes, sondern den Niedrigen und auch den gesellschaftlich Höchsten gegenüber. Sie wird oft bedacht, in Worten und Gesprächen. Der Freundliche bemüht sich, zu erfreuen, gefällig zu sprechen und möglichst wenig Mühe zu bereiten, und er entfernt sich nicht vom Ehrenhaften und Nützlichen.

Auch Livius – andere Schriftsteller möchte ich übergehen – hat an mehreren Stellen hinreichend klar gezeigt, daß ein freundlicher Mann in seinen Gewohnheiten und im vertraulichen Umgang ein angenehmer Mensch ist und daß einer, der sich geradezu mit Leichtigkeit und Ruhe bemüht, sich so große Gunst erwirbt, mit wem auch immer er vertraulichen und gewohnten Umgang hat, daß er gleichsam in den Geist des andern eingeht. [...]

Da Livius dies alles über die Freundlichkeit berichtet und es jenem Mittleren [mediocritas] zu eigen ist, über das wir soviel gesprochen haben, wer zweifelt da noch, eben dieses Mittlere das Freundliche zu nennen, da dieses ja in jeder Hinsicht das enthält und erstrebt, was wir auch dem Mittleren zugesprochen haben: wenn es zu Gefallen spricht, lobt, ermuntert, besänftigt, mahnt und freundlich rät, und das alles mit gewähltem Ausdruck, wenn es vom Ehrenhaften nicht abweicht, den Nutzen für den Gesprächspartner nicht übersieht und sich bemüht, dessen Gefallen zu erwecken – und das alles nur in dieser Hinsicht und auf diese Weise?

Der Freundliche bemüht sich auch mit allem Eifer, äußerst gefällig, gütig und freundlich zu sein, sich allen, den Bürgern wie auch den Fremden, anzupassen; er beleidigt nicht, ist nicht lästig, gerät nicht in Streit, Wortwechsel oder Zank: so sehr ist er also ausgerichtet auf das Gefallen, auf die Beliebtheit sowie auf die Bequemlichkeit derer, mit denen er verkehrt; allerdings nicht so, daß er davor zurückschreckte, sich eine Unannehmlichkeit des Ohres oder Geistes gefallen zu lassen, dennoch ehrbar und sehr bescheiden, solange es nützt, solange das, was er erstrebt, weder unehrenhaft noch zuwenig nützlich, noch verdammenswert, noch würdelos, noch schamlos wäre. [...]

Über die Leutseligkeit [popularitas]

Man darf nun nicht übergehen, daß manche das Mittlere lieber Leutseligkeit genannt haben wollen, und zwar dann, wenn die

Leutseligkeit eine gewisse Umgänglichkeit und Freundlichkeit gegen die Angehörigen des Volkes vor sich herträgt, so daß sie eher eine Tugend derer zu sein scheint, die gesellschaftlich am höchsten stehen, sich gegen die niedriger Gestellten freundlich verhalten und sich leutselig zeigen; es ist überliefert, daß Augustus diese Tugend ganz besonders besessen habe. Aber vielleicht zeigt sie sich mehr in Taten, in Gunstbezeigungen und Beifall als in der Rede und in Worten, wiewohl auch die Leutseligkeit durch freundliches Wesen begründet sein muß.

Daher bemüht sie sich um das Volk und die Menge, und viele werden dabei leutselig genannt und sind doch herrschsüchtig, so daß es scheinen mag, daß die Bemühung um Vornehmheit dem entgegensteht: was bei Appius Claudius der Fall war; über Mario und Sulla und ihre entgegengesetzten Anstrengungen wollen wir schweigen. Die Leutseligkeit umfaßt außer der ihr eigenen Zuneigung zum Volk auch Zuneigung zu denen, die diesem zugetan sind, und ist also nur Sache jener. Die Freundlichkeit dagegen in der hier verwendeten Bedeutung ist dieselbe auch gegen die Ausländer und gegen fremde Menschen – im Wesen und im Verhalten, im Denken und im Sprechen.

Über die humanitas

Manche wollen das, was wir meinen, lieber humanitas nennen. Aber weder widersetzt sich die humanitas der Suche nach Streit und Zank, noch ist der humane Mensch ein Gegner von Zank und Streit; jedenfalls ist ein freundlicher Mensch durch und durch human, während nicht wenig Humane keineswegs freundlich sind. Dennoch ist niemand freundlich, der nicht auch human wäre.

Freundlich handelt auch mein Freund Antonius Galateus, denn er sucht seiner Veranlagung und seiner Verhaltensweise gemäß jedem, den er trifft, durch einen menschenfreundlichen Gruß, gütige Ansprache, vergnügtes Zusammensein, höfliche Scherze, vertrauliches Zulächeln, durch gefälliges Anbieten seiner freundlichen und keineswegs unangebrachten Hilfe zu gefallen. So geschieht es, daß nach der Trennung die größte Sehnsucht nach ihm und ein ruhiger und vergnügter Geist zurückbleiben, wie auch immer er bei einer Begegnung seine sehr große Freundlichkeit und Hilfe angeboten hat: Wie man sich daran gewöhnt hat, süße kleine Gerichte zu reichen, damit man, wie man heutzutage sagt, den Mund und die Wangen süß entläßt, wodurch jede Übersättigung durch Speisen und Gerichte vermieden wird.

Das zeigt sich in den Handlungen und der humanen Lebensweise des Johannes Pardus, es ergibt sich auch aus der Bemühung um die Philosophie, die bei ihm sehr groß ist; er verlangt von Natur aus danach; in nichts ist er hochmütig und anmaßend; im Auftreten, im Gespräch, in seiner Lebensweise zeigt er sich allen gegenüber ausgeglichen; es bereitet ihm Qualen, wenn irgend jemand maßlos behandelt wird, die Gegnerschaft von Freunden und Bürgern bedrückt ihn; er tröstet die Traurigen, den Bedrängten eilt er zu Hilfe, wo er kann, und steht ihnen bei; wo immer er sich befindet, begleiten ihn Milde und Freundlichkeit, kaum aber irgendeine Bemühung, jemandem zu Gefallen zu reden; er ist weder geneigt, willfährig zu sein, noch zu streiten; seine Rede ist angenehm und gefällig, obgleich sie weder gefallsüchtig ist noch auf Gewinn aus. Er enthält sich auch der Lobrede, so daß er üble Nachrede und Streitigkeiten ganz vermeidet.

Die humanitas unterscheidet sich daher nicht nur in einer Hinsicht von der Freundlichkeit. Nämlich wenn wir den human nennen, der von anderer Schaden, Ungemach, Gefangenschaft, Verwaistheit, Not, Verbannung und anderen Übeln bewegt wird, so ist er deshalb noch nicht freundlich. Daher ist die Aufgabe eines freundlichen Wesens eine andere als die eines humanen. Beiden wohnt jedoch ein gewisser Gemeinschaftssinn für alles Lebendige inne, im Handeln und bei Geschäften, ob wir es nun Freundlichkeit nennen oder Mitgefühl.

Nun gibt es aber auch noch solche, die das, was wir hoffentlich nicht unrichtig Freundlichkeit nennen, lieber Bürgersinn [civilitas] genannt haben möchten, da dies eine im höchsten Maße eines ehrenhaften Bürgers würdige Tugend ist; und wenn er auch sein Vorrecht auf Fremde und Ausländer ausweitet, so wollen sie doch die Benennung von der würdigeren Sache ableiten. Deshalb werden auch die, die ihr folgen, bürgerlich genannt. Mit ihrer Meinung wollen wir uns aber keineswegs befassen, wofern sich die Bürgerlichen selbst nicht weniger mit Handlungen und Gegenständen befassen, die bürgerlich genannt und dafür gehalten werden, als mit Worten und Zusammenkünften und wenn sie ihre Gespräche der Gefälligkeit halber führen.

Für das, was ich beim Hofmann wünsche, genügt es daher, außer den schon genannten Dingen zu sagen, daß er so veranlagt sei, daß ihm nie gute und passende Gespräche für die, mit denen er sich gerade unterhält, fehlen und daß er mit einer gewissen Anmut die Herzen der Hörer zu ergötzen und sie mit gefälligen Aussprüchen und Scherzen zurückhaltend zu Heiterkeit und Gelächter zu verleiten versteht, so daß er fortgesetzt erfreut, ohne je Verdruß zu erwecken oder gar zu übersättigen. [...]

Ich habe gesagt, daß bei den Scherzreden keine Kunst ist, weil es mir deren nur zwei Arten zu geben scheint. Eine von ihnen bezieht sich auf Erzählungen, wie man sie bei einigen Menschen hört, die etwas, was ihnen vorgekommen ist oder was sie gesehen oder gehört haben, mit so viel Anmut und derart gefällig berichten und ausdrücken, daß sie es mit Gesten und Worten vor Augen bringen und gleichsam mit Händen greifen lassen. Diese Art könnte man vielleicht, weil wir kein anderes Wort dafür haben, heiter oder launig nennen. Die andere Art von Scherzen ist sehr kurz und besteht nur in treffenden, scharfsinnigen und lustigen Aussprüchen, wie man sie oft unter uns hört; und es scheint, daß sie ohne ein wenig Stichelei keine Anmut haben. Auch bei den Alten wurden sie Sprüche genannt; jetzt heißen sie bei einigen Witze. Ich behaupte also, daß bei der ersten Art, bei jener heiteren Erzählungsweise, keinerlei Kunst nötig ist, weil die Natur selbst die zum gefälligen Berichten fähigen Menschen schafft und bildet und ihnen Gesicht, Gebärden, Stimme und Worte verleiht, die geeignet sind, das nachzuahmen, was sie wollen. Und was kann die Kunst bei der anderen Art, den Witzen, machen? Denn bei ihnen muß bereits etwas sozusagen Gesalzenes herausgekommen sein und mitten ins Ziel getroffen haben, ehe es scheint, daß der, der es sagt, überhaupt daran hat denken können; denn sonst wirkt es frostig und hat nichts Gutes an sich. Deswegen meine ich, daß alles ein Werk der Begabung und Natur sei. [...]

Lachen ist uns so eigentümlich, daß man, um den Menschen zu beschreiben, zu sagen pflegt, er sei ein zum Lachen fähiges Tier.

Denn das Lachen erlebt man nur bei Menschen, und es ist fast immer Zeichen einer gewissen Heiterkeit, die man im Herzen fühlt, das von Natur zur Fröhlichkeit strebt und nach Ruhe und Erholung begierig ist; zu diesem Zweck haben die Menschen vielerlei Feste und manche verschiedenartige Schaustellungen erfunden. [...] Dasselbe tun auch alle Arten von Menschen gern; denn nicht allein die Feldarbeiter, Seeleute und alle, die harte und bittere körperliche Tätigkeit zu verrichten haben, sondern auch heilige Gottesmänner und Gefangene, die jeden Augenblick den Tod erwarten, suchen irgendwelche Mittel und Arzneien, um sich zu erholen. Alles, was zum Lachen bewegt, erfreut also das Herz, macht Vergnügen und läßt nicht zu, daß der Mensch sich in diesem Augenblick der lästigen Beschwerden erinnert, mit denen unser Leben erfüllt ist. [...]

Die Gelegenheit also oder gleichsam der Quell, woraus das Lächerliche hervorgeht, besteht in einer gewissen Ungestalt; denn man lacht nur über das, was Unschicklichkeit an sich hat und schlecht anzustehen scheint, ohne es jedoch zu tun. Ich weiß es nicht anders zu erklären; wenn Ihr selbst darüber nachdenkt, werdet Ihr sehen, daß das, worüber man lacht, fast immer etwas ist, was sich nicht schickt und doch nicht schlecht ist. Welches also die Mittel sind, die der Hofmann anwenden muß, um zum Lachen zu bewegen, und bis zu welcher Grenze, werde ich mich Euch zu sagen bemühen, soweit mein Urteil es mir zeigen wird. Es schickt sich für den Hofmann nicht immer, zum Lachen zu bringen, und auch nicht die Art, auf die es die Verrückten und Betrunkenen, die Dummköpfe und Tölpel und ebenso die Narren tun; obwohl an Höfen diese Arten von Menschen anscheinend erforderlich sind, verdienen sie es doch nicht, Hofmänner genannt, sondern nur nach ihrem Namen und als solche, die sie sind, eingeschätzt zu werden. Auch Grenze und Maß, durch Spott lächerlich zu machen, müssen sorgfältig beachtet werden, ebenso wer es ist, den man verspottet; denn man erweckt kein Gelächter, wenn man einen Elenden oder Unglücklichen neckt oder etwa einen Gottlosen oder ruchlosen Schurken; diese letzteren scheinen eine größere Züchtigung zu verdienen, als verspottet zu werden; und die Elenden zu foppen, sind die menschlichen Herzen nicht geneigt, außer wenn die Betreffenden sich in ihrem Unglück rühmen und hochmütig und anmaßend sind. Man muß auch auf diejenigen Rücksicht nehmen, die von jedermann allgemein wertgehalten und geliebt werden oder mächtig sind, weil man sich manchmal gefährliche Feindschaften zuziehen kann, wenn man sie neckt. Passend ist es jedoch, diejenigen Fehler zu verspotten und zu verlachen, die sich an Personen finden, die weder so elend sind, daß sie Mitleid erregen, noch so schurkisch, daß sie die Todesstrafe zu verdienen scheinen, noch so mächtig, daß ein kleiner Unwille ihrerseits großen Schaden anrichten kann. [...]

Indem ich mich also der Erläuterung der zu unserem Vorhaben gehörenden Arten von Scherzen zuwende, behaupte ich, daß es nach meinem Dafürhalten drei Sorten gibt [...], und zwar die artige und gefällige Erzählung, die im Vollzug ihrer selbst besteht, und die schnelle und witzige Geistesschärfe, die auf einem einzigen Ausdruck beruht. Wir fügen jedoch noch eine dritte Art bei, die wir Schwank nennen, woran längere Erzählungen, kurze Aussprüche und auch etwelche Handlungen teilhaben. Die erste, die im Erzählen besteht, gleicht etwa dem Vortrag einer kurzen Geschichte. [...] Ihr seht also, daß diese Art von Scherzen etwas Elegantes und Gutes an sich hat, wie es dem Hofmann angemessen ist, mag das, was man erzählt, auch wahr oder erfunden sein; in diesem Fall ist es nämlich gestattet, ohne Verfehlung so viel zu erfinden, wie einem gefällt, und beim Erzählen der Wahrheit diese mit mancher kleinen Lüge auszuschmücken, indem man je nach Bedarf etwas hinzufügt oder fortläßt. Denn ihre vollkommene Anmut und wahre Tugend besteht darin, das, was man ausdrücken will, mit Gesten und Worten so gut und mühelos vorzubringen, daß die Zuhörer die erzählten Dinge mit eigenen Augen zu sehen meinen. Diese derart ausgedrückte Art und Weise hat so viel Macht, daß sie zuweilen etwas, was an sich nicht sehr witzig und sinnreich sein würde, schmückt und äußerst gefällig macht. Und obgleich diese Erzählungen Gesten nötig haben und jene Wirkung, wie sie lebendige Stimme besitzt, erfährt man manchmal auch am geschriebenen Wort ihre Kraft. [...]

Unter den scharfsinnigen Scherzen, die in einem kurzen Ausspruch bestehen, sind die am witzigsten, die einen Doppelsinn enthalten, obwohl sie nicht immer zum Lachen verleiten, da sie eher als geistreich denn als scherzhaft gelobt werden. [...] Unter den zweideutigen Worten aber gibt es viele Arten; man muß daher vorsichtig sein und den Worten wie Vögeln aufs behutsamste nachstellen und jene vermeiden, die den Ausspruch frostig machen und wie an den Haaren herbeigezogen erscheinen lassen oder, wie wir gesagt haben, zu viel Säure enthalten. [...]

Unter den anderen Einfällen aber besitzen jene die schönste Anmut, die entstehen, wenn man aus den bissigen Reden des Gegners dieselben Worte im gleichen Sinn nimmt und sie gegen ihn wendet, indem man ihn mit seinen eigenen Waffen schlägt.

Ganz viel hilft es auch zur Erlangung der Reputation und des
Ansehens, wenn man nicht oft mit den Fürsten redet. Denn aus
der steten Konversation und dem Gespräch mit dem Fürsten
folgt letztlich, daß der Fürst importuniert und der Hofmann für
importun und ungestüm gehalten wird. Wenn der Hofmann
keine wichtige Sache vorzubringen hat, warum will dann derselbe seinen Herrn importunieren und sich selbst schamrot
machen? Ich rede allhier nur von wichtigen Händeln, die ein
Hofmann seinem Herrn soll vorbringen. Denn wenn er einer
jeglichen geringschätzigen Sache wegen den Fürsten anlaufen
wollte, so würde er von andern für gar zu sorgfältig, vom Fürsten aber für einen Narren und Phantasten gehalten werden.

Und eben dieser Ursache halber wollen wir eigentlich examinieren und erwägen, was doch ein Hofmann mit seinem Fürsten
reden darf. Denn daraus werden wir vernehmen, ob es ihm auch
gebühre, öftermals mit dem Fürsten Unterredung zu pflegen.

Daß einer zum Fürsten geht, über andere zu klagen, solches
geziemt keinem ehrbaren Mann. Wenn er ihm etwas Geheimes
entdecken will, so steht es im Zweifel, ob dieser ihm auch Glauben gibt. Mit dem Fürsten zu scherzen und zu kurzweilen soll
sich keiner unterstehen. Ihn zu tadeln und zu strafen hüte er
sich. Will er ihm aber schmeicheln und ihn liebkosen, so ist es
ihm eine Schande. Also ist das sicherste, daß man nicht oft mit
den Fürsten redet. [...]

Und eben darum sagt das Sprichwort: daß derjenige viel begehrt, welcher wohl dient und wenig redet, denn bei vielen
Worten sind wenig Taten. Es bringt auch die Erfahrung mit,
daß ein Klappermann selten weiterkommt; eher schwätzt er
sich arm und unwert als reich und beliebt. Hunde und Säue
haben auch ein großes Geschrei, sind aber arm und Bettler dabei, müssen vom Garten und von den Häusern und Tischen ihre
Speis greinen und bellen. Die stillen Schafe aber haben viel
Wolle und Milch, und deshalb hütet man sie und gibt ihnen ihre
Speis, wie man sie reichen Herren vorlegt.

Mit was für Zeremonien der Hofmann den Fürsten ansprechen und wie er mit ihm reden soll

Nachdem nun der Hofmann sich vorgenommen, mit seinem Fürsten zu reden, soll er alsbald beim Eingang der Kammer eine tiefe Reverenz machen, und wenn er nahe zum Fürsten kommt, die Knie beugen und sein Barett in der linken Hand heben. Sitzt der Fürst auf dem Sessel oder steht er zu Fuß, so soll sich der Hofmann an des Fürsten linke Seite stellen, damit diesem die rechte Hand frei bleibe. [...] Wer mit dem Fürsten reden will, der soll nicht laut noch geschwind, sondern gemach und langsam reden. Denn redet er laut, so wird er von den Umstehenden gehört, redet er aber geschwind, so wird er nicht verstanden und für einen Schwätzer gehalten. Auch muß er seine Worte zuvor fleißig examinieren und erwägen. Denn die weisen und vorsichtigen Menschen betrachten viel mehr, was die Zunge reden soll als was die Hände tun sollen. Ein großer Unterschied ist zwischen dem Übel-Reden und dem Übel-Wirken: Denn die Hände können nur irren, aber die Zunge kann nicht allein irren, sondern beleidigen und schmähen.

Während der Rede soll er das Barett nicht von der einen Hand in die andere schieben noch auch den Fürsten immerfort allzu genau anschauen. Denn das eine ist ein Zeichen der Torheit, und das andere ist ein Zeichen der Vermessenheit. Er soll sich auch hüten, daß er nicht viel huste oder ausspeie und beim Gähnen das Maul wie eine Kuh weit aufspreize, damit nicht der Dampf herausgehe. Wenn er aber gähnen oder husten muß, so soll er den Kopf zur Seite halten, damit er dem Fürsten nicht ins Angesicht spritze. [...] Wenn der Hofmann nachmittags beim Fürsten Audienz hat, so soll er sich hüten, daß er keinen Knoblauch esse noch Wein trinke. Wenn er nach Wein riecht, so hält jener ihn für einen Glasfeger und ein Weingänslein; riecht er aber nach Knoblauch, so hält man ihn für einen groben Knopf. Er soll sich auch hüten, mit dem Kopf ebensoviel wie mit der Zunge zu reden und auch nicht mit den Fingern zu spielen, den Bart viel zu streichen oder mit den Augen hin und her zu blinzeln, denn dergleichen Gebärden gebühren viel mehr den Schalksnarren und närrischen Gauklern als den wohlgezierten Hofleuten.

In seiner Rede soll er sich beileibe des Liebkosens, Fuchsschwänzens, Kauzenstreichens, Ohrenmelkens und Stiegentragens enthalten und nichts anderes reden und vorbringen, als was ihn selbst angeht, und er soll verschweigen, was einem andern zum Nachteil gereichen könnte. Sagen darf er, womit er dem Fürsten gedient hat, aber er soll nicht verraten und ausstechen, was ein anderer getan hat, denn die Sitten eines rechtschaffenen Hofmanns sollen angenehm sein ohne Schmeichelei und Heuchelei.

Die ritterlichen Taten seiner Vorfahren soll er nicht herausstreichen, denn die Fürsten hören viel lieber das Wort: Ich hab's getan, als wenn man sagt: Sie haben es getan. [...] Hüten soll er sich auch, daß er nicht den Fürsten unlustig mache, wenn er seine treugeleisteten Dienste hervorstreicht und über zuwenig Belohnung klagt. Denn nicht nur wollen die Fürsten bedient werden, sie wollen auch, daß man die Belohnungen ohne Aufdringlichkeit mit Geduld von ihnen erwartet. In diesem Fall soll der wohlgefällige Hofmann vor allem achtgeben, daß er sich nicht unterstehe, den Fürsten mit verdrießlichen Klagen oder sonstigen Worten dazu zu bringen, daß er ihm gnädiger sei als einem andern. Denn das menschliche Gemüt ist auch ohne das zum Bösen dermaßen geneigt, daß es um eines einzigen krummen Worts willen, das man sagt, leicht tausend geleistete Dienste vergißt. [...]

Hüten soll sich der Hofmann, daß er weder dem Fürsten noch jemand anderm sich halsstarrig widersetze. Etliche bleiben so steif und fest bei ihrer Meinung, daß auch ein ganzes Land sie nicht davon abbringen könnte, sondern sie meinen, man solle ihnen recht geben und zustimmen, möge es wohl ausgehen oder schlecht, sei es recht oder unrecht. Solche halsstarrigen Köpfe aber können mit ihrem jähzornigen und eigensinnigen Willen und Gemüt eine ganze Versammlung zerstören oder verwirren, und man muß sich wohl vor ihnen hüten, denn sie richten selten etwas Gutes aus, sondern erwecken vielmehr allerhand Zwietracht, Uneinigkeit und Zank in den Kanzleien, als daß sie etwas Nützliches schafften. [...] Wenn also der Fürst in einer Sache deine Meinung zu wissen begehrt, so sage ihm dein Bedünken, so wie du meinst, daß es des Fürsten Meinung auch ist; hast du aber irgendwelche Bedenken und kannst es mit deinem Gewissen nicht vereinbaren, so ist es besser, du schweigst still, statt dich gegen den Fürsten aufzuwerfen. Falls du spürst, daß der Fürst in einer Sache mit Gewalt recht haben will, ihm aber und dem gemeinen Nutzen solches zu besonderem Nachteil gereichen könnte, dann sollst du das verschweigen, ihn aber danach bei Gelegenheit und wenn du ihn vielleicht allein antriffst, ge-

bührend erinnern und warnen. Denn sonst könnte er erzürnt
werden, und sein Irrtum könnte nicht recht gerichtet werden.
Schließlich sage ich, daß kein halsstarriger, störrischer Hofmann und kein eigensinniger Starrkopf und Schwirbelgeist beim
Fürsten Gnade erlangen oder geliebt wird. Denn wer bei Hof
viel gelten und viel bekommen will, der muß sein Herz ebenso
wohl ans Schweigen und Verschweigen gewöhnen wie den Leib
ans Arbeiten. [...]

Vornehmlich soll sich der Hofmann auch hüten, daß er beim
Reden mit dem Fürsten nicht mit den Händen spiele noch mit
der Zunge scherze oder sich zu gemein und täppisch mache,
auch wenn der Fürst selbst lacht und so tut, als gefalle es ihm.
Denn dem klaren Himmel und lachenden Herrn soll niemand
trauen. Den Fürsten ist es erlaubt, mit den Seinigen zu scherzen
und Kurzweil zu treiben, aber den Dienern steht das übel an,
und es erniedrigt sie, wenn sie sich leichtfertig zeigen. Mit seinesgleichen darf ein jeder scherzen, aber bei den Fürsten soll
man sich auf nicht mehr einlassen, als ihnen zu dienen, denn die
Fürsten schießen gerne mit Steinen und werfen einem die Stühl
an den Kopf. So soll sich der weise Hofmann also in ernsthaften
Sachen der Weisheit bedienen und in scherzhaften des Ernstes.
[...] Wenn der Hofmann etwa scherzen hört oder dabei ist,
wenn's närrisch zugeht, dann soll er sich hüten, daß er nicht
überlaut lacht noch sich mit Gebärden und Händeklatschen
vergreift und unmäßig wird. Denn das unmäßige Lachen ist
keine Schwester der Weisheit. Leicht weinen und leicht lachen
steht einem Narren oder Affen zu.

Kapitel 3: 1. Was man in dem täglichen Gespräch, sonderlich
aber in den Sachen, davon man redet, vermeiden solle, damit es
nicht liederlich noch unnütz sei, 2. noch jemanden schände oder
schamrot mache, 3. daß es nicht garstig sei, 4. gottlos und dem
Nächsten zuwider, 5. ungelegen, 6. von seinem eigenen Lob,
das ist Ruhmrede, 7. daß man ferner nicht andern mit nichts-
würdigen Träumen, 8. noch mit Lügen überdrüssig sei, 9. solches geschehe auch aus Bosheit, 10. oder aus Ruhmgierigkeit,
11. mit prächtigem Gang oder hochtrabenden Reden, 12. oder
mit übermäßigem Schmuck in Kleidern, 13. mit dem Sich-
selbst- oder Die-Seinigen-Preisen, 14. oder Verkleinern, 15.
oder aber mit vielem Protestieren, 16. oder auch mit falschen
Zeremonien, 17. unter welchen Gebräuchen (18. die artig beschrieben werden) doch zu unterscheiden ist, wofern sie nur
gebraucht werden, 19. weil es sich gebührt, (20. da man doch
den Ort, 21. 22. die Zeit, das Alter und die Schicklichkeit beachten muß), 23. oder aber aus lauter Eitelkeit. 24. Dieser Gebräuche Art und Beispiel.

Kapitel 4: 1. Wie man seine Zunge bezwingen soll, wenn man
von andern redet, 2. einem widerspricht, 3. mit einem dispu-
tiert, 4. einen um Rat fragt, 5. straft, 6. auflacht, 7. scherzt,
damit man doch nicht unnütze Possen reiße, 8. item, wenn man
etwas Lächerliches erzählt, 9. was man für Worte gebrauchen
soll, 10. wenn man seine Mutter- oder fremde Sprache reden
soll, 11. daß man züchtige Worte vorbringe, 12. unachtbare und
unflätige vermeide, 13. andern ihre Missetat zugute halte, 14.
nichts unbedacht rede, 15. mit was für einer Stimme, 16. wie
man die Worte ordentlich setzen soll, 17. und nach hier gegebenen Regeln aussprechen, 18. vom vielen Schwatzen und anderer
Leute Unterbrechen, 19. auch daß man zuviel Schweigsamkeit
meide.

---

[1] Weil della Casas *Galateus* mit seinen detaillierten Anweisungen zum gesprächigen Umgang einen nachhaltigen europäischen Einfluß hatte, sei hier zu Anfang zunächst das Inhaltsverzeichnis der entsprechenden beiden Kapitel in einer
leicht modernisierten Fassung der deutschen Übersetzung von 1609 wiedergege-
ben; im Anschluß daran folgen die letzten Passagen aus dem vierten Kapitel.

Du sollst auch nicht allzu langsam reden, wie einer, der da ganz unlustig beim Essen ist und die Speise mit Verdruß kaut und verschlingt; aber auch nicht so schnell und schleunig wie ein Heißhungriger, der alles schier ungekaut hineinschlingt, sondern du sollst reden wie ein maßvoller Mensch. Die Buchstaben und die Silben sollst du mit gebührender Lieblichkeit und Süßigkeit aussprechen, nicht wie ein Schulmeister, der junge Kinder lesen und buchstabieren lehrt; aber auch nicht so im Mund kauen oder verschlucken, daß sie gar aneinanderhängen und eine an die andere gebacken scheint.

Wenn du nun dieser und anderer solcher Lehren wirst eingedenk sein, werden andere ehrbare Leute deine Rede gar gern und mit Lust anhören, und du wirst zu dem Ansehen und der Würde gelangen, wie sie einem edlen und ehrbaren und wohlerzogenen und sittsamen Menschen wohl ansteht und gebührt.

Es gibt aber auch viele, die nicht aufhören können zu reden; und wie ein Schiff, das der volle Wind forttreibt, nicht stille steht, ob man gleich die Segel niederläßt, so laufen auch diese, wenn sie ein sonderlicher Einfall treibt und fortjagt, immer weiter, und wenn es ihnen auch an der Sache, von der sie reden, fehlt, so hören sie doch deshalb nicht auf, sondern wiederholen entweder, was sie schon gesagt haben, oder schwatzen ins Blaue hinein.

Neben diesen gibt es noch andere, die im Reden so ganz unersättlich sind, daß sie keinen andern zu Wort kommen lassen, sondern ihm unverschämt in die Rede fallen. Gleichwie wir sehen, daß bisweilen auf dem Mist die jungen Hühnlein eines dem andern das Korn aus dem Schnabel pickt, so reißen auch diese den andern ihre Rede aus dem Maul und reden allein immer vor sich hin. Und natürlich will man sich schließlich lieber mit ihnen raufen als ihrem verdrießlichen Geschwätz länger zuhören.

Denn die Wahrheit zu sagen, gibt es nichts, was den Menschen eher zum Zorn reizt, als wenn ihm sein Wille und Vorhaben so plötzlich zerstört und gehindert wird. Gleich als ob du das Maul aufsperrst, um zu gähnen, und ein anderer es dir mit der Hand zudrückte; oder wenn du den Arm hättest aufgehoben, um einen Stein nach einem Vogel zu werfen, und, eben wenn du im Schwung wärst, einer hinter dir stünde und dir den Arm aufhielte. Wie nun diese und dergleichen Leute, die andern ihren Willen und Begier verhindern, auch bei Scherz und Spiel nicht wohl zu haben und zu fliehen sind, so soll man auch beim Reden des andern Vorhaben vielmehr fördern als hindern.

Wenn sich also einer ganz und gar dazu gerüstet hat, daß er etwas erzähle, so ist es unziemlich, wenn du ihm ins Wort fällst oder sagst: du wollest es besser erzählen. Und wenn er im Gang seiner Geschichte einen kleinen Zusatz einwerfen würde, so soll man ihn dabei weder mit Worten noch mit Gebärden verhöhnen, weder mit dem Kopf schütteln noch mit den Augen blinzeln, wie dann viele zu tun pflegen, die dann vorgeben, sie könnten solche bitteren Lügen nicht ausstehen. Aber das ist nicht der Grund, sondern vielmehr die Bitterkeit und Härte ihrer bäurischen, rauhen und unartigen Natur, die sie in der Gemeinschaft der Leute so unfreundlich, störrisch und herbe macht, daß sie jeder verabscheuen muß.

Desgleichen ist es eine verdrießliche Art, wenn man dem andern das Wort im Maul bricht, welches dem, der es leiden muß, nicht anders gefallen kann, als wenn sich einer im vollen Lauf dem Ziel näherte und ein anderer hielte ihn mit Gewalt auf. [...] Auch soll man fleißig aufmerken, wenn jemand redet, damit du nicht eins ums andere Mal fragen mußt: Was meinst du? Was hast du gesagt? Denn solches unzeitige Fragen ist dem, der da redet, ein nicht geringers Ungemach, als wenn einer, der übers Feld geht, sich an einem Stein stieße. All diese ungebührlichen Weisen und insgemein alles, was den Lauf der angefangenen Rede entweder so oder anders aufhalten oder ihm entgegen sein könnte, das soll man mit Fleiß fliehen und vermeiden.

Auch wenn einer in seinem Reden faul und langsam wäre, so soll man ihm deshalb nicht vorreiten noch Worte leihen, auch wenn du im Reden so reich wie er arm wärest. Denn dieses nehmen viele übel, besonders, wer sich selber für trefflich beredt hält. Bei solchen es dann das Ansehen gewinnt, als sähest du sie nicht für das an, wofür sie sich halten, und als wolltest du ihnen in der Kunst, darin sie Meister sind, helfen: eben wie die großen Kaufleute es am ärgsten finden, wenn ihnen einer Geld zu leihen anbietet, so als ob sie nicht selbst genug hätten, sondern arm und anderer Leute Hilfe bedürftig wären.

Auch kannst du es für gewiß wahr halten, daß ein jeder meint, daß er vor andern gut rede; und wenn es auch einer leugnet, damit er für einen züchtigen Menschen gehalten wird, so behält er doch solch einen Dünkel im Herzen. Zwar kann ich die Ursach nicht erraten, wie es doch kommen möge, daß die, die es am wenigsten können, fast am meisten reden. Es steht derhalben sittsamen Leuten wohl an, daß sie sich ernstlich vor vielem Reden hüten, und sonderlich diejenigen, die wenig Verstand und Erfahrung haben. Und nicht allein, weil es sehr schwer ist, viel zu reden, ohne auch viel zu irren, sondern auch, weil es so scheinen mag, daß wer allezeit redet, über die Zuhörer erhöht sein müsse, so wie der Lehrer seine Schüler überragt. Es gehört sich deshalb nicht, daß man ihm dieser Vortrefflichkeit halber mehr zueigne, als ihm gebührt.

Es begehen diesen Irrtum nicht allein viele Leute, sondern auch ganze Länder und Völker, von denen etliche redselig und geschwätzig sind. Wehe den Ohren, die sie einmal erhaschen und mit ihrem Plaudern übertäuben.

Wie aber zuviel Rede Verdruß bringt, also bringt auch zuviel Stillschweigen schädlichen Haß. Denn an dem Ort schweigen, wo die andern sich gegenseitig unterhalten, scheint nicht anders, als ob einer nicht seinen Pfennig zur gemeinsamen Mahlzeit hinlegen wolle. Und weil Reden nichts anders ist, als dem, so da zuhöret, sein Gemüt eröffnen, so läßt sich's ansehen, daß es dagegen das Stillschweigen sei, daß einer gedenkt, unbekannt zu bleiben. Eben wie die Zechbrüder beim Gelage, wenn sie einen starken Trunk tun, die nicht leiden mögen, die sich des Trunks weigern. Also sieht man solche stummen Laurer und Duckmäuser unter fröhlicher und freundlicher Gesellschaft nicht gern. Ist es demnach ein lieblicher Gebrauch, daß einer nach dem andern rede und stillschweige, wie es sich gebührt.

RITTER: Wenn schon die Leute nicht von dem Eifer gereizt werden, von dem Ihr geredet habt, aus dem Haus zu gehen und mit anderen Leuten Geschäfte zu treiben, so mangelt es deshalb nicht an anderen Anreizungen, weswegen sie die Konversation gern suchen und sich begierig überall da einmischen, wo die Menge des Volkes am dicksten ist. Denn die Begierde, zu konversieren und die Güter zu vermehren und ihren Besitzstand zu vergrößern, läßt die Leute nicht mit den Händen am Gürtel müßig stehen. Dessen könnt Ihr Euch vergewissern, wenn Ihr einmal Euren Fuß in eines Fürsten Hof setzt, wo Ihr unzählig viele Hofleute finden werdet, die zusammenstehen, um untereinander vielerlei Sachen zu traktieren und um Neuigkeiten von eines andern Tod oder von der Konfiszierung seiner Güter zu erfahren, und alles mögliche unternehmen, um vom Fürsten Würden oder Güter oder Gnade oder Dispens und Privilegien entweder selbst oder durch andere mit Bitten zu erlangen; und die, bevor sie darum nachsuchen, mit den Vermittlern und den Sekretären und den Türstehern gemeinsame Sache machen. Es mangelt auch nicht an anderen Bundesgenossen, die allda in einem schönen Kreis dicht beisammenstehen und sich insgeheim beratschlagen und bedenken, wie sie einen Beamten in Ungnade des Herrn bringen und den einen vom Pferd heben könnten, um einen andern darauf zu setzen. Und wenn Euch das nicht genügt, um die annehmliche Freude zu begreifen, die man aus dieser Konversation hat, so seht die Menge des Volkes an, die sich zu den Gerichten verfügt, wie ich es mehr als einmal erlebt habe, als ich das große Parlament zu Paris besucht, das da von unzähligen Stimmen widerhallt, wenn um Besitz prozessiert wird; dann scheint es, als ob er in einem Erdbeben stünde. Aber warum soll ich ausländische Exempel beiziehen? Gehen wir nur mitten durch diese unsere Stadt, da werden wir nicht allein am Werk- und Arbeitstag, sondern auch am Sonntag, der der Ehre und dem Dienst Gottes gewidmet ist, eine unzählige Menge Volks entlang den Bogengängen sehen, die beständig miteinander Handel treibt; und wo man von nichts anderem redet, als vom Kaufen, Verkaufen, Tauschen, Geld-auf-Zins-Leihen und -Nehmen, wo man mit einem Wort von all jenen Dingen handelt, welche die Krankheit der Armut zu heilen und die Gesundheit des Reichtums zu erlangen tauglich sind, daher ist es unnötig, daß man sich große Mühe mache, die Konversation dem menschlichen Herzen einzubilden, zu welcher es doch von Natur dermaßen geneigt ist.

HANNIBAL: Mit dieser Rede erinnert Ihr mich an den Spruch des Pythagoras, der ebendies sagte: daß diese Welt nichts anderes sei als ein Jahrmarkt, auf welchem Leute von dreierlei Art zusammenkämen: Die einen, um zu kaufen, die andern, um zu verkaufen, die dritten, um diesem Jahrmarkt zuzuschauen. Und das seien die Philosophen, die er für die glücklichsten hielt.

RITTER: Zur Zeit des Pythagoras werden noch keine Beutelschneider auf dem Jahrmarkt erschienen sein, sonst hätte er die wohl auch noch erwähnt.

HANNIBAL: So pflegte gleicherweise ein anderer zu sagen: daß diese Welt eine Bühne wäre und wir die Komödianten, die die Komödie darstellen, und die Götter die Zuschauer, wozu er unbedacht auch die Philosophen zählte. Nachdem wir aber heutzutage hienieden wenige göttliche Zuschauer haben und weil wir fast alle beständig unsern Sinn auf das gerichtet halten, wovon Ihr gesprochen habt, so schlage ich vor, daß wir uns der Konversation nicht hauptsächlich auf den Märkten und in den Komödien und anderen aushäusigen, der Fortuna untertanen Gelegenheiten gebrauchen sollen, sondern daß man in dem Konversieren die guten Sitten und die Fähigkeiten lerne, womit der Fortuna Güter richtig verteilt und erhalten werden, und man anderer Leute Gunst, Gutwilligkeit und Gnade erwerben möge.

RITTER: Es ist an Euch, zu erklären, wie man solche Fähigkeit und solche Sitten lernt.

HANNIBAL: Gesetzt, daß der Einsame krank sei, wie wir eingangs gesagt haben, so empfehle ich zu seiner Gesundung, daß er im Konversieren sich mühe, daß für eine gute Weile das Einkommen seines Haushaltes größer sei als die Ausgaben.

RITTER: Solches tun die meisten Menschen. Es dünkt mich aber, daß im Konversieren diejenigen angenehmer sind, die eine offene Hand haben, als die, welche sie schließen. Und wenn Ihr Euch der alten römischen Geschichte erinnert, so werdet

Ihr merken, daß, sich vielen Leuten holdselig und freigebig zu erzeigen, ein Mittel war, dadurch einer die Liebe und Gutwilligkeit des Volkes erlangt hat und die Leiter zu den höchsten Würden aufgestiegen ist.

HANNIBAL: Als ein weiser Mann einmal gefragt wurde, weshalb uns die Natur zwei Ohren und nur eine Zunge gegeben hätte, da antwortete er: weil es mehr Dinge zu hören als zu reden gibt. Diese Antwort läßt mich den Ohren das Einkommen und der Zunge die Ausgaben zuschreiben. Und damit Ihr mich besser versteht, will ich sagen, daß man beim Konversieren vor allem zweierlei braucht: die Sprache und die Sitten. Daher wollen wir diese beiden Teile bedenken.

RITTER: Weshalb wollt Ihr Euch nur auf diese beiden beschränken?

HANNIBAL: Wenn Ihr es recht bedenken wollt, so gewinnen wir in der Konversation anderer Leute Gutwilligkeit mit unserer Art zu reden und mit unseren Sitten. Ja, eigentlich könnte ich sogar die ganze Konversation unter den Punkt der Sitten bringen, zu denen auch das Reden gehört. Weil aber nicht alles am Sprechen zu den Sitten gehört, will ich beide Punkte behandeln. Und um nun endlich damit anzufangen, sage ich: So wie dem Kranken etwas lieb und angenehm sein kann, was nach dem Spruch eines Poeten zwar süß schmeckt, aber der Gesundheit nicht zuträglich ist, also gefällt einem Menschen mit schwachem Verstand, der wenig weiß und dem das Schweigen geziemt, das Reden über die Maßen gut. Und dieses Laster ist so stark, daß immer eben jene, die am wenigsten wissen, am meisten reden. Und weil dann das Schweigen und Hören zwei der schwersten Dinge auf der Welt sind, so ist es vonnöten, daß unser Kranker seine Begierde bezwinge und, indem er sich selbst widersteht, sich allgemach daran gewöhne, daß er den Mund mehr halte und die Ohren mehr öffne. Was er sogleich täte, würde er nur inne, daß man beim Konversieren anderer Leute Gutwilligkeit und Gunst nicht weniger mit geneigtem Zuhören als mit lieblichen Reden erhält und zuwege bringt; denn wir danken es jenen, die unsern Worten zuhören, und wir sehen, daß eine wohlklingende Zunge uns wenig nützt ohne anderer Leute Ohren. So würde unser Kranker mit dem Schweigen anfangen zu gesunden und bei den Gesunden Kredit und Glauben erlangen. Und deshalb hat derselbe Pythagoras, von dem wir gesprochen, von seinen Jüngern und Schülern verlangt, drei ganze Jahre stille zu schweigen, denn er fand, daß sie ihrer Unwissenheit inne würden, wenn sie sich daran gewöhnt hätten, ihm zuzuhören. Und indem sie sich die Tugend und die Vortrefflichkeit seiner Aussprüche ins Gemüt bildeten, würden sie alsdenn den Nutzen ihrer Geduld merken. Denn es ist ein altes Sprichwort, daß einem kranken Gemüt anderer Leute Reden ein Arzt ist. Und endlich würden sie auch erkennen, daß Schweigenkönnen nicht weniger bewundernswert ist als kunstvolles Reden, denn wie dieses die Wohlredenheit und das Wissen offenbart, so jenes Würde und Klugheit.

RITTER: Ich erinnere mich, daß ein weiser Mann auf die Frage, ob er aus Unwissenheit schweige, geantwortet hat: daß es eben der Brauch des Unwissenden sei, *nicht* schweigen zu können.

HANNIBAL: Und deshalb muß man die Unverständigen um so mehr loben, je mehr sie sich der Sparsamkeit im Reden befleißigen. Daher sagt man, daß es ein Teil der Weisheit sei, seine Torheit unter dem Schweigen zu verbergen; und noch ein gemeines Sprichwort ist, daß der genug wisse, der zu schweigen wisse. Also wollen wir schließen, daß wer nicht reden kann und wer verständig reden lernen will, der soll jenen zuhören, die es können. Und er soll dabei bedenken, daß, wie Hunger und Durst eine gewisse Leere des Leibes, also die Unverständigkeit eine Leere des Gemüts sei; und wie sich der Leib mit Speise füllt, also sättigt und füllt sich das Gemüt mit Verständigkeit. Diese erwirbt man viel mehr mit dem Anhören der lebendigen Stimme als mit dem Lesen toter Buchstaben; daher soll das Zuhören keine Mühe dünken, nicht soll man es für eine Schande halten zu fragen, was man nicht weiß, sondern man soll vielmehr jenem großen Manne folgen, der zu sagen pflegte: Ich frage alle und antworte keinem, denn ich habe auf nichts eine Antwort.

RITTER: Es leuchtet mir ein, daß es einem Menschen, der noch nichts weiß, wenig zu reden und viel zu hören gebührt, und ich verstehe, daß er vieles lernt, wenn er lang auf die Aussprüche und Reden anderer Leute achtgegeben hat. Nachdem Ihr aber beschrieben habt, welchen Gewinn einer daraus ziehen kann, wenn er seine Zunge im Zaum hält, so warte ich jetzt darauf, daß Ihr ihm nun auch nennt, was es ihn kostet, wenn er redet.

HANNIBAL: So wie diejenige Münze, die gut ausgegeben wird, nicht nur dem Gewinn bringt, der sie einnimmt, sondern auch dem, der sie ausgibt, also bringen auch die wohlbedachten Worte jenem Nutzen, der ihnen zuhört, und Ehre dem, der sie ausspricht. Und wie aus einem Beutel mancherlei Art von Münzen herauskommt, entweder güldene oder silberne oder kupferne, so auch kommen aus einem Munde Aussprüche und andere Worte von größerem oder geringerem Wert. Aber wie es auch nicht erlaubt ist, falsche Münzen zu schlagen oder auszugeben, also ist es nicht erlaubt, etwas zu sagen oder zu denken, was andern Leuten zu Schmach oder Schaden gereicht, denn mit solcher Falschheit legt nicht allein der Mensch sich selbst Unehre ein, sondern er bringt auch sein Leben in Gefahr, welches zugleich mit dem Tod in der Zungen Gewalt ist. Zudem steht geschrieben, wer seine Zunge bewahrt, der bewahrt seine Seele.

MICHEL DE MONTAIGNE
Von der Kunst des Gesprächs

Die fruchtbarste und natürlichste Übung unseres Geistes ist, nach meinem Geschmack, das Gespräch. Seiner zu pflegen dünkt mich erquicklicher als jede andere Beschäftigung des Lebens; und darum, glaube ich, wenn ich jetzt zu wählen gezwungen wäre, würde ich lieber das Augenlicht als das Gehör oder die Sprache verlieren wollen. Die Athener, und auch noch die Römer, hielten diese Übung in ihren Akademien in großen Ehren. Zu unsern Tagen haben die Italiener noch einige Überreste davon bewahrt, zu ihrem großen Vorteil, wie sich aus dem Vergleich unseres Geistes mit dem ihren ersehen läßt.

Das Bücherstudium ist eine träge und matte Anregung, bei der man nicht warm wird, während das Gespräch Belehrung und Übung zugleich ist. Wenn ich mich mit einem starken Geiste und tüchtigen Fechter ins Gespräch einlasse, so hagelt es Seitenhiebe; bald versetzt er mir rechts eins, bald links, und seine Einfälle beflügeln die meinen. Die Eifersucht, der Ehrgeiz, der Wettkampf stacheln mich an und heben mich über mich selbst hinaus. Und gleicher Meinung zu sein ist im Gespräch ein tödlich langweiliger Zustand.

Doch, wie unser Geist sich im Austausch mit kraftvollen und verständigen Geistern kräftigt, so unsäglich viel verliert er und verkommt durch den alltäglichen Verkehr und Umgang mit minderwertigen und schadhaften Köpfen. Keine Seuche ist so ansteckend wie diese. Ich weiß davon aus reichlicher Erfahrung ein Liedlein zu singen. Ich liebe Streitgespräche und Widerrede, doch nur mit wenigen Menschen und für mich. Denn dabei den großen Herren zum Schauspiel zu dienen und um die Wette mit seinem Witz und seiner Maulfertigkeit zu prunken, das dünkt mich ein Gewerbe, das einem Mann von Ehre gar zu übel ansteht.

Die Dummheit ist eine schlechte Eigenschaft; aber sie nicht ertragen zu können, sich darüber grün und blau zu ärgern, wie es bei mir vorkommt, das ist eine Krankheit anderer Art, die kaum weniger lästig ist als die Dummheit; und dies ist es, was ich jetzt an mir anprangern will.

Ich gehe mit großer Freiheit und Leichtigkeit auf ein Gespräch oder einen Wortwechsel ein, zumal vorgefaßte Meinungen bei mir auf einen steinigen Boden fallen und nur schwer Wurzel schlagen. Kein Urteil verdutzt mich, keine Gesinnung verletzt mich, sosehr sie auch der meinen zuwiderlaufe. Kein Hirngespinst kann so haltlos und so verstiegen sein, daß es mir nicht durchaus seinen Platz unter den Ausgeburten des Menschengeistes zu verdienen dünkte. Unsereiner, der seinem Verstand verbietet, Urteile zu fällen, sieht sich die widerstreitenden Meinungen wohlwollend an, und wenn er ihnen nicht seine Zustimmung schenkt, so schenkt er ihnen doch gerne sein Ohr. Wo die eine Schale der Waage leer ist, da lasse ich die andere unter Altweibermärchen schaukeln. Und ich glaube, es kann es mir niemand verwehren, wenn ich die ungerade Zahl der geraden vorziehe; den Donnerstag dem Freitag; wenn ich lieber zu zwölfen oder vierzehn zu Tisch sitze als zu dreizehn; wenn ich auf Reisen einen Hasen lieber meinem Weg entlang als überquer laufen sehe und mir den linken Schuh gern vor dem rechten stiefeln lasse. All diese Schwärmereien, die um uns hier im Schwange sind, verdienen immerhin, daß man sie anhöre. Für mich wiegen sie ebenso schwer wie Seifenblasen, aber so schwer wiegen sie. Immerhin ist das Gewicht der volkstümlichen und grundlosen Meinungen alles in allem mehr als null und nichts. Und wer ihnen auch das nicht zugestehen will, verfällt allenfalls, um den Fehler des Aberglaubens zu meiden, in die Unart des Eigensinns.

Die widersprechenden Urteile beleidigen und verstimmen mich also nicht; sie regen mich an und geben mir zu tun. Wir lassen uns nicht gern eines Bessern belehren und müßten es doch aufsuchen und herausfordern, namentlich wenn es uns im zwanglosen Gespräch und nicht nach Art einer Schulmeisterei begegnet. Bei jeder Einwendung achtet man zumeist nicht darauf, ob sie richtig ist, sondern wie man sich ihrer, helfe, was helfen mag, wieder entledigt. Statt sie mit offenen Armen aufzunehmen, weisen wir ihr die Fäuste. Ich könnte von meinen Freunden auch unsanfte Rippenstöße hinnehmen: Du bist ein Narr! du faselst! Ich liebe es, wenn man unter rechtschaffenen Leuten offen redet und das Kind beim Namen nennt. Wir müssen unsere Ohren abhärten und des süßen Wortgesäusels der Schönrednerei entwöhnen. Mir sagt eine starke und männliche Gesellschaft und Herzlichkeit zu, eine Freundschaft, die sich in der Kraft und Derbheit ihres Umgangs wohl fühlt, wie die Liebe im Beißen und Kratzen bis aufs Blut. Sie ist nicht kraftvoll und herzhaft genug, wenn sie sich nicht rauft, wenn sie gesittet und gesalbt ist, wenn sie Zusammenstöße fürchtet und sich Zwang antut. Neque enim disputari sine reprehensione potest [Denn ohne Widerrede läßt sich nicht disputieren; Cicero, *De finibus* I, 8]. Wenn man mir widerspricht, erregt man meine Beachtung, nicht meine Galle: ich wende mich dem zu, der mir widerredet und mich belehrt. Die Sache der Wahrheit sollte unser beider gemeinsame Sache sein. Was wird jener antworten? Das Aufbrausen des Zorns hat ihn schon des Urteilsvermögens beraubt. Die Gereiztheit hat sich seiner bemächtigt, ehe die Vernunft zu Worte kam. Es wäre nicht übel, wenn wir über den Ausgang unserer Auseinandersetzungen Wetten eingingen, so daß ein greifbares Merkzeichen unserer Niederlagen übrigbliebe, damit wir es uns hinter die Ohren schrieben und mir mein Diener sagen könnte: Voriges Jahr hat es Sie hundert Taler gekostet, daß Sie zwanzigmal unwissend und eigensinnig waren.

Ich huldige der Wahrheit und liebkose sie, in welchen Händen ich sie auch treffe, ich ergebe mich ihr frohen Herzens und strecke vor ihr die Waffen, wenn ich sie nur von ferne nahen sehe. Und wenn man mir dabei nur nicht mit gar zu anmaßender Schulmeisterschnauze kommt, so lasse ich mir die Aussetzungen, die man an meinen Aufsätzen zu machen findet, wohl gefallen und habe sie oft mehr aus Gründen der Höflichkeit als aus Gründen der Besserung geändert; denn ich will den Freimut, mich zu verweisen, gern durch willige Nachgiebigkeit lohnen und ermutigen, ja selbst auf meine Kosten. Indessen ist es wahrhaftig nicht leicht, die Menschen meiner Zeit dahin zu bringen: sie haben nicht das Herz, jemand zurechtzuweisen, weil sie nicht das Herz haben, sich zurechtweisen zu lassen, und jeder hält in Gegenwart des andern mit seiner Meinung hinterm Berge. Mir ist es ein solches Vergnügen, gekannt und beurteilt zu werden, daß es mir fast gleich gilt, ob es im lobenden oder tadelnden Sinne geschieht. Meine Gedanken widersprechen sich so oft und sprechen einander Hohn, daß es mir ganz eins ist, wenn es auch ein anderer tut: und das erst recht, da ich seinem Tadel nicht mehr Gewicht beilege, als mir beliebt. Dem aber sage ich den Handel auf, der so hoch daherfährt wie einer, den ich kenne, dem es um seinen Wink leid tut, wenn man ihm nicht Folge leistet, und der es als eine Beleidigung aufnimmt, wenn man sich sträubt, ihm nachzukommen. Daß Sokrates stets lachend die Widersprüche einsteckte, die man gegen seine Meinungen erhob, das war, könnte man sagen, in seiner Kraft begründet, und weil sich die Waage zweifelsohne nach seiner Seite neigen mußte, nahm er sie als neue Gelegenheiten auf, sich auszuzeichnen. Aber umgekehrt sehen wir auch, daß nichts uns so wehleidig und empfindlich gegen Widerspruch macht wie das Bewußtsein der Überlegenheit und geringschätzigen Herablassung des Gegners; und doch wäre es nach Fug und Recht an dem Schwächeren, bereitwillig die Einwände entgegenzunehmen, die ihn zurechtweisen und fördern. Ich suche fürwahr lieber den Umgang derer, die mir den Kopf zurechtsetzen, als derer, die mich fürchten. Es ist ein schales und ungesundes Vergnügen, mit Leuten zu tun zu haben, die uns bewundern und uns den Vortritt lassen. Antisthenes empfahl seinen Kindern, nie einem Menschen Erkenntlichkeit und Dank zu wissen, der sie lobte. Ich fühle viel mehr Stolz über den Sieg, den ich über mich gewinne, wenn ich mich in der Hitze des Gefechts unter die Macht der Gründe meines Gegners beuge, als über einen Sieg, den ich dank seiner Schwäche über ihn davontrage.

Kurz, ich nehme jeden ehrlich geführten Schlag an und lasse ihn gelten, er mag noch so schwach sein; aber die regelwidrigen Streiche kann ich nicht leiden. Auf den Gegenstand kommt es mir wenig an, die Meinungen sind mir einerlei, und welche Sache siegt, gilt mir nahezu gleichviel. Einen ganzen Tag lang könnte ich friedlich disputieren, wenn das Gespräch mit Ordnung geführt wird. Es ist mir weniger an Geisteskraft und Scharfsinn des Gefechts als an der Ordnung gelegen: der Ordnung, die man alle Tage in den Streitigkeiten unter Hirten und Ladenjungen wahrnehmen kann, nur nie unter uns. Wo sie aus dem Geleise geraten, da verstoßen sie gegen die Höflichkeit; wir tun es nicht minder. Aber all ihr Geschrei und Aufbegehren bringt sie nicht von ihrem Vorsatz ab: ihr Wortwechsel bleibt bei der Sache. Wenn sie einander ins Wort fallen, wenn sie sich nicht ausreden lassen, so verstehen sie einander wenigstens. Mir ist jede Antwort tausendmal recht, wenn sie auf das antwortet, was ich sagte. Aber wenn das Gespräch drunter und drüber geht, so lasse ich die Sache fahren und beharre ärgerlich und bockbeinig auf der Spielregel und gerate dabei in eine starrköpfige, bissige und auffahrende Art des Disputierens, die mich nachträglich erröten läßt.

Es ist unmöglich, mit einem Dummkopfe ehrlich und redlich zu fechten. Nicht nur meine Urteilskraft kommt in der Schule eines so hirnverbrannten Meisters zu Schaden, sondern auch mein Gewissen.

Unsere Wortgezänke sollten wie alle andern Lästerreden verboten und bestraft werden. Welch böse Gesinnungen erwecken sie doch und häufen sie an, immer beherrscht und eingegeben vom Zorn. Wir werden gehässig zuerst gegen die vorgebrachten Gründe und dann gegen den, der sie vorbringt. Wir lernen nur disputieren, um zu widersprechen, und indem jeder widerspricht und jedem widersprochen wird, geschieht es, daß als Ergebnis des Gesprächs die Wahrheit verlorengeht und zuschanden wird. Darum verbietet Plato in seiner Republik diese Übung den unfähigen und niedrigen Geistern.

Was soll es, daß man sich aufmacht, die Wahrheit in Gesellschaft mit einem zu suchen, der dazu weder das Zeug hat noch Schritt halten kann? Man tut der Sache keinen Abbruch, wenn man sie im Stich läßt, um sich den Weg zu überlegen, auf dem man ihr beikommt; und ich meine nicht den scholastischen und kunstgerechten Weg, sondern den natürlichen des gesunden Menschenverstandes. Aber was kommt am Ende heraus? Der eine geht nach Osten und der andere nach Westen; sie lassen die Hauptsache aus den Augen und verlieren sie im Wust der Nebendinge. Nach einer Stunde solchen Gestürms wissen sie nicht mehr, was sie suchen; der eine zielt darüber weg, der andere unten durch, der dritte seitab. Dieser bleibt an einem Wort oder einem Gleichnis hängen; jener begreift nicht mehr, was man ihm entgegenhält, so verrannt ist er in seinen Gedankengang und denkt nur noch daran, unbekümmert um die andern der eigenen Fährte zu folgen. Ein dritter, der seine lahmen Lenden spürt, hat Angst vor allem, bestreitet alles, verwirrt und mißversteht gleich von Anbeginn, worum es geht; oder er verstockt sich mitten im Wortgefecht in ein armseliges Schweigen: voll Verdruß über die eigene Unwissenheit schützt er eine stolze Verachtung vor oder tut in alberner Bescheidenheit, als zöge er sich aus dem Kampfe zurück. Wieder einer geht nur aufs Dreinschlagen aus und kümmert sich nicht darum, welche Blößen er sich gibt. Dieser wägt seine Worte mit der Goldwaage aus, als wären sie die Weisheit selber. Jener andere bringt nur die Übergewalt seiner Stimme und seiner Lungen zur Geltung. Da ist einer, dessen Schlußfolgerung ihn selber widerlegt. Und da betäubt uns ein anderer mit unnützen Vorreden und Abschweifungen die Ohren. Wieder einer ficht mit bloßen Anrempelungen und zettelt einen Streit um des Kaisers Bart an, um sich der Gesellschaft und Zusprache eines Kopfes zu entledigen, der ihm über ist. Der letzte endlich schert sich überhaupt nichts um die

Sache, aber er treibt euch mit der logischen Lückenlosigkeit seiner Sätze und seinen schulgerechten Schlußformeln zur Verzweiflung.

Wen überkommt nun aber nicht ein Mißtrauen gegen die Wissenschaften und ein Zweifel, ob sich auch ein rechter Nutzen für die Bedürfnisse des Lebens daraus ziehen lasse, wenn er sieht, welchen Gebrauch wir davon machen: nihil sanantibus litteris [Von den Wissenschaften, die zu nichts heilsam sind; Seneca, *Epistulae morales* LIX]? Wem hat je die Logik Verstand beigebracht? Wo bleiben ihre schönen Versprechungen? [...]

Können wir nicht unter dem Stichwort des Gesprächs und des Austauschs auch die launigen und sprunghaften Scherzreden anführen, die sich im fröhlichen und vertrauten Verkehr unter Freunden anspinnen, wenn sie einander scherzhaft und ausgelassen necken und foppen? Das ist ein Spiel, zu dem mir mein natürlicher Frohsinn einiges Geschick gegeben hat; und wenn es dabei nicht so gehoben und ernst wie bei jener anderen Übung zugeht, von der ich eben sprach, so gehört dazu doch nicht weniger Scharfsinn und Findigkeit, noch ist es, nach Lykurgs Meinung, weniger ersprießlich. Was mich anbelangt, so bringe ich dazu mehr Ungezwungenheit als Witz mit und habe dabei mehr Glück als Verstand; aber ich bin unübertroffen im Einstecken; denn ich ertrage es, daß man mir nicht nur beißend, sondern sogar sackgrob heimzahlt, ohne daß es mich anficht. Und wenn man mir zu Leibe rückt und ich nicht gleich aus dem Stegreif den Spieß umdrehen kann, so reite ich nicht mit verdrießlichem und langweiligem Nörgeln auf diesem Treffer herum, um womöglich Recht zu behalten: ich nehme ihn hin, lasse wohlgemut die Ohren hängen und warte auf eine gelegenere Stunde, um die Scharte auszuwetzen. Ein guter Kaufmann weiß auch zu verlieren. Die meisten wechseln die Farbe und Stimme, wenn ihnen die Kraft ausgeht, und in ihrem unangebrachten Aufbrausen zeigen sie, statt sich zu rächen, nur ihre Schwäche und ihre Wehleidigkeit. In dieser Kurzweil zupfen wir bisweilen an den geheimen Saiten unserer Unzulänglichkeiten, an die wir im ernsten Gespräch nicht rühren könnten, ohne zu verletzen; wir führen uns gegenseitig heilsam unsere Fehler zu Gemüte.

III. Die Epoche der Konversation

> »Die freundlichen Gespräche sind gleich
> einer mit Klee und Blumen bewachsenen
> lustigen Wiesen, auf welcher man mit frei-
> em Gemüt nach Belieben ausspazieren
> mag, und zwar nicht mit gleichem Schritt,
> sondern nach eines jeden vermögenden
> Gang und Belieben.«
>
> Georg Philipp Harsdörffer

Vorbemerkung

Das 17. Jahrhundert ist die eigentliche Epoche der Konversation in dem uns heute geläufigen Sinne. Erst jetzt wird die
französische Vokabel auf die Bedeutung »zwangloses Gespräch« eingeengt. Im Umkreis der europäischen Höfe entstehen zahlreiche Anstandsbücher, teils in der Nachfolge von Castiglione, teils in Anlehnung an Erasmus. Aber auch ganz eigene
Gattungen wie Rätsel- und Komplimentierbücher, Briefsteller,
Gesprächs-, Spielbücher und von konversationellen Vorstellungen geprägte Rhetorikbücher entstehen, wie etwa die *Beobachtungen über das schickliche Reden* (Observations sur l'éloquence des bien-séances, 1686) des Jesuiten René Rapin.

Die *Anleitung zum frommen Leben* (Introduction à la vie
dévote) von François de Sales (1567–1622) erschien 1609; in
endgültiger Gestalt 1619. De Sales, Fürstbischof von Genf, pre-
digte eine innerweltliche Frömmigkeit; vor dem Hintergrund
der mönchischen Gesprächsaskese wirkt freilich der gesellige
Umgang schon als solcher rekreativ. Auch in seinen Schriften
zur Seelenführung hat de Sales das asketische Motiv aus der
Religiosität zu vertreiben gesucht; eine seiner Lieblingsmeta-
phern für den Umgang mit dem Wort Gottes ist das Bild des
Honigs, der Süßigkeit – ein Motiv, das unter dem Namen der
suavitas seit der Antike mit der Idee der freundlichen, leutseligen Rede verknüpft ist.

Der Essay von Francis Bacon (1561–1626) erschien in der
Sammlung seiner *Essays* von 1612; der englische Titel lautet *Of
Discourse*. Die konzise Darstellung der Kunst des Gesprächs,
das Bacon mit einem Tanz vergleicht, wird im Essay über die
Freundschaft vertieft. Wie Montaigne, so hat sich auch Bacon

trotz höfisch-politischer Erfahrung einen gesunden Sinn für die Notwendigkeit einer ungezwungenen menschlichen Kommunikation erhalten: »Keine Arznei erschließt das Herz so sehr wie ein treuer Freund, dem man seine Leiden und Freuden, Ängste und Hoffnungen, seine Sorgen und Geheimnisse und alles, was sonst noch das Herz bedrückt, gleichsam wie in einer Art weltlicher Beichte bekennen kann.«[1]

Ein anderes Motiv der Konversationsidee behandelt Bacon in seinem philosophischen Werk über den *Fortschritt der Erkenntnis* (Advancement of Learning, 1605). Der Abschnitt über ›Bürgerliches Wissen‹ ist eingeteilt in eine »Kunst der Konversation«, eine »Kunst der Verhandlung« und eine »Kunst der Staatspolitik«. Unter der »Kunst der Konversation« versteht Bacon hier nicht den exklusiv gesprächigen, sondern den urbanen Umgang: »Urbanität ist mit einem Wort so etwas wie ein Kleid der Seele, und deshalb sollte sie auch die Eigenschaften eines Kleidungsstückes haben, 1. modisch sein, 2. nicht zu fein oder zu teuer, 3. so beschaffen sein, daß man die herrschende Tugend des Geistes zeige und die Laster verberge, 4. schließlich muß es vor allem nicht zu eng sein und den Geist beschränken und seine Bewegungen bei der Arbeit hemmen.«[2] Hier ist also die aristotelische urbanitas, die heitere, erholsame, zwischenmenschliche Beziehung buchstäblich verstofflicht, zu einem Stück Ware geworden, das nicht wegen seiner wärmenden, sondern seiner verbergenden und adaptierenden Funktion halber getragen wird.

Das Buch über den *Feinen Menschen oder die Kunst, bei Hofe zu gefallen* (L'Honneste homme ou l'art de plaire à la court, 1630) von Nicolas Faret (1596–1646) stammt aus der Feder eines Juristen und begründete die große Diskussion um den Begriff der »Honnêteté« im Frankreich des 17. Jahrhunderts. An Faret demonstriert sich eindrucksvoll der Zusammenhang zwischen konversationeller Reglementierung und normativer Sprachregelung: Er war Gründungsmitglied der Académie française, die im Auftrag Richelieus das große Wörterbuch der Epoche anfertigte. Mit juristischer Akribie unterscheidet Faret zwischen dem Gespräch mit dem Fürsten (entretien du prince) und der Konversation unter Ebenbürtigen (conversation des égaux), womit

---

[1] S. 109f. der in den Quellennachweisen zit. Ausgabe.
[2] Zit. nach Francis Bacon, Advancement of Learning and Novum Organum. Introd. by James E. Creighton. New York 1944, S. 237.

er gleichsam sein Vorbild, Castiglione, korrigiert; dieser hatte auch das Gespräch mit dem Fürsten als »conversation« bezeichnet, obwohl der Terminus eigentlich »eine gewisse Gleichheit« der konversierenden Personen voraussetze[3].

Der Text von Baltasar Gracián (1601–1658), einem spanischen Jesuiten und Höfling, ist dessen *Handorakel und Kunst der Weltklugheit* (Il oráculo manual, 1647) entnommen, einer von Gracián selbst besorgten, aber pseudonym erschienenen Auswahl von Maximen aus seinen eigenen Werken. Das Buch wurde im 19. Jahrhundert von Arthur Schopenhauer ins Deutsche übersetzt und zahllos nachgedruckt. Es spiegelt, wie schon die *Hof-Schule* von Guevara ein Jahrhundert zuvor, die spanisch-höfische Atmosphäre allgemeiner Feindseligkeit und Mißtrauens wider. Wohl nicht zufällig gilt Gracián auch als Theoretiker des literarischen Manierismus; 1642 ließ er eine *Anleitung zur schönen und scharfsinnigen Begriffsbildung* (Agudezza y arte de ingenio) erscheinen. Einen Höhepunkt des europäischen Barockpessimismus stellt sein Hauptwerk *Der Kritiker* (El criticon, 1651) dar, eine Allegorie auf die allgemeinen Laster der Menschen, die Gracián allerdings selbst einschränkend als »höfische Philosophie« bezeichnet hat.

Auch Emanuele Tesauro (1592–1675), Jesuit und Rhetorikprofessor in Mailand, gilt als manieristischer Theoretiker. In seiner vielgelesenen *Moralphilosophie* (La filosofia morale, 1670), der unser Auszug entnommen ist, hält er sich zwar genau an die aristotelische Umgangslehre mit ihren Idealen der Freundlichkeit (affabilità), Aufrichtigkeit (veracità) und Heiterkeit (urbanità). In die Passagen über die heitere urbanità aber geht die Definition der poetischen Erfindungskunst ein, zu der Tesauro ein epochemachendes Buch unter dem Titel *Das aristotelische Fernrohr* (Il cannochiale aristotelico, 1654) geschrieben hatte. Der literarischen Attitüde des Tesauro entspricht auch die wortspielerische Veranschaulichung vom Zusammenhang zwischen Konversation (conversatione) und sozialer Arterhaltung (conservatione); die Beobachtung zudem, daß im geistreichen Scherz der Geist sich selber genieße, was in den Eingangssätzen gerade an den »Raubvögeln« kritisiert wird, ist ein narzißtischer Zug, den man für das manieristische Denken als geradezu konstitutiv erkannt hat[4].

[3] S. 129 der in den Quellennachweisen zit. Ausgabe.
[4] So von Arnold Hauser, Der Ursprung der modernen Kunst und Literatur. München 1964, S. 114ff.

Die Konversationslehre der Madeleine de Scudéry (1607–1701), Dichterin und Begründerin eines der bekanntesten Salons der Zeit, behauptet gegenüber den zuvor genannten von Faret, Gracián und Tesauro die Idee von Konversation als einem zwanglosen, erholsamen Gespräch. Nur die Tatsache, daß eben diese Zwanglosigkeit selbst wieder zur Verpflichtung gemacht wird, verrät den Geist der Epoche. Die *Konversation über die Konversation* (1680), in der Essayistik und Konversation förmlich identisch werden, idealisiert die galante, amouröse Konversation, womit immerhin ein Stück Affektivität in das gesellige Gespräch zurückgewonnen wird. Nach der vorherrschenden Thematik ihrer großen Romane, besonders des *Grand Cyrus* (1649–53), hat man sie auch eine »Reine du Tendre« (»Königin der Zärtlichkeit«) genannt.

Die Konversationen suchen und sie fliehen, das sind zwei tadelnswerte Extreme der Weltfrömmigkeit, über die ich zu euch spreche. Die Flucht davor kommt der Verachtung und Geringschätzung der anderen gleich, und die Suche danach läßt an Müßiggang und Nutzlosigkeit denken. Man soll den Nächsten lieben wie sich selbst: Um darzutun, daß man ihn liebt, darf man das Zusammensein mit ihm nicht meiden, und um zu beweisen, daß man sich selbst liebt, muß man, wenn man bei sich selbst ist, dort auch bleiben. Nun ist man aber dort, wenn man allein ist: Denke an dich selbst, sagt der hl. Bernhard, und dann an die anderen. Wenn euch also nichts zwingt, euch in Gesellschaft zu begeben oder solche bei euch zu empfangen, bleibt bei euch selbst und unterhaltet euch mit eurem Herzen; wenn sich aber eine Konversation ergibt oder wenn irgendein trefflicher Gegenstand euch dazu einlädt, geht mit Gott, Philothee, und betrachtet euren Nächsten mit gutem Herzen und wohlwollendem Auge.

Man nennt Konversationen schlecht, die mit schlechter Absicht geführt werden, oder auch, bei denen die Beteiligten lasterhaft, schwatzhaft und liederlich sind; von ihnen muß man sich fernhalten, wie sich die Bienen von Bremsenschwärmen und Wespennestern fernhalten. Denn so wie diejenigen, die von einem tollwütigen Hund gebissen worden sind, ansteckenden Schweiß, Atem und Speichel haben – vor allem für Kinder und Menschen von zarter Gesundheit –, so ist es gewagt und gefährlich, jene lasterhaften und zügellosen Menschen zu besuchen, vor allem für die, die noch empfindsam und verletzbar sind in der Frömmigkeit.

Es gibt Konversationen, die einzig und allein der Erholung dienen und einfach nur eine Ablenkung von ernsten Beschäftigungen darstellen; was diese betrifft, so muß man sich ihnen nicht widmen, aber man mag durchaus die zur Erholung bestimmte freie Zeit für sie verwenden.

Andere Konversationen werden um der Höflichkeit willen geführt, wie etwa die bei gegenseitigen Besuchen oder bei bestimmten Versammlungen, mit denen jemand geehrt werden soll; was diese betrifft, so muß man sie nicht allzu eifrig betreiben, aber man soll auch keineswegs so unhöflich sein, sie zu verachten, sondern möge in Bescheidenheit der Verpflichtung nachkommen, um Grobheit und Nachlässigkeit gleichermaßen zu vermeiden.

Bleiben die nützlichen Konversationen von frommen und tugendhaften Menschen: O Philothee, es wird euch immer von großem Gewinn sein, solche zu finden. Der Weinstock, der zwischen Olivenbäume gepflanzt wird, trägt ölige Trauben mit dem Geschmack von Oliven: Eine Seele, die sich oft unter tugendhaften Menschen aufhält, kann nicht anders als an ihren guten Eigenschaften teilhaben. Die Drohnen können alleine keinen Honig machen, aber sie können es mit der Hilfe der Bienen: Es ist uns sehr zuträglich, die Frömmigkeit wohl zu üben, uns mit frommen Geistern zu unterhalten.

Bei allen Konversationen werden Natürlichkeit, Einfachheit, Sanftmut und Bescheidenheit immer besonders geschätzt. Es gibt Menschen, die sich immer so künstlich verhalten und bewegen, daß sich jeder langweilt; und wie einer, der beim Spazierengehen immer seine Schritte zählen oder beim Sprechen immer singen würde, den übrigen Menschen ein Ärgernis wäre, so wird die Konversation ganz außerordentlich von Menschen behindert, die sich künstlich benehmen und ihre Sätze nur in kunstvoller Anordnung sprechen, und bei dieser Art Menschen gibt es auch immer so etwas wie Anmaßung. Im allgemeinen soll bei unserer Konversation gedämpfte Freude vorherrschen. Der hl. Romuald und der hl. Antonius werden hoch gelobt, weil ihr Antlitz und ihre Worte bei aller Strenge mit Freude, Fröhlichkeit und Freundlichkeit geschmückt waren. »Freuet euch mit den Freuenden«, so sage ich euch noch einmal mit dem Apostel: »Allezeit freuet euch«, aber »im Herrn«, und »daß euer ehrbarer Wandel allen Menschen offenbar werde«. Um euch im Herrn zu freuen, muß der Gegenstand eurer Freude nicht nur erlaubt, sondern auch ehrbar sein: Ich sage das, weil es Dinge gibt, die erlaubt, aber doch nicht ehrbar sind; und damit eure Ehrbarkeit offenbar werde, hütet euch vor Anmaßung, die ohne Zweifel immer tadelnswert ist: Den einen niederstürzen, den andern anschwärzen, den dritten ärgern, einem Geistesschwachen Böses zufügen, das sind alberne und anmaßende Spottgelüste und Freuden.

Immer aber – über die geistige Einsamkeit hinaus, in die ihr euch inmitten der größten Konversation zurückziehen könnt, wie ich oben gesagt habe – müßt ihr das wirkliche Alleinsein an einem bestimmten Ort lieben; ihr müßt nicht in die Wüste ziehen wie die hl. Maria von Ägypten, der hl. Paulus, der hl. Antonius, Arsenius und die anderen Väter, die die Einsamkeit aufsuchten, ihr könnt euch ein wenig in eurem Zimmer aufhalten, in eurem Garten oder anderswo, wo ihr besser nach Wunsch und Willen euren Geist in euer Herz versenken und eure Seele durch rechte Überlegungen und heilige Gedanken erholen könnt oder durch ein wenig gute Lektüre, nach dem Beispiel des großen Bischofs [Gregor] von Nazianz, der von sich sagt: »Ich ging mit mir selbst spazieren in der untergehenden Sonne und verbrachte die Zeit am Meeresufer; denn ich habe die Gewohnheit angenommen, diese Erholung dazu zu benutzen, mich ein wenig von den alltäglichen Ärgernissen zu lösen und sie abzuschütteln«; und darüber macht er sich die guten Gedanken, die ich euch anderswo mitgeteilt habe. Und auch nach dem Beispiel des hl. Ambrosius, von dem der hl. Augustinus erzählt, daß er oft in sein Zimmer gegangen sei (denn der Zutritt war keinem verwehrt) und ihn beim Lesen beobachtet habe; und nachdem er einige Zeit gewartet habe, aus Angst, ihn zu belästigen, sei er, ohne ein Wort zu sagen, wieder gegangen, da er dachte, daß dem großen Hirten die wenige Zeit, die ihm blieb, um nach dem Durcheinander so vieler Geschäfte seinen Geist wieder zu stärken und zu erholen, nicht genommen werden dürfe. Auch sagte der Herr zu seinen Aposteln, als sie ihm eines Tages erzählten, wie sie gefischt und viel getan hatten: »Kommt in die Einsamkeit und ruhet ein wenig.«

Manche Leute legen es in der Unterhaltung mehr darauf an, für geistreich angesehen zu werden, indem sie jeden Beweisgrund verfechten können, als für gediegen in der Erkenntnis der Wahrheit; als ob es ein Verdienst wäre, immer eine passende Antwort bereitzuhaben, nicht aber die auftauchenden Gedanken zu Ende zu denken. Andere wieder haben gewisse Gemeinplätze und unterhalten sich über Dinge, die ihnen geläufig sind, ohne irgendeine Abwechslung. Diese Art von geistiger Armut ist meistens langweilig und, sobald bekannt, sogar lächerlich. Die verdienstvollste Aufgabe im Gespräch ist, ein Thema anzuschneiden, dann ein abschließendes Urteil zu fällen und zu etwas anderem überzulenken; auf solche Weise führt man tatsächlich die Unterhaltung wie einen Tanz. Für Abwechslung im Gespräch zu sorgen ist gut; Ansichten über Tagesereignisse müssen wissenschaftliche Erörterungen ablösen; Geschichten philosophische Auseinandersetzungen; Fragen Meinungsäußerungen; Scherz Ernsthaftes. Denn es ist abgeschmackt, ein Thema bis zur Ermüdung auszudehnen oder, wie man heutzutage sagt, zu Tode zu hetzen.

Was das Scherzen anbetrifft, so gibt es gewisse Dinge, die man davon ausschließen sollte, nämlich die Religion, die Staatsangelegenheiten, bedeutende Persönlichkeiten, Angelegenheiten, die irgend jemand im Augenblick stark angehen, und alles, was einen allzu nahe betrifft. Es gibt ja immer Leute, die sich für Schlummerköpfe halten würden, wenn sie nicht irgendeine Pikanterie oder verletzende Bosheit loslassen können. Das ist eine Sucht, die man zügeln muß: »Parce, puer, stimulis, et fortius utere loris.« [Enthalte dich, Jüngling, des Stachels, bediene dich stärker der Zügel.]

In der Regel sollte man einen Unterschied zwischen gesalzen und beißend machen. Hat nämlich einer eine satirische Ader und sein Geist ist der Schrecken seiner Mitmenschen, dann muß er sich auch folgerichtig vor ihrem Gedächtnis fürchten. Wer viel fragt, wird viel erfahren und sich sehr beliebt machen, besonders wenn er seine Fragen je nach den Fähigkeiten der Gefragten einstellt, denn dadurch gibt er ihnen Gelegenheit, sich in ihren Antworten vorteilhaft zu zeigen, und erweitert dabei fortwährend seine Kenntnisse. Er darf jedoch mit seinen Fragen nicht lästig fallen, das tun nur Examinatoren. Auch muß er andere selbstverständlich gleichfalls zu Wort kommen lassen. Sollte aber einer dasein, der die ganze Unterhaltung beherrschen will und ununterbrochen redet, so soll man ihn geschickt unterbrechen und andere auf den Plan bringen; wie die Musikanten es mit denen machen, die gar kein Ende beim Galliarde-Tanzen finden können. Verbirgst du zuweilen deine Kenntnisse von Dingen, über die man dich für unterrichtet hält, so wird man dir ein andermal Kenntnisse zumuten, die du gar nicht besitzt. Über sich selber sollte man nur selten und mit höchster Behutsamkeit reden. Ich habe jemanden gekannt, der spöttischerweise zu sagen pflegte: »Das muß wahrlich ein grundgescheiter Mann sein, denn er spricht soviel von sich selber!« Es gibt wohl nur einen einzigen Fall, in dem man sich mit Anstand selbst rühmen darf, und zwar wenn man die Tugenden eines anderen lobt, zumal solche Tugenden, auf welche man selbst Anspruch erhebt. Hiebe auf andere darf man höchst selten austeilen; denn Gespräche sollten als Freiland betrachtet werden, das niemandes ausschließliches Eigentum ist. Ich kannte zwei Edelleute aus dem Westen Englands, von denen der eine eine scharfe Zunge hatte, aber in seinem Hause stets eine wahrhaft königliche Gastfreundschaft entfaltete. Der andere pflegte diejenigen, die bei einem solchen Gastmahl zugegen gewesen waren, auszufragen: »Der Wahrheit die Ehre, wurden nicht tüchtige Hiebe und Abfuhren dort ausgeteilt?« Worauf der Gast zu erwidern pflegte: »Dies und jenes ist vorgefallen.« Der Edelmann aber sagte: »Ich dachte mir's wohl, daß er ein gutes Essen verderben würde.« Zurückhaltung geht über Beredsamkeit, und die gefällige Art und Weise, in der man sich mit jemandem unterhält, ist mehr wert als alle zierlichen und wohlgesetzten Worte. Seine Meinung langatmig, ohne je einer Zwischenrede Raum zu geben, auseinanderzusetzen zeugt von geistiger Schwerfälligkeit, aber nur Einwürfe machen und erwidern, ohne das Gespräch mit selbständiger Ausführung fortzusetzen, beweist Oberflächlichkeit und geistige Dürftigkeit. So finden wir bei Tieren, daß die schwächeren im Lauf doch die flinksten im Umdrehen sind wie zum Beispiel im Verhältnis des Windspiels und des Hasen. Zu viele Umschweife machen, ehe man auf die Hauptsache kommt, wirkt langweilig; gar keine machen ist plump.

Nicolas Faret
Allgemeine Maximen der Konversation

Es sind indessen bei den Großen wie bei den Durchschnittsmenschen, bei Bekannten wie bei Fremden und Unbekannten und ganz allgemein unter den verschiedensten Umständen grundsätzliche Maximen zu beachten, Fehler zu vermeiden und bestimmte Geschicklichkeiten anzuwenden, und wenn jemand gegen den Wind segelt und sie nicht beachtet, wird er sich schwertun, nicht Schiffbruch zu erleiden. Eine der wichtigsten und allgemeinsten Maximen, die man im Umgang befolgen muß, ist die Beherrschung der Leidenschaften, vor allem jener, die sich bei der Konversation am ehesten erhitzen, wie Zorn, Eiferung, Zügellosigkeit in der Rede und Eitelkeit, die den andern überlegen erscheinen möchte: in der Folge derselben Schwatzhaftigkeit, Halsstarrigkeit, Bitterkeit, Trotz, Ungeduld, Überstürzung und tausend andere Fehler, die wie schmutzige Bäche aus diesen verdorbenen Quellen fließen. Und wenn ein Geist von diesen verderblichen Keimen befallen ist, was anderes kann da hervorkommen als bittere Früchte? Und die, die ihn durchschaut haben: Versuchen sie nicht alsbald, ihn zu fliehen, wie einen, der von einer ansteckenden Krankheit überfallen wurde? Seien wir also Meister unserer selbst und wissen wohl, unseren eigenen Neigungen zu gebieten, wenn wir die Neigung der anderen gewinnen wollen: Denn es wäre nicht gerecht, wenn wir den guten Willen so feiner Menschen, wie sie bei Hofe sind, in Anspruch nehmen wollten und selbst noch nicht gelernt haben, unseren eigenen Willen zu überwinden und ihm Gesetze aufzuerlegen, kraft derer ihm jederzeit aus ganzer Vernunft Einhalt geboten werden kann.

Ein maßvoller Geist, der sich niemals leicht hinreißen läßt, wird seine Zeit bei all seinen Vorhaben recht gebrauchen, seien es Geschäfte, seien es Gefälligkeiten; er wird in angemessener Weise Dinge vorantreiben oder aufschieben, sich den Umständen beugen oder anpassen, so daß ihm nichts, was ihm zustößt, schaden kann. Wenn er will und seine edle Wesensart dadurch nicht verletzt wird, kann er sich verstellen und verkleiden, und fehlt gerade ein Ausweg, wird er immer die nötige Ruhe und Offenheit haben, tausend andere zu finden, um das Angestrebte zum guten Ende zu führen. [...] Solche Geschmeidigkeit ist eines der höchsten Gebote unserer Kunst. Wer zu Gefallen zu sein weiß, kann kühnlich hoffen, zu gefallen; und wahrlich ist es eines der untrüglichsten Merkmale für eine hochgeborene Seele, solcherart vielgestaltig zu sein und empfänglich für verschiedene Lebensart, vorausgesetzt, es geschieht aus Vernunft und nicht aus Leichtfertigkeit oder Schwäche. Es ist bäurisch und dumm, seiner Natur derart unterworfen zu sein, daß man nie auch nur in einem einzigen Punkt nachgeben kann. Ein wohlbeschaffener Geist paßt sich allem an, dem er begegnet, und er ist, wie von Alkibiades behauptet wurde, so fügsam und tut alle Dinge auf solche Weise, daß es scheint, er habe zu allem, was man ihn tun sieht, eine ganz besondere Neigung. Da gibt es keine noch so extravaganten Launen, mit denen er nicht ohne Hader leben könnte, noch so bizarre, daß es ihm nicht gelänge, Geduld aufzubringen. [...]

Gewiß, es ist ein ärgerlicher Zwang für eine freie Seele, sich unter oft so verschiedenen und der eigenen so entgegengesetzten Gemütsarten aufzuhalten; und für einen einigermaßen gewandten und willfährigen Mann ist es schwer, nicht schließlich ärgerlich darüber zu werden, daß er sich so verstellen und sich so oft Zwang antun muß. Aber er wird sich dann unter feinen Menschen, die wie er in jeglicher Hinsicht edelmütig sind, voll für diese schlimmen Stunden entschädigen. Hier kann er in aller Freiheit seine natürliche Neigung entfalten und seine tiefste Seele aufschließen, ohne fürchten zu müssen, daß seine Gefühle verletzt werden, weil sie alle gleichermaßen tugendhaft sind und weil alle, die der Tugend folgen, einerlei Meinung haben. Oh, welch ein Vergnügen empfindet ein wohlgestalteter Geist, wenn er Gleichgesinnten begegnet! Und wie unvollkommen sind all die anderen Freuden um den Preis der seinen, die um so reiner und köstlicher ist, als er klarer als irgend jemand die Zufriedenheit darüber kennt, daß er das Leben meistert!

Die Willfährigkeit muß man aber aufgeben bei Leuten, die zuviel reden; diese muß man unterbrechen. Wahrhaft ist dieser Fehler einer der gröbsten in der Konversation und einer der verderblichsten im Leben; wie die Fähigkeit zu schweigen eine der nützlichsten Wissenschaften ist. Wer solche Herrschaft über sich nicht kennt, soll sich hüten, sein Glück bei Hofe zu versuchen. Es erscheint keine Tugend leichter zu erlangen als diese, und dennoch muß man sagen, daß es keine schwerere, keine seltenere gibt. Es finden sich viel mehr Menschen, die tapfer sind, freisinnig, keusch und gemäßigt in den heftigsten Leidenschaften, als solche, die das nötige Schweigen wahren können. Ich weiß keinen offenkundigeren Beweis für unsere Schwäche und Unklugheit; alle Weisen aller Jahrhunderte haben verkündet, die Sprache sei das nützlichste und auch das gefährlichste am Menschen, je nachdem, wie gut oder schlecht er damit umgehe: Sie alle haben gelehrt, daß sie nicht durch so viele natürliche Bande gehalten noch von so vielen natürlichen Widerständen und Wällen umgeben wäre, sollten wir nicht daraus lernen, daß das Wort wie ein kostbarer Schatz darin geborgen sei; ihn zu handhaben ist so schwierig, daß er nur unter beträchtlicher Gefahr reichlich ausgegeben werden kann. Und dennoch sehen wir, wie alle Welt ihn dermaßen mißbraucht, daß man sagen kann, jeder, der eine Zunge in seinem Munde hat, trägt seinen grausamsten und gefährlichsten Feind mit sich. So kann man wahrlich auch sagen, daß jene, die in keinem Augenblick und unter keinen Umständen den Schwall der Worte zurückhalten können, Feinde der Schönheiten der Konversation sind. Welch unerträgliche Qual ist es für jemanden, vor allem, wenn er allein ist und irgend etwas vorhat und aus irgendeinem Grunde dazu gezwungen ist, solche Leute zu treffen, die um nichts in der Welt einen Menschen loslassen können, bevor sie ihn nicht mit dem Bericht aller ihrer Geschäfte, aller Vorgänge bei Verwandten und Nachbarn erledigt haben? In den Gesellschaften, in denen sie sich finden, sprechen fast immer nur sie; wenn eine Person von Ansehen und Verstand ein ernstes Thema anschneidet, haben sie glattweg die Unverschämtheit, sie zu unterbrechen, um nichts als Unsinn zu reden: Denn da ihr Geist nicht stark genug ist, einer gescheiten Darlegung zu folgen, nehmen sie alsbald Zuflucht zu ihrem Geschwätz, und so handeln sie wie die Lahmen, die auf ein Pferd steigen müssen und es dann wagen, sich zu rühmen, sie seien denen, die zu Fuß gehen, im Galopp vorausgeeilt, da diese ihrem einfachen Schritt nicht zu folgen vermochten. Immer haben sie die amüsanteste oder die merkwürdigste oder bewunderungswürdigste Sache von der ganzen Welt zu erzählen; und dennoch spielen sie immer nur dasselbe Stück, und dabei sind sie so frostig und armselig, daß sie schon mit dem ersten Wort die Aufmerksamkeit auch der Geduldigsten ersticken. [...]

Nun sind aber die vom schwatzhaften Dämon Besessenen nicht nur lästig, weil sie mit ihren lächerlichen Geschichtchen die Ohren aller Welt ermüden; man sieht zudem, daß sie gewöhnlich eitle, blasphemische, verleumderische Erzlügner sind, über alle Maßen neugierig auf die Geheimnisse der andern, um des Vergnügens willen den erstbesten, der ihnen zuhören will, damit zu unterhalten. Dies letztgenannte Laster ist eins der übelsten und finstersten, das die Seele erbärmlicher Kreaturen befleckt. Über die zuvor genannten Laster werde ich sprechen, wenn es an der Zeit ist: Jetzt kann ich nicht anders, als mich fast allgemein über alle Menschen erzürnen, da sie so wenig verläßlich sind und kaum einer sich findet, der das Geheimnis eines anderen wahren kann und sich nicht von der drängenden Versuchung hinreißen läßt oder doch wenigstens nur mit einem nahen und verschwiegenen Freunde darüber spräche. [...]

Der Scherz ist eine etwas freiere Art zu reden als gewöhnlich; die Galantesten pflegen oft so zu sprechen, und heutzutage ist es auch unter den engsten Freunden des Hofes nicht verboten. Ob dieser Brauch vernünftig ist oder nicht, ist eine recht dornige Frage und, wie mir scheint, für unser Thema genügend wichtig, um sich ein wenig darüber aufzuhalten und sie zu untersuchen. Es ist gewiß wahr, daß der Scherz, wenn er sich in ehrbaren Grenzen hält, ein sanftes Gewürz der Konversation ist, die schließlich recht frostig würde, und sogar langweilig, ohne solche kleinen Unterbrechungen durch kleine Widersprüche, die sie abwechslungsreich machen und scheinbar wiederbeleben, um ihr neue Kraft und neue Reize zu geben. Die meisten Köpfe suchen eher, was sie mit einer Art Vergnügen zerstreut, als das, was sie ernsthaft beschäftigt. Und weil natürlich gefällt, was zum Lachen bringt, lassen sie sich leicht von Gesellschaften abschrecken, die immer nur einerlei Unterhaltung pflegen, um jenen zu folgen, in denen sie sich so amüsieren. Das läßt sich besonders an einer gewissen Zahl von Personen beobachten, die im Pariser Müßiggang einschlafen, und bei der Jugend am Hofe; denn hielte diese Gymnastik nicht ihren Geist in Atem und erfrischte sie von Zeit zu Zeit, so bestünde die Gefahr, daß sie schließlich in einen lethargischen Schlummer fielen. In derartigen Gesellschaften ist diese scherzhafte Unterhaltung eigentlich an der Tagesordnung; so sehr, daß feine Menschen, die es zufällig dorthin verschlägt, ihre Aufgaben ganz schlecht zu erfüllen und der Lebhaftigkeit zu ermangeln scheinen, wenn sie sich nicht damit abgeben, sich gegenseitig mit kleinen Scherzen zu sticheln, die anfangs so sanft sein mögen, wie sie wollen, sie lassen schließlich doch einen Stachel in der Seele zurück, der sich nicht immer leicht herausziehen läßt. [...]

Die Bonmots sind nicht so gefährlich, vorausgesetzt, daß der, dem sie einfallen, seine Urteilskraft walten läßt, bevor er sie heraussagt. Und das ganz Besondere an ihnen ist, daß sie nicht bloß den Zuhörern gefallen, wie alle guten Aussprüche, sondern dem, der sie äußert, höchste Bewunderung einbringen.

Wie es scheint, haben Leute von dieser Begabung, mehrere Sachen auf einmal zu treffen, etwas Göttliches oder ein besonderes Genie, das sie bei jedem gelungenen Treffer über die Materie erhebt. Und obwohl es gewiß auch dafür die rechte Stunde gibt und der Zufall sich in dieses Spiel mischt, von dem man sagt, daß es ganz außerhalb seiner Gerichtsbarkeit stünde, so ist es doch fast immer so, daß wer damit begnadet ist, gleichzeitig auch mit den seltensten Fähigkeiten des Geistes begabt ist. Kaum eine der großen Gestalten aus der Antike, von der uns nicht noch heute Sinnsprüche überliefert sind; und auch unser Jahrhundert kann solche Köpfe hervorbringen, bei denen außer der Einbildungskraft auch alle übrigen Saiten der Seele so vollkommen gestimmt sind, daß man sie aller möglichen schwierigsten Tätigkeiten für fähig gehalten hat: die einen in der Armee, die andern in ausländischen Verhandlungen und ganz allgemein in den wichtigsten Angelegenheiten des Staates. Um sich aber einer so seltenen Sache wie der Bonmots auf wohlgefällige Weise bedienen zu können, gilt es, einige Regeln zu beachten und sich bei einigen Überlegungen aufzuhalten, denn ohne dies verlieren sie oft ihren ganzen Reiz.

So müssen wir darauf achten, wer wir sind, welchen Rang derjenige einnimmt, den wir sticheln wollen, an welcher Sache wir unsern Geist erproben wollen, bei welcher Gelegenheit, in welcher Gesellschaft und schließlich, was wir eigentlich sagen wollen und ob man mit Fug hoffen könne, daß es als Bonmot gelten wird. Soviel Glanz und Schönheit man auch immer an solchen Aussprüchen finden mag, es ist einem feinen Menschen nicht gemäß, Erzählungen oder Erwiderungen zu irgendeinem Thema zu machen, so gut es auch gefallen mag, deren Reiz sich nicht ohne Grimassen und lächerliche Gesten ausdrücken ließe. Die leiseste Handlung, die etwas Possenhaftes an sich hat, ist der Person unwürdig, die er erfreuen soll; und wie er dafür Sorge tragen muß, seine Unterhaltung durch solche hübschen Feinheiten abwechslungsreich zu machen, so muß er auch darauf achten, daß man sie nicht für affektiert hält. Und deshalb wird er, immer wenn er solche Bemerkungen auf der Zungenspitze spürt, sie nicht jedesmal herauslassen, sondern sie häufig lieber verschlucken, als etwas von seiner Autorität oder Wohlanständigkeit zu verlieren. [...] Der Glanz der Bonmots besteht hauptsächlich darin, daß sie kurz sind, treffend, klar, charmant vorgebracht und so rechtzeitig, daß sie nicht mühsam erdacht wirken oder als hätte man sie von zu Hause mitgebracht; aus diesem Grund nämlich werden jene, die erwidern, mehr geschätzt als jene, die angreifen, denn man verdächtigt sie weniger einer Vorbereitung.

Winke zu verstehen wissen. Einst war es die Kunst aller Künste, reden zu können: Jetzt reicht das nicht aus; erraten muß man können, vorzüglich wo es auf Zerstörung unserer Täuschung abgesehen ist. Der kann nicht sehr verständig sein, der nicht leicht versteht. Es gibt hingegen auch Schatzgräber der Herzen und Luchse der Absichten. Gerade die Wahrheiten, an welchen uns am meisten gelegen, werden stets nur halb ausgesprochen; allein der Aufmerksame fasse sie im vollen Verstande auf. Bei allem Erwünschten ziehe er seinen Glauben am Zügel zurück, aber gebe ihm den Sporn bei allem Verhaßten. [Maxime 25]

Stichelreden kennen und anzuwenden verstehen. Dies ist der Punkt der größten Feinheit im menschlichen Umgang. Solche Stichelreden werden oft hingeworfen, um die Gemüter zu prüfen, und mittels ihrer stellt man die versteckteste und zugleich eindringlichste Untersuchung des Herzens an. Eine andere Art derselben sind die boshaften, verwegenen, vom Gift des Neides angesteckten oder mit dem Geifer der Leidenschaft getränkten: Diese sind oft unvorhergesehene Blitze, durch welche man aus aller Gunst und Hochachtung mit einem Male herabgeschleudert wird. Von einem leichten Wörtchen dieser Art getroffen, sind manche aus dem engsten Vertrauen der höchsten oder geringerer Personen herabgestürzt, denen doch auch nur den mindesten Schreck zu erregen eine vollständige Verschwörung zwischen der Unzufriedenheit der Menge und der Bosheit der einzelnen unvermögend gewesen war. Wieder eine andere Art von Stichelreden wirkt im entgegengesetzten Sinne, indem sie unser Ansehen stützt und befestigt. Allein mit derselben Geschicklichkeit, mit welcher die Absichtlichkeit sie schleudert, muß die Vorkehr sie empfangen, ja die Umsicht sie schon zum voraus erwarten. Denn hier beruht die Abwehr auf der Kenntnis des Übels, und der vorhergesehene Schuß verfehlt jedesmal sein Ziel. [Maxime 37]

Nie übertreiben. Es sei ein wichtiger Gegenstand unserer Aufmerksamkeit, nicht in Superlativen zu reden; teils um nicht der Wahrheit zu nahe zu treten, teils um nicht unsern Verstand herabzusetzen. Die Übertreibungen sind Verschwendungen der Hochschätzung und zeugen von der Beschränktheit unserer Kenntnisse und unseres Geschmacks. Das Lob erweckt lebhafte Neugierde, reizt das Begehren, und wenn nun nachher, wie es sich gemeiniglich trifft, der Wert dem Preise nicht entspricht, so wendet die getäuschte Erwartung sich gegen den Betrug und rächt sich durch Geringschätzung des Gerühmten und des Rühmers. Daher gehe der Kluge zurückhaltend zu Werke und fehle lieber durch das Zuwenig als durch das Zuviel. Die ganz außerordentlichen Dinge jeder Art sind selten; also mäßige man seine Wertschätzung. Die Übertreibung ist der Lüge verwandt, und durch dieselbe kommt man um den Ruf des guten Geschmacks, welches viel, und um den der Verständigkeit, welches mehr ist. [Maxime 41]

Denken wie die wenigsten und reden wie die meisten. Gegen den Strom schwimmen wollen vermag keineswegs den Irrtum zu zerstören, sehr wohl aber, in Gefahr zu bringen. Nur ein Sokrates konnte es unternehmen. Von anderer Meinung abweichen wird für Beleidigung gehalten; denn es ist ein Verdammen des fremden Urteils. Bald mehren sich darob Verdrießlichkeiten, teils wegen des getadelten Gegenstandes, teils wegen dessen, der ihn gelobt hat. Die Wahrheit ist für wenige, der Trug so allgemein wie gemein. Den Weisen wird man nicht an dem erkennen, was er auf dem Marktplatz redet: Denn dort spricht er nicht mit *seiner* Stimme, sondern mit der der allgemeinen Torheit, so sehr auch sein Innres sie verleugnen mag. Der Kluge vermeidet ebensosehr, daß man ihm, als daß er andern widerspreche: So bereit er zum Tadel ist, so zurückhaltend in der Äußerung desselben. Das Denken ist frei, ihm kann und darf keine Gewalt geschehen. Daher zieht der Kluge sich zurück in das Heiligtum seines Schweigens, und läßt er sich bisweilen aus, so ist es im engen Kreise weniger und verständiger Menschen. [Maxime 43]

Vom Versehen Gebrauch machen. Dadurch helfen kluge Leute sich aus Verwicklungen. Mit dem leichten Anstande einer witzigen Wendung kommen sie oft aus dem verworrensten Labyrinth. Aus dem schwierigsten Streite entschlüpfen sie artig und mit Lächeln. Der größte aller Feldherren setzte darin seinen Wert. Wo man etwas abzuschlagen hat, ist es eine höfliche List, das Gespräch auf andere Dinge zu lenken: Und keine größere Feinheit gibt es, als nicht zu verstehen. [Maxime 73]

Nie von sich reden. Entweder man lobt sich, welches Eitelkeit, oder man tadelt sich, welches Kleinheit ist: Und wie es im Sprechen Unklugheit verrät, so ist es für den Hörer eine Pein. Wenn nun dieses schon im gewöhnlichen Umgang zu vermeiden ist, wieviel mehr auf einem hohen Posten, wo man zur Versammlung redet und wo der leichteste Schein von Unverstand schon für diesen selbst gilt. Der gleiche Verstoß gegen die Klugheit liegt im Reden von Anwesenden wegen der Gefahr, auf eine von zwei Klippen zu stoßen: Schmeichelei oder Tadel. [Maxime 117]

Nie sich beklagen. Das Klagen schadet stets unserm Ansehen. Es dient leichter, der Leidenschaftlichkeit anderer ein Beispiel der Verwegenheit an die Hand zu geben, als uns den Trost des Mitleids zu verschaffen: Denn dem Zuhörer zeigt es den Weg zu eben dem, worüber wir klagen, und die Kunde der ersten Beleidigung ist die Entschuldigung der zweiten. Einige geben durch ihre Klagen über erlittenes Unrecht zu neuem Anlaß, und indem sie Hilfe oder Trost suchen, erregen sie Schadenfreude und sogar Verachtung. Viel politischer ist es, die von dem einen erhaltenen Gunstbezeigungen dem andern zu rühmen, um ihn zu ähnlichen zu verpflichten: Indem wir der Verbindlichkeiten erwähnen, welche wir gegen die Abwesenden fühlen, fordern wir die Anwesenden auf, sich ebensolche zu erwerben, und verkaufen dergestalt das Ansehen, in welchem wir bei dem einen stehen, dem andern. Nie also wird der Aufmerksame erlittene Unbilden oder eigene Fehler bekanntmachen, wohl aber die Hochschätzung, deren er genießt: Dadurch hält er seine Freunde fest und seine Feinde in den Schranken. [Maxime 129]

Keinen Widerspruchsgeist hegen. Denn er ist dumm und widerlich: Man rufe seine ganze Klugheit dagegen auf. Wohl zeugt es bisweilen von Scharfsinn, daß man bei allem Schwierigkeiten entdeckt; allein der Eigensinn hierbei entgeht nicht dem Vorwurf des Unverstandes. Solche Leute machen aus der sanften, angenehmen Unterhaltung einen kleinen Krieg und sind so mehr die Feinde ihrer Vertrauten als derer, mit denen sie nicht umgehen. Im wohlschmeckendsten Bissen fühlt man am meisten die Gräte, die ihn durchbohrt, und so ist der Widerspruch zur Zeit der Erholung. Solche Leute sind unverständig, verderblich, ein Verein des wilden mit dem dummen Tier. [Maxime 135]

Nicht sich zuhören. Sich selber gefallen hilft wenig, wenn man andern nicht gefällt; und meistens straft die allgemeine Geringschätzung die selbsteigene Zufriedenheit. Wer sich selber so sehr genügt, wird es nie den andern. Reden und zugleich selbst zuhören wollen geht nicht wohl; und wenn mit sich allein zu reden eine Narrheit ist, so ist es eine doppelte, sich noch vor andern zuhören zu wollen. Es ist eine Schwäche großer Herren, mit dem Grundbaß von »Ich sage etwas« zu reden, zur Marter der Zuhörer: Bei jedem Satz horchen sie nach Beifall oder Schmeichelei und treiben die Geduld der Klugen aufs äußerste. Auch pflegen die Aufgeblasenen unter Begleitung eines Echos zu reden, und indem ihre Unterhaltung auf dem Kothurn des Dünkels einherschreitet, ruft sie bei jedem Worte die widerliche Hilfe eines dummen »wohl gesprochen« auf. [Maxime 141]

Nicht aus Besorgnis, trivial zu sein, paradox werden. Beide Extreme schaden unserem Ansehen. Jedes Unterfangen, welches der Gesetztheit zuwiderläuft, ist schon der Narrheit verwandt. Das Paradoxon ist gewissermaßen ein Betrug, indem es anfangs Beifall findet, weil es durch das Neue und Pikante überrascht: Allein wenn nachher die Täuschung verschwindet und seine Blößen offenbar werden, nimmt es sich sehr übel aus. Es ist eine Art Gaukelei und in Staatsangelegenheiten der Ruin des Staates. Die, welche nicht auf dem Wege der Trefflichkeit es zu wahrhaft großen Leistungen bringen können oder sich nicht daran wagen, legen sich auf das Paradoxe: Von den Toren werden sie bewundert; aber viele kluge Leute werden an ihnen zu Propheten. Es beweist eine Verschrobenheit der Urteilskraft, und wenn es sich auch bisweilen nicht auf das Falsche gründet, dann doch auf das Ungewisse, zur großen Gefahr wichtiger Angelegenheiten. [Maxime 143]

Die Kunst der Unterhaltung besitzen. Denn sie ist es, in der ein ganzer Mann sich produziert. Keine Beschäftigung im Leben erfordert größere Aufmerksamkeit: Denn gerade weil sie die gewöhnlichste ist, wird man durch sie sich heben oder stürzen. Ist Behutsamkeit nötig, einen Brief zu schreiben, welches eine überlegte und schriftliche Unterhaltung ist: wieviel mehr bei der gewöhnlichen, in der die Klugheit eine unvorbereitete Prüfung zu bestehen hat. Die Erfahrenen fühlen der Seele den Puls an der Zunge, und deshalb sagt der Weise: »Sprich, damit ich dich sehe.« Einige halten dafür, daß die Kunst der Unterhaltung gerade darin bestehe, daß sie kunstlos sei, indem sie locker und lose, wie die Kleidung, sein müsse: Von der Unterhaltung zwischen genauen Freunden gilt dies wohl; allein, wenn mit Leuten, die Rücksicht verdienen, geführt, muß sie gehaltvoller sein, um eben vom Gehalt des Redenden Zeugnis zu geben. Um es recht zu treffen, muß man sich der Gemütsart und dem Verstande des Mitredenden anpassen. Auch affektiere man nicht, Worte zu kritisieren; sonst wird man für einen Grammatikus gehalten: Noch weniger sei man der Fiskal der Gedanken, sonst werden alle uns ihren Umgang entziehen und die Mitteilung teuer feilhaben. Im Reden ist Diskretion viel wichtiger als Beredsamkeit. [Maxime 148]

Aufmerksamkeit auf sich im Reden. Wenn mit Nebenbuhlern, aus Vorsicht; wenn mit andern, des Anstands halber. Ein Wort nachzuschicken, ist immer Zeit, nie, eins zurückzurufen. Man rede wie im Testament: Je weniger Worte, desto weniger Streit. Beim Unwichtigen übe man sich für das Wichtige. Das Geheimnisvolle hat einen gewissen göttlichen Anstrich. Wer im Sprechen leichtfertig ist, wird bald überwunden oder überführt sein. [Maxime 160]

Zu widersprechen verstehen. Eine große List zum Erforschen; nicht um sich, sondern um den andern in Verwicklung zu bringen. Die wirksamste Daumenschraube ist die, welche die Affekte in Bewegung setzt: Daher ist ein wahres Vomitiv für Geheimnisse die Lauheit im Glauben derselben: Sie ist der Schlüssel zur verschlossensten Brust und untersucht, mit großer Feinheit, zugleich den Willen und den Verstand. Eine schlaue Geringschätzung des mysteriösen Wortes, welches der andere fallenließ, jagt die verborgensten Geheimnisse auf, bringt sie mit Süßigkeit in einzelnen Bissen zum Munde, bis sie auf die Zunge und von da ins Netz des künstlichen Betrugs geraten. Die Zurückhaltung des Aufpassenden macht, daß die des andern die Vorsicht außer acht läßt, und so kommt seine Gesinnung an den Tag, wenn auch sein Herz auf andere Weise unerforschlich war. Ein erkünsteltes Zweifeln ist der feinste Dietrich, dessen die Neugier sich bedienen kann, um herauszubringen, was sie verlangt. Auch beim Lernen sogar ist es eine gute List des Schülers, dem Lehrer zu widersprechen, der jetzt, vom größern Eifer hingerissen, sich tiefer in die Eröffnung des Grundes seiner Wahrheiten einläßt, so daß eine gemäßigte Bestreitung eine vollendete Belehrung veranlaßt. [Maxime 213]

Stets aufmerksam sein, Verbindlichkeiten zu erzeigen. Die meisten reden nicht gewissenhaft, sondern je nachdem sie Verbindlichkeiten erhalten haben. Das Schlechte glaublich zu machen, ist jeder vollkommen hinreichend, weil alles Schlechte leicht Glauben findet, sollte es zuzeiten auch unglaublich sein. Das meiste und Beste, was wir haben, hängt von der Meinung anderer ab. Einige lassen sich daran genügen, daß sie das Recht auf ihrer Seite haben: Das ist aber nicht hinreichend; man muß ihm durch Bemühungen nachhelfen. Jemanden zu verbinden kostet oft wenig und hilft viel. Mit Worten erkauft man Taten. In diesem großen Hause der Welt ist kein so unwürdiges Gerät, daß man es nicht wenigstens einmal im Jahre nötig haben sollte, und dann wird man, so wenig es auch wert sein mag, es sehr vermissen. Jeder redet von einem Gegenstand gemäß seiner Neigung. [Maxime 226]

Kein Lästermaul sein. Noch weniger dafür gelten: Denn das heißt, den Ruf eines Rufverderbers haben. Man sei nicht witzig auf fremde Kosten, welches weniger schwer als verhaßt ist. Alle rächen sich an einem solchen dadurch, daß auch sie schlecht von ihm reden: Da nun aber ihrer viele sind und er allein, so wird er eher überwunden als sie überführt sein. Das Schlechte soll nie unsere Freude und daher nicht unser Thema sein. Der Verleumder bleibt ewig verhaßt, und sollte auch dann und wann ein Großer mit ihm reden, so wird es mehr geschehen, weil ihm sein Spott Spaß macht, als weil er seine Klugheit schätzte. Auch wird, wer Schlechtes spricht, stets noch Schlechteres hören müssen. [Maxime 228]

Nicht spitzfindig sein, sondern klug, woran mehr gelegen. Wer mehr weiß, als erfordert ist, gleicht einer zu feinen Spitze, dergleichen gewöhnlich abbricht. Ausgemachte Wahrheit gibt mehr Sicherheit. Es ist gut, Verstand zu haben, aber nicht, ein Schwätzer zu sein. Weitläufige Erörterungen sind schon dem Streite verwandt. Besser ist ein guter, solider Kopf, der nicht mehr denkt, als die Sache mit sich bringt. [Maxime 239]

Neckereien dulden, jedoch nicht ausüben. Jenes ist eine Art von Höflichkeit; dieses kann in Verwickelungen bringen. Wer am Feiertage verdrießlich wird, hat viel Bestialisches und zeigt noch mehr. Die kühne Neckerei ist ergötzlich: Sie ertragen zu können beweist, daß man Kopf hat. Wer sich darüber gereizt zeigt, gibt Anlaß, daß der andere ebenfalls gereizt werde. Das beste ist also, sich der Neckerei nicht anzunehmen, und das sicherste, sie nicht einmal zu bemerken. Stets sind die ernstlichsten Händel aus Scherzen hervorgegangen. Es gibt daher nichts, was mehr Aufmerksamkeit und Geschicklichkeit erfordert: Ehe man zu scherzen anfängt, sollte man schon wissen, bis zu welchem Punkte die Gemütsart dessen, den es betrifft, dulden wird. [Maxime 241]

Originelle und vom Gewöhnlichen abweichende Gedanken äußern ist ein Zeichen eines überlegenen Geistes. Wir dürfen den nicht schätzen, der uns nie widerspricht: Denn dadurch zeigt er keine Liebe zu uns, vielmehr zu sich. Man lasse sich nicht durch Schmeichelei täuschen und zahle für dieselbe, sondern man verwerfe sie. Auch rechne man es sich zur Ehre, von einigen getadelt zu werden, zumal von solchen, die von allen Trefflichen schlecht reden. Hingegen soll es uns betrüben, wenn unsere Sachen allen gefallen, weil es ein Zeichen ist, daß sie nicht taugen: Denn das Vortreffliche ist für wenige. [Maxime 245]

Wann hat man die Gedanken auf den Kopf zu stellen? Wenn verschmitzte Tücke redet. Bei einigen muß alles umgekehrt verstanden werden: Ihr Ja ist Nein, und ihr Nein Ja. Reden sie von einer Sache nachteilig, so bedeutet dieses, daß sie solche hochschätzen: Denn wer sie für sich haben will, setzt sie bei andern herab. Nicht jeder, der lobt, redet gut von der Sache: Denn manche werden, um die Guten nicht zu loben, auch die Schlechten loben: Für wen aber keiner schlecht ist, für den ist auch keiner gut. [Maxime 250]

Keinen allzu deutlichen Vortrag haben. Die meisten schätzen nicht, was sie verstehen; aber was sie nicht fassen können, verehren sie. Um geschätzt zu werden, müssen die Sachen Mühe kosten: Daher wird gerühmt, wer nicht verstanden wird. Stets muß man weiser und klüger scheinen, als gerade der, mit dem man es zu tun hat, es nötig macht, um ihm eine hohe Meinung einzuflößen; jedoch nicht übertrieben, sondern verhältnismäßig. Und obgleich Leuten von Einsicht Sinn und Verstand allemal viel gilt, so ist doch bei den meisten Leuten einiger Aufputz vonnöten. Zum Tadel müssen sie gar nicht kommen können, indem sie schon am Verstehen genug zu tun haben. Viele loben etwas, und fragt man sie, so haben sie keinen Grund anzufüh-

ren. Woher dies? Alles Tiefverborgene verehren sie als ein My-
sterium und rühmen es, weil sie es rühmen hören. [Maxime 253]

Seidene Worte und freundliche Sanftmut. Pfeile durchbohren
den Leib, aber böse Worte die Seele. Ein wohlriechender Teig
verursacht einen angenehmen Atem. Es ist eine große Lebens-
klugheit, es zu verstehen, die Luft zu verkaufen. Das meiste
wird mit Worten bezahlt, und mittels ihrer kann man Unmögli-
ches durchsetzen. So treibt man in der Luft Handel mit der
Luft; und der königliche Atem vermag Mut und Kraft einzuflößen. Allezeit habe man den Mund voll Zucker, um seine Worte
damit zu versüßen, so daß sie selbst dem Feinde wohlschmek-
ken. Um liebenswürdig zu sein, ist das Hauptmittel, friedfertig
zu sein. [Maxime 267]

Dem Widersprecher nicht widersprechen. Man muß unterscheiden, ob der Widerspruch aus List oder aus Gemeinheit entspringt. Es ist nicht immer Eigensinn, sondern bisweilen ein
Kunstgriff. Dann sei man aufmerksam, sich im erstern Fall nicht
in Verwickelungen, im andern nicht ins Verderben ziehen zu
lassen. Keine Sorgfalt ist besser angewandt als die gegen Spione.
Gegen die Dietriche der Seelen ist die beste Gegenlist, den
Schlüssel der Vorsicht inwendig steckenzulassen. [Maxime 279]

Emanuele Tesauro
Von der bürgerlichen Konversation

Unter den Tieren sind einige ungesellig und einzelgängerisch, wie die Raubvögel, andere gesellig und miteinander vertraulich, wie die Bienen. Denn jene sorgen allein für sich, lieben nur sich selbst; diese, die miteinander leben, lieben ihre ganze Gattung.

Die Menschen sind geselliger als alle anderen Lebewesen. Denn da sie nicht alle mit allen Eigenschaften geboren werden, sondern da einer vom andern lernt und der eine den andern nötig hat, so lieben sie notwendigerweise das gesellige Leben, und ihre Konversation [conversatione] ist gegenseitige Erhaltung [conservatione]. Deshalb hat die Vorsehung ihnen die Sprache und die Kunst des Schreibens gegeben, damit sie mit den Anwesenden und den Abwesenden reden und mit der ganzen Welt konversieren können, damit das Wort dorthin käme, wo die Stimme nicht hinreicht.

Also, wer die bürgerliche Konversation nicht liebt, der kann auch kein Mitglied des Staates sein, denn er trennt sich vom Austausch [commercio], der das Band der Republik ist. Daher schließt unser Philosoph [Aristoteles], daß der einzelgängerische Mensch entweder ein Gott oder ein wildes Tier sein müsse, denn Gott genießt sich selbst, und die wilden Tiere lieben keine Gemeinschaft.

Drei Dinge machen die bürgerliche Konversation erfreulich: zwei davon die ernsthafte, eines die heitere. In der ernsten Konversation erfreut es die anderen, wenn man ihren Worten und Meinungen zustimmt und sie lobt, und es erfreut einen selbst, wenn man den anderen seine eigenen Meinungen mitteilt. In der heiteren Konversation erfreut man sich gegenseitig mit lustigen und spaßigen Scherzen, denn der beständige Ernst vermehrt die Langeweile, und die Seele wird, wie der gespannte Bogen, stärker, wenn sie sich plötzlich entspannt.

Aus diesen drei Umständen unterscheidet unser Philosoph drei edle Tugenden in der bürgerlichen Konversation: erstens das Loben der Gefühle und Gedanken anderer, und dies wird Freundlichkeit [affabilità] genannt oder Geneigtheit; zweitens das Mitteilen unserer eigenen Gefühle und Gedanken, und das ist die Aufrichtigkeit. Schließlich die gegenseitige Erholung mit den lustigen Späßen und Scherzen; das wird Heiterkeit genannt [...]

Als Ceres, müde von der Suche nach Proserpina, die in den tiefen Abgründen versteckt war, auf einem Stein in der Einsamkeit Elysiens saß und so inständig an ihre Proserpina dachte, daß sie vor Melancholie ganz verzehrt wurde, brachte sie die alte komische Jambe mit ihren lustigen Worten zum Lachen. So daß im Heiligtum der Ceres der Ernst der ehrwürdigen Zeremonie vom Lächerlichen der Scherze und Späße unterbrochen wurde, woher das Sprichwort kommt: Auch den Göttern gefällt das Lachen.

Jene edlen Geister wollten mit dieser Art, poetisch zu philosophieren, anzeigen, daß die ernste Erforschung der Wahrheit, die in den Tiefen der Wissenschaft verborgen ist, das menschliche Gemüt melancholisch und einsam macht und viel körperliche Kraft verbraucht, was nicht lange anhalten kann, wenn nicht immer wieder aus dem Lachen und heiteren Scherzen im Plaudern gesellige [civile] Erholung kommt.

Die Traurigkeit, die dem Ernst folgt, schnürt das Herz zu und sperrt die Lebensgeister ein, macht die Brust erkalten, das Gesicht runzlig und erstickt die Stimme, weshalb wenig Worte hat, wer voller Sorgen ist.

Das Lachen dagegen, das dem Scherz folgt, weitet das Herz und befreit die unterdrückten Lebensgeister, erwärmt die Brust, glättet die Stirn und gibt der Stimme große Kraft.

Wie nun die Muße ein Ausruhen des Körpers, so ist der Scherz ein Ausruhen der Seele, aber kein müßiges Ausruhen und kein gedankenloses, denn der Verstand ist ein Vermögen des Geistes, und der Geist, wenn er nicht schläft, ist um soviel tätig, wie er lebt, denn sein Leben ist Tätigkeit.

Ja, wenn in den ernsten Scherzworten mehr Solidität ist, so in den lustigen mehr Scharfsinn; in jenen ist mehr Urteils- und in diesen mehr Erfindungskraft; jene nämlich stammen aus der Wahrheit der Dinge, diese aus der Fruchtbarkeit des Geistes, der, je mehr er sie als sein eigen erkennt, desto erfreuter ist und in dieser Tätigkeit seine Ruhe findet. So sind also die Scherzreden heilsam für die Erhaltung [conservatione] des Individuums, aber noch heilsamer für die Konversation mit anderen.

Denn wie die Natur die Menschen untereinander mit dem geheimen Band der Sympathie verbunden hat und die Trauer des einen auf dem Gesicht des andern ihr Echo findet, so auch erfreut ein lachendes Gesicht das Herz des Zuschauers; und so gewinnt die Scherzrede das Herz derer, mit denen man redet.

Die Scherzreden sind also das süßeste Gewürz der bürgerlichen Konversation, auf Spaziergängen, in Versammlungen, bei Nachtwachen, Spielen und Gastmahlen. Während der eine sie erzählt, hört der andere zu; jener gibt sie liebenswürdig heiter, und dieser empfängt sie freundlich und erwidert sie, so wie sich kleine Hunde beim Spiel mit ihren kleinen Zähnen zanken und doch friedlich sind; einander beißen und doch zärtlich sind.

So also wird das scherzhafte Reden von unserem Philosophen mit Recht »Heiterkeit« [urbanità] genannt, das heißt also »Geselligkeit« [civilità], da sie ja nicht in dem unbebauten Boden der einsiedlerischen und bäurischen Gehirne wachsen, sondern in den Köpfen von Bürgern, die entweder aus Gewohnheit oder aus Fertigkeit geistreich sind.

Es ist sicher (obschon andere anders denken), daß man hierin eine Meisterschaft und wahre Kunst finden kann, wie wir es im *Aristotelischen Fernrohr* bewiesen haben, über dessen Lehre wir hier nichts zu sagen brauchen, weil wir dort sehr viel über diesen Punkt des Aristoteles nachgedacht haben. [...]

Erörtern wir also allgemein: Die Scherzrede oder urbanità ist eine Tätigkeit des Verstandes, etwas auf eine sinnreiche Art anzuzeigen. Eine sinnreiche Art ist jene, in der die Sache nicht auf dem eigentlichen und gewohnten Weg angezeigt wird, sondern auf einem figürlichen, vom Verstand erfundenen und daher neuen und überraschenden wie die poetischen Bilder [concetti], die selbst nicht wahr sind, aber die Wahrheit imitieren, so als wenn man Liebe sagen wollte und statt dessen Feuer sagt; ein Wort, das diese Leidenschaft nicht im eigentlichen, sondern in einem vom Verstand gebildeten oder vorgestellten bedeutet, aber von lebhaftem Ausdruck ist und daher auch unterhaltsam. [...]

Der eigentliche Zweck der Scherzreden ist kein anderer, als jene Gewandtheit um des anständigen Vergnügens willen zu üben, das die Seele, die erschöpft ist von ernsten Beschäftigungen, erquickt. Wer aber nur gern spottet und nicht verspottet werden will, dem fehlt etwas an dieser Fertigkeit. Die Scherzrede ist ein freundschaftlicher Spott, und unter Freunden ist alles gemeinschaftlich. Wer gibt und keine Gabe annehmen will, ist mehr verschwenderisch als freigebig; wer scherzt und keinen Scherz hinnehmen will, ist eher grob als heiter. Es sind die

Wespen und die Skorpione, die nur andere stechen wollen und es nicht dulden, daß man sie berühre. [...]

Es ist nun deutlich, daß diese Tugend [der urbanità] in jenem Mittleren [mediocrità] besteht, aber es ist nicht so deutlich, was dieses Mittlere selbst sei.

Alle Lehrer des Gesetzes haben die bissigen und unanständigen Scherzreden verboten, denn jene vergiften und diese bedrängen die Seele. Wer aber beides absolut verbannt, müßte auch das Lächerliche aus der Welt schaffen, und wer auch das Lächerliche fortläßt, kann schwerlich die Grenzen des Erlaubten und Unerlaubten angeben. Und außerdem: welcher Gesetzgeber kann dem Geist, der entweder herausfordernd oder leidenschaftlich ist, ein Gesetz vorschreiben?

Die Tugend der Heiterkeit hat also kein anderes Gesetz als die Urteilskraft derer, die sie besitzen. Wir sprechen nicht mit bissigen oder schändlichen Tieren, nicht mit Satyren oder Parasiten, sondern mit bürgerlichen Personen und Gewandten [virtuosi], und der Gewandte ist sein eigener Gesetzgeber. Das beste und ewige Gesetz wird also sein, den Gesetzen des Anstandes in der bürgerlichen Konversation zu folgen und zu bedenken, *wer welche* Scherzrede *wem* sagt. Das sind drei allgemeine Regeln, die jeder urteilsfähige Mensch bei allen Gelegenheiten und besonderen Versammlungen zu beachten hat.

Die Konversation ist das gesellschaftliche Band aller Menschen,
das größte Vergnügen der Leute von Anstand und das geläufig-
ste Mittel, nicht nur die Höflichkeit in die Welt einzuführen,
sondern auch die reinste Moral, die Liebe zum Ruhm und zur
Tugend. Und deshalb scheint mir, sagte Cilenie, daß sich unsere
Gesellschaft nicht angenehmer und nützlicher unterhalten
kann, als indem sie untersucht, was denn das eigentlich ist, was
man Konversation heißt. Denn wenn die Leute nur um ihrer
Geschäfte willen miteinander reden, kann man das eigentlich
nicht so nennen.

Ja wahrhaftig, sagte Amilcar, ein Advokat, der mit seinen
Richtern über seinen Prozeß redet, ein Kaufmann, der mit einem andern verhandelt, ein General, der Befehle erteilt, ein
König, der in seinem Kabinett von Politik spricht – all das kann
man nicht Konversation nennen. All diese Leute mögen wohl
von ihren Interessen und ihren Geschäften reden, ohne doch
dieses angenehme Talent zur Konversation zu haben, das zum
sanftesten Zauber des Lebens gehört und das vielleicht seltener
ist, als man glaubt.

Daran zweifle ich überhaupt nicht, erwiderte Cilenie. Aber ich
finde, bevor man richtig definieren kann, worin denn nun der
Zauber und die Schönheit der Konversation hauptsächlich bestehen, müßte jeder aus unserer Gesellschaft sich an die langwei-
ligsten und lästigsten Unterhaltungen erinnern, die er erlebt hat.

Da habt Ihr recht, sagte Cerinte. Denn wenn man erst einmal
erkennt, was alles langweilig ist, kann man um so besser ausfin-
den, was denn eigentlich unterhält. Und um gleich ein Beispiel
hierfür anzubringen, setzte sie hinzu: Gestern habe ich einer
Familie einen Besuch abgestattet, der mir so eine Plage war, daß
ich vor Langeweile hätte sterben mögen. Stellt euch vor, wie ich
mitten unter zehn bis zwölf Frauen saß, die beständig nur von
ihren kleinen häuslichen Sorgen sprachen; von den Fehlern ihrer Dienstboten, von den guten oder schlechten Eigenschaften
ihrer Kinder; und eine Frau brachte gar mehr als eine Stunde
damit zu, Silbe für Silbe das erste Lallen ihres Sohnes zu erzählen, der erst drei Jahre alt ist. Urteilt selbst, ob ich da nicht
meine Zeit auf erbärmliche Weise hingebracht.

Ich versichere Euch, erwiderte Nicanor, daß ich die meine kaum besser verbracht habe, als ich mich wider Willen bei einer Gruppe von Frauen fand, die ihr alle leicht erraten könnt und die den ganzen Tag über nichts anderes zu tun hatten, als sich gegenseitig ihre Kleider zu loben oder zu tadeln und beständig Lügen darüber zu verbreiten, wieviel sie gekostet hätten. Denn wie mir die am wenigsten dumme unter ihnen gesagt hat, nannten die einen aus Eitelkeit einen sehr viel höheren Preis und die andern, um raffinierter zu erscheinen, einen viel niedrigern. Und so habe ich mir den ganzen Tag solche geistlosen und unbedeutenden Sachen anhören müssen, daß ich heute noch ein wenig schlechter Laune bin.

Was mich betrifft, sagte die schöne Athis, so habe ich vor vierzehn Tagen einige Damen getroffen, die zwar geistvoll, aber dennoch beschwerlich waren. Denn um die Sache beim Namen zu nennen: Es waren Personen, die aus der Galanterie ein Handwerk machen. Jede hat mindestens *eine* Affäre, und zwar sind das Affären, die sie dermaßen beschäftigen, daß sie an nichts anderes denken können. Und wenn man an ihren Intrigen nicht beteiligt ist und mit ihnen Konversation treiben muß, wird man sehr verwirrt und verwirrt sie umgekehrt auch gewaltig. Wirklich, solange ich bei ihnen saß, hörte ich sie ständig reden, ohne ein Wort zu verstehen. Eine zu meiner Rechten erzählte einer andern, daß sie aus guter Quelle wüßte, daß der-und-der mit der-und-der Schluß gemacht und daß die-und-die mit dem-und-dem wieder angebändelt hätte; und zu meiner Linken berichtete eine ganz bewegt einer Dame unter ihren Freundinnen die närrischsten Dinge von der Welt. Nach allem, sagte sie ganz betrübt, braucht sich die Person, die Ihr kennt, nicht zu rühmen, daß sie mir den Liebhaber weggenommen hat, denn sie hat ihn ja nur, weil ich ihn weggejagt habe. Aber wenn ich Lust bekomme, werde ich ihn mir wieder zurückholen, und zwar so gründlich, daß sie ihr Leben lang nichts wieder von ihm sieht. An einer andern Stelle hörte ich einige von einem Essen zu Ehren einer Dame erzählen, an dem sie teilgenommen hatten, und sie rügten es mit solchem Nachdruck, als glaubten sie, man könne die Schönheit der Frau, für die das Essen gegeben worden war, mindern, indem man von ihrem Liebhaber sagt, daß er nicht gut genug aussehe. Jedenfalls kann ich euch versichern, daß ich mein Leben lang nicht so ungeduldig gewesen bin wie an diesem Tag.

Wenn ich an Eurer Stelle gewesen wäre, erwiderte Cilenie,

hätte ich etwas erfunden, um mich auf Kosten derer zu unterhalten, die mich langweilten. Aber zugegeben, ich habe selbst nichts dergleichen gefunden, sondern mich neulich, vor drei Tagen, in Gesellschaft von einem Mann und einer Frau gelangweilt, die beide immer nur über zweierlei sprechen: nämlich über die gesamte Genealogie des Hauses Mytilene und über sämtliche Familiengüter. Denn wirklich, wann, außer bei besonderen Gelegenheiten, ist es schon sonderlich unterhaltsam, den ganzen Tag zu hören: Xenocrates war der Sohn von Tryphon, Clideme stammt von Xenophane ab, Xenophane kommt von Tyrtée her und so weiter? Und was soll daran ergötzlich sein, wenn man erzählen hört, daß ein Haus, das einen überhaupt nicht interessiert, das man nie gesehen hat, wohin man sein Leben lang nicht kommen wird, erbaut worden sei von dem-und-dem, gekauft worden sei von dem-und-dem, dann übergegangen an den-und-den und schließlich jetzt im Besitz eines Mannes sei, den man überhaupt nicht kennt?

Das, erwiderte Alcé, ist ohne Zweifel nicht allzu unterhaltsam. Aber es ist noch nicht so schlimm, als wenn man mit Leuten zu tun hat, die sich über irgendeine Geschichte ärgern, die irgendeine unangenehme Angelegenheit haben und von nichts anderm reden können. So begegnete ich neulich einem Kapitän, der behauptete, daß Pittacus ihm eine Entschädigung für sein Schiff schulde. Er hielt mich drei Stunden lang fest, nicht nur, um mir zu erzählen, warum er glaubte, entschädigt werden zu müssen, sondern auch, was man ihm darauf würde antworten können und was er wiederum erwidern könne. Und um mir ganz klar zu machen, wieviel man ihn verlieren lassen wolle, fing er an, mir bis ins kleinste zu berichten, wie teuer ihn das Schiff gekommen sei; er nannte mir die Namen der Erbauer und nacheinander sämtliche Teile des Schiffes, und dabei hätte er mir doch gar nicht begreiflich machen müssen, daß es die teuersten und besten waren und daß man ihm großes Unrecht antat.

Es ist wahr, sagte Amithone, es ist sehr verdrießlich, solche Leute zu treffen. Aber um die Wahrheit zu sagen, jene ernsthaften Unterhaltungen, in denen kein Scherz erlaubt ist, haben etwas so Beschwerliches, daß ich nie daran teilnehmen kann, ohne Kopfschmerzen zu bekommen. Denn man redet dort immer im selben Ton. Nie wird einmal gelacht; es geht so feierlich zu wie im Tempel.

Das finde ich auch, erwiderte Athis. Aber ich muß zur

Schande unseres Geschlechtes gestehen, daß im Vergleich zu uns die Männer in der Konversation viel besser sind. Zum Beweis brauche ich euch nur von einem Besuch bei Lysidice zu erzählen. Sie saß im Zimmer ihrer Mutter, und es waren so viele Frauen dort, daß ich kaum Platz fand; aber kein einziger Mann war dabei. Ich könnte nicht sagen, woran diese Damen den ganzen Tag über eigentlich dachten, obgleich darunter sehr geistreiche waren. Sagen kann ich nur, daß die Konversation nicht sehr unterhaltsam war. Denn eigentlich ging die Rede fast nur um langweilige Bagatellen; und ich möchte behaupten, daß ich in meinem ganzen Leben nicht so viel habe reden und so wenig sagen hören. Aber als ich zu Lysidice kam, konnte ich leicht sehen, wieviel Kummer ihr das machte. Wahrhaftig, ich habe das mit Vergnügen bemerkt, denn es ließ sie hundert unterhaltsame Dinge sagen. Während sie noch ganz verärgert war über dieses laute Gerede, das ihrer Neigung so zuwider war, kam einer ihrer Verwandten. Und siehe da, obwohl dieser Mann nicht eben einer von den seltenen hohen Geistern war, ja eigentlich nur ein ganz normaler Mensch von Anstand, verwandelte sich die Konversation im Nu, wurde ordentlicher, geistreicher und angenehmer, obgleich die Gesellschaft sich nicht verändert hatte, außer eben, daß jetzt ein Mann dabei war, der noch nicht einmal viel sagte. Aber wie dem auch sei, ohne daß ich den wahren Grund dafür nennen könnte, man sprach von anderem und von diesem besser, und dieselben Personen, die Lysidice und mich soeben noch gelangweilt hatten, unterhielten mich jetzt ganz außerordentlich. Als alle gegangen waren, blieb ich allein mit Lysidice sitzen. Und kaum sah sie sich wieder frei, da hellte sich ihr kummervolles Gemüt auf: Nun Athis, sagte sie, verdammt Ihr mich immer noch dafür, daß ich die Unterhaltung der Männer der von Frauen vorziehe? Und müßt Ihr nicht zugeben, daß ein Buch, in dem aufgeschrieben stünde, was fünfzehn oder zwanzig Frauenspersonen sagen, das schlechteste Buch der Welt sein müßte? Ich gebe es zu, sagte ich lachend, hätte man alles aufgeschrieben, was ich heute hier habe sagen hören, es wäre eine gar sonderbare Schrift dabei herausgekommen. Was mich betrifft, sagte sie, so bin ich vor Tagen so zornig gegen mein eigenes Geschlecht geworden, daß ich an der Tatsache, ihm anzugehören, fast verzweifelt bin. Das war vor allem, als ich bei einer jener Unterhaltungen mittun mußte, die von nichts anderm als von Kleidern, Möbeln, Edelsteinen und ähnlichen Dingen handeln. Damit will ich nicht sagen, setzte sie hinzu, daß man von diesen Sachen überhaupt nicht reden sollte. Denn schließlich ist meine Frisur zuweilen anständig genug, daß ich mir das gerne sagen lasse, und manchmal sind auch meine Kleider schön und gut genug, daß ich sie gern loben höre. Aber ich wünschte, man spräche wenig von derlei und wenn, dann galant und wie beiläufig, ohne Zwang und Applikation. Nicht wie manche Frauen, die ihr ganzes Leben mit solchen Gedanken zubringen und mit solcher Unentschlossenheit daran denken, daß ich glaube, sie wissen am Ende ihrer Tage noch nicht, ob ihnen nun Rosa besser steht als Blau oder ob Gelb sie vorteilhafter kleidet als Grün.

Ich gebe zu, daß ich über Lysidices Worte gelacht habe, und ich fand sie um so lustiger, als ich eine Dame kenne, die ihren ganzen Geist wirklich zu nichts anderem gebraucht, die immer nur *davon* redet und ihren größten Ruhm in dem findet, was sie umgibt, das heißt in der Pracht ihres Palastes, im Glanz ihrer Möbel, in der Schönheit ihrer Kleider und im Reichtum ihrer Geschmeide. Nachdem ich also gebührend über Lysidices Worte gelacht hatte, wollte ich die Partei aller Frauen ergreifen und ihr sagen, daß ich überzeugt sei, daß es ebenso viele Männer wie Frauen gebe, deren Unterhaltung nicht eben unterhaltsam sei.

Ohne Zweifel, erwiderte Lysidice, manche Männer führen eine ganz unerträgliche Konversation. Aber der Vorteil ist, daß man sich leichter entschuldigen kann und ihnen zu nicht so genauer Höflichkeit verpflichtet ist. Aber, Athis, darum handelt es sich hier nicht. Ich wollte nur sagen, daß die liebenswürdigsten Damen der Welt, wenn sie in großer Zahl zusammenkommen und kein Mann ist dabei, fast nie irgend etwas Rechtes sagen, sondern sich mehr langweilen, als wenn sie allein geblieben wären. Aber bei Männern von Anstand ist das ganz anders. Ohne Zweifel ist ihre Unterhaltung weniger fröhlich ohne als in Gegenwart von Damen. Aber gewöhnlich ist sie doch nicht weniger vernünftig, weil sie ernster ist. Sie vermissen uns also weniger als wir sie. Das verdrießt mich allerdings, wie ich es Euch gar nicht zu sagen weiß.

Ich glaube, erwiderte ich, ich könnte leben, ohne mich zu langweilen, wenn ich nur meine Freundinnen sähe, vorausgesetzt, sie wären alle wie Lysidice. Wenn Ihr wollt, antwortete diese, erwidere ich Euch auf dieses Kompliment: Ich würde mich nicht mehr langweilen als Ihr, wenn die meinen alle so wären wie Ihr. Aber immerhin muß ich hinzufügen: Vorausgesetzt, ich sehe ihrer höchstens drei auf einmal. Denn statt im Dutzend sehe ich lieber gar keine. Ja, fuhr sie mit dem hübschesten Kummergesicht von der Welt fort, und wenn es auch ein Dutzend Athis auf der Welt gäbe, wollte ich sie dennoch nicht alle Tage beieinander sehen, wenn nicht zwei oder drei Männer dabei wären. Denn obgleich Ihr so niemals etwas Falsches sagt, bin ich gewiß, wenn Eurer zwölfe wären, Ihr tätet es. Oder zumindest würdet Ihr von denselben nichtssagenden Dingen reden wie die andern, und die Konversation würde genauso langweilig und verdrießlich. Und schließlich, fuhr sie fort, müßtet Ihr doch wohl heucheln, wenn Ihr nicht zugebt, daß es ein gewisses Etwas gibt, das ich nicht zu beschreiben weiß, weswegen ein Mann von Anstand eine Damengesellschaft besser unterhält und mehr erfreut als es die liebenswerteste Dame auf Erden je vermöchte. Ich würde sogar noch mehr sagen, setzte sie hinzu. Ich finde nämlich, daß zwei Frauen, wenn sie nicht miteinander befreundet sind, sich allein zusammen weniger unterhalten, als wenn jede mit einem Mann von Geist spräche, den sie gleichwohl noch nie gesehen hätte. Urteilt nach diesem, ob ich nicht recht habe, insgemein über mein Geschlecht zu zürnen.

Diese Art Unterhaltungen sind zweifelsohne sehr verdrießlich, antwortete Amilcar. Aber es gibt noch eine Art, die mir ebenso zuwider ist. So befand ich mich eines Tages in Syracuse zusammen mit fünf oder sechs Frauen und zwei oder drei Männern, die es sich in den Kopf gesetzt hatten, daß die Konversation bloß dann unterhaltsam sei, wenn sie beständig lachten. Wenn also solche Leute beisammen sind, lachen sie in einem fort über alles, was sie einander sagen, auch wenn es nicht eben freundlich ist. Und sie machen so viel Lärm, daß sie oft nicht einmal verstehen, was sie sagen; und dann lachen sie, weil die andern lachen, ohne zu wissen, warum. Und trotzdem lachen sie so von Herzen, als wüßten sie es. Aber das Merkwürdige hieran ist, daß ihr Gelächter zuweilen so ansteckend ist, daß man sich dieser Krankheit kaum erwehren kann; und ich war eines Tages mit solchen unaufhörlichen Lachern zusammen, die mich so sehr ansteckten, daß ich fast Tränen lachte, ohne zu wissen, warum. Aber, um die Wahrheit zu sagen, ich schämte mich eine Viertelstunde darauf so sehr, daß ich im Nu aus der Freude in Kummer fiel.

Obwohl es wirklich töricht ist, ohne Grund zu lachen, erwiderte Valerie, finde ich das noch nicht so schlimm, wie mich unter Leuten zu wissen, deren ganze Konversation aus jenen jammervollen und unglückseligen Erzählungen besteht, die so furchtbar langweilig sind. So kenne ich eine Frau, die weiß sämtliche tragischen Begebenheiten und bringt ganze Tage damit zu, die Unglücksfälle im Leben zu beklagen und jämmerliche Zufälle mit einer traurigen und gebrochenen Stimme zu erzählen, als würde sie dafür bezahlt, alles Unglück auf Erden zu bejammern.

Kommen wir nicht zu schnell von diesem falschen Erzählen langer Geschichten ab, sagte Plotine. Denn ich finde, man muß sich wirklich vor der Gewohnheit hüten, fortwährend zu erzählen. So etwa kenne ich Leute, die unaufhörlich von der Vergangenheit erzählen; sie berichten stets, was sie gesehen haben, und sagen nichts über das, was sie sehen.

Es stimmt, antwortete Amilcar, daß man sich vor den ewigen Erzählern zuweilen recht hüten muß. Manche sind ganz konfus, andere zu lang, wieder andere werden so erzürnt, daß man sie nicht unterbrechen darf, noch andere unterbrechen im Gegenteil sich selbst und wissen am Ende weder, was sie gesagt haben, noch, was sie sagen wollten. Aber von allen Geschichtenerzählern am schlimmsten sind die, die gänzlich uninteressante und unergötzliche Sachen erzählen.

Ich kenne auch noch ein Haus, nahm Cerinte das Wort, wo man sich sehr schlecht unterhält. Denn dort werden immer nur kleine Neuigkeiten aus dem Viertel erzählt, womit die Hofleute, die der Zufall dorthin verschlagen hat, nichts zu tun haben und wovon sie nichts verstehen. Ich erinnere mich gut, daß ich dort eines Tages von hundert kleinen Intrigen erzählen hörte, die mir ganz gleichgültig waren und deren Gerücht sich nicht weiter als auf die Straße erstreckte, in der sich alles zugetragen hatte, und die auch an sich selbst so wenig unterhaltsam waren, daß es mich sehr verdroß.

Und so ist es auch eine große Strafe, sagte Nicanor, wenn man in einer großen Gesellschaft ist, wo jeder sein Geheimnis hat. Am schlimmsten ist dann, wenn man selber keins hat und immer nur dem Gemurmel und den leisen Reden der andern zuhören muß. Wenn es wenigstens noch richtige Geheimnisse wären, setzte er hinzu, dann würde ich es ja noch ertragen. Aber nur zu oft sind die Sachen, die da so geheimnisvoll erzählt werden, bloß Bagatellen.

Ich kenne noch andere Leute, fügte Alcé hinzu, über die ich mich ärgern kann, obgleich sie auch angenehm sein können.

Denn sie haben den Kopf voller Phantasien über große Neuigkeiten, daß sie den Mund nur auftun, um von Schlachten, von Belagerungen ansehnlicher Städte oder von irgendeiner großen Revolution zu erzählen, und wenn man sie hört, könnte man meinen, daß alles, was die Götter auf der Welt anrichten, nur zu ihrer Unterhaltung geschieht. Denn außer von so wichtigen und großen Dingen reden sie kein Wort, und sie dulden auch nichts anderes. So wenig, daß man mit ihnen über gar nichts reden kann, wenn man nicht die Politik von Grund auf versteht und in der Geschichte gründlich bewandert ist.

Es ist wahr, unterbrach Nicanor, was Ihr sagt, ist nicht immer unterhaltsam. Aber auch jene Leute, die sich gar nicht um die Angelegenheiten der Welt kümmern, sondern immer nur Privatgeschichten hören wollen, sind unbequem. Denn man sieht sie immer so beschäftigt, als hätten sie tausend Geschäfte, obwohl es sich doch immer nur darum dreht, die der andern herauszubekommen und sie von Haus zu Haus weiterzuerzählen, wie die öffentlichen Spione, die nicht mehr zu diesem als zu jenem halten, denn sie erzählen diesem Neuigkeiten über jenen, sobald sich eine Gelegenheit dazu bietet, ohne einen andern Vorteil daraus zu ziehen. So wollen sie auch die Dinge nicht um ihrer selbst wissen, sondern nur, um sie weiterzusagen.

Da ist übrigens noch ein anderer Fehler, sagte Cerinte, wenn man nämlich immerzu seinen ganzen Geist zeigen will. Ich kenne einen Mann, der bei seinen ersten Besuchen in Häusern, in denen er einen guten Eindruck machen will, beständig von einem Thema zum andern springt, ohne jemals eines richtig zu erörtern; und ich kann ohne Übertreibung sagen, daß ich ihn in einer Stunde von allen Sachen habe reden hören, von denen man überhaupt nur reden kann. Er erzählte nicht nur alles, was sich bei Hofe zugetragen hatte, sondern auch alles, was in der Stadt passiert war. Darauf sprach er von allem, was er tagsüber gemacht hatte; ja selbst davon, was die Leute, bei denen er gewesen, gesagt hatten. Er fragte Arpasie, was sie gemacht habe, und tadelte Melinte wegen ihrer Schweigsamkeit. Und schließlich sprach er über Musik und Malerei. Er schlug verschiedene Spaziergänge vor und sagte so viele verschiedene Sachen, daß ein Mann aus der Gesellschaft, dem das aufgefallen war, in der Folge die andern darauf aufmerksam machte, womit er den ersten loben wollte. Denn schließlich, sagte er, gibt es doch nichts Langweiligeres als eine Unterhaltung mit solchen Leuten, die sich an der ersten Sache, von der geredet wird, festhalten und dermaßen darauf eingehen, daß man einen ganzen Nachmittag lang nicht das Thema wechselt. Denn weil die Konversation frei und natürlich sein soll und weil jeder, der zur Gesellschaft gehört, gleichermaßen das Recht hat, sie nach seinem Gutdünken zu lenken, so sind solche rechthaberischen Leute sehr störend, weil sie zu einem bestimmten Thema nichts zu sagen übriglassen und immer wieder darauf zurückkommen, man mag sich soviel Mühe geben, sie zu unterbrechen, wie man will.

Also, sagte Cilenie, ich bin doch sehr erstaunt, euch alle so reden zu hören. Denn wenn man also nicht immer von der Wissenschaft sprechen darf, wie Damophile, und wenn es langweilig ist, sich immer über die kleinen häuslichen Sorgen zu unterhalten, wenn es unangebracht ist, oft von den Kleidern zu reden, wenn es geschmacklos ist, dauernd von galanten Intrigen zu erzählen, wenn es für wenig annehmlich gilt, das Gespräch nur der Genealogie zu widmen, wenn es zu profan ist, vom Tausch oder Kauf von Ländereien zu berichten, wenn es sogar verboten ist, zuviel von den eigenen Angelegenheiten zu sprechen, wenn die zu große Ernsthaftigkeit in der Konversation nicht unterhält, wenn für dumm gehalten wird, wer zuviel lacht und wer ohne Grund lacht, wenn die Erzählungen von Trauer- und Unglücksfällen nicht genehm sind, wenn die kleinen Geschichten aus dem Viertel diejenigen langweilen, denen so etwas nicht in den Sinn kommt, wenn jener kleine Klatsch, den man sich ins Ohr flüstert, unerwünscht ist, wenn die Leute, die sich beständig nur über große Ereignisse unterreden, im Unrecht sind und wenn jene andern, die sich ewig über Neuigkeiten aus dem Kabinett unterhalten, auch nicht recht haben – worüber bitte soll man denn dann in der Konversation reden? und woraus soll sie bestehen, um schön und vernünftig zu sein?

Sie muß, erwiderte Valerie anmutig lächelnd, aus alledem bestehen, wovon wir gesprochen haben. Aber es muß immer der Takt walten. Denn obgleich all diese Leute, die wir erwähnt haben, lästig fallen, möchte ich doch kühnlich behaupten, daß man schließlich doch nur von dem reden könne, wovon diese eben reden, daß man aber darüber unterhaltsam reden kann, was diese nicht tun.

Ich glaube wirklich, daß Valerie etwas Wahres gesagt hat, nahm Amilcar das Wort, obgleich es auf den ersten Blick nicht so scheint. Denn ich für mein Teil bin so überzeugt, daß man in der Konversation von allen möglichen Sachen reden kann, daß ich sogar sagen würde: von allen.

Tatsächlich, fügte Valerie hinzu, man soll nicht glauben, daß es irgend etwas gäbe, das niemals Gegenstand der Konversation werden könnte. Aber es ist ebenso richtig, daß man gewisse Dinge unter gewissen Umständen sagen muß, die bei jeder andern Gelegenheit zu sagen lächerlich wäre.

Also ich, sagte Amithone, muß gestehen, daß ich ganz gern Regeln für die Konversation hätte, so wie es für viele andere Dinge ja auch Regeln gibt.

Die Hauptregel, antwortete Valerie, lautet: Sage niemals etwas, das gegen den Takt verstößt.

Aber, setzte Nicanor hinzu, ich würde gern genauer wissen, wie Ihr Euch die rechte Konversation vorstellt.

Ich finde, nahm sie wieder das Wort, daß die Konversation ganz allgemein öfter von alltäglichen und galanten als von großen Dingen handeln sollte. Aber trotzdem, denke ich, gibt es kein Thema, das in ihr nicht zugelassen wäre. Die Konversation sollte frei und voller Abwechslung sein, der Zeit, dem Ort und den Personen gemäß, mit denen man zusammen ist. Ihr Geheimnis ist: Immer gehoben von niederen Sachen reden, ziemlich einfach von den erhabenen und sehr galant von den galanten, ohne Nachdruck, ohne Künstelei. Obgleich also die Konversation immer gleichermaßen natürlich und vernünftig sein soll, möchte ich doch darauf beharren, daß gelegentlich auch die Wissenschaften Eingang finden können, mit Maßen natürlich; daß auch für gefällige Scherze Platz ist, vorausgesetzt, sie sind angemessen, bescheiden und galant. Um also vernünftig zu reden, kann man ganz offen sagen, daß sich in der Konversation alles sagen läßt, gesetzt, man hat Geist und Takt und bedenkt gut, wo man ist, mit wem man redet und wer man selber ist. Und obwohl der Takt absolut unentbehrlich ist, um niemals etwas Deplaziertes zu sagen, muß die Konversation dennoch so frei aussehen, als ob sie auch nicht den geringsten Gedanken zurückweise, als ob man alles sage, was einem die Phantasie eingibt, ohne irgendeinen Vorsatz, man wolle lieber von der einen Sache reden als von einer andern. Denn niemand ist lächerlicher als jene Leute, die bestimmte Themen haben, über die sie wunder was wissen und die über alles andere nur Dummheiten zu sagen wissen. In diesem Verstande also möchte ich, daß man niemals wisse, was man sagen wird, und trotzdem immer genau weiß, was man sagt. Wenn man nach dieser Regel verfährt, werden auch die Frauen nie zur Unzeit die Gelehrten spielen noch auch die gänzlich Unwissenden, und jeder wird

nur das sagen, was er sagen muß, um die Unterhaltung angenehm zu machen. Aber um sie wirklich sanft und unterhaltsam
werden zu lassen, ist am allermeisten vonnöten ein gewisser
Sinn für Höflichkeit, der alle spitzen Scherze verbietet und auch
alle, die – und sei es auch noch so wenig – wider den Anstand
sind. Und schließlich will ich, daß man die Kunst, die Dinge
von der rechten Seite zu zeigen, so gut beherrsche, daß man
auch der strengsten Frau von der Welt eine Galanterie zu sagen
versteht und den ernsten und feierlichen Leuten eine Bagatelle
gefällig zu erzählen weiß und daß man, wenn nötig, auch zu den
Ignoranten angemessen etwas von Wissenschaft sprechen
könne; kurz und gut, daß man seinen Geist nach den Dingen
richte, über die man spricht, und nach den Leuten, die man
damit unterhalten will. Aber außer alldem, was ich bisher gesagt
habe, möchte ich noch, daß im ganzen eine fröhliche Stimmung
herrsche, nicht die Torheit der ewigen Lacher, die so viel Lärm
um nichts machen, sondern eine Fröhlichkeit, die jedem aus der
Gesellschaft ans Herz gehen soll, eine Disposition, sich mit
allem zu unterhalten und sich bei nichts zu langweilen. Und ich
will, daß man von großen wie von kleinen Dingen rede, vorausgesetzt, die Rede ist gut, und daß man ohne jeglichen Zwang
nur von dem redet, davon eben die Rede sein soll.

Kurz und gut, setzte Amilcar hinzu, um Euch die Mühe zu
ersparen, noch mehr von der Konversation zu sagen: Um deren
Gesetze zu kennen, muß man nur die Eure bewundern und sich
so benehmen wie Ihr, um von aller Welt bewundert zu werden.
Denn ich versichere Euch, daß es mir niemand widerreden
würde, wenn ich bezeugte, daß ich Euch niemals etwas habe
sagen hören, das nicht gefällig, galant und taktvoll gewesen
wäre; und daß niemand als Ihr die Kunst, zu gefallen, zu bezau-
bern und zu unterhalten, so gut verstanden hat wie Ihr.

Ich möchte wohl wünschen, erwiderte sie errötend, daß alles,
was Ihr sagt, wahr wäre und daß ich Euch mehr Glauben schenken könnte als mir selbst. Aber um Euch zu zeigen, daß ich es
nicht kann und daß ich weiß, daß ich oft im Unrecht bin, erkläre ich frei heraus, daß ich wirklich zuviel über diese Sache
gesprochen habe, und, statt alles zu sagen, was ich über die
Konversation zu sagen weiß, hätte ich mich damit begnügen
sollen, von euch allen zu sagen, was Ihr soeben von mir gesagt
habt.

Nach diesem Ausspruch hielten wir uns alle gegenseitig Vale-
ries Bescheidenheit vor und lobten sie so sehr, daß wir beinahe

fürchteten, sie zu erzürnen, und schließlich führten wir eine so galante und fröhliche Konversation, daß es fast bis zum Abend währte, ehe sich diese schöne Gruppe verabschiedete.

> »Aber mit wem soll ich reden? Mit Freun-
> den? Mit diesen redete ich freilich am lieb-
> sten. Ich dürfte ihnen nur ein halbes Wort
> sagen, so verstünden sie mich.«
>
> Friedrich Georg Klopstock

Vorbemerkung

Mit dem 18. Jahrhundert werden die bürgerlichen Gruppen der Kaufleute, Wissenschaftler, Pfarrer und Dichter tonangebend; die berufsunspezifischen höfischen und salonkonversationellen Geselligkeitsvorstellungen verschwinden hinter großen sozial-philosophischen und moralischen Systemen.

Christian Thomasius (1655–1728), ein aufklärerischer Philosoph und Naturrechtler, hielt als erster Professor seine Vorlesungen in deutscher Sprache. Sein *Kurzer Entwurf der politischen Klugheit, sich selbst und anderen in allen menschlichen Gesellschaften zu raten und zu einer gescheiten Conduite zu gelangen* (deutsch 1710), von dem wir Teile aus den Inhaltsverzeichnissen wiedergeben, ist kein Buch über die Politik, sondern eine Art Lebenslehre mit juristischen, konversationellen, ökonomischen und psychologischen Ratschlägen. Die Priorität, die hier das Motiv des Einander- und Sich-selbst-Ratens hat, kann man als bürgerliche Errungenschaft bezeichnen; in ihm kommt die naturrechtliche Auffassung von der Rede als einer auf Konsens gerichteten kommunikativen Interaktion zum Ausdruck. Von Thomasius' übrigen Schriften ist für unsern Zusammenhang besonders erwähnenswert noch der bekannte *Discours, welcher Gestalt man denen Franzosen im gemeinen Leben und Wandel nachahmen solle? Ein Collegium über des Gratians Grundreguln, vernünftig, klug und artig zu leben* (1701), mit dem die Thomasius seine ganz unprofessorale, weltmännische Gesinnung bekundete.

Nikolaus Ludwig Graf Zinzendorf (1700–1760) war der Stifter der pietistischen Sekte der Herrenhuter Brüdergemeinde. Seine *Gedanken vom Reden und Gebrauch der Worte* (1723) veranschaulichen die radikale Reglementierung des gesprächigen Umgangs, wie sie schon der Begründer des sogenannten

Halleschen Pietismus, August Hermann Francke, in seinen *30 Regeln zur Bewahrung des Gewissens und guter Ordnung in der Conversation oder Gesellschaft* (1689) proklamiert hatte. Das wesentliche Kennzeichen dieser Gesprächsregeln ist das Heiterkeitsverbot bei gleichzeitiger Verpflichtung auf das »nützliche« Reden. Zinzendorfs abschreckende Beschreibung eines zu unterdrückenden Lachanfalls gehört in dieselbe Kategorie wie Franckes Ermahnung, daß man im Gespräch bloß nicht furchtsam einen Tadel unterdrücken solle.

Die *Gedanken über die Konversation* von Nicolas Trublet (1697–1770), einem Mitglied der Académie française und Freund von Fontenelle und Montesquieu, erschienen 1735 in seinen *Essais.* Sie bezeugen, was auch das Hauptwerk der französischen Aufklärung, die von Diderot und d'Alembert herausgegebene *Encyclopédie* im Artikel *Conversation* bezeugt: daß und wie das Interesse an der Konversation als einer sozialen kommunikativen Institution erloschen sei. Zwar wiederholt auch Trublet noch die Grundregeln wie: nicht zuviel von sich selber sprechen, höflich sein, gefallen wollen; sein Interesse aber liegt, wie das der zeitgenössischen Philosophen, auf Problemen wie dem der optimalen Verständigung überhaupt, dem der nationalen Unterschiede in der Konversationsbegabung, der Differenz zwischen der Spezialisierung der Schreibenden und der oberflächlichen Vielseitigkeit der Redenden. Damit wird der normative Standpunkt früherer Konversationslehren verlassen und die Deskription des Phänomens begonnen; eine zukunftweisende Entwicklung.

Der große *Essay über die Konversation* (Essay on Conversation) von Henry Fielding (1707–1754) entstand 1742. Während noch Jonathan Swift in seinen *Überlegungen zu einem Essay über die Konversation* (Hints towards an essay on conversation, 1709, erschienen 1738) die mehr oder minder eingebürgerten Anstandsregeln verkündete und in seinem satirischen Sketch *Höfliche Gespräche* (A complete collection of polite and ingenious conversations, 1738) die herrschende Konversationspraxis karikierte, beginnt Fielding offenkundig in der Ambition, eine wirklich bürgerliche Konversationslehre zu schreiben. Mit seiner umständlichen (hier gekürzten) Beschreibung eines Besuchs und den dabei nötigen Benimmvorschriften fällt er dann allerdings auf das Niveau eines della Casa zurück. Bemerkenswert ist immerhin die beißende Kritik an den scheinbar aristokratischen Attitüden wie Stolz, Arroganz, Selbstbewußtsein, die

Fielding unermüdlich geißelt, um umgekehrt dem bürgerlichen Egalitätsdenken sein Recht zu verschaffen.

Mit dem Text von George Washington (1732–1799), dem ersten Präsidenten der Vereinigten Staaten, kommt ein Stück interessanter Traditionsgeschichte zu Wort. Washington übernahm seine *Regeln zur Höflichkeit und zum guten Benehmen in Gesellschaft und Konversation* (Rules of civility and decent behaviour in company and conversation) in sein Maximenbuch *Wahre Glückseligkeit* (True Happiness, 1745) aus der amerikanischen Übersetzung eines französischen Buches, das 1595 erschienen war. Der Inhalt dieser Kompilation, die die Jesuiten von La Flèche für ihre Zöglinge zusammengestellt hatten (Bienséance de la conversation entre les hommes) wiederum geht über weite Strecken auf della Casa und Erasmus zurück. Mit der Übernahme durch Washington hat sich dann an die mehr als zweihundertjährige Geschichte dieser Gesprächsregeln eine noch längere Epoche angeschlossen; noch in einem amerikanischen Etikettenbuch von 1967 sind sie vollständig abgedruckt[1]. Freilich ist die amerikanische Konversationsmoral nicht nur von der Renaissance geprägt; einen mindestens ebenso nachhaltigen Eindruck haben Verhaltensregeln wie die von Benjamin Franklin ausgeübt, der in seinen *Ratschlägen für einen jungen Kaufmann* (Advice to a young tradesman, 1748) eine für die amerikanische Gesellschaft maßgebliche Schicht ansprach und dabei die Einheit von »anständigem« und »kreditwürdigem« Verhalten hervorhob. Es ist dies die Einstellung, die im Laufe des 18. Jahrhunderts jenen englischen Text in Amerika populär gemacht zu haben scheint, der von der zuvor herrschenden protestantisch-puritanischen Moral so streng abgelehnt wurde: die Höflichkeitsmaximen des Lord Chesterfield. Chesterfield schrieb seit 1737 an seinen natürlichen Sohn Philip Stanhope tägliche Erziehungsbriefe zum Thema der guten Manieren, mit denen man in der Welt sein Glück machen könne. Die Briefe erschienen 1774 und wurden schnell berühmt und berüchtigt, wegen der Skrupellosigkeit, mit der Chesterfield zuweilen die glänzenden Manieren einem tugendhaften Verhalten vorzuziehen schien. »Gute Manieren«, schrieb er einmal, »sind das anerkannte Medium des sozialen Verkehrs, wie das Geld das des kaufmännischen; für beides erwartet man ein Entgelt, und sowenig man sein Geld einem Bankrotteur geben wird, sowenig

---

[1] Llewellyn Miller, The Encyclopedia of Etiquette. New York 1967, S. 89ff.

wird man einem Bär gegenüber höflich sein.«² Chesterfields Briefe erlebten im letzten Jahrhundertdrittel in Amerika mehr als dreißig Auflagen, bis er schließlich zu Beginn des 19. als *Der amerikanische* Chesterfield regelrecht adoptiert wurde.

Das Ideal eines *schönen* menschlichen Umgangs scheint in der zweiten Jahrhunderthälfte vor allem bei deutschen Autoren lebendig; wenn auch, wie etwa in der idealistischen Konzeption Schillers, auf problematische Weise ästhetisiert. Georg Friedrich Klopstock (1724–1803) jedenfalls schrieb seine Briefe über den »naiven Umgang« noch als Antithese zum verlogenen, zeremoniell erstarrten Umgang in der »großen Welt«. Sie erschienen 1759 unter dem Titel *Über die Freundschaft* in der Wochenschrift mit dem Titel *Der nordische Aufseher,* womit sich das paradoxe bürgerliche Verhältnis von moralistischer Attitüde und Spontaneitätsbedürfnis unfreiwillig demonstriert.

Die *Unterhaltungen deutscher Ausgewanderten* von Johann Wolfgang Goethe (1749–1832) erschienen zuerst 1795 in Schillers Zeitschrift *Die Horen.* Sie schildern die Flucht einer »edlen Familie« vor der Revolutionsarmee; aber das revolutionäre Klima der Auseinandersetzung reicht bis in die Familie hinein und erzeugt heftige Kontroversen. Vor diesem Hintergrund muß in der Tat die Forderung der Baronin nach Friedlichkeit und gegenseitiger Schonung als äußerste Möglichkeit einer positiven sozialen Affektentfaltung erscheinen. Goethes Idee, die Abendunterhaltung mit Geschichtenerzählen zu bestreiten, stellt aber dennoch eine der genauesten, weil dichterischen Deutung vom Sinn des gesprächigen Umgangs dar: das Geschichtenerzählen angesichts einer existenzbedrohenden Situation ist ein archaisches Märchenmotiv.

² Zit. nach Mason, Gentlefolk in the Making (s. Literaturhinweise, Abschnitt 2), S. 287.

CHRISTIAN THOMASIUS
Von der Klugheit, sich in täglicher Konversation wohl aufzuführen

[...] Was tägliche Konversation sei § 2. Ob es nicht klüger sei, alle Konversation zu vermeiden und wie ein Einsiedler zu leben § 3. Insonderheit, da man auf solchen Fall viel schwere Regeln der Klugheit nicht brauchen würde § 4. Antwort: solch Vorhaben führt auf den Weg der Torheit § 5. Denn die herrschenden Begierden werden durch die Einsamkeit vergrößert und verstärkt § 6. Ein Weiser darf sich der Narren nicht entziehen § 7. Denn durch die Konversation, auch mit Narren, werden die herrschenden Begierden gedämpft § 8. Es ist falsch, daß das Einsiedlerleben uns mit Gott vereinige § 9. Es gibt auch keine eigentlichen Einsiedler, und was man von ihnen schreibt, ist Fabelwerk § 10. Ein kluger Mann kann Konversation nicht entbehren, auch nicht die tägliche Konversation mit Narren § 11. Ob es nicht klüger sei, daß ein weiser Mann sich der Narren entziehe und nur mit weisen Leuten umgehe § 12. Dieser Rat ist sehr töricht § 13, doch darf man ihn nicht verlachen, sondern man muß sich davor fleißig hüten, weil er sehr gefährlich und schädlich ist § 14. Was für Leute solchen Rat zu geben pflegen § 15, doch muß man sich der täglichen Konversation mäßig gebrauchen § 16 und die Einsamkeit nicht gänzlich beiseite setzen § 17. Bei der Konversation selbst muß man die Hauptabsichten vornehmlich beobachten, nämlich andere Menschen kennenzulernen, sich Freunde zu schaffen und der Feinde Anzahl zu vermindern § 18, weshalb man gegen Höhere ehrerbietig, gegen Geringere leutselig und gegen seinesgleichen freundlich § 19, gegen jedermann fröhlich § 20, aber nicht leicht vertraulich sein soll § 21, womit sich zwar Höhere mehr schaden als Geringere § 22. In den Regeln der Klugheit ändern die Maße die Natur der Dinge § 23. Die Regeln der Konversation sind einerlei mit Freunden, Fremden und Unbekannten § 24, mit Manns- und Weibsbildern (außer daß man nicht allzu vertraulich mit Frauenzimmern werden solle.) § 25, mit Toren, Weisen und mittlerer Gattung Personen § 26, und soll man in täglicher Konversation mit Narren sich nicht zu ernsthaft halten § 27. Ja, man soll sich zuweilen nach den Narren richten § 28 und seine Weisheit verbergen, hingegen sich närrisch anstellen § 29, unterweilen muß man auch die noch anklebenden Fehler verbergen und sich weiser stellen, als man ist § 30. Es ist ein großer Unterschied, ob sich ein Kluger oder Arglistiger verstelle; denn jener ist dabei aufrichtig, dieser aber tückisch § 31. Die tägliche Konversation ereignet sich entweder mit vielen oder mit wenigen; die letztere soll kurz und selten § 32, auch zu gehöriger Zeit und Orte geschehen § 33. Ein Politikus soll nicht unverschämt § 34, aber auch nicht allzu schamhaftig sein, noch weniger etwas tun, das ihn beschämen könne § 35. Man soll nichts tun, das einem in der Kompagnie mißfällig sei § 36. Die bisherigen Regeln sind auch bei der Nachbarschaft zu brauchen § 37. Nutzen dieser Regeln in Diskursen bei täglicher Konversation § 38. Ein kluger Mann weiß zu reden und zu schweigen § 39. Er redet mit allen und schweigt, wenn andere reden § 40. Er redet von sich am wenigsten § 41. Das ist: Er prahlt nicht von seinem Tun, verkleinert es aber auch nicht § 42, denn das letztere würde zeigen, daß er sehr gelobt sein wollte § 43. Er redet nicht leicht von Anwesenden; weder, daß er sie loben § 44 noch tadeln und ihnen widersprechen sollte § 45. Von Abwesenden redet er nichts anderes als Gutes; wiewohl diese Regel auch von vermeintlichen Weisen selten in acht genommen wird § 46. In gemeiner Konversation soll man nicht allzu ernsthafte noch possenhafte, sondern indifferente Diskurse führen § 47, ob dieses verwerflich sei und man allzeit von geistlichen Dingen reden müsse § 48. Man soll sich vor Schwören und Schelten hüten § 49. Ein kluger Mann soll den Diskurs von indifferenten Dingen allgemach auf ernsthafte Sachen ziehen § 50. Insonderheit die Kompagnie zu ermuntern und Anlaß zu Diskursen zu geben § 51, doch muß er ernsthafte Reden gleichsam überzuckern, und wenn er etwas tadelt, sich davon nicht ausnehmen § 52, bisweilen auch Scherz und anmutige § 53, nicht aber stachelige Redensarten brauchen § 54, ohne zu seiner Verteidigung § 55. Man muß sehen, wen man vor sich habe § 56 und ob man Scherz auszuteilen und einzunehmen geschickt sei § 57. Dieses läßt sich nicht alles praktizieren, wenn man mit wenigen umgeht § 58. Was vom Reden gesagt worden, ist auch vom Tun und Lassen in Konversation zu merken § 59. Exempel davon § 60, ob man Hunde bei sich haben möge § 61. Nutzen der Konversation zu Erkenntnis anderer Menschen § 62, wozu uns diese Erkenntnis dienen soll § 63. Wie anderer Menschen Geheimnisse in Konversation auszuforschen § 64.

Von der auserlesenen Konversation unter guten Freunden

Was auserlesene Konversation sei § 1. Ein ganz vollkommener Freund ist sowenig zu finden als ein vollkommen weiser Mann § 2. Was Freunde und Feinde eigentlich seien § 3. Notwendigkeit und Nutzen der ausgelesenen Konversation § 4. Sie soll nicht ohne Unterlaß kontinuiert werden § 5. Man soll mit Narren nicht vertraulich leben § 6. Doch kann man sie nicht alle in dieser Konversation vermeiden § 8, sondern hat sich vornehmlich vor Ungerechten zu hüten § 8. Diese Konversation muß immer vollkommener werden § 9. Natürliche Zu- und Abneigung gegen gewisse Personen § 10. Der letzteren soll man in Ausschlagung oder Aufrichtung der Freundschaft mehr folgen als der ersten, und sich in der Wahl eines Freundes nicht übereilen § 11. Allzu große Harmonie des Temperaments kann mehr schaden als nutzen § 12. Daher muß man in der Freundschaft mit Leuten von unterschiedenem Geschlecht behutsam sein § 13. Vornehme Leute brauchen auch Freunde geringeren Standes § 14 und können ihrer noch weniger als die Geringen der Höheren entbehren § 15. Man hat an einem oder wenig Freunden genug § 16. Hohe Personen müssen in Erwählung eines Freundes behutsam sein, weil ihre Feinde sich hinterlistigerweise als Freunde ausgeben § 17. Wie man falsche Freunde erkennen soll § 18. Wer von Schmeichlern betrogen wird, darf es niemandem als sich selbst zuschreiben § 19. Freunde zu finden fällt manchen leicht, manchen schwer § 20. Wer mächtig ist, hat die bequemste Gelegenheit, sich Freunde zu machen § 21. Doch haben es geringe Leute hierin nicht schlimmer, weil sie nicht so viele Feinde haben § 22 und allezeit mächtige Patronen, wenn sie ihrer bedürfen § 23. Doch müssen sie sich nicht merken lassen, daß sie derer Patronen oder die Patronen ihrer nicht entbehren könnten § 24. Man kann auch unter Personen seinesgleichen oder geringern Standes leicht Freunde finden § 25. Warum Gleichheit die beste Freundschaft gebe § 26. Auch kluge Leute sehen in Erwählung ihrer Freunde zugleich auf das Vergnügen § 27 und zuweilen auf den Nutzen allein § 28, zuweilen allein auf das Vergnügen § 29. In Konversation mit guten Freunden soll man nicht lauter ernsthafte § 30, aber auch nicht närrische Dinge traktieren § 31. Konversation mit Spezialfreunden hat mehr Vertraulichkeit als tägliche Konversation § 32. Was Vertraulichkeit sei § 33. Vertraute Freunde sollen voreinander nichts verbergen § 34. Vertraulichkeit ist zweierlei: teils, soferne sie sonderbare Zuversicht mit sich führt, teils, soferne sie ohne Schamhaftigkeit ist § 35. Allzu große Zuversicht ist in vertraulicher Konversation nichts nütze § 36. Noch weniger ist darin alle Schamhaftigkeit beiseite zu setzen § 37. Wie sich ein kluger Mann hierbei zu verhalten § 38. Geringere Personen sollen sich vor Vertraulichkeit mit Höhern hüten § 39, wenn es diese jenen gleich verstatten § 40. Wie man sich dieses in Ansehen des Scherzens zu Nutz machen soll § 41, davon sich Niedere gegen Höhere, ja auch Höhere selbst insonderheit zu enthalten haben § 42. Gegen gute Freunde soll man gleiche Höflichkeit brauchen, daß man unter ihnen nicht Jalousie verursache § 43. Es sei denn, daß einer sich gleicher Höflichkeit unwürdig gemacht § 44. Zuweilen werden unsere Freunde durch eine kleine Kaltsinnigkeit § 45, zuweilen durch größere Höflichkeit zu besserer Aufführung bewogen § 46. Von der Klugheit in Ansehung der Guthaben § 47, wie solche zu suchen § 48 oder nicht zu suchen § 49, desgleichen anzubieten, zu erweisen, zu versprechen und die versprochenen zu leisten seien § 50. Man soll sie nicht allen ohne Unterschied erweisen noch versprechen § 51. Unglückliche Freunde verlassen ist keine wahre Klugheit § 52. Doch soll man mit unglücklichen Leuten nicht leichtlich Freundschaft stiften § 53. Und zeigt man damit an, daß man nicht klug sei, wenn man bei lauter unglückseligen Leuten Freundschaft sucht § 54. Wenn man unglücklichen Freunden helfen will, muß man behutsam sein § 55. Nämlich daß man ihnen Nutzen schaffe, nicht aber sich und ihnen zugleich schade, und kann ihnen öfters mehr geholfen werden, wenn wir unsere Freundschaft nicht merken lassen § 56.

Nikolaus Ludwig Graf Zinzendorf
Gedanken vom Reden und Gebrauch der Worte

Bei den Worten zu bleiben, so sehen wir an den Kindern Gottes, daß sie nichts mehr auch unter sich selbst, da alle Eitelkeit und sündliches Wesen ausgebannt sein sollte, verwirren, zerstreuen, vom inwendigen Leben abführen und sie verderben kann als Worte. Ja, auch viel gute Worte haben oft diesen Zweck und Erfolg, aus keiner andern Ursache, als weil sie damals, entweder der Zeit oder Umständen nach, unnütz waren, ob sie wohl an und für sich selbst und in ihrem rechten Gebrauch sehr gut hätten sein mögen; wie etwa ein Straf- und Ermahnungswort einen schädlichen Erfolg und daher Verantwortung bei Gott nach sich ziehen kann, welches einem besoffenen Menschen oder frechen Spötter zur Unzeit beigebracht würde: Dahin auch Christi Regel geht: IHR SOLLT DAS HEILIG= TUM NICHT DEN HUNDEN GEBEN etc. Weil nun auch bei den Worten, nach ihrer unterschiedlichen Art, ein sehr gewaltiger Unterschied in dem Gemüt sich findet und der Streit des Fleisches und Geistes demselben allemal merklicher und kräftiger ist bei derjenigen Sache, die eben nicht seine Hauptneigung ist – da hingegen diese immer ein Plätzchen findet und gegen die Strafe der Weisheit gerne entschuldigt wird –, so hat der Heiland ein Kennzeichen und Prüfstein für alle Worte hingesetzt, nämlich den Nutzen.

Wo also eine Seele in der festen Überzeugung stünde, ein Wort werde hier wohl anschlagen, und es sonst keine Umstände hat, als daß es aus Mangel an zureichendem Verstand usw. hergeflossen, so ist auch bei dem Herrn keine Verantwortung dabei zu besorgen, wird auch nicht eben eine unwillige Bezeugung des Strafgeistes damit verknüpft sein, sondern der Geist, der der Schwachheit aufhilft, wird es vielmehr zum Besten zu kehren suchen. Und wenn auch einer solchen Seele üble Nachrede, Schimpf, Schmach oder tägliches Leiden daraus entstünden, werden sie ebensowohl zum Gnadenlohn angerechnet als die allerwohlgeratensten Expeditiones und Werke des Lichts. Denn so treu ist die Liebe, daß sie nach dem Herzen und nach der Treue allein richtet, weil sie unseres Dienstes ohnedem nicht bedarf, sondern uns nur darinnen zu prüfen und unsere Liebe, ob sie rechter Art sei, zu erforschen allerlei Arten des Dienstes von uns annimmt und fordert. Sonst aber wird eine Seele bald merken (ich rede von denen, die schon ergriffen sind und in der Wiedergeburt stehen), wenn ein unnützes und vergebliches, ich will nicht sagen, schädliches Wort aus ihrem Munde gegangen.

Ich kann an meinem wenigen Teil, der ich der Geringste aller Kinder Gottes bin, teuer versichern, daß mir nicht leicht etwas solches ohne empfindliche Strafe und Züchtigung in der Seele hingeht. Und eben darum sagt der Heiland: WIR SOLLEN AUS DEN WORTEN GERICHTET WERDEN; es geschieht dieses aber schon hier in der Zeit. Wohl dem, der sich hier selbst richtet und von dem Herrn gezüchtigt wird, auf daß er nicht MIT DER WELT VERDAMMT WERDE.

Soll man nun kein einziges Wort reden, das keinen wahren Nutzen zum Grunde hat; wieviel weniger, welches auch Paulus gar ausdrücklich ausführt, Scherz und Narreteien, welche die armen Seelen für eine liebliche und mit Salz gewürzte Rede anzunehmen verleitet werden. Ich bin hingegen der Meinung, daß die groben Zoten, als offenbare Effektus und Wirkungen des bösen Geistes, so schädlich den Kindern Gottes bei weitem nicht seien als die sogenannten Salien, vernunfts- und sinnreiche Reden. Denn zu geschweigen, daß sie bei dem, der sie redet, die alleredelste Kraft der Rede, welche zum Anbeten und Lobe Gottes gewidmet ist, erschöpfen und mißbrauchen; so schleichen sie sich, ihrer sachten, holdseligen und süßen Art wegen, in die Seele, wie das Büchlein Johannis, süß im Munde und im Bauche grimmen: daß andere, die auch Kinder Gottes sein wollen und sind, ihren Leitstern darüber aus den Augen und das so nötige Seil, oder die Weise des unsträflichen Wandels, aus den Händen verlieren, die sie hernach mit großer Angst wieder suchen müssen. Ich will hierbei nur dieses in Einfalt sagen: Es komme mir mit dem Christentum vor, wie es gemeiniglich vom Heiraten heiße: Wenn die Leute versprochen sind, so soll man sie bald zusammenbringen, denn der Teufel ruhe nicht, allerhand dazwischen zu machen; so ist's mit der Seele, wenn sie in dem Bade der Wiedergeburt Christo zugesagt ist und das tändelhafte, verführerische Bezeigen, dessen man sich ohne Scheu mit kleinen Kindern bedient, ihrem natürlichen Verdorbensein auf die Sprünge geholfen und die Seele von ihrem Bräutigam wieder entfernt hat, so muß sie danach denselben mit Ängsten wieder suchen, es sei denn, daß sie ihn gar wieder aufgeben wollte, welches die meisten tun. [...]

Oh, so laßt es uns für eine Wohltat annehmen und gebrauchen, daß der Heiland vor dem geringsten unnützen Worte warnt. DENN WAS HÜLFE ES DOCH DEM MENSCHEN, WENN ER DIE GANZE WELT GEWÖNNE (das ist mehr, als sich und andern auf ein Viertelstündchen in die Ohren gucken zu lassen, welches die süßeste Frucht der unnützen Worte ist) UND LITTE NUR SCHADEN (nicht völligen Untergang) AN SEINER SEELE. Unmöglich ist es, nicht ohne unnütze Worte bleiben (WER SEINEN MUND UND ZUNGE BEWAHRT, DER BEWAHRT SEINE SEELE VOR ANGST); aber wenn die Liebe des Bräutigams unsre Herzen recht durchdrungen hat, warum wollten wir denn diese Kleinigkeit ihm nicht zuliebe tun und vergebliche Worte meiden? Ja, es ist auch nicht einmal möglich, dieselben zu reden, wo nicht das Herz schon Schaden gelitten hat. Denn wes das Herz voll ist, des geht der Mund über. [...] Ihr also, die ihr lebt, das ist, die ihr mit Christo auferstanden seid, ob ihr auch Schlafende wärt, ist's nicht wahr, was Paulus sagt: DEN GEIST GELÜSTET WIDER DAS FLEISCH UND DAS FLEISCH WIDER DEN GEIST? Das müßt ihr fühlen; nachdem die eine oder die andere Macht empfängt, nachdem wird sie eine neue oder alte Geburt, ein geistliches oder fleischliches Wesen, ein Werk des Glaubens oder des Unglaubens gebären. Fühlst du nun den Streit in dir, so ist dein freier Wille, o Mensch, das Gewicht, welches die Schwere hat und die ganze Bewegung regiert, er ist das Zünglein in der Waage, welches die richtige Gleiche oder das Übergewicht geben kann: Läßt du die ewige Liebe die Waage halten, so wird der Geist oben schweben; führt aber der Feind das Gewicht, so wird das Fleisch die Oberhand haben.

Ich will dir's mit einem Exempel erläutern: Wenn du in einer Gesellschaft wärst, da du viel Freunde hättest, die Materie wäre wie stets veränderlich. Man fiele von einem aufs andere. Man käme wohl auch auf Dinge zu sprechen, die deiner Neigung gemäß, und also von Natur dir angenehm, sonst aber eher schädlich als nützlich wären. Es wird dir ganz bange ums Herz werden; du wirst eine Regung empfinden, zu diesem oder jenem, in deinen Gedanken etwas hinzuzusetzen (ich stelle voraus, du seist in gar stiller und geistlicher Gemütsfassung), du findest nicht nötig, diesem gar sanften und unvermerkten Zuge zu widerstehen. Es ist dir ein Wort von der Rede entfallen, du fragst, was es gewesen sei, man antwortet dir freundlich dies oder das. Du begibst dich wieder in eine Stille von außen, aber inwendig hat die Begehrlichkeit zugenommen, das Herz ist ein wenig heftiger in der Bewegung geworden, die Freundlichkeit oder Aufmerksamkeit deines Angesichts zeigt den andern deine inwendige Beschaffenheit, es verdoppelt der andere, der da redet und dessen Zweck vielleicht ist, seine Sachen wohl anzubringen, die Anmutigkeit seines Vortrags, er wendet sich wohl gar zu dir oder entfernt sich, wie es der Feind am bequemsten findet, deinen Fürwitz zu vergrößern. Ein unglückseliger Augenblick vereitelt dich auf wie lange. Ein Wort voller Anmut, ein Wort voller Vernunft, ein Wort voller menschlicher Weisheit, wohl angebracht, sinnreich, lehrreich, aber seltsam lustig, aufmunternd bewegt die ganze Gesellschaft zum Lachen. Dir unter so vieler Versuchung begegnet dergleichen: Der Feind, der auf niemanden von allen erpicht ist als nur allein auf dich, erfreut sich dessen, gebraucht sich seines Sieges, beunruhigt dein Herz, bringt dein Gemüt etwas in Bestürzung, über dem Lachen wirst du gestraft: Alles dies zusammen benimmt dir inwendig die Kraft und auswendig die Fassung. Es darf leicht ein unnützes Wort das andre geben, du verdoppelst dein Lachen, die Arbeit, die du anwendest, den Ausbruch zu verhüten, macht deinen Ausbruch noch viel gewaltiger als bei den andern, die nur in der natürlichen Fassung stehen. Du willst den Fehler gutmachen, trachtest nach Gelegenheit, durch den Diskurs [das Gespräch] zu fahren, deiner inwendigen Unruhe ein Ziel zu stecken, den auswendigen Menschen zu sammeln, die ganze Sache vielleicht auf etwas Nützliches zu führen. Der Feind, der die Waage diesmal gehalten und das Zünglein auf die Lust gebogen hatte, läßt nicht nach, anzuhalten. Er bringt dir bald einen Gegner daher, der dein gutes Gespräch entweder verhindert oder widerlegt oder doch unnütz macht, du fängst an, dich zu ereifern, dein eigener Geist eifert um die Ehre Gottes. Du willst eine Hüterin der Weinberge abgeben, aber deinen Weinberg, den du hattest, hast du nicht behütet, du gerätst in falsche Bewegungen, unverständigen Eifer, reißt viel ein, baust nichts, die Gegenwärtigen merken es, sie hauen dir hier und da ein und verwunden dich, sie fallen dir in die Schwäche und überwältigen dich, sie entdecken dir deine Blöße und beschämen dich.

Alsdenn, wo dir die Vereitlung deines Gemüts so viel Nachdenken erlaubt, wirst du inne und erkennst, was für Jammer und Herzeleid es bringt, seinen Schatz zu verwahrlosen, und daß, wer seinen Mund und Zunge bewahrt, der bewahrt seine Seele vor Angst. Hast du aber nicht Zeit zum Nachdenken und vervielfältigst dich von außen, so wirst du so gewaltig zerstreut werden, daß du dich selbst nicht mehr kennen wirst. Genug, du wirst nicht so geschwind den verlorenen Groschen finden, als du ihn verzettelt hast. Denke nun an, o Seele! Wer sollte meinen, daß so viele Mühe mit einer einzigen Unvorsichtigkeit zunichte gemacht und das so ängstlich erweckte geistliche Leben so leichtsinnig wieder verdeckt werden dürfte. Es ist aber an dem. Und woher kommt es? Weil der Feind deinen freien Willen beherrscht, weil der Verführer deinen Weg irre gemacht hat und der Freund ihn nicht mit Dornen verzäunen kann: Und hierinnen steckt zugleich die Hilfe. Bitte die ewige Liebe, daß sie deinen Weg umher mit Dornen verzäune, damit, wenn der Feind dich verleiten will, er sich verletze und abweiche, du selbst aber, wenn du deinen Weinberg ja öffnen wolltest dem, der durch den Zaun zu brechen sucht, das ist dem Dieb, ein kräftiges Mal und Zeichen davonträgst, das dich abschrecke und auf deine vorige Hut stelle; will der Freund hinein, so ist er ein Reh, so ist er ein junger Hirsch, er weiß auch die Türe zu finden, die dem Mietling verborgen ist.

Liebe Freunde, ich rede fast als im Rätsel, und ich kann nicht gar zu deutlich reden, denn es ist mir die Lehre von Gott kommen, die's jetzo nicht anders gibt; aber so viel ist deutlich zu sagen: Betet und wachet. BETET, DENN OHNE IHN KÖNNT IHR NICHTS TUN. WACHET, DENN EUER WIDERSACHER, DER TEUFEL, GEHT UMHER WIE EIN BRÜLLENDER LÖWE UND SUCHT, WIE ER EUCH VERSCHLINGE. SEID NÜCHTERN, d. i. sowenig euch der angenehme Geschmack zum Fressen und Saufen verleiten muß, sowenig als ihr um der Gemächlichkeit eures Fleisches willen lebt, sowenig ihr seiner wartet, daß es geil werde, ebensowenig, o Seele, muß dich die süße Rede zum Geschwätz, das Geschwätz zur Zerstreuung, die Zerstreuung zur Eitelkeit führen. Seid nüchtern, o Seele, der Geist ist ein zartes, subtiles und anzügliches Wesen, das Gift der Worte ein penetrantes, durchdringendes, geistliches Gift, das Mark und Bein, so zu reden, zermalmen kann; schmeckt es gut, so ist es desto tödlicher, sieht es wohl aus, so ist es desto verborgener, darum hüte dich. Es ist eine geistliche Geilheit, wenn wir aus dem inwendigen Menschen Gottes, aus dem unverrückten und stillen Geist, uns in die irdischen Worte und kreatürlichen Zerstreuungen ziehen lassen. Es gefällt unserm verderbten Menschen die Speise am besten, die der Seele den Tod bringt, und die ist uns am bittersten, die den Geist heilen kann.

Ob ich gleich weiß, daß es ein ungeheures Meer sein würde, die mancherlei Arten der unnützen Worte zu übersehen und dir abzuzeichnen, so will ich doch mit wenig Worten, o Seele, dir meine Gedanken sagen: Ich finde nicht allein unnütz, was nicht ausdrücklichen Nutzen hat, sondern auch, was außer deinem Beruf geredet wird. Du hast einen doppelten Beruf: Du bist ein Priester des lebendigen Gottes, du bist aber auch ein Pilgrim auf dieser Welt. Was deine Hütte und die damit unumgänglich verknüpften Geschäfte zu reden erfordern, mußt du nicht für unnütz oder zerstreuend halten, sonst triffst du ferne vom Ziel! Diese Bewahrung deines Herzens ist dir nicht befohlen, und es kann sich gar leicht ein Hochmut darunter verstecken, wenn du die Niedrigkeit und Armseligkeit deines natürlichen Lebens der Rede und der Bemühung deiner Lippen nicht wert hältst. Erniedrige dich immer mit Christo, der auch die Zollgerechtigkeit besorgte, und wenn du der äußerlichen Arbeit, in die dich Gott gesetzt hat, nicht entlaufen darfst, ob du auch den Vater preist, wenn er dir Ruhe dabei gönnt, so kannst du doch, o Seele, nicht zürnen, wenn du der Notdurft deines Lebens oder deines Nächsten Bedürfnis ein Wörtlein vergönnen mußt. Das beziehe dir selbst auf alle zu deinem äußern (nur erst rechtmäßigen) Beruf gehörigen Dinge. Du bist aber nicht allein ein Pilgrim, sondern auch ein Bürger und Hausgenosse Gottes, so mußt du denn freilich hauptsächlich von Dingen reden, die dahin gehören, und das sind am wenigsten unnütze Worte.

Wenn du aus der lebendigen Erfahrung von Gott und Christo redest und sein Kreuz predigst (je höher du bist, je mehr bist du verbunden, ihn zu bekennen), brauche dabei der einigen Regel Christi: IHR SOLLT DAS HEILIGTUM NICHT DEN HUNDEN GEBEN, UND EURE PERLEN SOLLT IHR NICHT VOR DIE SÄUE WERFEN, AUF DASS SIE DIESELBIGEN NICHT ZERTRETEN MIT IHREN FÜSSEN UND SICH WENDEN UND EUCH ZERREISSEN, Matth. 7,6, so redest du klüglich. Brauche die Regel des Apostels: WAS WIR GESEHEN UND GEHÖRT HABEN, DAS VERKÜNDIGEN WIR EUCH, I. Joh. 1,3, (welches Sehen und Hören nur im Glauben geschehen darf, nach Christi Wort: SELIG SIND, DIE NICHT SEHEN UND DOCH GLAUBEN, Joh. 20,29), so redest du kräftig und eindringend. Brauche der Regel Davids: ICH HABE GEGLAUBT, DARUM HABE ICH AUCH GEREDET, Ps. 116, so redest du aufrichtig und nützlich. Siehst du nun, daß die nützlichen Worte von deinem doppelten Beruf und dem in der Schrift gegründeten Triebe des Geistes herkommen; so siehe da, was unnütze Worte seien, nämlich, die ohne Beruf von innen oder außen geredet werden. Diese sind unbedachtsam oder unzeitig oder schädlich oder bringen Reue mit, oder sie haben sonst ein Kennzeichen mit oder um sich, daran sie von jenen zu unterscheiden sind, sind oft beisammen, bald verschieden anzutreffen.

Willst du ein Exempel wissen? Aller Diskurs von deines Nächsten Beschaffenheit, Tun und Lassen, sonderlich von der Obrigkeit, dem Lehrstande, den weltlichen Zeichen der Zeit, wie dieselben auch unter Kindern Zions sich eingeschlichen haben (die Wetter- und Windgespräche und andere müßige und langweilige Unterhaltungen jetzo nicht mitgerechnet): alle diese sind an und für sich selbst unnütz. Denn was gehen mich die draußen an, daß ich sie sollte richten? Sie werden dann erst nützlich gemacht, insoferne sie in eine von deinen jetzt erzählten Vokationen oder Beruf notwendig einfließen. Ich will dir sagen, was sie anzeigen; ich will dir auch sagen, was sie schaden. Sie zeigen an, daß du die Materie von Christi Liebe, von Gottes Güte, von den Gaben des Geistes, von dem inneren Zustande der Seelen und überhaupt von den täglichen Wundern Gottes in und außer dir müßtest erschöpft haben, daß du nun in den kreatürlichen Dingen und in der weiteren Entfernung von Gott deine Unterhaltung suchst; sie zeigen an, daß dein Gemüt entweder in wirklicher Zerstreuung stehe oder im Begriff sei, sich dahin zu verlieren, sie schaden dir ganz gewiß; du verlierst entweder selbst, was du erarbeitet hast, oder du bringst einen andern drum, oder du betrübst doch den Heiligen Geist, den Geist der Gewißheit.

Die Menschen sind nur durch das wechselseitige Mitteilen ihrer Gedanken miteinander gesellig. Das Medium dieser Mitteilung ist die Rede, unendlich variierbar durch den Gesichtsausdruck, die Gestik, die verschiedenen Stimmlagen. Kein anderes Medium wäre so bequem und so anwendbar. Ich rede, und augenblicklich teilen sich meine Ideen und Empfindungen dem, der mir zuhört, mit; meine ganze Seele geht sozusagen in die seine über.

Dieses Mitteilen meiner Gedanken verursacht in ihm wiederum neue, die er mir seinerseits mitteilt. Das ist eines unserer lebhaftesten Vergnügen, dadurch erweitern sich unsere Kenntnisse, dieser gegenseitige Handel ist die Hauptquelle unseres geistigen Reichtums.

Es ist richtig, daß wir uns mit Abwesenden schriftlich unterhalten, was uns zudem die Gedanken der Gestorbenen erhalten hat. Aber die Kunst des Schreibens, so wie wir sie haben, setzt die Fähigkeit zu reden voraus; ihr verdankt sie ihre Entstehung. Nicht die Schrift ist das unmittelbare Zeichen unserer Gedanken, sondern Wörter, die sie ausdrücken. So geistvoll auch immer ein Taubstummer wäre und so geschickt man ihn auch unterrichtete, man könnte ihm mit der Schrift nur einen kleinen Teil jener Gedanken vermitteln, die wir uns so einfach mit der Rede mitteilen. Umso mehr wäre die Kunst des Schreibens, die die Taubstummen ohne Frage unter sich einführen könnten, sehr unvollkommen.

Alle anderen Mittel, deren man sich anstelle der Rede hätte bedienen können, wie die Gestik und die anderen äußerlichen Kundgebungen, schließen sich in der Rede zusammen, sie schließt keine aus, sie stützt sich sozusagen auf alle, und dennoch kann sie nicht alle unsere Bedürfnisse befriedigen. Es gibt keine Sprache, die nicht sehr unvollkommen wäre; man merkt es tagtäglich, und die besten Köpfe sind die, die es am meisten merken. Ihr Geschick im Umgang mit der Sprache, in der sie sich ausdrücken wollen, und ihre Beweglichkeit wiegen diese Unvollkommenheit keineswegs auf. Sie können nicht alles, was sie denken, genauso ausdrücken, wie sie es denken; sie können mit der Rede kein getreues Bild ihrer Gedanken zeichnen, und manchmal geben sie sie dann auf, eben weil sie sie nicht nach ihrem Gutdünken wiedergeben können. Bei tausend Gelegenheiten in der Konversation errät man sich eher, als daß man sich verstünde. Die Intelligenz des Hörers ergänzt die Unvollkommenheit des Gesagten; und weil man zu ihm spricht, beurteilt er, was man ihm sagen *will*, auch wenn man es ihm nicht immer genau sagt.

Aber das, was man Intelligenz, Scharfsinn nennt, hilft uns oft weniger, in die Gedanken des andern einzudringen, als vielmehr eine gewisse Übereinstimmung des Geistes, des Charakters, des Geschmacks. Personen, die die Natur dergestalt ähnlich gemacht hat oder die wenigstens für den Augenblick derselben Meinung sind, dasselbe empfinden, verstehen sich mit halben Worten. Zwei Leute, die beide sehr viel Geist haben, aber ganz verschieden zu denken pflegen, werden es oft schwer haben, einander zu verstehen. [...]

Man muß zwischen zwei Arten von Konversation unterscheiden. Die eine ist in sich geschlossen und folgt einem einzigen Thema; bei der andern spricht man nacheinander über verschiedene Themen, je nachdem, wie es der Zufall gerade will. Dies ist die gewöhnlichste, der französischen Eigenart gemäßeste.

Die erstere war immerhin in der Mitte des vorigen Jahrhunderts Mode. Damals war das Spiel noch nicht so verbreitet wie heute; man widmete ihm weniger Zeit und der Konversation dafür mehr. Der Geschmack hatte sich damals noch nicht so vervollkommnet wie in der Zeit seitdem, dafür war man damals lebhafter an geistigen Dingen interessiert als heute, und ohne sich eigentlich so gut darin auszukennen, liebte man diese Dinge mehr. Die Kenntnis der schönen Literatur war ein Teil der Bildung des Mannes von Welt, und so wechselnd und sonderbar sind die Gebräuche, daß man sich damals mit keiner Unwissenheit eine Blöße geben durfte.

Jeder hat von den berühmten Konversationen, oder besser: Disputen im Hôtel de Rambouillet reden hören. Man sagt, daß sie gleichermaßen unterhaltsam und lehrreich waren. Aber alles hat seine Nachteile, und da man viel Geist haben mußte, um seine Rolle in diesen Konversationen gut zu spielen, und weil der Geistreichste siegte, mußte, wer da glänzen und Zierde des Geistes zeigen wollte, fürchten, affektiert und pedantisch zu werden. Tatsächlich sagt man, daß diese Konversationen die Sekte der lächerlich preziösen und gelehrten Frauen gebildet und Molière zu seinen Stücken angeregt hätten; den einzigen vielleicht, von denen man mit Recht sagen könnte, daß sie die Welt korrigiert haben. Aber sie haben sie nur allzusehr korrigiert; und um das Lächerliche zu vermeiden, das Molière, wenn auch ein wenig übertrieben, so gut getroffen hat, hat man sich in das entgegengesetzte Extrem gestürzt, was unendlich viel mehr zu tadeln ist. Jetzt gibt man sich grob und dumm, aus Angst, für preziös und für einen unechten Schöngeist gehalten zu werden.

Mit Ausnahme einiger Komplimente und schlagfertiger Erwiderungen kann man alles, was in der Konversation gesagt wird, auf zwei Hauptpunkte bringen: aufs Erzählen und Räsonnieren. Man räsonniert über Geschäfte, über Wissenschaften, über die Mittel, wie man irgend etwas erreichen kann. Man erzählt Neuigkeiten, man berichtet Abenteuer, die einem selbst oder einem anderen zugestoßen sind, man trägt etwas aus der Geschichte vor. Diese beiden Weisen des Konversierens mischen sich und wechseln einander ab; man räsonniert über ein Stück Geschichte, über eine Neuigkeit, und man stützt eine Überlegung auf ein Stück Geschichte, auf ein Exempel.

Zweifellos wird man mir sagen, daß man doch ganz selten in der Konversation räsonniere. Aber wenn ich sage: räsonnieren, meine ich damit nicht eine wohlverknüpfte und folgerecht angeordnete Gruppe von Überlegungen; dazu sind wenig Leute überhaupt fähig, und wenig Leute hören dabei gerne zu. Folglich paßt so ein Räsonnieren schlecht in die Konversation, in der man sich doch nur vergnügen will. Das hindert aber nicht, daß die gewöhnlichsten Konversationen voller kurzer, oberflächlicher Überlegungen stecken, unverknüpft zwar, aber deshalb immer noch echte Überlegungen.

Die erste Regel der Konversation ist, die Gesetze der Höflichkeit zu beachten; seien es jene, die man die natürlichen nennen könnte und die deshalb allen Nationen eigen sind, seien es jene, die einem eingebürgerten Gebrauch entsprechen und nur in dem Lande gelten, in dem man lebt. Das ist die unentbehrlichste Regel von allen; folgt man den anderen nicht, so mißfällt man vielleicht, folgt man dieser nicht, so beleidigt man. [...]

Der Fehler, viel von sich selbst zu reden, den man nicht einmal den geistvollsten Leuten nachsieht, setzt gewöhnlich große Geistlosigkeit voraus. Auch ist es selten, daß man von sich selbst wirklich aufrichtig redet, weil man aus Eigenliebe spricht, das vergrößert noch die Langeweile, die solche Reden verursachen. Einem Menschen, der sowohl durch seine menschlichen wie seine geistigen Qualitäten schätzenswert ist, höre ich mit großem Vergnügen zu, wenn er natürlich und aufrichtig von sich redet; mir scheint, daß man in einer solchen Unterhaltung recht gewinnen kann. Eine Seele von Rang, die sich in ihrer Blöße zeigt, ist ein Anblick, der gleichermaßen schön und lehrreich ist.

Einige Autoren haben Montaigne getadelt, weil er sogar in seinen *Essais* zuviel von sich selbst gesprochen habe, und sie haben in der Weise recht, daß es gewisse Dinge gibt, die man von sich nicht vor andern sagen kann, ohne sie zu gefährden, wie auch immer man sie sagt. [...] Montaigne hat den Menschen dargestellt und erforscht, indem er sich selbst dargestellt und erforscht hat, und es ist in der Tat eine gute Art, den Menschen dergestalt zu erforschen, und ein gutes Mittel, ihn wahr darzustellen. Sich selbst in ein Buch zu bringen, das andere Dinge zum Gegenstand hat, ist nicht gut; aber man kann wie Montaigne sich selbst zum Gegenstand eines Buches machen und die andern Dinge bei sich selbst anbringen.

Wenn Montaigne in der Konversation soviel von sich geredet hätte wie in den *Essais*, so mag das wohl schockiert haben; aber in dieser Hinsicht gibt es einen großen Unterschied zwischen einer Konversation und einem Buch; man kann mit Vergnügen lesen, was zu hören schockiert hätte. Dem Leser macht es wenig, ob die Eitelkeit den Autor zum Reden gebracht hat, vorausgesetzt, daß er nicht lügt; besonders aber, wenn dieser Autor schon längst tot ist. Es ist die zeitgenössische Eitelkeit, wenn ich so sagen darf, die Eitelkeit, die unter uns lebt, die uns empört und erniedrigt; über eine Eitelkeit, mit der die meine nichts zu schaffen hat, lache ich. Es wäre zu wünschen, daß viele große Leute, die schöne Werke geschrieben haben, uns so wie Montaigne aufrichtige Memoiren hinterlassen hätten, ein getreues Bild ihres Geistes und ihres Herzens. [...]

In den Romanen der Mademoiselle de Scudéry haben wir ein Modell jener gelehrten und geistreichen Konversationen, wie sie im Hôtel de Rambouillet gehalten wurden. Man wird mir vielleicht sagen, daß sie nicht eben eine großartige Vorstellung davon vermitteln, und ich muß wirklich zugeben, daß die Konversationen in diesen Romanen den meisten Leuten langweilig vorkommen und daß sie viel dazu beigetragen haben, daß man an diesen Romanen überhaupt die Lust verliert. Dabei gibt es ein paar sehr schöne darunter; nur sind sie in einem Roman schlecht angebracht, wo der Leser Ereignisse erwartet und keine Vorträge. Sie unterbrechen manchmal die Erzählung, wenn sie am interessantesten ist, und schieben eine Auflösung hinaus, die man ungeduldig erwartete. In der Neugier, die mich treibt, das Ende einer Geschichte zu erfahren, finde ich schon die Erzählung selbst zu lang, und dann werden auch noch Abschweifungen angebracht. Ich brenne darauf, zu wissen, was aus den Personen wird; statt dessen berichtet man mir ihre Empfindungen über die Liebe und die Galanterie. All das kann sehr fein und klug gedacht sein, aber ich will etwas anderes. Man befriedige doch die Neugier, die man erregt hat; die Längen und die Unterbrechungen lassen mich verschmachten; oder genauer: Die Enttäuschung übermannt mich, und ich lasse das Buch, in dem nichts zu Ende kommt.

Außerdem reden hier fünf oder sechs Personen auf einmal; das wäre nur in der Realität, in einem Zimmer lebendiger, abwechslungsreicher und folglich vergnüglicher. Aber in einem Buch, in einem Dialog, können soviel verschiedene Gesprächspartner nur Verwirrung stiften, ich kann die Personen nicht recht auseinanderhalten, ich merke an ihren Charakteren nicht genug Unterschiede, ich merke keinen Grund, warum die eine Person eher dies und die andere eher eine andere Sache sagen soll, und so genieße ich das wahre Vergnügen eines Dialogs eben überhaupt nicht, ich habe nicht das Gefühl, einer Konversation zuzuhören. [...]

Wir haben von Mademoiselle de Scudéry noch einige Bände mit Konversationen über verschiedene Themen der Moral. Eine so feine und leichte Feder wie die ihre war zu dieser Gattung sehr geeignet; auch wurden die *Konversationen* bei ihrem Erscheinen sehr geschätzt. Dennoch liest man sie heute nicht mehr; und der Vergessenheit anheimgefallen sind sie hauptsächlich deshalb, weil sie eine Sache imitieren, die nicht mehr existiert und an der wir den Geschmack verloren haben.

Den Menschen stellt man sich im allgemeinen vor als ein zur
Geselligkeit geschaffenes und nur in Gesellschaft glückliches
Tier: Nur in diesem Zustande, so sagt man, können seine verschiedenen Begabungen genutzt, seine zahllosen Bedürfnisse
befriedigt, die ihm drohenden Gefahren vermieden und viele
der Freuden, die er eifrig sucht, genossen werden. Wenn diese
Behauptungen, wie ich finde, unbezweifelbar und offenkundig
richtig sind, so können wir bei den wenigen, die die Vorstellung
vom Menschen als einem geselligen Tier geleugnet haben, nur
zweierlei Urteile über ihre Lebensart fällen. Entweder, daß es
nämlich zum einen Leute gibt, die in der Verneinung so kühn
sind wie andere in der Bejahung – und wie Cicero sagt, gibt es
keine Ungereimtheit, die nicht irgendein Philosoph bejaht
hätte, so können wir auch sagen, daß es wohl keine noch so
leuchtende Wahrheit gibt, die nicht irgend jemand verneint
hätte. Oder zweitens: daß diese Gegner der Geselligkeit all ihr
Wissen darüber von ihrer eigenen wilden Gemütsbeschaffenheit
hernehmen und in Tat und Wahrheit selbst die einzigen Ausnahmen der obigen allgemeinen Regel sind.

Aber überlassen wir solche Personen den Leuten, die sie einer
Antwort für würdiger gehalten haben. Schließlich gibt es andere, die so offenbar stolz auf ihre gesellige Natur sind, daß sie
diese am liebsten ausschließlich ihrer eigenen Gattung zubilli-
gen möchten; wobei sie die zahmeren und sanfteren, die Rudel-
und Herdentiere der Schöpfung von all den Wohltaten der Geselligkeit fernhalten, um diese als den einen erhabenen Unterschied zwischen Mensch und Tier aufzustellen.

Sollen wir dies: daß man der Natur der Tiere alle Geselligkeit
abspricht, was zudem der alltäglichen Beobachtung widerspricht, für ebenso kühn halten wie: es für die Natur des Menschen zu leugnen? Oder sollten wir nicht, gerechter, den Irrtum
einem falschen Verständnis des Wortes »Geselligkeit« zuschreiben, das man in einem zu engen und zu spezifischen Sinne
genommen hat? Mit einem Wort: Meinen nicht diejenigen, die
den Tieren jegliche Geselligkeit absprechen, mit diesem Wort
eigentlich Konversation?

Nun, wenn wir sie in diesem Sinne – und ich glaube mit

gutem Grund – verstehen, dann allerdings scheint mir jene Unterscheidung wahrhaft gerechtfertigt; denn obgleich andere Tiere nicht ohne jegliche Geselligkeit leben, scheint dieser edle Zweig unter allen Bewohnern dieser Erde einzig dem Menschen vorbehalten; die begrenzte Fähigkeit, einander die wenigen Ideen von Lust oder Furcht oder Ärger mitzuteilen, wie wir sie bei Tieren beobachten können, sind unendlich weit von dem entfernt, was gewöhnlich unter Konversation verstanden wird, was man vom Wortursprung selbst, dem einzigen genauen Weg zur Erkenntnis, ableiten kann. Der ursprüngliche Sinn dieses Wortes meint, soviel ich verstehe: *etwas zusammen herumdrehen,* und in einem weiteren Sinne meinen wir damit jenen gegenseitigen Austausch von Vorstellungen, wodurch die Wahrheit untersucht, die Dinge sozusagen *herumgedreht* und gesichtet werden und wodurch wir uns all unser Wissen gegenseitig mitteilen.

In dieser Hinsicht, denke ich, ist der Mensch vor allen andern irdischen Kreaturen unterschieden und erhaben: Während er manchen an Kraft, andern an Schnelligkeit nachsteht und weder Hörner noch Krallen, noch Hauer hat, um sie anzugreifen oder sich gar gegen sie zu verteidigen, hat ihn dieser Vorzug zu ihrer aller Meister gemacht. Denn wirklich sind die Menschen in anderer Hinsicht, soviel sie sich auch auf ihre Fähigkeiten einbilden mögen, ihren tierischen Nachbarn weit unterlegen. Wie neidisch muß nicht ein Schlemmer ein Schwein oder selbst ein weniger gefräßiges Tier betrachten! Und wie verächtlich müssen nicht die Talente anderer Genießer erscheinen, wenn man sie womöglich mit manchen der niedrigsten und gemeinsten Tiere vergleicht. Aber mit der Konversation steht der Mensch allein da, jedenfalls in diesem Teil der Schöpfung: Bei seinem ersten Aufbruch läßt er alle andern zurück, und je mehr er fortschreitet, desto größer wird die Entfernung zwischen ihnen.

Es gibt dreierlei Weisen von Konversation. Die Menschen, sagt man, unterhalten sich mit Gott, mit sich selbst und miteinander. Über die beiden ersten Weisen ist so ausführlich und edel von andern gesprochen worden, daß ich sie im Augenblick übergehen und in diesem Essay nur über die dritte reden möchte: weil es mir so erstaunlich vorkommt, daß dieses erhabene Geschäft in unserm Leben, diese teils nützliche, teils angenehme Grundlegung aller Dinge, nur so beiläufig behandelt worden ist. Während es kaum irgendeinen Beruf oder irgendein Handwerk in unserem Leben gibt, es sei so niedrig und verächlich, wie es wolle, das nicht reichlich mit rechten Regeln versehen worden wäre, wie man darin zur Vollkommenheit gelangen könne, hat man die Menschen fast gänzlich im Dunkeln und ohne das geringste Licht am Wege oder ohne Weisungen gelassen, um sie zum rechten Gebrauch jener Talente anzuleiten, die der edelste Vorzug der menschlichen Natur sind und die gesamte vernünftige Glückseligkeit hervorbringen. Dies ist um so erstaunlicher, als diese Fähigkeit alles andere als selbsterworben ist, und was die Unwissenden und einfachen Leute davon besitzen, wird so schlecht verwendet, daß es sie nur sehr wenig über jene Tiere erhebt, die dessen ganz entbehren.

Da die Konversation der Geselligkeit zugehört, folgt daraus, daß sie keinem gemäß sein kann, der nicht von Natur gesellig ist. Nun ist aber Geselligkeit nur solchen Geschöpfen angenehm, die einander ungefährlich sind, weshalb wir sie in der Natur auch nur von solchen Tieren gepflegt finden; während die gefährlicheren sich von selbst der Einsamkeit ergeben und die Gesellschaft von ihresgleichen soviel wie möglich meiden, außer wenn sie die Sinnlichkeit treibt oder jener notwendige Instinkt, der ihnen von der Natur eingepflanzt wurde, ihre Jungen zu ernähren. Wenn man also menschliche Individuen finden sollte, die so wild wären, so müßte man sagen, daß sie nicht zur Geselligkeit und folglich auch nicht zur Konversation geeignet seien: Auch würde keine Ungelegenheit solche Ausnahmen zulassen, denn die allgemeine Regel, daß der Mensch ein geselliges Tier sei, würde dadurch in keiner Weise widerlegt – besonders, wenn sich herausstellt (wie es mein Freund, der Autor von der *Untersuchung über das Glück* [James Harris] hinreichend und bewunderungswürdig bewiesen hat), daß diese Menschen in einem beständigen Gegensatz zu ihrer eigenen Natur leben und nicht geringere Ungeheuer sind als die ungeheuerlichsten Mißgeburten.

Wenn die Gesellschaft es also fordert, daß ihre Mitglieder einander ungefährlich seien, so entsprechen sie demgemäß ihrer geselligen Natur und deren Einrichtungen um so vollkommener, je nützlicher und wohltätiger sie einander sind: Denn alle Geschöpfe suchen ihr eigenes Glück, und Geselligkeit ist daher jedem natürlich, ist sie doch der natürliche Quell all dieser Glückseligkeit. Ein Tier gesellig machen heißt es ungefährlich machen; wie man zum Beispiel bei jenen sehen kann, deren angeborene Wildheit der Mensch zähmen kann. Und so sollte der Leser einen doppelten Unterschied beachten: Von den wilderen Tieren nämlich unterscheidet sich der Mensch durch die Geselligkeit und von den geselligen durch die Konversation.

Aber wenn nun die Menschen bloß friedlich miteinander wären, so wären Geselligkeit und Konversation doch wohl bloß gleichgültig. Damit das Dasein für ein empfindendes Wesen überhaupt begehrenswert sei, müssen wir weiter gehen und uns davon etwas positiv Gutes versprechen können; und das wiederum setzt nicht nur das Negative, das Nicht-verletzt-Werden voraus, sondern eben das Positive: die Möglichkeit, etwas Gutes, eine Gefälligkeit oder einen Vorteil voneinander zu empfangen, etwas, das wir in einem ungeselligen und einsamen Zustande nicht finden könnten: sonst allerdings könnten wir mit dem hochehrwürdigen Dichter ausrufen:

Und gib uns unsere Wildnis und unsere Wälder und unsere Hütten und Höhlen zurück. [John Sheffield, *Julius Caesar*]

Die Kunst der Konversation ist daher die Kunst, einander zu gefallen oder wohlzutun. Es ist dieser Brauch, der der Konversation ihren ganzen Wert gibt. Und weil der Mensch ein geselliges Tier ist (ein Satz, dessen Wahrheit unbestreitbar bewiesen worden ist von dem unübertrefflichen Autor der *Untersuchung*, den ich oben zitiert habe), so setzt dies ein natürliches Begehren danach oder Neigung dazu voraus, woraus wiederum folgt, daß wir dieses wahrhaft erstrebenswerte Ziel nur aus Unkenntnis der Mittel verfehlen können. Und wie allgemein diese Unkenntnis ist, kann mit einiger Wahrscheinlichkeit schon allein daraus geschlossen werden, daß uns sogar ein Wort fehlt, diese Kunst zu bezeichnen. Denn was ihr am nächsten kommt und womit wir sie vielleicht auch manchmal zu bezeichnen meinen, ist so abscheulich und barbarisch verdorben worden, daß es gegenwärtig jedenfalls kaum noch einen einfachen Bestandteil von dem enthält, was es ursprünglich hat ausdrücken sollen.

Das Wort, welches ich meine, heißt *Gute Manieren;* ein Wort, das nach meiner Meinung ursprünglich nicht auf Äußerliches, ganz zu schweigen von irgendeinem besonderen Aufzug oder einer Körperhaltung, beschränkt war. Ebensowenig drückte es Eigenschaften aus, die man bei einem Modehändler, einem Schneider oder einem Perückenmacher zu suchen hätte; selbst nicht bei einem Tanzmeister. So wie ich dieses Wort verstehe, würde ich nicht zögern, Sokrates einen *Mann von guten Manieren* zu nennen, obwohl ich glaube, daß er sehr wenig von solchen Leuten, wie den oben erwähnten, gelernt hat. Kurz, unter *Guten Manieren* (ohne auf den verderbten, ganz andern Sinn des Wortes zu achten) verstehe ich die Kunst, zu gefallen oder soviel wie möglich zur Ungezwungenheit und zum Glück derer beizutragen, mit denen man sich unterhält. Ich werde also über diesen Punkt nicht länger disputieren: Denn wenn meinem Leser der Sinn, in welchem ich das Wort gebrauche, klar ist, wird es nicht sehr wichtig sein, ob ich betreffs der ursprünglichen Wortbedeutung recht oder unrecht habe.

Gute Manieren also oder *Die Kunst, in der Konversation zu gefallen* drücken sich zweifach aus, nämlich in unsern Taten und in unsern Worten; und wie wir uns in beidem betragen sollen, kann man auf die kurze, allumfassende Regel aus der Bibel bringen: *Was du nicht willst, das man dir tu, das füg auch keinem andern zu.* Und wahrhaftig: So kurz auch diese Regel ist und so einfach sie auch scheint – sind nicht alle Abhandlungen über die Ethik Kommentare dazu? Und jeder, der im Buch der Natur gut belesen ist und die Handlungen der Menschen genau beobachtet hat, wird so wenige für fähig halten, ihre eigene Glückseligkeit recht zu beurteilen oder zu befördern, daß er schließen wird: Es gehört viel Aufmerksamkeit dazu (und zwar mehr als gewöhnlich), damit ein Mensch wirklich weiß, *was man ihm tun solle,* oder wenigstens, was er am besten *getan hätte.* Wenn sich die Menschen daher aus Schwäche oder Unaufmerksamkeit häufig in ihren Vorstellungen irren, was ihrem eigenen Glück dienlich wäre, so nimmt es nicht wunder, wenn sie auch nichts zu dem der anderen beizutragen wissen. Und so können wir, ohne ein allzu gestrenges Urteil über ihre Absichten zu fällen, die häufigen Vergehen gegen die wahren *Guten Manieren* erklären, für die uns die tägliche Erfahrung Beispiele gibt.

Übrigens haben die Kommentatoren das oben erwähnte göttliche Gesetz vorzüglich erläutert; es bedeutet nämlich: *füg du den andern zu, was* – wenn sie in deinen Umständen und du in den ihren wärst – *du willst, das man dir tu.* Und wie man diesen Kommentar in der Ethik notwendig beachten muß, so ist es auch für unsere Kunst besonders nützlich, wo man immer den Rang der Personen bedenken muß, wie wir später noch ausführlicher explizieren werden.

Wir sehen also, daß ein Mensch, der zu dieser goldenen Regel wohl begabt ist, ohne Vorsichtsmaßregeln möglicherweise in der Praxis irren kann; ja selbst auch die Gutartigkeit, also eben die Geisteshaltung, der wir die wahren *Guten Manieren* recht eigentlich verdanken und die ihnen so sehr gleicht, daß man sie mit immerhin einem Anschein von Richtigkeit eine *künstliche Gutartigkeit* genannt hat. Diese vortreffliche Eigenschaft nämlich läßt uns manchmal übers Ziel hinausschießen und zeigt die Wahrheit jener Verse vom Horaz:

> Lasse der Weise sich nur einen Narren nennen
> und der Gerechte ungerecht,
> wenn er aus Tugend maßlos wird. [Epist. I.6. 15–16]

Beispiele dafür werden sich ganz natürlich ergeben, wenn wir die Abweichungen von jenen Regeln betrachten, die wir jetzt aufstellen wollen.

Weil diese *Guten Manieren* die Kunst, zu gefallen, sind, müssen wir zuerst – und zwar mit äußerster Vorsicht – vermeiden, irgend jemanden, mit dem wir uns unterhalten, zu verletzen oder irgend zu beleidigen. Und auf gar keinerlei Art sollten wir die Person aus Unverschämtheit mißachten oder abschätzig behandeln, denn Unverschämtheit ist der schwerste Angriff auf den menschlichen Stolz, von dem Florus eine rechte Meinung zu haben scheint, wenn er vom zweiten Tarquinius sagt:

> Er trat alle mit Unverschämtheit nieder, was den Guten
> schwerer trifft als selbst Grausamkeit. [Horaz, Epitomae
> I.i.7,4]

Wenn es irgendeine menschliche Laune gibt, die den Menschen mehr als alle andern untauglich zur Geselligkeit macht, so ist es diese Unverschämtheit oder dieser Hochmut, die den Menschen blind gegen die eigenen Fehler machen, ihm aber einen Falkenblick für die der andern verleiht, die in ihm jene Verachtung für seine Gattung erregt, die die Wangen rot, das Haupt hochgereckt und den Gang steif werden läßt, wie bei jenen einherstolzierenden Kreaturen, die manchmal bloß in die Versammlungen kommen, um in ihrem Benehmen und ihrem Gehabe zu zeigen, wie sehr sie die andern verachten. Obwohl es für einen wirklich großen und philosophischen Geist nicht leicht etwas Lächerlicheres gibt als so eine Marionette, schadet sie doch den andern. Denn Verachtung ist eine mörderische Waffe, und zwischen dem Stärksten und dem Schwächsten gibt es bei einem Angriff nur einen einzigen Unterschied: Um den ersten zu verletzen, muß die Verachtung rechtens sein, dagegen dort, wo Schutz und Schild von Weisheit und Philosophie fehlen – und Gott weiß, bei wie vielen sie fehlen –, ist keine Gerechtigkeit nötig, um zu verwunden; man trifft, gleichviel von welcher Ecke aus der Hieb geführt wird. Aus dieser Laune etwa verleugnet Cacus seine Bekannten und übersieht zerstreut verdienstvolle Leute; und so auch starrt die kleine, dumme, hübsche Phillida die merkwürdigen Kreaturen rings um sich an. Diese Laune macht die hochgezogenen Augenbrauen, den reservierten Blick, den zurückhaltenden Bückling, die spöttische Miene, das affektierte Erstaunen; da wird dann laut geflüstert und dem andern offen ins Gesicht gelacht. Kurz, hier entspringen die unzähligen Beleidigungen in öffentlichen und privaten Versammlungen, die Personen von nicht eben großer Geisteskraft und ungehobelten Manieren von sich geben; Leute, die eine so hungrige und verfressene Eitelkeit haben, daß sie alles verschlingt, was ihr über den Weg läuft. Nun, wenn die *Guten Manieren* das sind, was wir beweisen möchten, wie weit entfernt und in der Tat wie ganz anders müssen diese Manieren sein? Und kann irgend jemand, der Herzog oder Herzogin heißt und sich dergestalt benimmt, ein manierlicher Mensch genannt werden? Oder müssen solche Leute nicht viel richtiger mit jenen barbarischen Namen angeredet werden, die sie selbst dem niedrigsten Volke zuteilen? Aber scheiden wir hier mit einem gefälligeren Bild. Sehen wir den Earl von C.: Von Geburt edel, mit einem glänzenden Vermögen und begabt mit allen erdenklichen Talenten des Geistes; wie leutselig, wie gefällig ist er! Er als einziger im Saal scheint nicht zu wissen, daß er in jedem Verstande der Größte ist.

Aber harmlos zu sein ist nicht genug. Wir müssen einander nützliche Diener sein: Wir müssen zweitens den andern jeden schuldigen Respekt bezeugen. Wir tun besser daran, hier ein bißchen übers Ziel hinauszuschießen, statt es gar nicht zu erreichen. Mylord Shaftesbury hat hübsch beobachtet, daß der Bettler, der die Kutsche mit »My Lord« anredet, sicher sein kann, niemanden zu beleidigen, selbst wenn kein Lord darin sitzt; aber wenn umgekehrt ein einfaches »Sir« einem Hochgeborenen ans Ohr dringen würde – was hätte das wohl für Folgen? Und wahrhaftig, wenn man den Hader und Zank um den Vorrang bedenkt, wieviel Mühe und Arbeit die Leute auf sich nehmen und was für Preise zuweilen für den geringsten Titel oder die kleinste Auszeichnung gezahlt werden und wie die sichtbare Befriedigung im Genuß enttäuscht wird – wer das bedenkt, wird dies alles vernünftigerweise für keine kleine Sache halten. Die Wahrheit ist, daß wir in einer Welt gewöhnlicher Menschen leben und nicht unter Philosophen, denn wenn einer von diesen unter uns erscheint (was sehr selten geschieht), so wird er – und zwar auch sehr zutreffend – ein *wunderlicher Kauz* genannt. Und ist es denn nicht auch die allerseltsamste Wunderlichkeit, zu verachten, was die meisten Leute auf der Welt der Arbeit ihres ganzen Lebens für wert halten? Und also müssen wir unser Benehmen der Meinung der meisten und nicht jenen wenigen wunderlichen Käuzen anpassen. [...]

Weil wir nun von den gröbsten Fehlern schon ein allgemeines Bild entworfen haben, wollen wir jetzt die Regeln für das rechte Betragen etwas genauer erklären. Wir können es in drei Arten unterteilen: in das Betragen gegen die Höheren, die Gleichen und die Niederen. In unserm Betragen gegen die Höheren muß man zwei Extreme vermeiden, nämlich eine verächtliche und niedrige Unterwürfigkeit oder eine unverschämte und anmaßende Freiheit. [...] Dazwischen liegt die goldene Mitte, wenn ein Mann bereitwillig den durch Gesetz und Gewohnheit des Landes gegebenen Titeln den schuldigen Respekt erweist, der aber ungehalten über jede Beleidigung ist und es für entehrend hält, das Vertrauen und die Gunst irgendeines Höheren auf Kosten seines guten Gewissens oder seiner Ehre zu erkaufen. Auf die Frage: Wer sind denn nun diese Höheren? werde ich ausführlich antworten, wenn ich jetzt zum zweiten Punkt komme: zu unserm Betragen gegen Gleiche. Zu diesem Punkt muß man sorgfältig bedenken, wer das ist; denn jeder kleine Vorteil von Schicksal oder Beruf ist nur zu gut geeignet, die Seele der Menschen zu vergiften und sie in ihren eigenen Augen über ihr Verdienst oder Anspruch zu erheben. In diesem unserm Lande gilt eine Rangordnung nach Titeln, Geburt, Beruf und Alter; das Vermögen spielt eine sehr kleine Rolle, wenn überhaupt, obwohl im allgemeinen so viel davon gefordert und so viel dafür getan wird. Nie erscheint mir die Menschheit in einem abscheulicheren Licht, als wenn die Leute mit einer ebenso einfachen wie gemeinen Unterwürfigkeit freiwillig die Reichen um die Wette anbeten, ohne die leiseste Gunst oder Aussicht von ihnen zu erhalten. Respekt und Ehrerbietung werden vielleicht mit Recht von den Schuldnern verlangt und sollten, mit einigem Grund, den Reichen und Freigebigen wenigstens aus Hoffnung von den Armen gezollt werden. Aber daß Menschen nur allein durch den glitzernden Reichtum angelockt werden sollen, den unverschämten Stolz derer zu nähren, die nicht umgekehrt ihren Hunger stillen; daß der schändliche Geizhals irgendein Opfer auf dem Altar seiner Eitelkeit finden sollte, das scheint von einem blinderen Götzendienst herzurühren und von einem verblendeteren und sinnloseren Aberglauben als alles, was die scharfen Augen der Priester je in der menschlichen Seele erspäht haben.

Alle Menschen also, die nicht durch Titel, Geburt, Beruf, Alter oder irgendeine Verbindlichkeit vor andern erhöht sind, wollen wir daher als Gleiche betrachten. [...]

Es ist gewiß, daß das höchste Vergnügen, das wir in der Konversation genießen können, nur in der Gesellschaft von Personen möglich ist, deren Verstand dem unseren ziemlich gleichkommt. Diese Gleichheit ist nicht nur vonnöten, damit die großen und vielwissenden Geister die erhabeneren Freuden genießen können, wenn sie einander ihre scharfsinnigen Gedanken mitteilen, sondern auch für die geringere Glückseligkeit aller übrigen Ränge bis hinunter zum tiefsten. Stellen wir uns einmal eine Unterhaltung zwischen Sokrates, Platon und Aristoteles und drei Tanzmeistern vor. Mit Recht, denke ich, werden wir annehmen können, daß die Fersen-Sophisten mit der Gesellschaft der Philosophen sowenig erfreut wären wie umgekehrt.

Es würde deshalb das Glück und die Konversation aufs kräftigste befördern, wenn die Gesellschaft nach dieser Gleichheit gebildet werden könnte; da aber die Menschen in dieser Welt ihren Rang nicht nach ihrem jeweiligen Verstand, sondern nach andern Methoden erhalten und sich folglich oft in einer Klasse alle Grade des Verstandes treffen und notwendigerweise häufig miteinander umgehen müssen, wird daraus die Unmöglichkeit einer solchen utopischen Vorstellung sehr deutlich. Hier liegt also eine sichtbare, aber unvermeidliche Unvollkommenheit in der Gesellschaft selber.

Aber wie wir es als Grundsatz festgelegt haben, daß das Wichtigste an den *Guten Manieren* sei, soviel wie möglich zum Glück und Wohlbefinden der Menschheit beizutragen, so wird es die Aufgabe des manierlichen Menschen sein, diese Unvollkommenheit nach Kräften zu vermindern und die Gesellschaft so weit auf *eine* Ebene zu bringen, wie er kann.

In Gegenwart anderer summe nicht vor dich hin oder trommle mit den Fingern oder Füßen. [4]

Husten, niesen, seufzen oder gähnen sollst du nicht laut, sondern heimlich, und beim Gähnen sollst du nicht sprechen, sondern dein Taschentuch oder deine Hand vorhalten und dich beiseite wenden. [5]

Du sollst nicht schlafen, wenn andere reden; nicht sitzen, wenn andere stehen; nicht reden, wenn du schweigen sollst; nicht laufen, wenn andere stehenbleiben. [6]

Wackle nicht mit dem Kopf oder den Füßen oder den Beinen, rolle nicht die Augen, hebe nicht eine Augenbraue höher als die andere, verzieh nicht den Mund und spucke in niemandes Gesicht, indem du beim Reden zu nahe an ihn herangehst. [12]

Die Bewegungen deines Körpers müssen zu dem, was du sagst, passen. [20]

Überflüssige Komplimente und jede Gezwungenheit im Titulieren sollst du vermeiden, aber nicht vernachlässigen, wo sie angebracht sind. [25]

Wenn dich jemand anspricht und du sitzt, so stehe auf, auch wenn er geringer ist als du, und wenn du Sitze anbietest, so halte dich an das, was jedem seinem Rang gemäß zukommt. [28]

Mit Geschäftsleuten sollst du kurz und bündig reden. [35]

Wenn du mit hohen Leuten redest, lehne dich nicht vor oder sieh ihnen voll ins Gesicht und nähere dich ihnen auch nicht zu sehr, sondern halte mindestens einen Schritt Abstand von ihnen. [37]

Streite nicht mit deinen Vorgesetzten, sondern unterwirf immer bescheiden dein Urteil den andern. [40]

Wenn ein Mensch alles tut, was er kann, und dennoch erfolglos bleibt, so tadle ihn nicht dafür. [44]

Bevor du jemandem rätst oder ihn tadelst, bedenke, ob du es in der Öffentlichkeit oder mit ihm allein tun willst; ferner, ob du es gleich oder zu einer andern Zeit tun willst und mit welchen Worten, und wenn du ihn tadelst, so zeige dabei kein Zeichen von Zorn, sondern tue es mit aller Sanftheit und Milde. [45]

Nimm alle Ermahnungen dankbar an, wann und wo immer sie dir gegeben werden; aber wenn du unschuldig bist, suche dir einen geeigneten Ort und Augenblick, um es dem, der dich ermahnt hat, zu sagen. [46]

Über wichtige Sachen spotte nicht und mache dich nicht darüber lustig, gib keine bissigen Witze von dir, und wenn du irgend etwas Witziges und Hübsches sagst, so lache nicht selbst darüber. [47]

In dem, was du anderen vorwirfst, sei selbst untadelig; denn das Beispiel ist nachdrücklicher als die Vorschrift. [48]

Verwende keine unanständige Sprache; fluche nicht und schmähe niemanden. [49]

Deine Konversation soll ohne Neid oder Bosheit sein, denn das ist ein Zeichen einer folgsamen und artigen Natur, und in allen Fällen von Leidenschaft laß die Vernunft regieren. [58]

Dränge nicht unbescheiden deine Freunde, dir ein Geheimnis zu entdecken. [60]

Sage vor ernsten und gelehrten Männern keine niedrigen und zweideutigen Dinge und rede vor Ungebildeten nicht von sehr schwierigen Fragen oder unglaublichen Dingen; und im Gespräch mit Gleichen stopfe deine Rede nicht mit Sentenzen voll. [61]

Von traurigen Dingen rede nicht, wenn es heiter zugeht oder bei Tisch; von betrüblichen wie Tod und Wunden sprich nicht, und wenn andere davon sprechen, wechsele wenn möglich das Thema; deine Träume erzähle nur engen Freunden. [62]

Kein Mensch darf sich seiner eigenen Leistungen rühmen oder ungewöhnlicher Eigenschaften, seiner Reichtümer, seiner Tugend oder seiner Verwandtschaft. [63]

Erzähle keine Witze, über die niemand lacht; lache nicht laut oder ohne Anlaß; spotte nicht über anderer Leute Mißgeschick, auch wenn es scheinbar Gründe gibt. [64]

Sage nichts Ungerechtes, weder im Scherz noch im Ernst; schmähe keinen, auch wenn er dir Anlaß gibt. [65]

Sei nicht widerspenstig, sondern freundlich und höflich; sei der erste, der grüßt, und höre und antworte und sei nicht gedankenverloren, wenn es Zeit zum Gespräch ist. [66]

Gehe nicht dorthin, wo du nicht sicher willkommen bist. Gib ungefragt keinen Rat und nur kurz, wenn er erwünscht ist. [68]

Wenn zwei miteinander streiten, ergreife die Partei des einen oder des andern nicht rückhaltlos; auf deiner eigenen Meinung beharre nicht; in gleichgültigen Dingen sei auf der Seite der Mehrheit. [69]

Wirf andern nicht ihre Unvollkommenheit vor, denn das ist Sache der Eltern, Lehrer und Vorgesetzten. [70]

Starre nicht auf die Narben oder Male von andern und frage nicht, woher sie kommen. Was du deinen Freunden heimlich sagen willst, das sage nicht vor andern. [71]

Sprich in Gesellschaft nicht in einer fremden Sprache, sondern in deiner eigenen und der, in der die maßgeblichen Leute reden und nicht die gemeinen; über erhabene Dinge sprich ernst. [72]

Denk nach, bevor du redest; laß keine Buchstaben aus und bringe deine Worte nicht zu hastig, sondern ordentlich und verständlich heraus. [73]

Wenn ein anderer redet, sei aufmerksam und störe die Zuhörer nicht; wenn einer in seiner Rede nicht weiterweiß, hilf ihm nicht und dränge ihn nicht, wenn er nicht darum bittet, unterbrich ihn nicht und antworte ihm auch nicht, bevor er seine Rede beendet hat. [74]

Frage nicht mitten in einer Rede, was gesagt worden sei; sondern wenn du merkst, daß man aufhört, weil du eben erst angekommen bist, so bitte den, der redet, daß er fortfahren möge; wenn aber eine maßgebliche Person eintritt, während du dich unterhältst, so ist es gefällig, wenn du das Gesagte wiederholst. [75]

Zeige nicht mit dem Finger auf den, von dem du redest, und komme dem, zu welchem du sprichst, auch nicht zu nahe, besonders nicht seinem Gesicht. [76]

Über Geschäfte rede nur zu gelegener Zeit, und in Gegenwart anderer flüstere nicht. [77]

Gib nicht bereitwillig Neuigkeiten weiter, wenn du nicht weißt, ob sie wahr sind. Wenn du von Dingen redest, die man dir gesagt hat, nenne nicht immer den Namen des Urhebers; und Geheimnisse sage nicht weiter. [79]

Sei nicht langatmig in deiner Rede oder beim Vorlesen, wenn es den andern nicht gefällt. [80]

Sei nicht neugierig auf die Angelegenheiten der anderen und Leuten, die privat miteinander reden, nähere dich nicht. [81]

Unternimm nichts, was du nicht ausführen kannst, aber sorge dafür, deine Versprechen zu halten. [82]

Wenn du etwas vorträgst, so sage es ohne Leidenschaft und rücksichtsvoll, so gemein auch die Person sei, der du es sagst. [83]

Wenn deine Vorgesetzten zu jemandem reden, lausche nicht und rede und lache auch nicht. [84]

In Gesellschaft von Leuten, die maßgeblicher sind als du, sprich nur, wenn du gefragt wirst; dann steh auf und nimm deinen Hut ab und antworte in wenigen Worten. [85]

In Disputen sei nicht so begierig zu siegen, sondern gib jedem die Gelegenheit, seine Meinung zu sagen, und unterwerfe dich dem Urteil der Mehrheit, besonders wenn es die Richter des Disputes sind. [86]

Benimm dich wie ein ernster, sicherer und aufmerksamer Mensch. Widersprich nicht allem, was andere sagen. [87]

In deiner Rede sei nicht langatmig, schweife nicht oft ab und wiederhole nicht oft eine Redewendung. [88]

Sage nichts Böses von Abwesenden, denn es ist ungerecht. [89]

Ich habe noch keine Schrift von der Freundschaft gelesen, in welcher die Eigenschaften eines *Freundes* nicht durch ein Gemisch, durch kalte, durch weitschweifige und dann wieder übertriebene Beschreibungen verunstaltet worden wären. Der gebildete Verstand und das gebesserte Herz sind die beiden Grundsäulen der Freundschaft. Diese Grundsäulen haben einige sehr simple Zieraten: gewisse Züge eines Originalcharakters, ich meine, gewisse Wendungen des Verstandes und Herzens, die sich herausnehmen, die interessieren. Eine solche Freundschaft macht *nur etwas weniger* glücklich als diejenige Liebe, die man allein darunter verstehen sollte, wenn man dieses so oft gemißbrauchte Wort ausspricht. Die Freundschaft und die Liebe sind zwo Pflanzen aus einer Wurzel. Die letzte hat nur einige Blumen mehr.

Wenn ich sage, daß die Freundschaft, nach dem Bewußtsein, unsre Pflicht ausgeübt zu haben, *die zweite große Glückseligkeit* ist, die wir nicht allein in dieser, sondern auch in der künftigen Welt genießen können; so glaube ich zwar, beinahe alles gesagt zu haben, was sich davon sagen läßt; aber wie wenige sind glücklich genug, dies nicht für eine Chimäre zu halten. Unterdes will ich gleichwohl noch ein wenig von der süßen Chimäre reden.

Wenn man den meisten Glückseligkeiten, nach welchen so viele mit solcher Heftigkeit laufen, ein wenig näher und entschlossen, nichts als was wahr ist, zu sehen, ins Gesicht sieht; was für *wirkliche* Chimären entdeckt man alsdann! Die jähnenden Besitzer dieser Glückseligkeiten mögen nur kommen und es mit der Glückseligkeit der Freundschaft auch so machen.

Es sollte meinen Freund und mich nicht *wirklich* glücklich machen, daß wir uns für alles, was uns angeht, bis zu der geringsten Kleinigkeit, interessieren? Daß wir nichts Geheimes füreinander haben, sondern, unsrer beiderseitigen Verschwiegenheit gewiß, uns *Alles* (die beschworne Verschwiegenheit unsers Amtes und die einem andern Freunde versprochne, »oder auch nur von ihm erwartete«, machen hier allein eine Ausnahme), daß wir uns *Alles* mit der offensten Aufrichtigkeit anvertrauen? Daß mein Freund oft nicht wartet, bis ich seine Fehler entdecke, sondern daß er sie mir eher sagt? Daß er haben will, daß ich so strenge gegen ihn sein soll, als er gegen sich selbst ist? (Welcher Rechtschaffne ist nicht streng gegen sich selbst?) Daß er überzeugt ist, daß ich auch alsdann, wenn ich ihm meine Neigung am lebhaftesten ausdrücke, die heilige Freundschaft nicht durch das Geringste von dem, was zur Schmeichelei gehört, entweihe? Ich kann mich wohl aus Liebe zu meinem Freunde irren; aber schmeicheln kann ich ihm nicht! Daß uns keine Freude natürlicher ist als die Freude, uns zu sehen? Und daß wir uns besonders deswegen gern oft sehen, weil wir gern oft von Gott und der Religion miteinander sprechen? Daß wir einander über diese höchstwichtige Sache immer mehr aufklären, und uns bei der Hand unserm gemeinschaftlichen *letzten Endzwecke* zuführen? Wer die Heiterkeit, diese Ruhe und oft diese Hoheit der Seele nicht kennt, die bei solchen Unterredungen die Freundschaft gibt, wie wenig Glückseligkeit kennt der!

Vielen wird alles dieses zu ernsthaft vorkommen. Aber sind denn keine *ernsthafte* Freuden? Und wenn keine wären; wo ist der Scherz scherzhafter als unter Freunden? Wo kann man sich demjenigen fröhlichen Humeur, welches dem Scherze sein eigentliches Leben gibt, freier überlassen? Unter bloßen Bekannten sucht der Scherzende mehr zu brillieren, als zu vergnügen; er muß überdies immer in den Ketten gewisser Zurückhaltungen gehn, die das, was er sagt, entkräften.

Ein Tanz, der in einer muntern Gesellschaft durch die Freude, in der man ist, unvermerkt veranlasset wird; und ein prächtiger Ball, auf dem so mancher steife Tänzer schimmern will und der natürliche bisweilen muß, sind zwei ebenso verschiedne Sachen als der Scherz unter Freunden und unter Bekannten.

Ich habe Ihnen, schreibt mir einer meiner neuesten Korrespondenten, eine Anmerkung über Ihr Blatt von der Freundschaft zu machen, von welcher ich glaube, daß sie Ihnen nicht ganz unerheblich vorkommen wird. Ich denke wie Sie über die Freundschaft; ob ich gleich nicht so glücklich bin, Freunde zu haben: allein ich muß Ihnen ohne weitere Umstände gestehen, daß ich den *Umgang der großen Welt* der Freundschaft beinahe völlig an die Seite setze. Wenn ich vom Umgange der großen Welt rede; so verstehe ich alles dasjenige darunter, was die *Politesse* nur Einnehmendes haben kann; und ich nehme dieses Wort zugleich in dem ganzen Umfange, in dem es ein Franzose braucht, der selber *poli* ist und also von der Sache urteilen kann.

Sie wissen, es ist alsdann ein *vielbedeutendes Wort*. Dieses vorausgesetzt, behaupte ich, daß die Freundschaft nur sehr wenige und vielleicht nicht allzu große Vorzüge von jenem Umgange habe.

Wie angenehm ist es, sich nicht allein niemals etwas, das auch nur von ferne einigermaßen beleidigen könnte, sondern fast immer etwas zu sagen, das die Süßigkeit der feinen Schmeichelei hat, ohne ihren Gift zu haben; das uns, ohne uns in den Wolken schweben zu lassen, immer ein wenig über uns selbst erhebt und uns in einem sanften Vergnügen über uns selbst auf eine reizende Art unterhält.

Ich weiß nicht, Freunde (ohne von denen zu reden, die gar familiär gegeneinander sind), Freunde sind zu naiv gegen einander. Sie sagen es sich so gerade heraus, daß sie sich lieben. Das nenne ich eine *harte Art,* wenn man es sich so sagt. Zeichnung mögen sie wohl haben; aber Kolorit haben sie nicht.

Ich kann Ihnen nicht sagen, was es mir für ein Vergnügen macht, wenn ich in Gesellschaft von Leuten bin, die sich alles, was sie sich sagen, auf eine so glückliche Art zuwägen, daß man es gar nicht merkt, daß sie die Waagschal in der Hand haben. Ein halbes Wort, das der andre sagt, der Anfang einer Miene wird hier zu Gewicht und verändert die Waagschal. Jeder kleine Umstand des Wohlstandes oder der Wendung, welche die Unterredung nimmt, hat hier seine Einflüsse. Federn ziehn nieder. Welch Vergnügen, in einer solchen Gesellschaft zu sein und selbst wägen zu können!

Freunde hingegen, ob sie gleich nicht ohne Anstand sprechen, sagen sich immer ihre *völlige* Meinung, und sagen sie fast ohne alle Einkleidung. Verzeihen Sie mir, daß ich das Wort schon einmal brauche, es ist so was Hartes in diesem allen.

Sie werden mir zugeben, man kann nicht immer, am wenigsten in Gesellschaften, von wichtigen Dingen reden; daher müssen der Kunst, Kleinigkeiten zu etwas zu machen, ihre Verdienste gelassen werden. Ich kann Ihnen nicht verbergen, daß mich die glückliche Ausbildung eines Nichts oft sehr hinreißt.

Sie sagen, daß der Scherz nirgends scherzhafter als unter Freunden sei. Vielleicht ist dies bisweilen wahr. Aber ich rede auch von solchen Kleinigkeiten, die nicht scherzhaft sind. Und Sie werden doch nicht behaupten wollen, daß der freundschaftliche Umgang viel Ansprüche auf ihre Ausbildung zu machen habe?

Ich könnte Ihnen noch viel mehr über diese Sache sagen; aber ein Brief muß auch nicht gar zu lang sein. Überhaupt muß ich Ihnen bekennen, daß ich so viel Geschmack an dem Umgange der großen Welt finde, daß mir der freundschaftliche zwar als eine wünschenswürdige, aber doch nicht als eine so unentbehrliche Sache als Ihnen vorkömmt.

Mein Herr, wenn Sie mir erlauben wollen, mit dem *harten* Tone eines Freundes zu reden; so werde ich Ihren Brief, der mir in gewissen Betrachtungen sehr gefallen hat, umständlich beantworten. Vielleicht schmeichle ich mir nicht zu sehr, wenn ich glaube, daß ich die große Welt und diejenige Politesse kenne, die diesen gewiß nicht wenig bedeutenden Namen verdient. Und vielleicht gestehen Sie mir, nach einer Anmerkung, die ich gleich machen will, diese Kenntnis zu. Wenn man dem Ausdrucke: große Welt seine Würde lassen will, so ist die Zahl derer, die *eigentlich* dazugehören, sehr gering. Wie sehr würde man ihm diese Würde nehmen, wenn man den ganzen Schwarm mit dazurechnen wollte, dem bloß sein Stand und etwas von einer *halbgebildeten* Lebensart den Eintritt erlauben. Wenn Sie diese Anmerkung für wahr halten, so muß sich Ihr Vergnügen, das Sie in Ihren Gesellschaften finden, sehr verringern. Sie werden mir zugestehn, daß ich mich auf Ihre Materie völlig einlasse, wenn ich Ihnen noch sage, daß unter den wenigen, welche die große Welt ausmachen, bisweilen einer ist, der, zur Freundschaft und zu jeder andern ernsthaften Sache gemacht, das *Joch* desjenigen Umgangs, der Ihnen so sehr gefällt, zwar bloß *aus Pflicht,* aber zugleich auf eine so glückliche Art trägt, daß er denen, die nur bis auf eine gewisse Weite sehn, Geschmack daran zu haben scheint.

Erlauben Sie mir, daß ich nun ein wenig pünktlich in der Beantwortung Ihres Briefes werde. Ich zweifle sehr, daß irgendeine Art von Schmeichelei ohne Gift sei. Vielleicht hat die feinste den schlimmsten. Es mag wohl süß genug sein, sich immer ein wenig über sich selbst erhoben zu fühlen; aber – ich sehe wohl, daß ich Ihnen zu streng vorkommen werde; und gleichwohl bin ich es nicht, wenn ich Ihnen sage, daß diese Sache überhaupt sehr moralisch ist und daß wir uns nicht genug hüten können, die Eitelkeit andrer anzufeuern. Sie hat ohnedies Nahrung genug in sich selbst.

Daß Freunde naiv gegeneinander sind, lassen Sie noch so hingehen; aber daß sie auch familiär miteinander umgehen, das beleidigt in Ihren Augen die feine Gezwungenheit der Politesse zu sehr. Ich sehe wohl, Sie haben niemals Anlaß gehabt, die Anmerkung zu machen, daß die Familiarität der Freundschaft einen gewissen ihr eignen Wohlstand beobachte. Und warum sollte man es sich nicht geradeheraus sagen, daß man sich liebt? *Kann* es die wahre Neigung *anders* sagen? Zeichnung, ich bitte um Verzeihung, daß ich ohne alle Einkleidung rede, Zeichnung haben Sie gar nicht; und Kolorit – es gibt verschiedne Arten derselben, gewiß keine natürliche!

Mir wird ganz angst dabei, wenn ich mir Ihr beständiges *Zuwägen,* wie unvermerkt es auch geschehen mag, recht lebhaft vorstelle. Welch ein Vergnügen, sagen Sie, in einer solchen Gesellschaft zu sein und selbst wägen zu können. Ich weiß nicht, ich habe immer an der Größe dieses Vergnügens ein wenig gezweifelt. Aber freilich, wenn man selbst wägen kann. Doch sind nur sehr wenige, die es recht können.

Ich weiß nicht, zu welchem erniedrigenden Zwange Sie Ihre Seele gewöhnt haben müssen, daß es Ihnen keine angenehme Vorstellung ist, Ihre *völlige* Meinung zu sagen? Wie beseelt es den Umgang der Freundschaft, wenn keiner von seiner Meinung etwas zurückhält; aber zugleich nicht so sehr von derselben ist, daß er unbiegsam sein sollte, sich von stärkern Gründen, als die seinigen sind, überzeugen zu lassen. Wenn ich mir diese *Freimütigkeit,* diese *Biegsamkeit* und die *Freude,* daß unser Freund unsrer Meinung wird oder daß wir die seinige annehmen, als Gefährtinnen der Freundschaft vorstelle, so denke ich sie mir unter ihren Grazien.

Ohne von der glücklichen Ausbildung eines Nichts jemals hingerissen zu werden, sehe ich sehr wohl ein, daß man nicht immer von wichtigen Dingen reden könne und daß die Geschicklichkeit, Kleinigkeiten zu etwas zu machen, ihren Wert habe. Aber wie sonderbar ist es, so wie Sie, von einer Geschicklichkeit eingenommen zu werden, deren Anwendung in den meisten Fällen durch die Notdurft veranlaßt wird.

Lernen Sie nur die Freundschaft aus der Erfahrung kennen. Sie hat außer ihren scherzhaften Kleinigkeiten auch noch andre, die viel interessanter als diejenigen sind, die Ihnen itzt noch so sehr gefallen. Nur die Neigung zu dem, den wir lieben, kann eine Kleinigkeit, die er sagt, über ihre Sphäre erheben und machen, daß wir Geschmack daran finden, sie zu hören. Wenn wir aber nur in einer Gesellschaft von Bekannten, von guten Bekannten, und von guten Freunden sind; so werden die Kleinigkeiten durch ihre Ausbildung noch kleiner. Wir bemerken, was sie eigentlich sind, desto mehr, je besser das Kleid ist, mit welchem sie ausgeschmückt werden oder vielmehr in welchem sie sich schleppen; denn es muß ihnen, ihrer Natur nach, immer ein wenig zu groß sein.

Wie aufrichtig ich es mit Ihnen meine, können Sie daraus urteilen, daß ich Ihnen wenigstens einen Freund wünsche. Ich sehe wohl ein, daß Sie nicht bedauert sein wollen; unterdes kann ich mich doch nicht ganz enthalten, Sie so lange ein wenig zu bedauern, bis ich erfahren werde, daß Sie nicht mehr ohne Freunde sind. Machen Sie mir das Vergnügen, mir diese Nachricht, sobald Sie können, zu geben.

Baronesse: »Es wäre töricht, wenn ich das Interesse abzulen-
ken gedächte, das jedermann an den großen Weltbegebenhei-
ten nimmt, deren Opfer wir leider selbst schon geworden
sind. Ich kann die Gesinnungen nicht ändern, die bei einem
jeden nach seiner Denkweise entstehen, sich befestigen, streben und wirken, und es wäre ebenso töricht als grausam zu
verlangen, daß er sie nicht mitteilen sollte. Aber das kann ich
von dem Zirkel erwarten, in dem ich lebe, daß Gleichgesinnte
sich im stillen zueinander fügen und sich angenehm unterhalten, indem der eine dasjenige sagt, was der andere schon
denkt. Auf euren Zimmern, auf Spaziergängen und wo sich
Übereindenkende treffen, eröffne man seinen Busen nach
Lust, man lehne sich auf diese oder jene Meinung, ja man
genieße recht lebhaft die Freude einer leidenschaftlichen
Überzeugung. Aber, Kinder, in Gesellschaft laßt uns nicht
vergessen, wieviel wir sonst schon, ehe alle diese Sachen zur
Sprache kamen, um gesellig zu sein, von unsern Eigenheiten
aufopfern mußten, und daß jeder, solange die Welt stehen
wird, um gesellig zu sein, wenigstens äußerlich sich wird beherrschen müssen. Ich fordere euch also nicht im Namen der
Tugend, sondern im Namen der gemeinsten Höflichkeit auf,
mir und andern in diesen Augenblicken das zu leisten, was ihr
von Jugend auf, ich darf fast sagen, gegen einen jeden beobachtet habt, der euch auf der Straße begegnete.

Überhaupt«, fuhr die Baronesse fort, »weiß ich nicht, wie
wir geworden sind, wohin auf einmal jede gesellige Bildung
verschwunden ist. Wie sehr hütete man sich sonst, in der
Gesellschaft irgend etwas zu berühren, was einem oder dem
andern unangenehm sein konnte! Der Protestant vermied in
Gegenwart des Katholiken, irgendeine Zeremonie lächerlich
zu finden; der eifrigste Katholik ließ den Protestanten nicht
merken, daß die alte Religion eine größere Sicherheit ewiger
Seligkeit gewähre. Man unterließ vor den Augen einer Mutter, die ihren Sohn verloren hatte, sich seiner Kinder lebhaft
zu freuen, und jeder fühlte sich verlegen, wenn ihm ein solches unbedachtsames Wort entwischt war. Jeder Umste-
hende suchte das Versehen wiedergutzumachen – und tun

wir nicht jetzo gerade das Gegenteil von allem diesem? Wir suchen recht eifrig jede Gelegenheit, wo wir etwas vorbringen können, das den andern verdrießt und ihn aus seiner Fassung bringt. O laßt uns künftig, meine Kinder und Freunde, wieder zu jener Art zu sein zurückkehren! Wir haben bisher schon manches Traurige erlebt – und vielleicht verkündigt uns bald der Rauch bei Tage und die Flammen bei Nacht den Untergang unsrer Wohnungen und unsrer zurückgelassenen Besitztümer. Laßt uns auch diese Nachrichten nicht mit Heftigkeit in die Gesellschaft bringen, laßt uns dasjenige nicht durch öftere Wiederholung tiefer in die Seele prägen, was uns in der Stille schon Schmerzen genug erregt!

Als euer Vater starb, habt ihr mir wohl mit Worten und Zeichen diesen unersetzlichen Verlust bei jedem Anlaß erneuert? Habt ihr nicht alles, was sein Andenken zur Unzeit wieder hervorrufen konnte, zu vermeiden und durch eure Liebe, eure stillen Bemühungen und eure Gefälligkeit das Gefühl jenes Verlustes zu lindern und die Wunde zu heilen versucht? Haben wir jetzt nicht alle nötiger, eben jene gesellige Schonung auszuüben, die oft mehr wirkt als eine wohlmeinende, aber rohe Hülfe; jetzt, da nicht etwa in der Mitte von Glücklichen ein oder der andere Zufall diesen oder jenen verletzt, dessen Unglück von dem allgemeinen Wohlbefinden bald wieder verschlungen wird, sondern wo unter einer ungeheuren Anzahl Unglücklicher kaum wenige, entweder durch Natur oder Bildung, einer zufälligen oder künstlichen Zufriedenheit genießen?«

KARL: »Sie haben uns nun genug erniedrigt, liebe Tante. Wollen Sie uns nicht wieder die Hand reichen?«

BARONESSE: »Hier ist sie, mit der Bedingung, daß ihr Lust habt, euch von ihr leiten zu lassen. Rufen wir eine Amnestie aus! Man kann jetzt nicht geschwind genug sich dazu entschließen.«

In dem Augenblicke traten die übrigen Frauenzimmer, die sich nach dem Abschiede noch recht herzlich ausgeweint hatten, herein und konnten sich nicht bezwingen, Vetter Karln freundlich anzusehen.

»Kommt her, ihr Kinder!« rief die Baronesse. »Wir haben eine ernsthafte Unterredung gehabt, die, wie ich hoffe, Friede und Einigkeit unter uns herstellen und den guten Ton, den wir eine Zeitlang vermißt, wieder unter uns einführen soll; vielleicht haben wir nie nötiger gehabt, uns aneinander zu schließen und, wäre es auch nur wenige Stunden des Tages, uns zu zerstreuen. Laßt uns dahin übereinkommen, daß wir, wenn wir beisammen sind, gänzlich alle Unterhaltung über das Interesse des Tages verbannen! Wie lange haben wir belehrende und aufmunternde Gespräche entbehrt, wie lange hast du uns, lieber Karl, nichts von fernen Landen und Reichen erzählt, von deren Beschaffenheit, Einwohnern, Sitten und Gebräuchen du so schöne Kenntnisse hast! – Wie lange haben Sie«, so redete sie den Hofmeister an, »die alte und neue Geschichte, die Vergleichung der Jahrhunderte und einzelner Menschen schweigen lassen! – Wo sind die schönen und zierlichen Gedichte geblieben, die sonst so oft aus den Brieftaschen unsrer jungen Frauenzimmer zur Freude der Gesellschaft hervorkamen? Wohin haben sich die unbefangenen philosophischen Betrachtungen verloren? Ist die Lust gänzlich verschwunden, mit der ihr von euren Spaziergängen einen merkwürdigen Stein, eine uns wenigstens unbekannte Pflanze, ein seltsames Insekt zurückbrachtet und dadurch Gelegenheit gabt, über den großen Zusammenhang aller vorhandenen Geschöpfe wenigstens angenehm zu träumen? Laßt alle diese Unterhaltungen, die sich sonst so freiwillig darboten, durch eine Verabredung, durch Vorsatz, durch ein Gesetz wieder bei uns eintreten! Bietet alle eure Kräfte auf, lehrreich, nützlich und besonders gesellig zu sein! Und das alles werden wir – und noch weit mehr als jetzt – benötigt sein, wenn auch alles völlig drunter oder drüber gehen sollte. Kinder, versprecht mir das!«

V. Das Gespräch im 19. Jahrhundert

> »Es liegt ein sonderbarer Quell der Begei-
> sterung für den, der spricht, in einem
> menschlichen Antlitz, das ihm gegenüber-
> steht ...«
>
> Heinrich von Kleist

Vorbemerkung

Im 19. Jahrhundert entsteht vor allem in Deutschland mit der
Romantik eine förmliche Philosophie des Gesprächs, repräsentiert durch die frühromantische Salonkultur um Friedrich
Schlegel, Adam Müller und Friedrich Schleiermacher, die Witz
und Ironie und spielerische Geselligkeit zum Kernstück einer
ganzen Poetik machen.

Eine gesellschaftsrealistische Folie dazu liefert der Moralphi-
losoph, Übersetzer und Essayist Christian Garve (1742–1798)
in seinem umfangreichen Werk *Über Gesellschaft und Einsamkeit* (1797), dem unser Auszug entnommen ist. Mit einer einge-
henden Darlegung des Verhältnisses vom einsamen Bücherlesen
zum geselligen Gespräch, von der arbeitsteiligen Differenzierung des Wissens, das für die Konversation nur mehr eine ober-
flächliche Gemeinsamkeit an Kenntnissen zurückgelassen habe,
hat er die mißliche konversationelle Situation seiner Zeit vielleicht am genauesten geschildert.

In eher schöngeistigem Gegensatz dazu erhebt der romantische Philosoph und Nationalökonom Adam Müller
(1779–1829) das Gespräch zum Modell einer sämtliche sozialen,
psychologischen, politischen und kulturellen Partikularismen
überwindenden Ideologie. Die hier abgedruckte Rede *Vom Gespräch* hielt er 1812 in Wien im Rahmen einer Vorlesungsreihe
von *Zwölf Reden über die Beredsamkeit und deren Verfall in
Deutschland.* An ihr ist charakteristisch die leichtfertige Sub-
sumtion von so verschiedenen Phänomenen wie Krieg, parla-
mentarischer Debatte, Konversation und erotischem Zwiegespräch unter die Idee einer dialogischen Rhetorik. Sie entspricht
letztlich Müllers Vorstellung vom allseits beteiligten, immer
vermittelnden, aber nirgends recht engagierten Staatsmann und
Machtpolitiker, der für ihn den Inbegriff des »geselligen«, ja
sogar »schönen« Menschen darstellt.

Einer der erbittertsten Gegner dieser Gesprächslehre war Friedrich Daniel Schleiermacher (1768–1834). Erzogen von Herrenhuter Pietisten, war er ein frühromantischer Freund von Friedrich Schlegel und ab 1809 Professor für Theologie und Philosophie in Berlin. Ein Grundthema von Schleiermachers *Dialektik* (1832), aus der unser Text stammt, ist die Idee der Versöhnung; auch und gerade das »eigentliche Gespräch«, das er dem Philosophieren anweist, unterliegt dem Vorsatz, »daß das Entgegenstreben im Denken als Zerfallen der Denkenden unter sich solle beseitigt werden«[1]. Ist in der Dialektik, als »Kunst der Gesprächsführung«[2], derart der Streit zur akademischen Disziplin erhoben, so in der Hermeneutik, der zweiten geisteswissenschaftlichen Methode, die Schleiermacher ausführlich durchdacht hat, das Mißverstehen. Vom Standpunkt einer Texttheorie, heißt es einmal, sei davon auszugehen, »daß sich das Mißverstehen von selbst ergibt, und das Verstehen auf jedem Punkt muß gewollt und gesucht werden«[3]. Wird so die Philosophie gleichsam zur Therapie von Streit und Mißverstehen erklärt, so erhält die Konversation, das »freie Gespräch«, den Wert einer kreativen statt rekreativen Betätigung: Es sei das künstlerische Wohlgefallen an der gegenseitigen Gedanken*erzeugung*, die den zwanglosen gesprächigen Umgang motiviere.

Die Problematik, die mit dieser Tendenz zur Ästhetisierung kommunikativer Bedürfnisse zum Vorschein kommt, hat mit am genauesten der Philosoph und Theologe Sören Kierkegaard (1813–1855) durchdacht. Das Hauptthema seiner Dissertation *Über den Begriff der Ironie* (1841), aus der wir unsere Passage entnommen haben, ist die Rettung der Ironie als einer Kategorie existentiellen Denkens aus dem Odium der sozialen und ethischen Unverbindlichkeit. Die großen existenzphilosophischen Werke Kierkegaards über die Sinn- und Erlebnisbezirke von Furcht und Angst und Schuldgefühl belegen aber nicht nur, welche Attraktivität dieses ironisch-ästhetische Verhalten gerade für religiös tiefverpflichtete Autoren haben mußte; sie bezeugen vielmehr die Konsequenzen vom Fehlen einer menschlich befriedigenden sozialen Integration und Interaktion.

Eben aus diesem Bedürfnis heraus hat der amerikanische

---

[1] S. 11 der in den Quellennachweisen zit. Ausgabe.
[2] Ebd., S. 47.
[3] Zit. nach Schleiermacher, Hermeneutik und Kritik. Hrsg. v. M. Frank, Frankfurt/M. 1977, S. 92.

Theologe und Essayist Ralph Waldo Emerson (1803–1882) seine meisten Texte geschrieben. *Freundschaft* (Friendship), aus dem unsere Passage stammt, erschien 1841 in der ersten Essay-Serie; dem Thema Gespräch ist vor allem auch der Essay *Klubs* (Clubs) aus dem Band *Gesellschaft und Einsamkeit* (Society: Solitude, 1870) gewidmet. Gerade bei Emerson mit seiner Apologie des Zwiegesprächs zeigt sich auch eine charakteristische Verschränkung von Gesprächs- und Naturmystik, wie sie sich etwa auch bei den deutschen Philosophen Ludwig Feuerbach und später bei Martin Buber findet. Sie verzögert die Erkenntnis, daß es die gesellschaftlichen Bedingungen sein müßten, die zunehmend vom Zwiegespräch erhoffen ließen, was das gesellige nicht mehr zu bieten imstande war.

Die Kunst der Konversation als einer weder ästhetischen noch philosophischen, noch mystischen Angelegenheit scheint im 19. Jahrhundert eher englischen Autoren gegenwärtig zu sein. Der ausführliche Essay *Konversation* (Conversation, 1847) von Thomas De Quincey (1785–1859), dem Dichter, Feuilletonisten und Autor der *Bekenntnisse eines englischen Opiumessers* (Confessions of an English Opium-Eater, 1822), gipfelt freilich in einem eher abschreckenden Vorschlag für zukünftige Konversationen: In einem Zeitalter der Massenkultur solle man nach Art der Römer eine Wasseruhr, gefüllt mit einer bunten Flüssigkeit, auf den Tisch stellen, um die Redezeit eines jeden zu begrenzen. Zudem brauche man wie in der Antike einen Symposiarchen, der für die Themen und das Niveau der Unterhaltung zu sorgen habe. Welche Grade der viktorianische Puritanismus gegen Jahrhundertende erreicht hatte, zeigt das Beispiel des umfänglichen Buches über *Grundsätze der Kunst der Konversation* (The Principles of the Art of Conversation, 1887) eines Dubliner Professors namens J. P. Mahaffy. Obgleich von scholastischer Akribie, stellt Mahaffy doch die Idee in den Mittelpunkt, daß »Erholung und nicht Verbesserung das eigentliche Ziel der Konversation« sei – eine Bemerkung, die ihm den Vorwurf eintrug, sein Werk sei »unmäßig frivol und schmerzhaft weltlich«[4].

Eine ähnliche gesellschaftliche Atmosphäre aus Bigotterie und Prüderie hat der in Warschau geborene, deutschschreibende Feuilletonist Bogumil Goltz (1801–1870) in zahlreichen Schriften zum menschlichen Umgang erbittert bekämpft. *Die*

---

[4] So im Vorwort zur zweiten Auflage, London-New York 1888, S. IX.

Weltklugheit und die Lebens-Weisheit, woraus unser Auszug stammt, erschien 1869 in Berlin und zeichnet ein desillusionierendes Bild der damaligen Gesellschaft, angefangen beim Kneipenleben bis zum Umgang in der »großen Welt«. Mit seinem berühmt gewordenen *Buch der Kindheit* (1847), einem sehnsüchtigen biographischen Rückblick, wiederholt Goltz die klassische, nämlich regressive Reaktionsbildung gegen einen scheinbar erstarrten und unveränderbaren gesellschaftlichen Zustand.

Der Vortrag *Über Gespräche* des Kultur- und Völkerpsychologen Moritz Lazarus (1824–1903) erschien 1878 in seinem Buch mit dem charakteristischen Titel *Ideale Fragen.* Tatsächlich wandert bei Lazarus die Idee des Gesprächs endgültig aus dem normativen, später idealistischen Denken in die Gegenstandswelt der wissenschaftlichen Forschung. Einer seiner Schüler war Rudolf Hirzel, der 1895 die erste große literarhistorische Arbeit zu unserem Thema unter dem Titel *Der Dialog* schrieb.

CHRISTIAN GARVE
Das ideale Gespräch

Wer immerwährende Gelegenheit hat, andern seine Gedanken
mitzuteilen, der hat auch immerwährende Aufforderung nachzudenken. Wer für einen guten Gedanken auf der Stelle durch
den Beifall der Zuhörer belohnt wird und dessen törichte Einfälle sogleich verspottet oder getadelt werden, wird dadurch zu
einer weit schärferen Beurteilung dessen, was er denkt und sagt,
gereizt, als wenn er bloß mit sich selbst redete. Die Einsamkeit
ist an sich dazu gemacht, den Geist erschlaffen zu lassen; und
nur auf dem Schauplatze der Welt und unter Menschen (es sei in
Geschäften, es sei in Gesellschaft) wird er erweckt, sich anzu-
strengen, um einen Einfluß über die Gemüter andrer zu bekommen.

Die Dichtkunst und die Beredsamkeit waren vor der Erfindung der Schreibkunst die einzigen Lehrmeister der Menschen;
und sie blieben noch lange die vornehmsten, da diese Kunst
schon erfunden, aber noch wenig ausgebreitet war. Aber für
wen sangen die ältesten Dichter? Nicht für sich selbst und die
Musen. – Dieser stille, einsame Genuß seiner eignen Fähigkeiten ist für den Menschen nur in den Zeiten der größten Verfeinerung aufbehalten. Nein, an der Tafel ihrer Großen, der Helden und Heerführer, oder auf dem Markte vor versammelten
Volkshaufen belebten sie die privaten oder öffentlichen Feste
mit ihren Liedern. Für die Gesellschaft, für die Unterhaltung
andrer und in der Absicht, von ihnen dafür Bewunderung oder
Belohnung zu erhalten, sammelten sie die Sagen der Vorzeit
und schmückten sie mit Rhythmus und Gesang aus. Wie die
Dichtkunst den auf Vergnügen abzweckenden Zusammenkünften der Menschen gewidmet war, so war es die Beredsamkeit
denjenigen Versammlungen, welche des Ernstes und der Geschäfte wegen zusammenkamen. Nur das Vergnügen, welches
dem Redner sein sichtbarer Einfluß auf gegenwärtige Zuhörer
gewährt, nur diejenige Erhöhung aller Seelenkräfte und diejenige Belebung aller Triebe, welche aus der Teilnahme einer
großen Anzahl von Menschen an seinen Reden und Handlungen entstehen, konnte zuerst dem noch stummen und schüch-
ternen Menschen die Schwierigkeit des Selbstdenkens und die
nicht minder große, seine Gedanken in die Form einer verständ-

lichen und anmutigen Rede zu bringen, überwinden helfen. Selbst da in etwas spätern Zeiten die eigentliche Wissenschaft oder die Philosophie entstand, erschien sie zuerst nur unter der Gestalt einer gesellschaftlichen Unterhaltung. Für die Vernunft hatten die Griechen keinen andern Namen als den der *Rede;* wissenschaftliche Untersuchungen anstellen hieß bei ihnen, sich über die Gegenstände derselben *unterreden;* und zu Folge ihres ältesten Namens ist die Logik nichts anders als die Kunst eines gelehrten Gesprächs.

Die Lage der Dinge zu unsrer Zeit ist freilich dieser Schilderung nicht mehr ähnlich. Die Übungen der Denkkraft und die Mitteilungen der Kenntnisse beruhen bei weitem nicht mehr so sehr als ehedem auf dem mündlichen Vortrage und also auf der persönlichen Zusammenkunft derer, welche einander belehren können. Wir haben gewissermaßen den Ernst und die ernsthaften Gegenstände in die Einsamkeit verwiesen und für unsre gesellschaftlichen Zusammenkünfte nur den Scherz oder die leichtesten und oberflächlichsten unsrer Kenntnisse aufbehalten. Die gewöhnlichen Gegenstände unsres Gesprächs, besonders, wenn beide Geschlechter sich in Gesellschaft vereinigen, sind einförmig, teils geringfügig; und der Gelegenheiten zu lernen, gibt es darin nur wenige. Auch in der geistreichsten Gesellschaft werden die Materien niemals erschöpft. Man springt von einem Gegenstand auf den andern; man begnügt sich an einzelnen guten Gedanken und Winken. Dies verlangt selbst der Wohlstand und der sogenannte gute Ton. Indessen werden diese Mängel wieder durch andre Vorzüge des gesellschaftlichen Unterrichts ersetzt.

Das, was man im Gespräche lernt, hat auch gleich die Form und den Ausdruck, in welchen es sich am leichtesten wieder an andre im Gespräche mitteilen läßt. Dasjenige hingegen, was man durch eigne stille Meditation oder durch Bücherfleiß lernt, muß erst von neuem bearbeitet und gleichsam umgebildet werden, ehe es zu einer leichten und anmutigen Belehrung andrer brauchbar wird. Daher kommt es, daß oft Personen, welche große und gründliche Kenntnisse, aber diese nur in ihrem Studierzimmer, gesammelt haben, wenn sie in die Welt und in die Kreise des gesellschaftlichen Lebens kommen, unfähiger und unwissender scheinen als andre, welche ihre weit seichteren Kenntnisse in der Welt selbst und im Umgange erworben haben. Ehe jene aus dem tiefen Schatze ihrer Gelehrsamkeit diejenigen Gedanken hervorholen, die sie an die schnell vorüberei-

lenden Wendungen des Gesprächs auf eine passende Weise anschließen; ehe sie denjenigen Ausdruck dazu finden, der jedermann verständlich ist und mit dem in der Geschichte herrschenden Tone übereinstimmt, ist vielleicht die Gelegenheit, diese
Gedanken anzubringen, schon vorüber. Dahingegen haben die
andern ihre Ideen völlig entwickelt und in schickliche Ausdrücke eingekleidet bei der Hand. Diese sind kurz und deutlich, so daß sie Aufmerksamkeit erwecken; und sie haben vielleicht einen Anstrich von Witz, oder sie enthalten einen satirischen oder launigen Zug, wodurch sie anmutiger werden.

Diese leichte und gefällige Einkleidung der Gedanken, die
auch selbst dem Schriftsteller einen vorzüglichen Wert gibt, läßt
sich nirgends sicherer als in guter Gesellschaft, d. h. unter verständigen und weltklugen Menschen, die sich zum Gespräche
untereinander versammeln, erlernen. Von den meisten der
Werke, welche als die Muster eines populären Vortrags angesehen werden, waren die Verfasser Weltleute oder hatten Gelegenheit, frühzeitig des Umgangs mit der Welt zu genießen.

Hierzu kommt noch ein andrer Vorzug, den die mündliche
Mitteilung von Ideen vor der Belehrung aus Büchern hat. Die
lebende Rede wird durch den Akzent und die Gebärdensprache
unterstützt und wird dadurch teils verständlicher, teils ein-
dringlicher. Es gehört ein höherer Grad von Fähigkeit und Aufmerksamkeit dazu, um in den Sinn dessen, was man *liest*, bis auf
seine feinsten Schattierungen einzudringen, als nötig ist, um
einen *Redenden* vollkommen zu verstehen. Die Schrift ist ein
toter Buchstabe, den nur die Einbildungskraft und der Verstand
des Lesens beleben können. Aus seiner eignen Kenntnis des
Gegenstandes oder durch sein richtiges Gefühl des Zusammenhangs muß er alle die Feinheiten des Sinns, alle die Nebenideen
ergänzen, welche, durch Worte nur angedeutet, aber erst durch
Deklamation und Aktion ausgedrückt werden können. Wie
leicht ist es hier zu irren, wie noch weit öfter geschieht es, daß
man Sachen übersieht! Daher kommt es auch, daß der Umgang
mit vernünftigen Männern oder auch nur der mit *vielen* Menschen die Absicht selten verfehlt, den Verstand dessen, welcher
diese Schule besucht, wenigstens in einigem Grade aufzuklären
und zu bereichern. Das Studieren hingegen – das Lesen der
besten und lehrreichsten Bücher – läßt zuweilen den Menschen,
der jahrelang damit zubringt, wenn er nicht recht davon Gebrauch zu machen versteht, so roh und unaufgeklärt, als er
zuvor war.

Wenn man in den Büchern die Früchte reifer und langer Meditationen über die Gegenstände, wovon sie handeln, findet, so findet man dagegen im Gespräch die augenblicklichen Erzeugnisse eines schnellen, kurzen, aber durch die Umstände geschärften Nachdenkens – die Einfälle des Witzes oder die Eingebungen eines glücklichen Zufalls. In Büchern hört man größtenteils Leute vom Handwerk über diejenigen Dinge reden, die sie auf eine schulgerechte Weise gelernt haben. Im Umgang hört man oft die Aussprüche des bloß gesunden Menschenverstandes. Man erfährt, wie die Gegenstände Menschen erscheinen, welche nicht gewöhnlich mit denselben umgehen. Jede von diesen beiden Arten der Vorstellung hat ihre eigentümlichen Vorzüge und Mängel. Ein anhaltendes, regelmäßiges Studium bringt ohne Zweifel allein vollständige und gründliche Kenntnisse hervor. Aber ein glücklicher, im Gespräch hervorgelockter Einfall eines guten Kopfs klärt zuweilen dem Gelehrten selbst eine Sache plötzlich auf, über die er lange umsonst nachgedacht hatte. In der Fröhlichkeit eines angenehmen Umgangs, unter gutmütigen und doch lebhaften und geistreichen Freunden, sind wir oft weit mehr zum Denken aufgelegt und fassen die Gegenstände schärfer ins Auge als in den Stunden der Einsamkeit und der Arbeit auf unsrer Studierstube. Und die Urteile eines scharfsinnigen Laien über eine ihm ganz fremde Materie sind dem darin Eingeweihten nicht selten wegen ihrer Unbefangenheit und Originalität schätzbar.

Doch nicht in Absicht aller Arten der Kenntnisse ist der Umgang gleich lehrreich. Hauptsächlich sind es politische und ökonomische Kenntnisse, welche wir durch ihn zu erhalten hoffen können. Die Ursache ist, weil in jeder Gesellschaft Vorfälle des häuslichen oder des öffentlichen Lebens, Angelegenheiten des Staats oder Angelegenheiten der mit den Mitgliedern in Verbindung stehenden Familien den vornehmsten Inhalt der Gespräche ausmachen. [...]

Solange man die Natur bloß mit seinen Sinnen befragte und mehr den Zusammenhang aller Erscheinungen aus allgemeinen Vernunftbegriffen zu erraten als die Bestandteile und die Ursachen einzelner aus Tatsachen zu schließen suchte, so lange war die Physik wie die Philosophie bloße Sache des gemeinen Menschenverstandes, jedermann zugänglich, der mit offnen Augen in der Welt gelebt hatte und mit den Gemeinbegriffen versehen war, die, nach und nach von den alltäglichen Erfahrungen abgezogen, schon großenteils mit der Sprache erlernt wurden. Sie konnte daher auch ein allgemeiner Gegenstand des Gesprächs unter Personen, welche die gewöhnliche Aufklärung des Zeitalters erhalten hatten, werden. Sobald man aber die Natur erst durch Kunst zu verändern, ihre Produkte entweder zu zergliedern oder neu zu verbinden suchte, um sie genauer kennenzulernen – so wie man durch Maschinen neue Erscheinungen selbst veranstaltete, vervielfältigte, modifizierte, um die, welche die Natur ohne unser Zutun in ihrer für uns unzugänglichen Werkstätte hervorbringt, durch Analogie zu beurteilen: So bald mußte sich auch hier der Fleiß der Menschen teilen. Diese physikalischen Untersuchungen konnten nur der Beruf – und die daraus erwachsenden Kenntnisse konnten nur der Anteil einer gewissen Klasse von Menschen werden. Und die übrigen, sonst noch so erleuchteten, konnten durch natürlichen Verstand und Erfahrung weder im Stande sein, Erklärungen, die so viele vorhergehende Operationen erforderten, zu begreifen, noch weniger, etwas zu ihrer Bestreitung oder Bestätigung beizutragen. Die Physik entzog sich also immer mehr der gesellschaftlichen Untersuchung und forderte immer mehr einen sich ihr allein widmenden Fleiß. – Geschichte und Erdbeschreibung haben in ihrem Fortgange etwa ähnliches erfahren. So wie sie an Umfang und an Genauigkeit der Kenntnisse zugenommen haben, so haben sie sich auch von der allgemeinen Masse der, ganzen Nationen oder Ständen gemeinschaftlichen, Kenntnisse, welche den eigentlichen Stoff der gesellschaftlichen Unterhaltung ausmachen, getrennt.

Man kann daher auf gewisse Weise auf den Umgang anwenden, was ich oben von dem Geiste der Manufakturisten gesagt habe, daß er ärmer an Stoff der Unterhaltung geworden sei, so wie der Reichtum der Kenntnisse im menschlichen Geschlecht zugenommen habe. Der Manufakturist, sagt man, verliert an persönlicher Vollkommenheit, indes die Manufakturen vollkommner werden; weil dieses nicht ohne eine immer weiter getriebne Teilung der Arbeiten möglich ist, welche zuletzt jeden Arbeiter auf einen für die Geistesbildung zu engen Kreis von Gegenständen einschränkt. Auf gleiche Weise ist es eine Folge von den Fortschritten der Wissenschaften, daß jede ihren Mann fast allein beschäftigt und jede ihren eignen Mann erfordert. Der Gegenstände also, welche alle kennen, womit sich alle beschäftigen, sind jetzt wirklich weniger als im Altertum. Die Menschen kommen jetzt weniger wie ehedem in einer gemeinschaftlichen

Summe seichter und oberflächlicher Kenntnisse über viele Dinge zusammen; und trennen sich vielmehr durch gänzliche Unwissenheit in Absicht einiger und die tiefe Kenntnis andrer Zweige. Und da nun der Umgang sich keiner andern Gegenstände zur Unterhaltung im Gespräche bemächtigen kann, als über welche die Vorkenntnisse aller gut erzognen Leute ungefähr gleich sind, so hat sich dieser Kreis zu unsrer Zeit, im Verhältnisse gegen den im Altertum, in der Tat mehr verengt als erweitert. [...]

Der bloß *friedliche* Umtausch der Gedanken unter klugen Leuten ist dem Geiste zur Bereicherung so wie zur Übung schon sehr nützlich. Aber in einem noch weit höhern Grade wird der Verstand der Menschen durch einen freimütigen, aber freundschaftlichen *Streit* unter ihnen geschärft. Beim Angriff und bei der Verteidigung bietet der Mensch alle seine Kräfte auf: Und was er von Talenten besitzt, kommt bei dem Wetteifer des Kampfes zum Vorschein. Auch der, welcher im ruhigen Zustande zu träge ist, um andre von dem, was er weiß, ausführlich zu belehren, und zu unaufmerksam, um den Unterricht jener zu benutzen, wird dann beredt und aufmerksam zugleich, wenn er, gegen einen ihm gewachsenen Gegner, eine Lieblingsmeinung oder eine ihm wichtige Überzeugung durchfechten will. – Ja, kaum ist es auf irgendeine andere Art möglich, daß Materien im Gespräche gründlich behandelt werden, als wenn darüber gestritten wird. Wer über eine Sache, die niemand in der Gesellschaft bezweifelt, zu umständlich und zu gründlich spricht, scheint immer etwas Unschickliches zu tun; weil er sich zum Lehrer derjenigen aufzuwerfen scheint, die er als gleich einsichtsvoll mit sich voraussetzen muß. Aber wenn entgegengesetzte Behauptungen die Gesellschaft teilen, wenn unter uneinigen Parteien die Teilnahme an dem Gegenstande des Streits lebhafter wird und jeder Angegriffene gewissermaßen die Ehre seiner Einsichten oder seiner Wahrheitsliebe zu retten hat: dann ist es erlaubt und sogar Pflicht, der Sache auf den Grund zu gehen und der Gesellschaft als Richterin seine Beweise vollständig vorzulegen. Freilich finden solche lehrreichen Debatten in zahlreichen Versammlungen, die bloß zum Prunke oder zum Spiele zusammenkommen, nicht statt. Freilich kommt sehr viel darauf an, ob die Männer, welche miteinander streiten, an Talenten, Wissenschaft und Wahrheitsliebe sich ungefähr gleich sind. Unter unwissenden und gemeinen Köpfen wird der Streit zu einem Gewäsche; unter unbilligen und eigenliebischen Leuten wird er zu einem Gezänke. Aber wer wird auch das gesellige Leben bloß auf Spielgesellschaften einschränken? Und wenn der verständige Mann einmal in ausgebreiteten Verbindungen mit der Welt steht, so wird er gewiß darin ihm ähnliche Personen finden, mit denen eine geheime Anziehungskraft ihn bald genauer vereinigen wird. [...]

Ohne Zweifel ist der höchste Endzweck und der glücklichste Erfolg des in Gesellschaft über Ideen geführten Streits dieser, daß die Wahrheit zuletzt den Sieg erkämpft – daß diejenige Meinung, welche die meisten und besten Gründe für sich hat, nachdem sie durch die verschiednen Parteien von allen Seiten beleuchtet worden ist, zuletzt die Mehrheit der Stimmen für sich gewinnt und bei dem größern Teil Überzeugung hervorbringt. Dieser Erfolg ist unter Männern, die mit Wahrheitsliebe und Talenten nur verteidigen, was sie selbst glauben, und nur bestreiten, was sie wirklich für irrig halten, ziemlich sicher zu erwarten; besonders, wenn sie lange miteinander in Verbindung bleiben. Er ist unsicherer, wenn unter Personen, die nur gelegentlich zusammenkommen, der Streit, durch die Begierde zu glänzen veranlaßt, nur mit den Waffen des Witzes, vor Zuschauern, die keinen Teil daran nehmen, geführt wird. Im schlimmsten Falle indes ist die Geschicklichkeit, gut und mit Anstand zu streiten, ein Talent, das nicht geübt werden kann, ohne daß alle Geisteskräfte dadurch an Vollkommenheit gewinnen.

Etwas anders ist die Kunst, einen Streit über Meinungen auf eine angenehme Weise zu *führen,* etwas anders ist die, auf eine geschickte Weise zu einem lehrreichen Streite in der Gesellschaft *Anlaß zu geben.* Beide sind gesellschaftliche Talente, die nur in der Gesellschaft nach ihrem Wert geschätzt werden und nur hier erworben werden können. Schon überhaupt den Stoff zum Gespräch herbeizuführen, ohne sich mit demselben aufzudrängen, ist nicht ohne eine glückliche Erfindungsgabe, verbunden mit einer richtigen Beurteilung des Schicklichen, möglich. Aber noch mehr Kunst oder mehr natürliche Anmut gehört dazu, wenn man auf eine gute Art einen Zankapfel in die Gesellschaft auswerfen und bald durch artig eingekleidete Ungereimtheiten, die man behauptet, bald durch verstellte Angriffe gegen Meinungen, denen ein Teil der Anwesenden mit Wärme anhängt, auf die wirklich strittigen Punkte, deren Erörterung angenehm oder nützlich sein kann, die Aufmerksamkeit der verschiednen Parteien hinziehen will.

Diese schickliche Einleitung eines gesellschaftlichen Streits ist die Sache der guten Laune, des Witzes und einer gewissen Originalität, die niemand sich geben kann. Aber die gute Führung desselben ist das Werk des Verstandes, der sich durch Regeln leiten und durch Übungen schärfen läßt. Man kann mit Recht die *Debatte* als das Ideal des Gesprächs oder als das Meisterstück in der Kunst desselben ansehen. Alles, was der gesellschaftliche Sprecher braucht, wenn er seinen Endzweck erreichen will, alles, was man von ihm fordert, wenn er gefallen soll, das ist bei dem Disputierenden doppelt nötig; und es ist bei diesem schwerer, weil er mehr in Leidenschaft und also weniger Herr über sich ist. Er muß bei aller Begierde, die ihm zuströmenden Ideen vorzubringen, die Gründe seines Gegners geduldig und aufmerksam anhören; er muß, wenn er nicht unterbrochen sein will, so kurz wie möglich, und wenn er nicht mißverstanden sein will, so deutlich als möglich seine eignen Gründe entwickeln. Nie ist eine glückliche Stellung der Ideen, welche ihren Zusammenhang schnell übersehen läßt, nie sind treffende Beispiele, wodurch die abstrakten Sätze anschauend gemacht werden, mehr nötig und nie von größrer Wirkung, als wenn der Wert dessen, was wir sagen, auf der Stelle durch die Vergleichung mit den Antworten eines Gegners gemessen wird. – Und diese Gaben des Geistes sind für einen vortrefflichen Streiter auf dem gesellschaftlichen Kampfplatz noch nicht hinlänglich. Auch Tugenden des Charakters werden dazu erfordert. Es gehört Mut dazu, unsre Meinung unter Andersdenkenden freimütig zu behaupten; ein noch größrer, sie gegen fähige Widersacher zu verteidigen. Wenn wir, aus Nachgiebigkeit und Schwäche des Charakters, jede kühne, mit scheinbaren Gründen unterstützte Behauptung sogleich zu unsrer eignen machen, so sind wir in der Gesellschaft ebensosehr der Verführung ausgesetzt als des Unterrichts empfänglich. Wenn wir aus Blödigkeit unsern Gegnern zu zeitig nachgeben, gesetzt auch, daß sie uns an Einsichten überlegen wären, so kürzen wir den Unterricht, den uns der Streit mit ihnen hätte geben können, ab und entziehen uns die Gelegenheit zur Übung unsres eignen Verstandes. Auf der andern Seite muß dieser Mut mit Bescheidenheit gepaart sein, damit wir immer in den Grenzen des gesellschaftlichen Anstandes bleiben; er muß von der Wahrheitsliebe geleitet werden, damit wir nicht der sich uns aufdringenden Überzeu-

gung selbst widerstehen, um uns nur nicht als überwunden an-
zuerkennen. Nur der, welcher, von Hartnäckigkeit und feiger
Nachgiebigkeit gleich weit entfernt, einen Widerspruch ertragen, aber doch seine Überzeugung festhalten kann, bis die an-
wachsende Stärke der Gegengründe sie ihn allmählich aufzuge-
ben nötigt, nur dieser wird von jenem Kampfplatz der Ideen,
welche das gesellschaftliche Leben darbietet, mit erbeuteten
Wahrheiten zurückkommen.

Es ist noch ein Umstand übrig, der die Geistesübung in der
Einsamkeit von der in der Gesellschaft oder, mit andern Worten, das Gespräch von der Meditation unterscheidet. – Im Gespräch sind wir verbunden, unsre Gedanken vollständig zu entwickeln und deutlich auszudrücken, weil wir wollen, daß andre
uns verstehen sollen. Bei der Meditation begnügen wir uns nur,
Anfänge und Bruchstücke von Gedanken zu sammeln, weil wir
glauben, uns selbst schon mit halben Worten zu verstehen, und
die völlige Auseinandersetzung des Gefundnen entweder für
unnütz halten oder für die Zeit, wo wir davon zu einem bestimmten Endzwecke Gebrauch machen werden, aufsparen.

Die Meditation ist ein Selbstgespräch – das heißt ein Gespräch
mit einem sehr vertrauten Freunde, der uns vieles zugute hält,
der auch mit dem Unreifen vorliebnimmt, das Unverständliche
errät und das Unzusammenhängende, so gut er kann, zu ergänzen sucht. Das Gespräch hingegen ist eine Meditation vor Zeugen, wobei wir lächerlich werden, wenn wir unverständlich
sind, wo jede Lücke in unsern Schlüssen, jeder Fehler in unsrem
Vortrage unseren Absichten schadet, den Eingang unsrer Ideen
in andrer Gemüter verhindert und obendrein ihre Achtung gegen uns schwächt. Wir strengen uns deswegen, wenn wir einige
Ehrbegierde haben, in Gesellschaft an, unsern Gedanken Licht
und Leben zu geben. Bei der einsamen Meditation hingegen
lassen wir es auf gut Glück ankommen, wieviel oder wie wenig
durch sie gewonnen werden soll. Wir sind zufrieden, wenn wir
nur die Hauptmomente der Materie erkennen, gesetzt auch, daß
viele Zwischensätze uns nur wie im Dämmerlicht schimmerten.
[...]

Wir müssen zuweilen alle, auch die kleinsten Bande, von uns
werfen, welche den freien Gang unsres Geistes aufhalten. Und
derjenige nutzt die Einsamkeit nicht recht, der in derselben bloß
solche Geistesbeschäftigungen vornimmt, die er als Arbeiten
ansehen kann. Er muß auch zuweilen derjenigen reinen und

vollkommnen Muße pflegen, welche die alten griechischen Weisen eine heilige und ehrwürdige nannten – einer Muße, welche ganz auf das innere Selbstgespräch gewandt wird; und bei der bloß das Anziehende, welches in diesem Augenblicke gewisse Gegenstände für uns haben, die Meditation einleitet und die Natur und die gegenwärtige Stimmung unseres Geistes ihren Gang bestimmt. Doch, wer nur jemals der Wollust des einsamen und stillen Nachdenkens genossen – wer je erfahren hat, mit welcher Ruhe und Heiterkeit Meditationen das Gemüt erfüllen, in denen wir uns selbst unser Innerstes aufschließen, von Empfindungen zu Gedanken hin und her schwanken und ohne irgendeinen andern Trieb als den nach Wahrheit, nach moralischer Veredlung und nach Beruhigung des Herzens, den Wegen der Natur und der Vorsehung nachspüren: der wird nicht ermuntert werden dürfen, diese einsame Beschäftigung allen glänzenden Vergnügungen in der Gesellschaft, allen gewinnbringenden Geschäften und selbst gelehrten Arbeiten vorzuziehen.

Adam Müller
Vom Gespräch

Wenn ich unter allen Genüssen und Ergötzlichkeiten des Lebens dem *Gespräch* die unbedingt erste Stelle einräume, so habe ich gewiß alle Stimmen in dieser hochgeachteten Versammlung für mich. In allen den Beschäftigungen, die der Mensch dem ernsthaften und notwendigen Gange seines Lebens entgegensetzt und die er *Spiele* genannt hat, wird dem Zufall, dem Schicksal, kurz: einer gewissen unbekannten Macht Raum gegeben; mit diesem freiwillig anerkannten Zufall, mit diesem selbst geschaffenen Geheimnis wetteifert der Mensch im Spiele, und es erzeugt sich eine gewisse wohltätige Spannung zwischen dem Spieler und jenem unbekannten Wesen, eine anmutige Reihe von sehr verschiedenartigen Gemütsbewegungen, von Hoffnungen und Besorgnissen, von Täuschungen und Erfüllungen, in denen sich die Seele wohlgefällt, weil sie weiß, daß der Zufall, mit welchem sie spielt, von ihr abhängig ist, daß sie ihn auf den Thron erheben und nach Belieben wieder absetzen kann.

Es ist aber etwas *Antwortendes, Erwiderndes* in den Weltumständen, welches die Seele des Cäsar in den Ebenen von Pharsalus und den letzten Spieler an seinem Kartentische ergötzt; und so wenig in den Spielen, die aufgelegt gewonnen sind, als in den Schlachten, die nur geschlagen zu werden brauchen, *ist* jenes Antwortende, welches ein gesundes, kriegerisches Herz sucht und das den Zuschauer zum Anteil und zur Bewunderung hinreißt. Es soll ein Pompejus gegenüberstehn, es sollen Schicksalsknoten geschlungen werden ohne unser Mitwissen, es sollen die Lose geheimnisvoll gemischt werden, wir brauchen viel Täuschungen, viel Unerwartetes und mancherlei Mißlingen, wenn etwas Höheres gelingen soll, das wir eigentlich meinen, wenn eine Leere erfüllt werden soll, die uns eigentlich peinigt.

Wie ist es denn mit jener Verwicklung der Herzen, welche die schönsten und jugendlichsten Gefühle unsrer Zeitgenossen an sich zu reißen pflegt? Hat dieses Spiel mit der heiligsten Flamme des Lebens, worin die Seele so leicht ihre Flügel versengt – so wie es alle Romane der Welt darstellen –, seinen Reiz anderswoher als aus dem Geheimnis, das in diesem innigsten Gespräche über Frage und Antwort schwebt? In dem Verhältnis der

Geschlechter zueinander, da, wo die Natur die höchste Verschiedenartigkeit der Neigungen, der Ansichten, der bürgerlichen und sittlichen Eigenschaften angeordnet hat, wo sie am meisten mit sich selbst zu streiten und sich selbst zu widersprechen scheint, zeigt sich das lebendigste und unwiderstehlichste Gefühl des füreinander Bestimmtseins. Hier ist von beiden Seiten so viel Unerwartetes, Herausforderndes, Antwortendes, daß ein lebendiges Gespräch, der höchste Genuß des Lebens, erfolgen muß und daß, wenn ein mündiges Talent diese Gespräche ans Licht bringt, sich alle Blüten der Beredsamkeit zeigen müssen! Diese tiefere dialogische Natur der Liebe gibt der Fiametta, der neuen Heloise, der Clarissa und dem Werther ihre Lebensfrische und ihren Glanz.

Worin endlich liegt der Reiz und die Art von Genuß, die das Regieren, das Anordnen der Verhältnisse der Völker gewährt? – Sicherlich nicht in der Nachgiebigkeit der Völker, in ihrer Unterwürfigkeit und mechanischen Abhängigkeit? Gewiß nicht darin, daß ein kalter, einsamer Herrschergedanke, in breiten Massen, in einem gigantischen Stoffe ausgedrückt wird; gewiß nicht darin, daß der Regent ein riesenhaftes Gespenst von sich selbst neben sich herwandeln und in der Außenwelt nichts sieht als die kolossalen Schriftzüge seiner eignen Gedanken. Es ist das Antworten der Völker, es ist das Geheimnis ihrer Eigentümlichkeit, es ist die Beredsamkeit ihrer Freiheit, welches die große Seele reizt, sich mit ihren Geschäften und Sorgen zu befassen. Kurz: das Gespräch ist der erste aller Genüsse, weil es die Seele aller anderen Genüsse ist; auf diese einfache Formel reduziert sich das ganze verschlungene Treiben unsers Lebens. Was uns in allen Geschäften des Lebens reizt, anspornt, erhebt, was wir aber dort erst zusammengreifen und in einen einzigen Körper zusammenbauen müssen, damit es wie mit einer Stimme uns antworte, steht in dem lebendigen, freien Gespräch schon verkörpert als Freund und Gegner uns gegenüber; in der Brust des Freundes streiten alle feindseligen Mächte, die sich draußen im Felde und auf dem Forum nur irgend begegnen können; das Geheimnis eines einzigen Herzens ergründen heißt die Welt ergründen.

Zu einem wahren Gespräch gehören gewisse Erfordernisse, die sich, zumal in unsrer Zeit, seltner beisammen finden, als man denken sollte. Zuvörderst zwei durchaus verschiedene Sprecher, die einander geheimnisvoll und unergründlich sind; dann zwischen beiden eine gewisse gemeinschaftliche Luft, ein gewisser Glaube, ein Vertrauen, ein gemeinschaftlicher Boden der Wahrheit und der Gerechtigkeit. Beide Forderungen sollte der Mensch eigentlich erfüllen, inwiefern er Mensch ist: Indes finde ich besonders die heutige Generation so einförmig und so zerrissen von dem, was sie vereinigen sollte, nämlich den Ideen, so abgewendet und in den Formen des Geistes, darin sie sich brechen sollte, so gleichartig, daß es mich nicht befremden kann, wenn es überhaupt viel mehr Redende als Hörende, viel mehr Lehrende als Lernende und wenig wahres Gespräch gibt. Die ein Gespräch führen sollen, müssen einander etwas zu sagen haben, etwas Freies, Eigentümliches, die Form des Geistes in ihnen muß eine durchgängig verschiedene sein: Jedermann gibt das auf den ersten Blick zu. Aber daß ein ebenso mächtiges Gemeinschaftliches zwischen ihnen sein müsse, so wie ich eben von dem Verhältnisse der Geschlechter bemerkte, daß neben dem höchsten Zwiespalt, den die Natur angerichtet, sie ein desto gewaltigeres Streben nach der Vereinigung und dem Frieden gelegt, also ein wahres und inniges Gespräch begründet habe – bedarf einer näheren Auseinandersetzung.

Für sich allein oder für jedermann – ist niemand ein Redner: Wem nicht gewisse Personen, gewisse Arten des Widerspruchs den Mund verschließen, der mag ein geübter Sophist sein, aber ein Redner ist er sicherlich nicht. Wer nicht über gewisse Dinge mit mir einig ist, mit dem kann ich über die anderweitigen nicht streiten. Glaubt ihr an mich, so bin ich ein Redner; zweifelt ihr an mir, so bin ich stumm: Nicht etwa aus Absicht oder mit Vorsatz, aber weil mir wirklich das Vermögen, das Talent der Rede im Munde verlöscht. Glaubt ihr an mich kann wohl nichts anderes heißen als: glaubt ihr, daß ich etwas Höheres will als mich: nämlich die Wahrheit oder die Gerechtigkeit. Die beiden Sprecher also im Gespräch müssen aneinander glauben, eine Luft des Vertrauens muß sie beide umfangen, ein Boden der Gesinnung muß sie beide tragen; mindestens muß ein gemeinschaftliches Gesetz des Anstandes und Wohllautes zwischen ihnen obwalten.

Jenes große französische Gespräch über die höheren Angelegenheiten des Lebens, welches im Jahrhundert Ludwigs XIV. begann, zuvörderst alle ausgezeichneten, kräftigen, besonders aber alle galanten und liebenswürdigen Naturen jener Zeit mit sich fortriß, dann alle Höfe von Europa und von dort aus die Sitten und Meinungen der Völker ergriff, von einer Reihe glänzender Schriftsteller an allen Enden der gesitteten Welt wiederholentlich von neuem angefacht wurde und erst seit etwa zwanzig Jahren allmählich zu verlöschen und in ein totes Formenwesen zu zerfallen scheint, wie hätte es sich erhalten und eine Art von Weltherrschaft vorbereiten können ohne ein gewisses Gesetz des Anstandes, dem sich die verschiedenartigsten Naturen mit Neigung unterwerfen konnten. Es ist dies Gesetz jenes geheimnisvolle Wesen, womit die Kritik des achtzehnten Jahrhunderts sich vielfältig gequält, ohne es ergründen zu können: *Guter Geschmack* wird es genannt, sehr sinnreich und bezeichnend für eine unbekannte und unergreifliche Eigenschaft vielmehr der Verhältnisse der Dinge untereinander als der Dinge selbst. Wir werden es im Verfolge näher betrachten. Es ist das Element, es ist die gemeinschaftliche Luft, ohne welche die höhere französische Konversation nicht zu denken ist.

Ferner, was erhält, was belebt jenes beinahe tausendjährige britische Gespräch über das Recht, die Freiheit und alle Heiligtümer der Menschheit, dessen Herd und Mittelpunkt das Parlament ist, von wo es sich unaufhörlich verbreitet über die Gerichtshöfe und über alle Gemeinden und Familien und alle Gewerbe und Gespräche jener wunderbaren Insel? Nicht bloß daß sich Charaktere von seltner Vortrefflichkeit und Eigentümlichkeit in jenem Lande begegnet sind, sondern daß frühe der Sinn für ein großes Gemeingut erweckt worden, worüber alle Parteien einverstanden waren, für die Verfassung nämlich. – Daß man über eine gewisse Grundform des öffentlichen Lebens einig war, war die Bedingung des britischen Gesprächs, wie, daß es eine gewisse sittliche, von niemandem bezweifelte Grundform des Privatlebens gab, die Bedingung des französischen Gesprächs, seiner Verbreitung, seiner Belebung.

Kurz: man muß über gewisse Hauptsachen einig, man muß an Geist, an Sinn, an hervorstechender Zuneigung und Abneigung wenigstens von einerlei Art sein, um über das andre recht lebhaft, innig und ohne Ende streiten zu können. Mit dem Türken und allem, was außer der großen europäischen Glaubensverbindung stand, gab es nach den Ansichten unsrer Vorfahren keine Negotiation, kein Gespräch – und es ist sicherlich ein Sophist und kein Redner, der nicht bloß schweigt, aber dem nicht das Talent der Rede ohne Absicht, ohne Vorsatz im Munde verlöscht, wenn er sprechen soll mit Gegnern, die dieses Gemeinschaftliche verleugnen.

Jeder von uns hat es erfahren, daß, wenn es darauf ankommt, einen andern zu überzeugen, und alle Gründe und alle Beweise,

welche der kalte Verstand gesammelt hat, nunmehr erschöpft
und an der verschlossenen Herzenstür des Gegners ohne Wirkung umgekehrt sind, sich, vielleicht bei der zufälligen Erinnerung an etwas gemeinschaftlich Verehrtes oder Geliebtes, plötzlich ein Verständnis eröffnet. Dies ist der Augenblick, wo wir
den Geist der Beredsamkeit über uns kommen fühlen, wo das
eigentliche Gespräch beginnt und wo nun jedes Wort seine
Stelle findet. Deshalb verfehlen die Rührungen, auch in dem
Munde des schlechten Redners, so selten ihren Zweck: Sie bereiten ein gemeinschaftliches Element zwischen dem Redner
und seinem Hörer, worin sich dann alles übrige leichter
berührt.

Die erste Konversation mit einem neuen Menschen hat etwas
Unerfreuliches, Beschwerliches, bis man ein Gemeinschaftliches zwischeneinander gefunden: Das Wetter, die Beschaffenheit der Luft wird gern benutzt, als wenn man ahnte, daß jede
Verbindung, jede Freundschaft, jedes Gespräch eine eigne
kleine Welt für sich werden müsse, mit ihrer eignen Luft, mit
eignem Element, darin sie sich bewege. Man tastet umher nach
gemeinschaftlichen Bekannten, nach Gegenständen der Zuneigung oder Abneigung, worin man sich etwa berühre; unsre
Voreltern rechneten in solchen Fällen gern die wirkliche Bluts-
verwandtschaft herbei. Alle diese Fäden der Unterhaltung aber
pflegen wieder zu zerreißen, bis man sich über Ideen berührt:
Von dem Augenblick an ist der Boden der Unterhaltung fest
und wölbt sich, ich möchte sagen, ein gemeinschaftlicher Himmel über beide. Nun, da das Gemeinschaftliche gefunden, muß
die Verschiedenartigkeit der Naturen das schöne Werk fortset-
zen, ja verewigen: Die Grundharmonie ist gegeben, ein Gesetz
der beständigen Wiederkehr zueinander; beide Stimmen können sich mit Freiheit voneinander entfernen, jede kann ihre
eigentümlichen Modulationen verfolgen; der Grundton hält sie
fest; jede Stimme hört sich selbst, zugleich aber, was viel mehr
sagen will, den Akkord, den sie mit der andern bildet, und was
noch mehr sagen will, sie empfindet in allen Labyrinthen der
Gedanken und Töne ein allgegenwärtiges harmonisches Gesetz. – Die Musik kann es verdeutlichen, wie sich an dieses erste
Gespräch eine neue Stimme über die andre anschließen und wie
endlich eine ganze Nation es eingreifend fortbilden und vollenden kann. Übersehen wir den Hauptumstand nicht: Ist das harmonische Gesetz für zwei gegeben, so ist es für tausende da und
für die Welt; zwei Liebende, sagt der Dichter in diesem Sinne,

bilden ein versammeltes Volk – und je verschiedenartiger die Stimmen, je eigentümlicher die Instrumente, um so gewaltiger und tiefer wird der harmonische Eindruck.

Darin nun liegt das Geheimnis der Leichtigkeit aller gesellipen Berührung, alles Abords im ehemaligen Frankreich; es gab ein gewisses harmonisches Grundverhältnis in dem gesamten Gespräch jener Naturen, in allen seinen Verzweigungen und in allen Ranken, die es über Europa ausstreckte: Durch eine leichte Berührung der Zunge gleichsam, wie es das Wort Geschmack sehr sinnreich ausdrückte, war entschieden, was in die Sphäre dieses Gesprächs, d.h. überhaupt in diese harmonische Welt, gehörte und was nicht. Die Bewegung aller Konversation war so einfach und natürlich regelmäßig, daß sie, ich möchte sagen, eins wurde mit dem körperlichen Pulsschlag der Nation: Der Takt war leicht gefunden, ja, es wurde schwer, ihn zu verletzen.

Es hat Zeit gebraucht, bevor wir Deutsche in dem Bewußtsein unsers ernsten und heiligen Willens zu der gerechten Anerkennung dieser Vorzüge unsrer Nachbarn gekommen sind. Das ist die große Beschwerde unsers Lebens: Statt jenes harmonischen Ineinandergreifens wirft es durcheinander bei uns wie der Gesang der Vögel im Walde, jede von den befiederten Familien hat ihren eignen Grundton, jede ihren besondern Takt, und wenn das Ganze auch den Eindruck gäbe und die Vorahnung, daß der Frühling kommt, wenn es auch Vorgefühle erweckte von einer viel tieferen Harmonie, wer hört dieses Ganze, wer hört es vor seiner eignen Stimme. Jenes Element von Musik, jener eigentümliche Charakterzug unsers Planeten, welches noch außer der Atmosphäre wie ein zarterer Dunstkreis in jenem gröberen, wie ein irdischer Äther diesen Wohnplatz der Menschheit umfängt, jenes Element von Musik, das keine Nation empfunden haben kann wie die, welche Gluck und Mozart und Haydn und Bach und Händel geboren, ist wirklich als Vorgefühl oder Nachgefühl in jedem deutschen Herzen, es lebt in unsrer Kunst, es regt sich an tausend Stellen unsrer Sprache, aber im wirklichen und gegenwärtigen deutschen Leben, d.h. im Gespräche und in den gesellschaftlichen Verbindungen, entbehren wir es.

Die Dialekte unsrer Sprache sind, zumal was Betonung und Akzent angeht, schöne Denkmale vaterländischer Treue, festen Beharrens an dem Boden, der uns erzeugt, und an die Weise, wie seine Berge und Wälder und die Herzen, die er trägt, den

Ton der Herzlichkeit zurückgaben; aber wie schroff stehn sie untereinander, wie sperren und spannen sie die einzelnen Gebiete von Deutschland gegeneinander; so auch die Gesinnungen, die Gedanken: ein gemeinschaftlicher Grundton der Harmonie nirgends, wenn nicht etwa in dem Nachklang dessen, was wir einst waren, und in der Ahnung dessen, was wir werden können. Man werfe uns nicht vor, daß jeder einzelne von uns nach dem Unendlichen strebe, alles umfassen, sich eine eigne Welt bauen wolle: Er sucht, er strebt nur nach der Ganzheit, nach der Fülle seines zersplitterten Volks; im Innern seines Herzens will er umfassen, was sich in der äußeren Welt für den kurzen Zeitraum seines Lebens nicht hat finden und binden wollen; er versammelt die zerstreuten Züge des deutschen Gemeinwesens wie eines abwesenden Freundes; er möchte, was in die Schicksale, in die Gedanken dieser großen Nation eingegriffen – und was hat denn nicht eingegriffen? –, in ein großes Gebäude, in ein Vaterhaus für die deutsche Nachwelt zusammenfügen; er kann nichts Geringeres unternehmen als den Bau einer Welt, weil die Welt, für die er geboren worden, wirklich zerfallen ist.

Jenes harmonische Grundverhältnis, welches die frühere französische Sprache, Konversation, Gesellschaft und Literatur auszeichnet und welches noch heute, im Zustande der Barbarei und des Verfalls, da, wo die großen Räder der europäischen Gesellschaft unter fürchterlichen Reibungen ineinandergreifen, wie ein geschmeidiges Öl die Bewegung erleichtert, war zu den Zeiten der Größe von Frankreich allen Formen der Bildung, ja der tiefsinnigsten Entwicklung des Geistes wie der leichtesten, vergänglichsten Blüte der Phantasie gleich günstig. Es ist falsch, daß in dem Geiste der französischen Konversation an und für sich etwas liege, was der Ergründung der Dinge in ihrer Tiefe, dem Haften und Beharren an ernsten Bestrebungen des Geistes ungünstig sei. Jener Charakter einer gewissen Nullität, den ihr Goethe zuschreibt, jenes libellenartige, farbenspielende Flattern an der Oberfläche des Lebens, mit gelegentlichem leichtem Eintauchen und Benetzen der Flügel, jene Scheu vor dem Ergründen und vor allem Großen, Überlegenen und Herrschenden – gilt nur von der gegenwärtigen weichlichen, kränklichen Reizbarkeit der Gesellschaft: Es ist die Scheu des Alters vor dem gesunden Luftwechsel des Lebens; das siècle de Louis XIV. berührt dieser Vorwurf nicht. Freilich wird Maß und Takt begehrt; freilich wird begehrt, daß sich jeder Sprechende dem

Gesetz der gesellschaftlichen Harmonie unterwerfe; freilich soll nicht mehr gesprochen werden als gehört, nicht mehr gelehrt werden, als gelernt; freilich reißt dieser lebendige Strom alles stehende Gewässer mit sich fort und leidet keine trübe, einsame, unnützliche Tiefe – aber sind dies nicht Eigenschaften der wahren Konversation, der echten Gesellschaft überall? Frankreich wäre nicht die Schule der Beredsamkeit geworden für ein ganzes Jahrhundert, wenn es seinen großen Geistern gestattet hätte, tiefsinnig zu sein ohne die Klarheit, welche das unendliche Gespräch gab, dahin sie fortgerissen wurden, eigentümlich ohne die Allgemeingültigkeit, welche jeden Gedanken und jeden besonderen Besitz, unsern neulichen Betrachtungen zufolge, bekräftigt, besiegelt, indem sie ihn zum Gemeingut erhebt. Daher nun ist für den ganzen Kreis des Bewußtseins und der Anschauung der Franzosen ihre Sprache so vollendet, so ausgesprochen, so ausgespielt, wie man von musikalischen Instrumenten zu sagen pflegt. Unendlich ärmer an Worten als die deutsche, ist unter ihren Worten ein leichtes, graziöses Verhältnis: Die Worte untereinander haben denselbigen leichten Abord wie die Personen in der Gesellschaft: Bei allem Mißklang in den einzelnen Worten hört man ganz deutlich einen Wohlklang in den Zusammenstellungen der Worte. – Dies sind die Vorzüge einer Sprache, die aus dem lebendigen Gespräch hervorgegangen; die nicht wie die deutsche mehr geschrieben als gesprochen und zu einem Signale einsamer Geister mißbraucht worden ist.

Ich glaube, daß aus meiner ganzen bisherigen Darstellung deutlich hervorgeht, was die bisherige Theorie der Beredsamkeit versäumt hat und was sogar die französische Rhetorik, im eigentlichsten Verstande vor Bäumen den Wald nicht sehend, nicht nachzuweisen versteht. Die bisherige Redekunst fordert vom Redner, daß er beweise, und falls dieses, wie in den meisten Fällen, nicht viel verfangen will, so gibt sie ihm eine gewisse Nachhilfe, ein Kapitel von der Erregung der Leidenschaften: Sie geht sehr weit, wenn sie dem Redner gestattet, gelegentlich einen Einwurf gegen sich selbst zu wagen. Ich habe die Protestation gegen sich selbst, das Mißtrauen und den Zweifel an der eignen Wahrheit um der göttlichen und ewigen Wahrheit willen zur ersten Forderung an den Redner erhoben: Er soll die eigne Wahrheit unterwerfen der göttlichen Wahrheit, weil nur diese ihm die Macht geben kann, zweierlei Wahrheit, seine und seines Gegners Wahrheit, zu versöhnen oder wahrhaft zu überreden, zu überzeugen; er soll die Gegenstände irdischer Verehrung, die

er zu verteidigen unternimmt, zuvörderst opfern, er soll sie anklagen, darbieten der ewigen Idee der Schönheit, damit diese
durch seinen Mund rede und ihn und seinen Gegner über den
irdischen Gegenstand des Streits versöhne. Was heißt dies anders, als seinen Gegner auf den gemeinschaftlichen Boden her-
überziehn, über sich und ihn den gemeinschaftlichen Himmel
wölben, beide in eine und dieselbe Luft versetzen, einen Grund-
akkord zwischen beiden anordnen.

Das Anregen der Leidenschaften und Rührungen ist ein armseliges Substitut dessen, was ich hier meine: Es heißt den Menschen bei seiner einzelnen schwachen Seite fassen, wo wir ihn
zum Ausweichen nötigen, befangen, allenfalls verzaubern, aber
nie besiegen können: Es ist ein augenblickliches, fruchtloses
Einweichen des Gegners, dessen Starrheit unmittelbar zurückkehrt, sobald ihn der austrocknende Hauch der Welt wieder
berührt. Entweder ihr ergreift den Gegner bei seiner *gewaffnet-
sten* Seite, den Stier bei seinen Hörnern, indem ihr vorweg-
nehmt seine Gründe, sie verstärkt, sie durch den Zusammenhang eurer Anklage belebt, indem ihr alle die Wunden zeigt, die
er erst schlagen will; und ihr erhebt euren Gegner an seiner
schwächsten Seite, die nämlich, die empfänglich ist für das Göttliche und an welcher stärker zu sein als er euch zum Redner
macht und ihn zum Hörer – oder ihr ergreift ihn gar nicht, ihr
spielt an der Oberfläche seines Herzens, ihr bestimmt das Tun
seiner Hände, aber nicht seinen Willen, ihr habt Maschinen in
Bewegung gesetzt, aber nicht Herzen. Was tut also der Redner
anders als mit Bewußtsein das, was in jedem wahren Gespräch
bewußtlos geschieht: Er stellt dar 1) den Streit zweier ganz
eigentümlicher und verschiedenartiger Naturen; 2) das Gemeinschaftliche, Höhere, was in dem lebendigen Gespräch unsichtbar wie ein Schutzgeist des Gesprächs oder wie die Grundharmonie in der Musik zwischen den beiden Sprechenden waltet.
Eine Rede ist also nichts anders als ein abgeschlossenes Gespräch, welches in allen seinen wesentlichen sichtbaren und un-
sichtbaren Teilen durch den Mund eines Menschen an die Welt
tritt. Der Redner vereinigt drei Personen in sich, zuvörderst die
beiden Sprecher des Gesprächs in ihrer eigentümlichen Farbe
und Manier, dann aber beide gedämpft, veredelt sichtbar und
unsichtbar versöhnt durch eine dritte höhere Person, die Seele
des Redners, die über dem Streite der Glieder thront. Von dieser unbefangenen, besonnenen Stellung über dem Kampf der
Lebenselemente, den der Redner darstellt, finde ich in den

Lehrbüchern der Redekunst nichts. Ich höre gern dem Streit der Klugen zu, sagt die Prinzessin in Goethes Tasso, wenn an die Kräfte, die des Menschen Brust so freundlich und so fürchterlich bewegen, mit Grazie die Rednerlippe spielt.

Daß diese Regel, dieser Kanon der Rede, für alle Formen der Rede, für alle Bücher, für jede Art der Darstellung gilt, springt in die Augen. Der Kanzelredner, welcher das Gemeinschaftliche allein zur Sprache bringen wollte, der die göttlichen Wahrheiten, der die harmonische Regel für das höhere Leben unsres Geschlechts allein darreichen wollte, ohne die Parteien, ohne den Kampf der irdischen Wahrheit mit dem irdischen Irrtum, würde einsam bleiben in seiner Höhe, zurückschrecken, anstatt zu erheben. Der Sachwalter vor Gericht andrerseits, der bloß die Eigentümlichkeit seiner Partei zu verteidigen unternähme, der nicht von dem Geiste des Gesetzes beseelt über seinen Parteien schwebte und ihren Handel mit einer gewissen heiligen Besonnenheit vor die Seele des Richters brächte, würde die Sache tiefer verwickeln, als sie zum Spruche zu bringen. Was macht Machiavelli und die Alten in ihren Geschichten so groß als bei der Klarheit, mit der die handelnden Parteien in ihrer Eigenheit auftreten, der alles umfangende göttliche Hauch einer großen Seele, die ein Bestimmtes will, die ein höchstes Gut hat, die Freiheit oder das Vaterland, vor dem sich alle die streitenden Helden, die sie darstellt, beugen sollen: Sie erhebt die Parteien, damit der Sieg des ewigen Gedankens über die vergänglichen Helden glänzender werde. Je mehr die Begebenheiten auseinanderstreben, um so gewaltiger rafft sie zusammen und bändigt sie der Gedanke, bei Tacitus.

Zum letzten Male nunmehr lassen Sie uns einen strengen, ungefälligen Blick auf Deutschland werfen. Also eine Sprache, die mehr gelesen und entziffert wird als gesprochen, in der viel mehr gelehrt wird als gelernt und gehört; ein Gespräch, das nur durch die Schrauben der Not zustande gebracht wird; ein Volk zersplittert in sich selbst, viel weniger das Ausland achtend als sich selbst geringschätzend und alle seine Institute, neben der allzu großen Erinnerung an ehemals und der allzu ungemessenen Forderung an die Zukunft; alle seine größeren Geister entfernt, zerstreut über das unermeßliche Gebiet des Wissens, vertrauter mit dem Altertum als mit der Gegenwart, freundlicher verkehrend mit dem entferntesten Orient als mit der Nachbarschaft, lieber den Toten die Hand reichend als den Lebendigen, lieber mit denen redend, die nicht mehr hören und antworten können und die, wenn sie hörten, uns zurückschrecken würden in unser Jahrhundert, hier dasselbige, Tüchtige zu sein, was sie in dem ihrigen waren; endlich die wenigen, welche den Gram und die Größe dieses Volks zugleich empfinden und dennoch nicht weichen können von diesem Boden oder aus diesem Gefängnis, die von der Gegenwart nicht lassen können, diese wenigen, einsam bauend neue Welten aus den alten Materialien, welche das vergangene Jahr hier reichlicher als auf irgendeinem andern Boden hinterließ; ohne Berührung, ohne Gespräch miteinander unternehmend, was nur die Begeisterung der Gemeinschaft, welche alles um sich her allmählich in ihren Strudel reißt, vollenden könnte. Ich frage Sie, ist es unter solchen Umständen nicht endlich Zeit, gründlich zu fragen, was Frankreich groß gemacht; was Frankreich vermocht und in Stand gesetzt hat, vollständig auszusprechen, d.h. nach meiner neulichen Erklärung ganz auszudrücken in Leben und Tat, was es gewollt hat. Ist es nicht Zeit, die Gründe der höchsten Mitteilung, die zwischen menschlichen Wesen möglich ist, die Gründe jenes Verkehrs durch Wort und Rede, in den sich alle Kriege, alle Arbeiten, alle Genüsse der Menschheit zuletzt auflösen, zu untersuchen; zu fragen, was uns den Mund gegeneinander verschließt, da tausend Zeugnisse niedergelegt sind in Schrift für die Ewigkeit, daß wir reden können?

Es ist ein schlechter Trost, den wir auf allen Straßen hören müssen, daß uns nämlich statt Deutschland das Instrument der deutschen Sprache verblieben sei. Was ist diese tote Schriftsprache ohne das lebendige Gespräch und ohne die deutsche Rede, die daraus hervorwachsen sollte. Ich wünsche Deutschland Glück, daß jenes Schrift- und Formelwesen allmählich zerfällt, daß das Ansehn der Druckerpresse durch den Mißbrauch allmählich abnimmt, daß die Liebhaber dieses Unwesens von den Zeitumständen mehr und mehr mit Auswahl zu kaufen und, anstatt zu lesen, lieber zu sprechen genötigt werden; was echtes Gold ist, wird dennoch bestehen.

Wie könnte ich gezeigt haben, daß das Gespräch die Quelle der Beredsamkeit überhaupt sei, ohne jenes großen Deutschen zu gedenken, mit dem die deutsche Beredsamkeit erwacht, der mit der Flamme des Gesprächs alles ergriff, was dem deutschen Herzen nahegeht und was, da er seine Stimme erhob, in unnatürlicher Verzauberung oder Versteinerung da lag, G. E. Lessing. Er ward gehört, er drang tiefer in das Ohr und in die Seele seiner Nation als irgendein Zeitgenosse; er zwang durch ein echtes Talent der Rede die Nation zur Antwort; streute über die Furchen, die ein unglücklicher Krieg in Deutschland hinterlassen, den Samen eines geistigen Krieges aus; weckte, wie es dem freien Geiste ziemt, der für die Freiheit der übrigen lebt, viel mehr Gedanken, als er aussprach, und blieb als ein unbegriffenes Wunder in dem Andenken seiner Freunde zurück; was er geringgeschätzt hatte an sich, wurde zum Muster gewählt; der Schnitt und alle Äußerlichkeiten seines Wesens und was niemand gründlicher verachtete als er, fand in allen literarischen Werkstätten Nachahmer und Sklaven, bis ein Freund in einem höheren Sinne des Worts, ein Pair seines Geistes, endlich einer neuen Generation, die indes aufgegangen, sagte, wer und wie er gewesen sei.

Es ist nicht unmerkwürdig, das Geschlechtsregister eines tüchtigen und gründlichen Gedanken zu wissen. Daß das Gespräch die Seele aller Rede sei, hat Lessing durch sein kriegerisches Leben bestätigt, aber ausgesprochen, deutlicher empfunden als Lessing selbst und mir überliefert hat ihn der große Gelehrte, den ich als Muster, Freund und als unmittelbaren Vorgänger bei diesem Geschäfte der Vorlesungen auf gleiche Weise verehre.*

* Friedrich Schlegel, der eben seine Vorlesungen über die Literatur beschlossen hatte, als die gegenwärtigen über die Beredsamkeit ihren Anfang nahmen.

Indem wir nun diese drei unterscheiden, das *reine Denken* als das in sich selbst bleibende und sich uns zur Unveränderlichkeit und Allgemeinheit steigernde, das *geschäftliche*, welches in dem Anderswerden von etwas oder in der Erreichung eines Zweckes sein Ende findet, und das *künstlerische*, welches in dem Moment des Wohlgefallens zur Ruhe kommt, besorgen wir nicht, daß wir in der Folge bei der weiteren Betrachtung des reinen Denkens in Verwirrung geraten könnten mit einem andern zu keinem von diesen dreien gehörigen Denken, sondern bis uns ein solches aufgezeigt wird, behaupten wir, daß alles menschliche Denken in diesen drei Richtungen beschlossen ist. Ob aber auch alle drei ohne Unterschied in jedem menschlichen Einzelwesen anzutreffen sind, so daß die einzelnen sich nur durch ein verschiedenes Verhältnis dieser Richtungen unterscheiden, dies bleibe ebenfalls für jetzt dahingestellt, und nur dieses setzen wir fest, daß die Dialektik nur für diejenigen sei, welche sich der Richtung auf das Wissen oder des Wissenwollens bewußt sind, und sie soll auch nur für das Verfahren in dieser Richtung gelten.

Jede dieser drei Richtungen des Denkens hat nun auch eine ihr entsprechende Weise der Gesprächführung. Das freie Gespräch gehört überwiegend dem künstlerischen Denken an. Gehen wir aus von der Gedankenerzeugung als freier Tätigkeit des einzelnen und von der Möglichkeit der Mitteilung des Gedachten durch die Sprache, so müssen wir auch ebenso voraussetzen, daß durch Mitteilung des einen die Gedankenerzeugung des andern teils erregt, teils, wenn sie schon im Gange ist, umgelenkt und anders bestimmt werden kann. Das freie Gespräch ist nun die auf diesem Wege durch gegenseitige Mitteilung sich entwickelnde Wechselwirkung, wobei das Verhältnis der Gedanken des einen zu denen des andern ihrem Inhalt nach so gut als gar nicht in Betracht kommt, sondern nur die allerdings durch das Wohlgefallen an der Mitteilung zu unterstützende erregende Kraft, welche die Gedankenerzeugung des einen auf die des andern ausübt. Dieses ursprüngliche, in jedem Zusammenleben sich bildende Gespräch hat kein anderes natürliches Ende als die allmähliche Erschöpfung des beschriebenen Prozesses und kann also um so länger fortgesetzt werden, je mehr erregende Kraft den hervortretenden Gedanken einwohnt; aber es kann freilich jeden Augenblick übergehen sowohl in das geschäftliche Denken als auch in die Richtung auf das Wissen. Solange es nun nicht auf diese Weise seine Natur ändert, läßt sich eine andere Anweisung dazu nicht denken als die Kenntnis der Bedingungen, unter welchen Gedankenmitteilung durch die Rede Wohlgefallen erregt.

Die Gesprächführung auf dem Gebiet des geschäftlichen Denkens ist dadurch bedingt, daß jemand zu seinem beabsichtigten Tun anderer bedarf, sei es nun, um es zu ihrem eigenen zu machen, damit sie übereinstimmend dazu mitwirken, oder nur um zu hindern, daß sie störend und hemmend entgegenwirken. In beiden Fällen kommt es darauf an, durch die Rede den Willen anderer zu bestimmen, und hier hat die Kunst der Überredung ihr eigentümliches Gebiet, wie sie überall im gemeinen Leben bei Verträgen und Beratungen aller Art geübt wird. Die Anweisung dazu aber ist bekanntlich in dem klassischen Altertum in der größten Vollkommenheit bearbeitet, zugleich aber von anderen Seiten für höchst gefährlich erklärt worden. Sie ist aber nur gefährlich, wenn sie sich nicht auf die Aufgabe beschränkt, wie die gewünschte Willensbestimmung mit dem mindesten Aufwand und doch zu beiderseitiger Zufriedenheit zu erreichen ist, sondern wenn sie durch das bloße Wohlgefallen gleichsam als Lohn für die Erregung desselben die Willensbestimmung erschleichen will, oder auf der anderen Seite dadurch, daß sie den Zusammenhang derselben mit dem eigenen Tun des andern auf eine solche Weise darstellt, wie er sich ihm hernach nicht bewährt. Beides ist eine Täuschung; in dem letzteren Falle aber besonders wird ein Schein des Wissens erregt, und nicht selten ist dieser Nebenzweig der Überredungskunst mit dem Namen Dialektik bezeichnet worden, ein Sprachgebrauch, welcher mit dem unsrigen nichts gemein hat.

Die Gesprächführung endlich auf dem Gebiet des reinen Denkens in dem bereits angegebenen Sinn setzt eine Hemmung des reinen Denkens voraus entweder in einem, und dann entsteht *Selbstgespräch*, oder zwischen mehreren in der reinen Gedankenerzeugung sich Mitteilenden, und dann entsteht das *eigentliche Gespräch*. Denn setzen wir einen einzelnen im reinen Denken begriffen von einem ihm im obigen Sinne *Gewissen* aus fortschreitend, so daß ihm jedes Folgende ebenso ein Gewisses wird, so entsteht, solange die Entwicklung ungehemmt fortgeht, kein Selbstgespräch, sondern eine fortlaufende innere Rede, deren einzelne Teile gleichmäßig unter sich und mit dem Ganzen gewiß sind. Ebenso, wenn diese Rede einem andern mitgeteilt wird, dem der Anfang schon gewiß ist, oder er wird ihm augenblicklich gewiß, und ebenso auch jedes folgende Glied der Reihe, so entsteht kein Gespräch, wenn man nicht die bloß begleitende Bejahung so nennen will; sondern ohne eigentliche Wechselrede wird in dem Aufnehmenden dasselbe, was in dem Mitteilenden war. Das Gespräch entsteht aber sogleich, wenn wir eine Hemmung setzen, als Selbstgespräch, wenn entweder von einem Gliede der Reihe aus zwei andere entstehen, die nicht zugleich gewiß werden wollen, und also ein Schwanken zwischen beiden, oder auch, wenn zwar nur ein Gedanke entsteht, um dessentwillen aber, wenn er gewiß sein soll, ein anderes, schon gewiß Gewesenes aufhören müßte, gewiß zu sein. Ebenso entsteht als eigentliches Gespräch, wenn von demselben Punkt aus dem einen Unterredner ein anderes Denken gewiß wird als dem andern, und beide Gedanken nicht zugleich gewiß werden wollen, oder wenn einer von beiden, damit ihm dasselbe wie dem andern gewiß werde, ein ihm schon gewiß Gewesenes als nicht mehr gewiß ausstreichen müßte. Diese Zustände nun sind die, welche wir durch die Ausdrücke *Zweifel* und *Streit* bezeichnen, ohne welche mithin das Bedürfnis unserer Disziplin gar nicht vorhanden sein würde, wie dieses auch die Geschichte derselben auf das bestimmteste nachweiset. Denn nur, wo der Streit schon war, und zugleich die Richtung auf das Wissen stark genug, und das reine Denken bestimmt genug von dem andern unterschieden, um den Streit rein in seiner Natur zu unterhalten, nur da hat die Dialektik entstehen und sich ausbilden können. Wo hingegen reines Denken und künstlerisches nicht recht auseinandertreten, oder auch, wo es zwischen verschieden Denkenden keine Denkgemeinschaft gibt, sondern nur die einfache Mitteilung der selbständig Denkenden an die Aufnehmenden, da tritt keine Dialektik ans Licht.

Die ironische Redefigur hebt nun mittlerweile *sich selber auf,* sofern der Redner voraussetzt, daß die Hörer ihn verstehen, und dergestalt tritt doch, durch eine Verneinung der unmittelbaren Erscheinung hindurch, das Wesen in die Identität mit der Erscheinung. Wenn es zuweilen sich so trifft, daß solch eine ironische Rede mißverstanden wird, ist dies nicht des Redners Schuld, außer insofern er sich mit so einem arglistigen Patron wie der Ironie eingelassen hat, welche ihren Freunden ebenso gern einen Possen spielt wie ihren Feinden. Von solch einer ironischen Wendung der Rede sagt man wohl: »*Der* Ernst ist nicht ernst gemeint.« Die Äußerung klingt ganz schauderhaft ernst, aber der kundige Hörer ist in das Geheimnis eingeweiht, das dahintersteckt. Eben damit aber ist die Ironie wieder aufgehoben. Es ist die allergewöhnlichste Form der Ironie, daß man mit ernster Miene etwas sagt, das doch nicht ernst gemeint ist. Die andre Form, daß man etwas zum Scherz, scherzend sagt, das ernst gemeint ist, kommt seltener vor*. Indes wie gesagt, die ironische Redefigur hebt sich selber auf, sie gleicht einem Rätsel, für das man im Augenblick des Hörens die Auflösung hat. Mittlerweile hat die ironische Redefigur eine Eigenschaft, welche gleichfalls für alle Ironie bezeichnend ist, nämlich *eine gewisse Vornehmheit,* die daher kommt, daß sie, obzwar verstanden, doch nicht geradezu verstanden sein möchte; und diese Vornehmheit bewirkt, daß diese Redefigur gleichsam herabblickt auf die schlichte und einfältige Rede, welche jedermann ohne Umstände verstehen kann; sie reist gleichsam in der vornehmen Kutsche des Inkognito und sieht von diesem erhabenen Ort herab auf die gewöhnliche, zu Fuß gehende Rede. Im täglichen Umgang kommt die ironische Redefigur hauptsächlich bei den höheren Klassen vor als Standesvorrecht, das unter die gleiche Kategorie gehört wie der ›gute Ton‹, der da fordert, daß man über Unschuld lächele und Tugend für Beschränktheit halte, obwohl man doch in gewissem Maße daran glaubt.

---

* Wo sie sehr häufig vorkommt, besteht gern Verbindung mit einer gewissen Verzweiflung, und daher findet sie sich oft bei Humoristen, so z. B. wenn *Heine* im scherzhaftesten Tone überlegt, was schlimmer sei, Zahnschmerz oder ein böses Gewissen, und sich für ersteren entscheidet.

Soweit nun die höheren Klassen (dies Wort natürlich im Sinne einer geistigen Rangordnung genommen) in der gleichen Absicht, in der Könige und Fürsten französisch sprechen, sich der ironischen Redeweise bedienen, damit Laien sie nicht verstehen, insoweit ist Ironie im Begriff, *sich zu isolieren;* sie wünscht da nicht, allgemein verstanden zu werden. *Hier hebt* mithin *die Ironie sich selber nicht auf.* Es ist überhaupt nur eine untergeordnete Gestalt der ironischen Eitelkeit, wenn man Zeugen wünscht, um seiner selbst gewiß und sicher zu sein; ebenso ist es auch bloß eine Folgewidrigkeit, welche die Ironie mit jedem negativen Standpunkt gemein hat, daß sie, die da ihrem Begriff zufolge Isoliertheit ist, eine Gemeinschaft zu begründen sucht und sich, da sie sich zur Idee der Gemeinde nicht zu erheben vermag, in Konventikeln verwirklichen möchte. Es ist aber in Wahrheit auch ebensowenig Einheit der Gemeinschaft in einem Klüngel von Ironikern, wie in Wahrheit Redlichkeit ist in einem Räuberstaat.

Aber ich finde, daß für Unterhaltung – d. h. für die Form, worin
Freundschaft sich äußert und ihre Vollendung findet – dieses
Gesetz: ›Einer mit einem‹ unumstößlich gilt. Hüte dich, zu viele
Gewässer vermischen zu wollen! Die besten vermischen sich
ebenso widerwillig untereinander wie gute und schlechte. Du
kannst mit verschiedenen Menschen zu verschiedenen Zeiten
sehr nutzbringende und anregende Unterredungen haben – aber
kommt alle drei zusammen, und kein einziges tüchtiges neues
Wort werdet ihr hören. Zwei können sprechen, und einer kann
zuhören, aber drei können nicht an einem Gespräch teilnehmen, das aufrichtiges Suchen nach Wahrheit zum Zweck hat. In
guter Gesellschaft können niemals zwei Personen über den
Tisch hinüber ein so wertvolles Gespräch führen, wie wenn
man sie allein läßt. In guter Gesellschaft verschmelzen die einzelnen Persönlichkeiten ihre Ichs zu einer Gesellschaftsseele,
die genau die Ausdehnung haben wird wie die verschiedenen
anwesenden Einzelpersönlichkeiten zusammengenommen.
Zärtliche Gefühle eines Freundes für den Freund, eines Bruders
für die Schwester, einer Frau für den Gatten sind da nicht angebracht. Sondern ganz im Gegenteil: Nur der mag sprechen, der
auf dem gemeinsamen Gedanken der ganzen Gesellschaft zu
segeln weiß und nicht kümmerlich auf das engbegrenzte Gewässer seines eigenen angewiesen ist. Diese konventionelle Be-
schränkung aber, die der gesunde Menschenverstand verlangt,
zerstört die hohe Freiheit des großen Gesprächs, dessen Voraussetzung ist, daß zwei Seelen vollkommen in *eine* zusammen-
fließen. Nur zwei Menschen, die miteinander allein gelassen
werden, treten unfehlbar in einfachere Beziehungen zueinander.
Die Frage aber: welche zwei miteinander verkehren sollen –
diese Frage wird lediglich durch Wahlverwandtschaft entschieden. Menschen, die keine innerlichen Beziehungen haben, werden wenig Freude aneinander haben: sie werden niemals die
geheimen Kräfte des Partners ahnen. Wir sprechen zuweilen
davon, daß dieser oder jener ein großes Unterhaltungstalent
besitze, als ob dies eine dauernde, geistige Fähigkeit gewisser
Menschen wäre. Aber Unterhaltung [conversation] ist eine
schnell wieder entschwindende Beziehung – weiter nichts. Je-

mand steht im Ruf, gedankenreich und beredt zu sein: Gleichwohl ist es ihm vielleicht unmöglich, seinem Vetter oder Oheim auch nur ein einziges Wort zu sagen. Sie machen ihm sein Schweigen zum Vorwurf – und haben damit ebensosehr recht, wie wenn sie eine Sonnenuhr tadeln wollten, weil sie im Schatten die Zeit nicht angibt. In der Sonne wird sie die Stunden anzeigen! Unter Menschen, die an seinen Gedanken Freude haben, wird der Schweigsame den Gebrauch seiner Zunge wiederfinden.

Thomas De Quincey
Konversation

In meiner Jugend habe ich nie einen Gedanken an die besonderen Funktionen der Konversation, ihre Kräfte, ihre Gesetze,
ihre gewöhnlichen Gebrechen und die entsprechenden Heilmit-
tel dafür verschwendet oder mir gar den Kopf darüber zerbro-
chen. Ich betrachtete sie nicht als eine der heiteren, schönen
Künste des Geistes, sondern mehr als eine der langweiligen
Pflichtübungen des Geschäftslebens. Da ich die Einsamkeit zu
sehr liebte, verstand ich zuwenig von den Möglichkeiten des
Umgangs mit der Sprache. Und genauso, wenn auch nicht mit
meiner Begründung, schätzen die meisten Menschen die geistigen Beziehungen in der Konversation ein. Mögen diese jedoch
sein, was sie wollen, eines schien unbestreitbar – daß alle Welt
viel zuviel redete. Es wäre für alle Beteiligten besser, wenn jeweils neun von zehn *Geflügelten Worten* (Homers *epea ptero-
enta*), die in dieser Welt umherschwirren, im Gebrauch unter
Männern die Federn gestutzt würden – vielleicht sogar unter
Frauen, die ein Recht auf mehr Worte haben. Doch da es
absolut nicht in meiner Macht stand, die Welt zu einer so selbst-
verleugnenden Reform zu überreden, schien es ebensowenig zu
meinen Pflichten zu gehören, irgendeine moralische Besorgnis
in dieser Hinsicht zu hegen. *Reden* schien mir zu jener Zeit
derselben Kategorie anzugehören wie *Schlafen* – keine Leistung, sondern eine gemeine körperliche Schwäche. Als Mora-
list ging ich wirklich unentschuldbar sorglos mit diesem ganzen
Thema um. Ich interessierte mich genausowenig für die Albern-
heiten der Menschen auf ihren riesigen Tennisplätzen der Konversation, wo die Bälle ohne Unterlaß und bar jeden Sinnes hin-
und hergeschlagen werden, wie für den Betrug, den die Englän-
der möglicherweise mit ihrer ungeheuren Staatsverschuldung
treiben. Doch mit der Zeit kam ich dazu, das, was ich aus
Prinzipien moralischer Nützlichkeit mißachtete, zum Gegenstand tiefgründigsten Interesses aus künstlerischen Prinzipien
zu machen. In ähnlicher Weise stiegen alle Arten von *Wetten* –
die offensichtlich keinen moralischen Wert hatten und aus diesem Grunde immer als eitle Kunst mißachtet worden waren
(wenngleich sie, nebenbei bemerkt, einen wertvollen Vorteil be-
saßen, indem sie nämlich Streit vermeiden halfen, da eine Wette

eine Auseinandersetzung schlagartig beendete) – plötzlich in einen philosophischen Rang, als nacheinander Huygens, die Bernoullis und De Moivre, angeregt von diesen trivialen Praktiken der Menschen, mit mathematischer Gründlichkeit die ganze Wahrscheinlichkeitstheorie zu beleuchten begannen. Lord Bacon sah sich veranlaßt, die Eigenschaften der Konversation als Hilfsmittel zur Schärfung einer ganz bestimmten Form der Geisteskraft zu kennzeichnen. (»Lesen macht einen reifen Mann; Unterhaltung einen schlagfertigen Mann; und Schreiben einen gewissenhaften Mann«, lautet Bacons bekannter Ausspruch in seinem Essay *Of Studies;* aber in seinem Essay *Of Friendship* diskutiert er die Vorzüge von »Unterredung« oder Konversation etwas ausgebreiteter, indem er sagt: »Es ist gewiß, daß bei demjenigen, der seinen Geist mit vielen Gedanken erfüllt, Verstand und Intelligenz sich klären und aufblühen in Kommunikation und Diskussion mit anderen; er schüttelt seine Gedanken leichter hervor; er ordnet sie methodischer; er schaut darauf, wie sie aussehen, wenn sie in Worte gefaßt werden; und schließlich nimmt er an Weisheit zu, und dies mehr in einer Stunde Diskussion als an einem Tag Meditation ... Mit einem Wort, ein Mann sollte sich lieber einer Statue oder einem Bild anvertrauen, als sich das Leid anzutun, seine Gedanken zu unterdrücken.«)

Mich dagegen haben die Umstände veranlaßt, die speziellen Eigenschaften der Konversation als ein Hilfsmittel zur eigenständigen Schaffung einer anderen Form von Geisteskraft zu bezeichnen. Ein Mann mag gelesen, gedacht und studiert haben, soviel er mag, er wird kaum seine möglichen Vorteile als *schlagfertiger* Mann erringen können, wenn er seine geistigen Fähigkeiten nicht sehr häufig in der Konversation geschult hat: das, so glaube ich, war Lord Bacons Idee. Nun, dieser weise und nützliche Hinweis deutet nicht in eine objektive, sondern in eine subjektive Richtung; das heißt, er verspricht keine absolute Ausdehnung auf die Wahrheit an sich, sondern lediglich etwas größere Möglichkeiten für denjenigen, der die Wahrheit auslegt oder verkündet. Nichts wird objektiv für die Wahrheit getan, was nicht ohnehin getan würde; aber subjektiv wird es mit mehr Geläufigkeit getan und mit weniger Anstrengung für den, der es tut. Im Gegenteil, meine eigenen, wachsenden Phantasievorstellungen von den verborgenen Fähigkeiten der Konversation (die, obgleich ein Ding, das ich seinerzeit haßte, gelegentlich dennoch unumgänglich meine Aufmerksamkeit forderte) deuteten auf ein unabhängiges Entstehen einer neuen Erkenntnis der Wahrheit als untrennbar von der feineren und mehr wissenschaftlichen Ausübung der Kunst des Redens. Nicht die Brillanz, die Leichtigkeit oder Gewandtheit des Erklärenden waren es, die Nutzen bringen würden, sondern der absolute Reiz des von ihm behandelten Gegenstandes. Eine Ahnung stieg in mir auf von dem geheimnisvollen Zauber, der in dem eigentümlichen Leben, der Behendigkeit und der ansteckenden Begeisterung der Konversation steckte – ganz anders als alles, was mit Büchern zu tun hatte – und der einen Mann mit neuen Kräften wappnete und nicht bloß mit neuer Geschicklichkeit in der Anwendung der alten. Ich spürte (und darin konnte ich mich nicht irren, da es ein Teil meiner persönlichen Erfahrung war), daß in dem elektrisierenden Reiz der lebendigen Begegnung zweier Geister – und weit weniger in dem für Streit charakteristischen Reiz (obgleich auch *der* es in sich hat) als in dem von Sympathie mit dem diskutierten Thema bewirkten Reiz im raschen Aufblitzen wechselnder Aspekte – manchmal flüchtige Eindrücke und schüchterne Enthüllungen geistiger Übereinstimmung oder Verwandtschaft, Suggestion und Analogie sich zeigen, die man über den Weg eines methodischen Studiums nicht erreichen kann. Große Orgelspieler erleben die gleiche Wirkung der Inspiration, das gleiche Resultat kreativer und enthüllender Kraft im bloßen Rhythmus und Tempo ihrer eigenen Improvisationen. Gleich den flammenspeienden und funkensprühenden Himmelsrädern Miltons schaffen diese Impromptu-Ausbrüche der Musik ein hinreißendes *fioriture,* ein dekoratives Tonrankenwerk, das zu registrieren oder später zu wiederholen der Künstler überhaupt nicht fähig ist. [...]

Unterdessen ist sich niemand mehr bewußt als wir, daß kein Konversationsstil seinem Wesen nach vulgärer ist als jener, der vom Streitgespräch getragen ist. Dies ist die Untugend der Jungen und Unerfahrenen, besonders aber jener, die frisch von der Universität kommen. Doch Diskussion muß nicht notwendigerweise Streitgespräch sein; und die beiden Arten der Konversation – jene, die das Interesse des Wissens und des sich selbständig entwickelnden Geistes vertritt, sowie jene, die eine und zugleich die am meisten verbreitete unter den heiteren Zierden des Lebens bildet – werden sich stets nebeneinander fortentwickeln. Was auch immer an Engherzigkeit in der ersteren geblieben sein mag (denn, wie schon Burke bemerkte, steckt immer etwas Engherzigkeit in den ernsteren Aspekten wissenschaftlichen Strebens, bis sie durch gesellschaftliche Liebenswürdigkeit ausgeglichen wird), sollte sich selbst korrigieren oder dazu neigen, sich selbst zu korrigieren mit Hilfe des Vorbildes, das ihr in der letzteren entgegengehalten wird; und so wird schließlich das große Instrument der Rede als Mittel gesellschaftlichen Verkehrs, das bislang wenig für die Menschheit geleistet hat, abgesehen von seinen Diensten für die unmittelbaren Notwendigkeiten des täglichen Lebens, sich zu einer Rivalität mit dem Buch aufschwingen und einen führenden Platz unter den Verbündeten des geistigen Fortschritts einnehmen wie auch unter den dekorativen Errungenschaften des geselligen Lebens.

Jedes *Gespräch*, welches nur um eines angegebenen Tones willen fortgeführt wird und eine angenommene Richtung durchlaufen soll, führt zur langen Weile und ins konventionelle Nichts.

Die Freiheit der Seele ist in der Unbefangenheit rein menschlicher Empfindungen gegeben, nicht aber in Künstlichkeit oder gar in einer widernatürlichen Konvenienz. – Ganz insbesondere aber sollen die Frauen, eben weil sie so oft zu einem verzwickten Zeremoniell und einem unnützlichen Versteckspiel hinneigen, welches aus dem Gefühl der Schwäche und einem Mangel an Wahrhaftigkeit hervorgeht: Kraft und Offenheit im Verkehr mit Männern erwerben. Eine gewisse Verhaltenheit, Verdecktheit und Diplomatie mag unter gewissen Verhältnissen zur notwendigen Klugheit gehören; wenn sie sich aber um ihrer selbst willen ausspielt, wird sie Unnatur und Absurdität.

Man lernt den Sinn und Verstand der Leute am eindringlichsten aus dem kennen, was sie *lieben* und *loben*. Niemand aber erwirbt sich mehr Lob und Respekt als ein Mensch, der sich nichts von dem merken läßt, was in seiner Seele vorgeht, der sogar seinen nächsten Bekannten, ja seinen Freunden, ein immer heiteres, ruhiges Äußeres zeigt, der nichts klagt, nichts sagt, was die Harmonie der kleinsten Gesellschaft oder nur seiner eigenen Familie stören könnte. Nach den Grundsätzen der feinen Leute ist der Mensch dazu auf der Welt, damit er die Schule des guten Tons, des anmutigen Betragens, der konventionellen Rücksicht und Selbstbeherrschung durchmacht. Wer am gleichgültigsten gewesen ist, wer sich ohne Eifer und Redensarten, ohne Zorngebärdung, ohne Poltern und Lamentieren in jeden Schicksalswechsel gefunden, jede Versuchung überstanden hat, wen die tiefste Kränkung und Sorge, wen die fatalste Situation, die brutalste Leidenschaft und Nichtswürdigkeit des Nebenmenschen nicht aus der angestammten Ruhe, nicht aus der Balance gebracht, wer seine Leidenschaften, seine Verzweiflung und Todesangst wie Leibschneiden und Blähungen verkniffen hat, wer nie und über nichts außer sich geraten oder verzweifelt ist: der hat die Aufgabe des Lebens erfüllt, denn sie besteht in dem Glaubensbekenntnis der liebenswürdigen Leute und namentlich der gebildeten Damen zufolge, nur in der Liebenswürdigkeit, d.h. in der Oberflächlichkeit, in der Verstellung und in einem Komödienspiel, welches den Charakter, die Wahrheit und die menschliche Naturgeschichte ruiniert. Wer ein Weib oder ein Mann von Charakterernst ist, in wem eine heilige, sittliche, tiefe Natur zur Ausgestaltung in Worten und Werken drängt, der muß naturgemäß sprechen, klagen, abwehren, entschieden handeln, der muß seine Willensmeinung, seine Lebensart in Akzente setzen; seiner Indignation, seinem gerechten Zorn-Eifer Ausdruck verleihen, oder er begeht eine Widernatürlichkeit, eine Nerventortur, eine Mißhandlung an seinem Körper und seinem Charakter, seiner Natur. Wir haben nicht nur das Recht, sondern die Pflicht der Selbsterhaltung, der Wahrhaftigkeit, der Abwehr; wir sollen und müssen uns gegen Unsinn und Nichtswürdigkeit aller Art aussprechen; wir sollen nicht jede gerechte und natürliche Klage, jede Erbitterung und Schicksalsversuchung stumm verschmerzen oder gar in anmutige Gebärden und Lebensarten verkleiden, denn wir richten unser Nervensystem und unsere Aufrichtigkeit zugrunde. Es gibt gebildete Damen genug, deren Nervenschwäche von *verhaltenen Ohrfeigen* herrührt.

Wer alles überall von sich gibt, wer nichts verwinden und bei sich behalten kann, ist freilich ein heilloser Narr, der Verwirrung und Zerwürfnisse tausendfältig vermehrt, wer aber alles bei sich behält, dem geschieht es, daß er aus seinem Herzen eine Mördergrube macht. Wer sich mit Maßen ausgesprochen, wer sich des Unrechts und Unsinns mit Tat und Leidenschaft erwehrt hat, ist in seinem Gemüt besser versöhnt als der, welcher alles mit Konvenienz und Komödienspiel maskiert.

Dieselben Leute aber, welche scheinbar so milde, billig, ruhig, heiter und weltweise, mit so überlegen lächelnden Mienen zuhören: wie sich der lebhafte Mensch ereifert, wie er zu fordern, zu kombinieren, zu zensieren sucht; dieselben extrahumanen oder extrafrommen Leute, die sich verwundern, wie ein gebildeter Mensch so unduldsam, ungebärdig und unliebenswürdig sein kann, die sind es, welche über die ganze Menschheit den Stab brechen, sobald irgend jemand mit überlegenem Witz ihre Schwächen persifliert, ihre frommen und stillen Intrigen durchkreuzt oder nur einen Mangel an Respekt blicken läßt. Während der Eiferer sehr oft das ihm persönlich angetane Unrecht übersieht und vergißt, können es liebreiche Philanthropen zeitlebens nicht vergessen und verzeihen, daß ein Nachbar ihren Lieblingskater englisiert hat, der ein Tonangeber in Nachtkonzerten ist.

Wir brauchen noch sehr lange Prozeß und Krieg in der Literatur. Mit lauter Diplomatie und Courtoisie kann er nicht geführt werden.

Wer sich in einer gewissen Sphäre zum Reformator aufwerfen, wer sich auch nur den kleinsten Effekt in diesem Welt- und Literaturspektakel, in diesem nie endenden Kampfe aller gegen alle herausschneiden will, der muß seinen Witz zuspitzen und scharf schleifen; muß mit den schärfsten Akzenten sagen und tun, was er für wahr und heilig hält; an dem muß jedes Wort und jede Gebärde eine zusammengedrängte Kraft, ein Schuß und Hieb, der muß ganz und gar ein rhythmischer Charakter sein, oder er spricht und säuselt in den Wind. Man darf freilich nicht wie ein Narr eifern oder wie ein Theaterheld toben; aber gleichwohl soll man eifern wie ein Apostel, wie Luther geeifert hat, und wenn's zum Schlagen kommt, soll man dreinschlagen wie ein Held in der Schlacht. Der wirkliche Menschenverächter ist nicht der, welcher sich ereifert, tobt und demonstriert und auf alle Weltmiseren seine Pfeile abschießt, sondern der, welcher es nicht mehr der Mühe wert hält, mit Effekt und Rhythmus die Nichtswürdigkeiten und Dummheiten zu bekämpfen.

In der feinen Gesellschaft hält man nur diejenigen Personen für wohlerzogen, geschmackvoll und fein, welche sich keinmal über etwas *ereifern* oder *expektorieren;* dagegen gelten witzig und spaßig ausgespielte Bosheiten für Kennzeichen eines überlegenen Geistes, für die Blume der Bildung und des Esprits.

Zur Steuer der Wahrheit muß man freilich bekennen, daß *gemeine Naturen* ihren Zorn ohne Rücksicht auf die Stimmung und Verletzbarkeit ihres Nebenmenschen aussprudeln und daß ein gebildeter Mensch auch der gerechten Ereiferung einen Zügel anlegen soll. – Dagegen hat die *permanente Verstellung,* die Unterdrückung aller Affekte und Entrüstungen in der »*guten Gesellschaft*«, nicht nur jeden Aufschwung und Enthusiasmus daselbst unmöglich gemacht, sondern auch ein fressendes Gift in den kühlen Herzen der noblen Leute erzeugt, welches dem *Verkehr all* die Vorteile und Genugtuungen entzieht, um derentwillen er kultiviert werden soll, denn *Humanität* ist der letzte Zweck aller Sozietät; aber in kühlen oder vergifteten Herzen erzieht man weder Mitleidenschaft noch *Leutseligkeit* oder Begeisterung.

Es ist freilich *unklug* und untunlich, mit aller Welt herzliche

Verhältnisse einzugehen; aber den engern Kreis von *Bekannten* soll man nicht für Figuren ansehen, die man mit den nichtssagenden Redensarten der Umgangshöflichkeit abspeist. Tut das ein *Mann von Bedeutung und distinguierter Stellung*, so entschuldigt man die förmliche Oberflächlichkeit mit den gebotenen Klugheitsrücksichten oder mit den Studien und Geschäften, welche das Interesse an den Persönlichkeiten absorbieren; desto unerträglicher stellen sich aber Leute dar, welche trotz ihrer Unbedeutendheit sich das Genre der Personen von Distinktion zulegen.

Wir sollen nicht als Bildungsphantome und kostümierte Kleiderstöcke zusammenkommen, sondern uns von innen heraus kennenlernen, und wenn dies als abgeschmackt und nichtsbedeutend erklärt wird, so lohnt es kaum zu leben, so hat die *Bildung* ihren Bankrott von Herz und Geist erklärt.

Verglichen mit den hohen und großen Gegenständen, welche
Ihnen in dieser Reihe von Vorlesungen bereits dargeboten wurden, ist der heutige vielleicht ein winziger zu nennen; denn das
will ich zur Erklärung der Worte »über Gespräche« nur gleich
hinzufügen: Es handelt sich lediglich um Gespräche im einfachsten, engsten Sinne des Wortes, nicht um irgendwelche Dialoge,
die in einer Kunstform zu Gunsten der Dichtung oder der Wissenschaft literarisch erzeugt werden – um wirkliche, alltäglich,
allstündlich von jedermann geführte Gespräche. Und ich würde
es nicht gewagt haben, Ihre Aufmerksamkeit dafür in Anspruch
zu nehmen, wenn nicht mancherlei mich dazu ermutigt, vielleicht sogar verpflichtet hätte. [...]

Weder ich selbst noch meine kenntnisreichen Freunde haben
auf dem weiten Gebiete der Literatur, nicht bloß der eigenen,
sondern auch der fremden, etwas entdecken können, was eine
wissenschaftliche Behandlung der Gespräche enthält. Und doch
zeigen sie sich auf der andern Seite schon beim ersten Blick als
sehr wesentlich und beträchtlich sowohl durch die Stelle, welche sie einnehmen, als durch den Raum, welchen sie in unserem
Leben ausfüllen. Gespräche – bilden sie nicht einen ziemlich
bedeutenden Teil unserer Lebenstätigkeit überhaupt? Füllen sie
nicht eine lange Zeit von all unseren wachen Stunden aus?
Würde man etwa zuviel sagen, wenn man behauptete: Ein
Zehntel unseres ganzen Lebens, unserer Lebenstätigkeit ist von
den Gesprächen erfüllt, die wir neben der Arbeit oder in der
Muße führen? Zieren und begleiten, ja bereiten sie nicht einen
großen Teil unserer Freuden und unserer Leiden? Und die Wissenschaft sollte von dem, was einen zehnten Teil unseres ganzen
Lebens ausfüllt, gar nichts zu sagen haben? Es ist dies selbst
schon psychologisch interessant und lehrreich, um zu sehen,
wie schwer es der Wissenschaft wird, gerade an die alltäglichen
und einfachen Gegenstände heranzukommen; wie schwer es
dem menschlichen Geiste wird, sich zu besinnen, daß er mit
seiner Forschung an das sich wendet, was ihn fortwährend
umgibt.

Vielleicht dient es zur Erklärung der Tatsache, daß die Gespräche bisher noch niemals Gegenstand wissenschaftlicher Un-

tersuchung geworden sind, wenn ich darauf hinweise, daß der erste Blick, den man, herausgefordert, darüber nachzudenken, auf dieselbe wirft, uns vielleicht dieses zeigt: Alle Gespräche, welche wir führen, sind verschieden voneinander. Es wird unendlich selten, vielleicht niemals bei den Billionen von Gesprächen vorkommen, welche die Menschen geführt haben, daß zwei Gespräche ganz, vom Anfang bis zum Ende, Silbe für Silbe, unter gleichen Umständen und in der gleichen Weise geführt worden sind – alle Gespräche sind also schlechthin individuell. Was sollte die Wissenschaft mit einem Gegenstande anfangen, der schlechthin individuell ist? Die Wissenschaft sucht das Allgemeine, die Gespräche sind schlechthin verschieden.

Und nicht minder hat dann vielleicht ein zweiter Punkt von einer Untersuchung des Gegenstandes abgeschreckt.

Zu gleicher Zeit will es nämlich scheinen, als ob die Gespräche der Menschen nun wiederum so gar nicht individuell wären. Man hört immer wieder dasselbe bei derselben Gelegenheit. Das Maß der Originalität der Menschen ist nicht groß, aber es zeigt sich doch in Werken, in Schöpfungen, in der Gestaltung von Institutionen; fast niederschlagend erscheint es in Bezug auf die Rede; dies zeigt sich sogar in allem Schrifttum, um wieviel mehr in der mündlichen Rede; denn an jenem beteiligen sich doch nur die Rührigen und Produktiven, an dieser aber nehmen alle teil. Tritt irgendeine neue Frage auf den Plan, dann zeigt sich, daß es nur wenige Komponisten des Gedankens gibt, aber viele Spieler, die sie mit geringen Variationen vortragen und weiter verbreiten*. Dafür kann man bei aller Subjektivität der Menschen doch ihre Objektivität und ihre Übereinstimmung bewundern; man höre auf die Reden, welche die Besucher eines Trauerhauses führen; mit welch einer unfehlbaren Sicherheit wird, je nach dem Trauerfall, hier das Glück eines schnellen Todes, dort die Erlösung nach langen Leiden gepriesen usw. Oder man denke sich die Verkündigung des Krieges, ein Gerücht über den Frieden sei im Umlauf. Wer dazu verurteilt wäre, im Dienste der Psychologie an einem solchen Tage von Haus zu Haus zu gehen und alle Gespräche wieder zu vernehmen, welche über denselben Gegenstand geführt werden – es ist die Frage, ob es ihm als eine lohnende Tätigkeit erscheinen wird. Was soll die Wissenschaft ausrichten, was soll sie

* Daß auch diese Verbreitung neben der Erfüllung momentaner Zwecke ihren dauernden Wert hat, wird uns gegen den Schluß dieser Vorlesung deutlich werden.

entdecken bei einer solchen Gleichmäßigkeit, die sich immer wiederholt?

Nun könnte ich sagen, es kommt auf den Versuch an. Das klingt wie Herausforderung; ich will sie vermeiden. Ich bitte Sie statt dessen, versetzen Sie sich für einen Augenblick in die Seele eines hochgebildeten Griechen etwa aus der klassischen, aus der perikleischen Zeit. Gesetzt, man hätte einem solchen Griechen gesagt: Weißt du, da ist ein Mann damit beschäftigt, eine Wissenschaft über die Pflanzen zu schaffen, er will ihr den Namen »Botanik« geben. – Wissenschaft über die Pflanzen? Was sollte diese Wissenschaft lehren? Wissen wir nicht alles von den Pflanzen? Wer kennt sie nicht? Und wer sie nicht kennt, er gehe durch die Gärten, durch einige Felder und durch einige Wälder, und er kennt die Pflanzen. Was sollte das also für eine Wissenschaft über die Pflanzen sein? Es gab damals eben noch keine Botanik. Genauso stehen wir heute in Bezug auf die Gespräche. Wir fragen auch, was soll diese Wissenschaft lehren? Wir kennen es ja alle, wir wissen die Gespräche, welche geführt werden. Und doch war die Botanik eine Wissenschaft, welche sich sehr schwer und sehr langsam entwickelt hat. Nachdem sie eine Blüte von etwa einem Jahrhundert noch bei den Griechen, zunächst durch Aristoteles oder seinen Schüler Theophrast angeregt hat, ruhte sie vielleicht siebzehn bis achtzehn Jahrhunderte ziemlich auf demselben Standpunkt und brauchte dann in neuerer Zeit fast drei Jahrhunderte, um auf die Höhe emporzusteigen, auf welcher sie heute steht. Auch die Naturgeschichte der Gespräche wird nicht auf einen Wurf fallen, selbst dann, wenn der menschliche Geist anfangen wird, sich mit sich selber in derselben Weise fleißig und ausdauernd zu beschäftigen, wie er mit Naturdingen sich zu beschäftigen viel leichter geneigt ist; selbst dann wird die Naturgeschichte des Gesprächs sich ebenfalls nur sehr allmählich entwickeln, hoffentlich nicht so langsam wie die Botanik.

Vor allem käme es bei einer solchen Naturgeschichte darauf an, Kennzeichen zu finden, Kriterien, Gleichheiten, Teilungsgründe, welche aus dieser großen, ganz unbestimmten Vielheit der Erscheinungen, die an uns vorübergeht, bestimmte Ordnungen, Klassen, Arten erkennen lehrt. Der zukünftige Schreiber dieser Naturgeschichte wird also ungefähr – ich kann es nur andeuten, ich kann nur etwas davon vorahnen, wie etwa diese Wissenschaft sich gestalten wird –, er wird zum Beispiel zunächst daran denken, die Gespräche nach dem Stoffe, welchen sie behandeln, zu scheiden. Man kann die Gespräche dahin unterscheiden, ob sie politische oder religiöse, Kunst –, insbesondere dann vielleicht Musikgespräche, die ihre Eigenart haben, ob sie pädagogische oder häusliche Gespräche, Domestikengespräche, Gespräche über Staatsangelegenheiten in allen Formen oder endlich Wettergespräche sind. Diese Trennung würde jedoch keine glückliche sein, denn es ist die Frage, wo die Wissenschaft, wenn sie nach Stoffen unterscheidet, die Grenze der Teilung finden wird; unfruchtbar aber würde auch eine solche Scheidung sicherlich nicht sein, denn bei genauerer Erwägung finden wir, daß je nach den verschiedenen Stoffen die Gespräche verschieden verlaufen. Gespräche über Politik haben je nach den historischen Umständen etwas viel Aufregenderes als die über Kunst; Gespräche über Religion sind in der einen Zeit sanft und innig, in einer anderen erregt und eifervoll geführt worden: Und so ließe sich leicht zeigen, wie auch bei denselben Personen, alles übrige gleichgesetzt, der bloße Stoff der Gespräche sie verschieden gestaltet.

Wichtiger aber als diese Unterscheidungen würde etwa diejenige sein, welche man durch eine Analogie mit den poetischen Gattungen fände. Man könnte demnach die epischen Gespräche von den lyrischen oder die didaktischen von den dramatischen unterscheiden. Die epischen, welche etwas erzählen, eine Begebenheit, ein Ereignis, aus der Gegenwart, aus der Vergangenheit; die lyrischen, welche den Erguß unserer Empfindungen infolge des Gehörten darböten; didaktisch wären die Untersuchungen, die sich daran anschließen, der Austausch der Meinungen. Die dramatischen Gespräche würden wir vielleicht aus diesem Zusammenhang ausschließen, und zwar deshalb, weil wir unter ihnen alle diejenigen Gespräche zu verstehen hätten, in denen das Reden *Handeln* ist, wo irgendein praktischer Zweck durch die Rede erzielt werden soll. Die Bestellung bei einem Künstler oder einem Kaufmann, die Verhandlung mit dem Arzte oder dem Rechtsbeistand – alle diese würden durchaus als dramatische Gespräche, nicht mehr im engsten Sinne als Gespräche der Muße anzusehen sein.

Auch die Beratungen des Mannes mit der Frau, des Finanzministeriums der Familie mit dem Ministerium des Innern, pflegten nicht die gleichsam unschuldige Qualität des eigentlichen Gesprächs zu haben. Eine Liebeserklärung, zumal mit der glücklichen Gegenerklärung; ist wohl kein Gespräch oder ein solches von eminent praktischer Bedeutung; diesen Erklärungen aber folgen – wenn auch nicht in den ersten Stunden – doch in den ersten Tagen und Wochen desto mehrere. Die Liebenden haben ein bis zur Leidenschaft gehendes Interesse, einander Herz und Seele aufzuschließen. Leicht mögen da die besten Gespräche geführt werden, welche die Menschen überhaupt oder wenigstens diese jemals führen können, sobald eine Seele nur ihrem Schatz einen wirklichen Schatz zu erschließen hat. Wohin etwa dann jene Gattung fiele, welche die deutsche Sprache im Anfang zwar mit den zwei sehr ehrbaren Lauten K und L (ehrbar, indem sie in allen indogermanischen Sprachen wie auch in den semitischen den Klang bedeuten), aber mit einer feinen Symbolik gegen den Schluß hin, mit einem dumpfen, zischenden Naturlaut (Klatsch) bezeichnet: Das zu entscheiden, wollen wir dem künftigen Naturgeschichtsschreiber der Gespräche überlassen.

Wiederum verschieden sind die Gespräche je nach den Personen, welche sie führen; ob Unbekannte oder Bekannte oder gar Freunde miteinander reden – das macht für die ganze Weise der Führung des Gesprächs einen Unterschied. Freundschaft ist auch daran erkennbar, daß sie ein schweigendes Beisammensein ohne Gefühl eines Mangels oder einer Unschicklichkeit gestattet; das Gespräch der Bekannten und Unbekannten dient dem Gesetz der Nützlichkeit oder gar Notwendigkeit; das der Freunde der Schönheit des freien Genießens. Auch die verschiedenen Geschlechter – ob Männer und nur mit Männern, Frauen und nur mit Frauen oder beide gemischt sich unterhalten, machen einen Unterschied. Ein eigener Zug und Duft haftet den Gesprächen von dem Verhältnis an, in dem die Personen zueinander stehen. »Die Anwesenheit einer schönen, natürlichen und gut gelaunten Frau ist, selbst wenn sie auch keine L'Epinasse oder de Staël ist, allemal belebend.« (Disraeli)

Auch die verschiedenen Lebensalter – ob sie miteinander oder ob die Alten sich mit Jungen im Gespräch befinden – drücken dem Gespräch ein ganz bestimmtes, eigenartiges Gepräge auf. Alle diese Verschiedenheiten wird die künftige Naturgeschichte zu charakterisieren haben. Ich erinnere nur noch an Unterschiede, welche die Personen betreffen. Gespräche mit sich selbst sind (in der Dichtung häufig) in der Wirklichkeit selten; aber Gespräche mit anderen führt man oft, auch wenn diese nicht zugegen sind und zuweilen sogar auch laut.

Sodann, ob das Gespräch von zwei oder drei oder mehr Personen geführt wird – und dabei handelt es sich nicht darum bloß, wie viele Personen anwesend, sondern auch wie viele Personen sprechen, denn ein stummer Beisitzer kann auch die übrigen Redenden durch sein Stummsein hemmen; wenn aber seine Augen beredt sind, kann er vielleicht mehr wirken als einer, der mit der Zunge redet. Es soll nämlich vorkommen, sagen diejenigen, welche vorläufige Beobachtungen für die künftige Wissenschaft gemacht haben, daß, wenn sechs Personen beieinander sind, nur fünf zu gleicher Zeit reden, eine Tatsache, welche psychologisch sehr interessant ist. Man sieht, wieviel einem Psychologen entgeht, der sich nicht mit den Gesprächen beschäftigt hat. Man macht viel Aufhebens davon, daß Julius Cäsar vier verschiedenen Schreibern zu gleicher Zeit diktiert hat; freilich muß es eine ziemlich anstrengende Tätigkeit sein, vier Reihen von Vorstellungen zu produzieren und ablaufen zu lassen, während jede einzelne Reihe beständig abbricht und neue Teile für die zweite, dritte und vierte Reihe inzwischen erzeugt werden; aber in Bezug auf die Auffassung scheinen mir jene Personen, deren fünf zu gleicher Zeit reden und doch auch hören, dieselbe Tätigkeit zu erfüllen, denn unstreitig wissen am Schluß der Stunde alle alles, was gesprochen worden ist. Es haben sich also alle Glieder wieder zur Reihe gefügt, nichts ist verlorengegangen von all den einzelnen Teilen – eine psychologisch gewiß sehr bemerkenswerte Erscheinung.

Intellektuelle Eifersucht erzeugt Langweiligkeit im Gespräch; seine besten Gedanken will man nicht einmal hergeben, und mit den anderen fürchtet man zuwenig Anerkennung zu erringen.

Die vorzüglichsten Gespräche werden, wie fast alle Dichter beweisen, unter ganz Fremden, auf Reisen, bei neuen Bekanntschaften geführt oder bei völlig eingestimmten Seelen nach langer Trennung, während welcher ein jeder energische Fortschritte gemacht hat (Schulfreunde, die getrennt studiert haben, befreundete Gelehrte, die an verschiedenen Orten gelebt haben). Unter Fremden macht der Geist die kühnsten Bewegungen, welche oft einen wirklichen Gewinn, eine neue Synthese angeben; unter wirklichen Freunden bilden der Hintergrund des sympathischen Gemüts und reiche gemeinsame Voraussetzungen den fruchtbaren Boden für neue Anregungen. Die Kameraden aber und die Kollegen, die sich voreinander hüten und aneinander herumtasten, sind füreinander weder Quellen noch Bohrer.

Gespräche haben einen verschiedenen Charakter je nach ihrem Zusammenhange; denn obgleich sie sich aus mannigfachen und individuell beliebigen Beiträgen der Mitredenden zusammensetzen, kann (und soll) ihnen doch eine gewisse Einheit zukommen, deren Verletzung peinlich ist. Daher sagen wir auch, es sei unpassend gewesen, mit dieser oder jener Nachricht, mit der oder jener Bemerkung dazwischenzufahren; daß einer dasselbe zu allen Zeiten hätte vorbringen dürfen, nur eben jetzt nicht.

Dies pflegt sich besonders mit Anekdoten, Neckereien, Witz- und Spottreden zu ereignen. An sich aber geben Witz, Anekdoten und Paradoxien eine angenehme Mischung, um eine gelinde Aufregung zu erzeugen oder rasche Übergänge in fernliegende Gebiete möglich zu machen.

Allerdings ist die Stufenleiter des Zusammenhangs eine sehr beträchtliche: Von den Reden, die wie Sandkörner im Stundenglase hintereinander folgen, nur von der rinnenden Zeit zusammengehalten, durch das Anschießen kristallinischer Bildungen von gleicher Art und Form bis zu jenem organischen Wachstum, in welchem jeder von außen kommende Stoff, jede Anregung doch in die plastische Form lebendigen Zusammenhangs eingeht.

Wie sehr verschieden das Tempo der Gespräche sein kann, wie sehr verschieden die ganze Form der Gesprächführung in mannigfaltiger Beziehung, wie die Rede weitschweifig und knapp, weitschweifig bis zu jener Art, die der liebenswürdige Justus Möser in seiner Satire erzählt, bis zu jener Knappheit, die man an einzelnen Völkern, namentlich des Altertums, bewundert hat; wie die Verkettung des Gesprächs lose oder fest, straff oder schlaff; wie das Sprühen und Zuströmen der Gedanken eilig, flüchtig, schöpferisch und auf der andern Seite wieder ziemlich träge sein kann: brauche ich das alles besonders hervorzuheben? Ich erinnere in der Beziehung nur an solche Gegensätze, wenn wir uns Gespräche vorstellen, wie sie ein Jean Paul, ein Humboldt, ein Rückert geführt hat – Gespräche, welche durch alle Weiten und Zeiten der Naturgestaltung gleichsam auf den Flügeln der Morgenröte fliegen und welche alle Räume und Formen des Kulturlebens wiederum umfassen –, bis zu dem Gespräch jener beiden Bauern herab, die zusammen morgens zu Markte gehen. Schweigend gehen sie morgens auf dem Wege nebeneinander her, bis der eine beim Anblick der Felder sagt: »Der Roggen steht jut.« Sie ziehen zur Stadt, verrichten ihre Geschäfte und kehren wieder zurück – immer noch schweigend –, bis sie an ein anderes Stück Feldes gelangen, und der zweite Bauer sagt: »Die Jerschte ooch.« Dieses »Ooch« mit der dazwischenliegenden Zeit ist der Maßstab für die Dauer der Entwicklung seines Gedankens, für das Tempo seines Denkens.

Aber auch das gleiche Tempo kann verschiedene Ursachen haben; der Pommer spricht langsam, weil er nicht schnell zu denken vermag; der Türke, weil die *Würde* ihm schnell zu reden verbietet.

So offenbaren sich denn überhaupt nicht bloß Formen der Intelligenz, sondern auch wesentliche Züge des Charakters in der Art der Gespräche, die einer führt. »Ein Mann ist nie männlicher, als wenn er tief fühlt, kühn handelt und sich mit *Feuer* und *Freimütigkeit* ausspricht.«

Aber nicht bloß Individuen, auch Stände und Völker unterscheiden sich nach der Weise, wie sie Gespräche führen. Eine reiche, fruchtbare Ernte für die Erkenntnis der Verschiedenheit in der Menschheit ist von einer genauen Prüfung dieser Unterschiede zu erwarten. Aber nicht bloß die Personen, oft erzeugt der Ort, wo die Gespräche geführt werden, tief einschneidende Modifikationen. Wie anders ist das Salongespräch und das Gespräch auf der Bierbank, besonders um den Tisch der Stammgäste, wie anders die Unterhaltung im geselligen Zirkel denkender Menschen, ob er im Palast, ob er in der bürgerlichen Wohnung sich befindet! Es gibt einen Hauch der Gleichheit, es gibt gewisse Verschiedenheiten, welche zu erforschen, deren Ursprung zu erkennen sehr fruchtbar, sehr lehrreich werden kann. Dann aber könnte man auch in Bezug auf die ganze Weise der Gesprächführung, alles übrige, Personen und Umstände, Zeiten und Formen gleichgesetzt, Verschiedenheiten finden. Wir kennen leichte, lose, lockere Gespräche voll Heiterkeit und Witz, voll sprühender Funken und sprießender Blüten des Gedankens, eben nur zur glücklichen Ausfüllung der Stunde geführt; und davon verschieden jene schweren, strengflüssigen Gespräche, wo sich jedes einzelne Wort hart vom Herzen ringt, wo es darauf ankommt, daß ja kein leichtes, kein abgegriffenes, kein wie eine übermäßig kursierende Münze ausgegebenes Wort auftrete, sondern wirkliche, aus dem Innern quellende Worte, wenn es darauf ankommt, in Gefahren Mut, in Leiden Trost, in Verzweiflung Hoffnung zu erwecken; und wiederum jene ernsten Gespräche, welche nachdenkliche Menschen miteinander im innersten Interesse dessen führen, was sie geistig beschäftigt; Gespräche, bei denen wir in der traulichsten Ecke in der Stille der Winternacht einander unsere Seele erschließen und unsere

Gedanken mitteilen, oder noch lieber in stillen, lauen, sternbe-
glänzten Sommernächten – Gespräche, welche in die Tiefe und
zum Ganzen führen; zum Ganzen des eigenen Lebens oder des
eigenen Volkes, seiner Ziele, seiner Bestimmung, seiner Hoffnungen; oder zum Ganzen der Menschheit oder zum Ganzen
der Zeit und Zeitlichkeit und ihrer vielumfragten Verhältnisse
zum Unendlichen, zum Ewigen. Das sind Gespräche, welche
den Menschen auf seine eigene Höhe erheben, welche ihm einen
Standort geben, auf welchem sein eigenes Ich vormals noch
nicht gestanden hat. Wer niemals an solchen Gesprächen teilgenommen, der weiß noch nicht recht, was geistiges Leben ist.

Wenn nun jenem Griechen der Perikleischen Zeit, von dem
ich früher sprach, eine solche Andeutung gegeben wäre – etwa
dem Platonischen Sokrates, wie er im Phädrus, wie er im Phile-
bus uns entgegentritt –, so würde er erwarten, daß diese Naturgeschichte der Gespräche künftig eine anmutige Erkenntnis zu
bieten imstande sein würde, besonders dann, wenn es ihr ge-
lingt, eine feine, treffende Charakteristik für alle die einzelnen
Arten und Gattungen von Gesprächen aufzustellen, deren ich
nur wenige hier vorläufig angedeutet habe. Aber in unserer Zeit
sind wir so genügsam nicht, fast auf keinem Punkt erfreut uns
noch die Naturgeschichte; wir wollen zu den Tatsachen auch
die Ursachen, zur Naturgeschichte die Naturlehre, wir wollen
nicht bloß die Erscheinungen, auch die Gesetze.

Auch Gesetze soll es für die Gespräche geben? Auch eine
Naturlehre? In der Tat. Es ist meine ernste Meinung, daß eine
Naturlehre der Gespräche als ein Teil der Psychologie und der
Psychophysik künftig einmal entstehen wird; heute und in die-
sem Augenblick kann es mir nur darauf ankommen, Ihnen eine
Andeutung zu geben, was etwa diese Naturlehre der Gespräche
zu lehren haben wird und wie sie sich zu dem allgemeinen
Gedanken einer Gesetzmäßigkeit in dem verhält, was scheinbar
so ganz und gar das Erzeugnis der Freiheit ist. [...]

Ein großer Teil dessen, was wir an psychischer und psycho-
physischer Tätigkeit vollziehen, ist der psychologischen Gesetzmäßigkeit unterworfen, und auch das, was wir als Freiheit
des Geistes, als frei schaffende Kraft unserer Seele oder als Freiheit des Willens bezeichnen, ist im Durchschnitt nicht bloß auf
ein geringes Maß, sondern auch auf seltene Gelegenheiten beschränkt. Und auch dann noch nimmt dieser freie Wille oder die
frei schaffende Tätigkeit nur den Mechanismus der psychischen
Tätigkeit, das heißt die allgemeine gesetzliche Notwendigkeit,

in ihren Dienst. Wie es um diese Naturgesetzlichkeit steht, davon will ich wenigstens eine Andeutung geben und dann an wenigen Beispielen zu zeigen versuchen, wie dieselbe in der Führung von Gesprächen sich offenbart.

Auf dem Wege der Entwicklung des menschlichen Geistes liegt die Sprache; zu ihr führt jene Entwicklung hin, von ihr empfängt sie neue Antriebe. Ist die Sprache entwickelt, dann zeigen sich zwei wesentliche Folgen: einmal, daß fast alle Gedanken, welche in unserem Inneren auftauchen, in der inneren Form der Sprache auftreten, auch wenn wir schweigen und nur für uns denken: was wir denken, denken wir meist mit geschwiegenen Worten; und dann, daß wir unter gewissen Umständen nicht bloß in der inneren, sondern auch in der äußeren Form der Sprache denken, daß wir reden. Reden ist Natur, Schweigen ist Kunst.

Welches sind diese Naturbedingungen?

Nur ein einziges Wort gestatten Sie mir vorher, bevor ich die Sätze ausspreche, zu erklären. Es wird vielleicht der einzige Kunstausdruck sein, dessen ich mich heute hier bediene; es ist das Wort – ein deutsches Wort –: die »Schwelle des Bewußtseins«. [...]

Jede Vorstellung, die wir denken, muß irgend einmal die Schwelle des Bewußtseins überschreiten, damit sie klar von uns gedacht werden kann, damit sie sich zu ihrer eigenen höheren Klarheit in unserem Bewußtsein entwickelt. Vorstellungen, welche auf der Schwelle des Bewußtseins stehen, haben das natürliche Streben, zu größerer Klarheit und Stärke aufzusteigen; das Streben, zu dem Maximum ihrer Klarheit sich emporzuheben. Auf diesem Wege von der Schwelle des Bewußtseins zu ihrer Klarheit äußern wir unsere eigenen Vorstellungen zugleich in Lauten, welche sie ausdrücken; die Worte, welche wir denken, sprechen wir zugleich aus. – Daß unmittelbar, ohne besonderes Zutun, unwillkürlich und selbst unbewußt die Vorstellungen, welche wir denken, zu gleicher Zeit ausgesprochen werden (wenn nicht eine ganz besondere Absicht das Nicht-Aussprechen uns auferlegt), das können wir an Kindern und einfachen Naturmenschen, vielfach auch an sehr gebildeten Menschen bemerken, an deren Mundbewegungen wir sehen, daß sie eben gehörte Worte mit ihren eigenen Sprachorganen begleiten, so sehr begleiten, daß sie sogar die letzten Worte laut mit auszusprechen pflegen. Unwillkürlich und unbewußt begleiten wir alle aufsteigenden Gedanken mit dem Ton, das heißt, wir sprechen auch unbewußt und unwillkürlich. Indes nicht immer; das Wesentliche ist, daß wir unter der Begünstigung des geselligen Zusammenseins mit anderen sprechen; aber keineswegs so, als ob nur der gesellige Trieb allein die Ursache wäre, daß wir sprechen; vielleicht auch umgekehrt: Weil wir sprechen wollen und sprechen müssen, deshalb sind wir gesellig*.

Versuchen wir nun an Hand dieses Gedankens einen Blick in das wirkliche Leben zu tun, um zu sehen, wann und wie die auf der Schwelle des Bewußtseins befindlichen Vorstellungen und Gedanken unwillkürlich auch in Sprache sich darlegen. Denken wir an jenen einfachen Fall, wo unser eigenes Gemeingefühl, das Gesamtgefühl unseres körperlichen Befindens uns zum Ausdruck desselben führt. Wir haben schweigend gearbeitet, inzwischen ist ein anderer bei uns eingetreten, oder er saß schon vorher da; jetzt sind wir mit der Arbeit fertig: Unwillkürlich wird das, was wir als Gemeingefühl an uns wahrnehmen, ausgesprochen. »Ich bin müde«, »mir ist heiß«, »ich bin durstig«, alle diese Ausdrücke werden mit Naturnotwendigkeit hervorbrechen und den Anfang zu einem Gespräch bilden, indem einfach sich die Antworten des anderen daran schließen. Oder aber wir nehmen bei einer längeren Stockung des Gesprächs etwas von der allgemeinen Wirklichkeit wahr, alsdann wird diese Wahrnehmung genügen, ein Gespräch anzuregen, jene Art von Gesprächen nämlich, die sich etwa mit »doch« einleiten: »Es ist doch eine schöne Wohnung« – »Es ist doch eine schöne Straße« – »Es ist doch eine schöne Gegend«. Es ist in diesem Saal, Sie sind hereingetreten, noch hat es mit Ihren Nachbarn kein Gespräch gegeben, oder das, welches es gegeben, ist abgebrochen, da sagt der eine oder der andere: »Es ist doch ein schöner Saal!« Und nun führt von hier mit Naturgesetzlichkeit der Weg entweder etwa in die Akustik, wenn von dieser Seite, oder in die Architektur, wenn von der Bauart und dem Bauwert dieses Saales die Rede ist. Es kann auch auf die Vorlesungen führen, die hier gehalten werden; hoffentlich künftig einmal sogar auf diese.

Findet aber in der allgemeinen Wirklichkeit eine Veränderung statt, so werden wir ebenfalls derselben, sobald wir ihrer inne werden, unwillkürlich Ausdruck geben. Dahin gehören zu-

---

* Wie merkwürdig verschieden ist doch die Anregung, die ein anderer dem Laufe unseres Denkens gibt: ob man bloß an ihn denkt; ob man von ihm liest oder an ihn schreibt; endlich ob man sich mit ihm bespricht.

nächst die viel geschmähten und viel belachten und dann doch
wieder von allen aus allen Ständen und Geschlechtern (nicht in
allen Altern, denn die Jugend, die Kindheit kennt sie nicht)
gepflogenen Wettergespräche. Denken wir uns der Einfachheit
wegen eine Gesellschaft von etwa vierzig Personen an der
Wirtstafel in einem Badeorte. Vierzig Personen zerfallen in
zwölf bis sechzehn Gruppen. Alle Gruppen sind mit ihrem
Gespräche beschäftigt. Plötzlich fängt es zu regnen an – ich
könnte sagen zu hageln, dann noch mehr; zu schneien, dann
noch mehr –, aber ich bin bescheiden (die Wissenschaft ist immer bescheiden): es regnet. In jeder dieser Gruppen hört man
sehr bald das Wort »es regnet«. Schwer kommen dagegen die
früheren Vorstellungen auf, mit denen man noch eben beschäftigt war. Nach dem ersten in der Gruppe sagt auch der zweite
mit derselben naturgesetzlichen Notwendigkeit, wie draußen
die Tropfen vom Himmel fallen, drinnen die Worte: »es regnet«; endlich nach Verlauf mehrerer Minuten hat auch der
Schweigsamste unter den vierzig die Notwendigkeit gefühlt, die
Tatsache, welche von niemand bezweifelt wird, mit der Behauptung festzustellen; »es regnet«. Aber nicht mit einem bloßen Indikativsatz pflegt man dergleichen vorzubringen, irgendeine Interjektion geht voran: »Ah, es regnet!« – »Oh, es regnet!« durch alle Vokale hindurch, und es gehört nicht viel
Scharfsinn dazu, um herauszufinden, was für jede Gruppe beziehungsweise für jede einzelne Person durch diese Interjektion
ausgedrückt werden soll. Auch nach der Feststellung der Tatsache aber kommen die früheren Gespräche noch nicht wieder
auf; zunächst konstituieren sich durch so viele Gruppen, wie da
sind, so viele verschiedenartige strenge Zeugenverhöre darüber,
ob nicht er oder sie oder es den Regen prophezeit hat; und
selbst derjenige, welcher in der harten Notwendigkeit sich befindet, zugeben zu müssen, daß er ihn nicht prophezeit hat,
weiß in seinem innersten Herzen, daß er ihn hätte prophezeien
können.

Von dem Wetterprophezeien ist der nächste Weg, der mit
ziemlicher Sicherheit eingeschlagen wird, die Wettergeschichte.
Lassen wir den Regen nur ein wenig auffällig sein, lassen wir es
gar, wie ich bemerkte, hageln oder schneien, so kommt der
Reihe nach jeder Mann und jede Frau mit den merkwürdigen,
erwarteten oder unerwarteten Wetterereignissen, welche sie vormals erlebt haben, hervorgerückt. Die Unterhaltung entwickelt
sich weiter in dieser Richtung, von den heftigen und plötzli-

chen, von *den* Regen, welche Brücken oder Landpartien zerstört haben, bis zu den Wetterdenkwürdigkeiten beinahe jedes einzelnen herab, wenn nur eben der Raum dazu gegeben ist. Erst nach dem Verlauf dieser Gewässer kehren allmählich die früheren Gespräche zurück, und wer eine unterbrochene Geschichte wieder aufnimmt, muß einen guten Atem haben, denn sonst fällt zwischenhinein immer wieder wie die letzten Tropfen vom Dach: »Wie es doch regnet!« – »Es regnet noch immer!«

Dasselbe, was sich in Bezug auf den Regen begibt, begibt sich überhaupt, wenn eine Tatsache erzählt wird; es knüpfen sich an diese Tatsache für jede Person die Erinnerungen an die Vorfälle, welche mit der erzählten Begebenheit eine Ähnlichkeit haben. Das ist der natürliche Verlauf des Gesprächs. Auf den ersten Blick könnte es scheinen, als ob sich so im Charakter der menschlichen Gespräche der Egoismus der Menschen deutlich offenbarte. Erzählt jemand ein Ereignis, von einer Krankheit, von einem Glücksfalle oder von einer besonderen Charaktereigenschaft – die Antwort, welche der Reihe nach alle Anwesenden darauf geben, ist: »Ich habe das erlebt« – »Bei meinem Vater war es so« – »Wir in unserem Kreise haben dasselbe gehabt«. In jedem einzelnen Falle haben wir sogleich eine Aufzählung aller gleichartigen Ereignisse. Dennoch ist nichts von besonderem Egoismus darin, es ist nichts weiter als die Wirksamkeit des psychischen Mechanismus. Jeder einzelne wird durch die Vorstellung, welche in sein Bewußtsein eintritt, an die früheren erinnert; die früheren Vorstellungen werden reproduziert, und weil sie nach dem allgemeinen vorhin ausgesprochenen Gesetz auf der Schwelle des Bewußtseins stehen, steigen sie empor, und in diesem Steigen werden sie ausgesprochen. Man kann daran zu gleicher Zeit deutlich das eine wahrnehmen, daß die Individualität der Gespräche nicht im Widerspruche gegen die allgemeine Gesetzmäßigkeit derselben steht. Halten wir den Fall fest: Eine kleine Geschichte wird erzählt etwa in zwanzig verschiedenen Kreisen, wo je fünf Personen zusammen sind; in jedem Falle wird auf dieselbe Geschichte von allen Personen eine gleiche oder ähnliche Geschichte, die sie erlebt haben, reproduziert und mitgeteilt werden; vielleicht nach verschiedenen Reproduktionsgesetzen, vielleicht sogar nach einem und demselben Reproduktionsgesetz. Dieses eine Reproduktionsgesetz ist die Ursache, daß hundert verschiedene Gespräche geführt, hundert verschiedene Geschichten erzählt werden. Dies ist das

Verhältnis zwischen Allgemeinheit und Individualität in der Gesetzmäßigkeit alles psychischen Lebens.

Vor allem wirkt anregend das Neueste, es übt eine besondere Anziehungskraft; nicht nur es zu erfahren, sondern auch es mitzuteilen, ist ein gleich stark gefühltes Bedürfnis bei den Menschen. Das Neueste zu erfahren oder mitzuteilen macht die Menschen für den Moment nahezu gleich; der Höchste wird leutselig, der Niedrigste wird kühn, wenn es gilt, das Neueste zu erfragen oder zu berichten.

Die Alten haben das *Gerücht* als eine eigene mythische Gestalt ausgebildet; und doch besteht es nur aus der fortlaufenden Kette solcher gleichsam durch elektrische Reizung miteinander verbundener Ringe von Gesprächen dieser einen Art.

Aber wir bleiben in unseren Gesprächen nicht bei der Tatsache stehen. An die Tatsache fügt sich die Beurteilung derselben, die Meinungen für und gegen werden ausgetauscht. Mit derselben Notwendigkeit, wie die plötzliche Erinnerung gleicher und ähnlicher Tatsachen, treten auch die Urteile über die Dinge, die uns erzählt werden, auf die Schwelle des Bewußtseins und gehen denselben naturgesetzlichen Gang. Tiefer gehen sie in ihrer Bedeutung für das geistige Leben; viel mehr stehen sie in der Gewalt jener höheren Entwicklung des Geistigen, welches zur inneren Freiheit führt, aber zunächst verlaufen sie noch durchaus in derselben Weise wie der psychische Mechanismus überhaupt. So führen die einfachsten Mitteilungen von Tatsachen zu Beurteilungen, die bloßen Beurteilungen wollen dann begründet sein, und auf solchem Wege steigen die Gespräche oft von den geringfügigsten Anlässen bis zum wissenschaftlichen Streite empor. Man steigt von dem, was man als eigene Meinung vorgebracht hat, um sie zu begründen, bis zu allgemeinen Prinzipien hinauf. Nicht selten aber – dies darf nicht unerwähnt bleiben – ermüden die Menschen auf dem Wege der Begründung ihrer Gedanken. Vor allem tritt der Widerspruch auf zwischen dem, was wir als Prinzip hinstellen oder auffassen und dem, was in der wirklichen Welt sich begibt. Wir können unsere Gedanken nicht immer mit der vorhandenen Wirklichkeit vereinigen. Hier gälte es nun, mit der Schärfe des eigenen Denkens weiter fortzuschreiten. Dieser Pfad ist meist zu beschwerlich, und man wählt einen andern. Man wendet sich der Phantasie zu. »Ja, wenn doch die Dinge in der Welt so stünden! Dann würde dieser Punkt nicht streitig sein; dann würde alles erklärt sein und alles in der Welt sich ins Gleiche richten!« So nehmen dergleichen

Gespräche, welche ernst anfangen, immerhin noch in ernsthafter Weise einen Verlauf in das Land der Utopie, in die reinen Wünsche und Voraussetzungen. Allmählich wird nur noch Häckerling gebracht, aber unter der Berührung der Phantasie erscheint es wie Gold. Ich erinnere ferner daran, daß zu den Anregungen, welche die Tatsachen für Meinungsäußerungen geben, auch noch die Erregung der Gefühle und Affekte hinzutritt; daß man häufig nicht bloß Urteile äußert, sondern auch sein Herz ausschüttet; daß Gefühle und Empfindungen ebenfalls Gelegenheit finden, sich darzustellen, und einen nicht unwesentlichen Beitrag zu dem Ganzen eines Gesprächs liefern.

Blicken wir auf diese verschiedenen Ursachen zurück, deren noch viel mehrere aufgeführt werden können, so werden wir mit einem einzigen Blick sofort überschauen: Dasjenige Gespräch wird das vollkommenste sein, welches entweder in derselben Person oder mindestens in verschiedenen Personen die verschiedenen mitwirkenden Ursachen vertreten sieht.

Verschieden werden die Gespräche naturgemäß sein, weil, wenn dieselbe psychologische Gesetzmäßigkeit auf alle Menschen wirkt, sie gleichwohl weder den Inhalt noch die Form ihres Denkens in diesem Moment hervorbringen kann. Was einer zum Gespräch beitragen soll, das muß zunächst in ihm liegen; was er nicht in sich hat, das kann er auch nicht vorbringen. Je nach dem verschiedenen Inhalt, dann aber auch nach der verschiedenen Form des Prozesses gestaltet sich sein Beitrag zur Unterredung. Mit Hilfe unserer bloßen Absicht und Freiheit können wir sehr wenig ausrichten; über die Gedanken, die uns kommen, haben wir sehr wenig Macht, noch weniger über diejenigen, die uns nicht kommen wollen, besonders dann, wenn es sich nicht allein um den Inhalt, sondern auch um die stufenweise höhere Form der psychischen Tätigkeit handelt, die sich nur allmählich entwickelt, vermöge deren wir dem in uns vorhandenen Inhalt eine verschiedene Gestalt geben. Nicht vom Willen, wohl aber von der ganzen Vorbildung der Menschen hängt es ab, wie ihr Gespräch nach derselben notwendigen Gesetzmäßigkeit sich gleichwohl verschieden gestaltet.

Daher sind Gespräche ein so vorzüglicher Prüfstein der Bildung. Der Satz »der Stil ist der Mensch« gilt noch viel mehr vom mündlichen als vom schriftlichen Stil; denn dieser ist absichtlich, jener unmittelbar, dieser nähert sich immer der Kunst, jener meist der Natur des Menschen. – Im einsamen Denken, im Dichten und Forschen können wir allerlei künstliche Mittel anwenden, um wenigstens unserer eigenen Fähigkeit Raum und Ruhe zu schaffen, daß sie sicher wirke; im Gespräche sind wir auf den natürlichen Lauf der psychischen Prozesse angewiesen.

Wenn sich aber auch Individuen – und selbst die Völker durch die Weise ihrer Gesprächsführung voneinander unterscheiden, so bietet sie doch keinen absoluten Maßstab ihrer Bildung oder ihres Charakters. Denn zwar was in der Rede an den Tag tritt, ist Zeugnis inneren Lebens; aber eben nicht alles, was im Inneren lebt, tritt als Rede an den Tag.

Man müßte denn auch das Schweigen, mit seinen Arten und Gründen, zu den Formen des Gesprächs zählen.

In dieser Beziehung kann allerdings unsere Freiheit einen sehr beträchtlichen Einfluß ausüben – und doch wiederum nicht die Freiheit allein. Hier ist es mir versagt, ausführlich auf diesen Punkt einzugehen, würde man aber die Untersuchung tiefer führen, so würde man bald entdecken, daß es für das Schweigen ebenso viele und so verschiedene Ursachen gibt wie für das Reden. Nur einiges will ich andeuten. Der schweigt, sehr natürlich, der nichts zu sagen hat; aber nicht nur derjenige, der keine oder wenig Gedanken, sondern auch derjenige, welcher zu viele hat, schweigt, weil die Gedanken sich untereinander drängen und nicht zum Ausdruck kommen. [...]

Im Reden findet zugleich eine physiologische Auslösung der psychischen Elemente statt. Wenn wir in älteren Schriften (viel mehr als in neueren!) das Schweigen so sehr gepriesen und empfohlen sehen, so ist es nicht Klugheit und Schlauheit des Zurückhaltens, die damit gepredigt werden soll, sondern vor allem *Sittigung, Beherrschung* des psychophysischen Mechanismus. Als Mittel der Erziehung und Vertiefung waren die Gefühle des zeitweisen Schweigens in den religiösen und philosophischen Orden vortrefflich gewählt. Der Erfolg des Schweigens ist, daß die Reden der anderen ungestört aufgenommen, mit den eigenen Gedanken langsam und allmählich verbunden und bereichert werden, weil die aufsteigenden Vorstellungen nicht in der Rede verpuffen. Die eingepreßte Flamme des Gedankens schlägt in den Schwalch hinein, um die Masse des inneren Lebens stetiger und steigender zu erhitzen. Deshalb stehen Schweigen und Mystik am ehesten in Wechselwirkung. Aber auch andere Frucht kann es zeitigen. Nicht nur die Energie des Gedankens wächst, wenn seine Elemente nicht in der Aktion des Sprechens sich auslösen, sondern diese setzen sich auch leichter in Elemente des Wollens um; Gedanken und Tatkraft werden angesammelt, um dann zur rechten Stunde sich in produktiven Formen zu entladen. Mit Redseligkeit ist Energie des Handelns selten gepaart. Völker mit großer Herrschaft über ihren Organismus, ohne Auslösung der Sensationen durch Gestikulation und Rede, pflegen zugleich schweigsam und energisch zu sein; bei den mittleren Naturen entsteht das Steckenpferd, die Schrulle, der Spleen; bei fähigen und edlen die hohe, kraftvolle Aktivität.

Im diplomatischen Gespräch herrscht die Reflexion über den psychischen Mechanismus; man verschweigt, was natürlich entspringt, und wählt nach Absicht den Ersatz. Schweigsamkeit, Redseligkeit hängen bei Individuen, aber auch bei ganzen Klassen, von den physischen und mit diesen verbundenen psychischen Umständen ab. Viele Beschäftigungen der Frauen: Nähen, Stricken, Sticken, Häkeln gestatten der Seele und den Lungen freie Rede; zugleich können sie im geselligen Kreise geübt werden. Der Bauer aber hat meist einsame Tätigkeit wie Pflügen, Eggen, Säen; oder geräuschvolle und die Atmungsorgane stark anspannende wie Mähen und Dreschen. Der Schneider hat eine unhörbare und die freie Atmung nicht hemmende Arbeit, welche unter dem Reden nicht leidet; indes der Schuster häufig den Hammer gebrauchen und meist mit beiden Armen den Pechdraht ausziehend so hantieren muß, daß die Sprache gehemmt wird; alles übrige gleichgesetzt, geht darum jener leicht aus sich heraus, dieser in sich hinein, und jener wird bekanntlich Politiker, dieser Mystiker. – Mit Grund also sagt das Sprichwort: Reden sei Silber, Schweigen Gold. Längst hat man jedoch beobachtet, daß man zu diesem Reichtum billig kommen kann, da es auch ein Schweigen der Toren gibt. Deshalb muß jenes Wort mindestens dahin ergänzt werden: Wessen Reden Silber ist, dessen Schweigen ist Gold.

Noch eines hat dann jedenfalls die Psychologie in Bezug auf die Gespräche zu leisten: Nicht allein ihre Arten und ihre Ursachen, auch ihre Wirkungen soll sie darstellen. Einiges noch von diesen. Vor allem rede ich nicht von jener Nachtseite des Gesprächs, von dem Mißbrauch, der mit dieser edelsten Gabe der Natur, die uns in der Sprache gegeben ist, getrieben wird; von jenen Gesprächen, die bald mit den feinsten Nadelstichen, bald mit dem Seziermesser gegen den lebendigen Leib der Ehre des Nächsten geführt werden. Verleiden wir uns den Gegenstand nicht durch solche Erinnerungen. Auch beim Geschwätz wollen wir uns nicht lange aufhalten. Es ist bekannt, wie schwer es hält, einen ungebildeten Menschen dahin zu bringen, daß er nicht sage, was er von einer uns völlig unbedeutenden Sache denkt; daß er nicht die Gründe seiner Handlung auseinandersetze, mit der wir ohnedies längst einverstanden sind.

Die erste, allgemeinste, vielleicht auch wichtigste Wirkung der Gespräche ist die Lebenserfüllung, Lebensbetätigung anstatt des Schweigens, anstatt des dumpfen Daseins das Ausströmen des Innern, die Bewegung. In dieser Beziehung stehen die Gespräche den Spielen gleich; neben dem Lesen füllen Spiele und Gespräche unsere Muße aus. Auch in der Muße wollen wir nicht absolut müßig sein, sondern eine Beschäftigung, eine Betätigung unseres Wesens haben. [...]

Aber das Gespräch gibt uns nicht nur die lebenerfüllte Tätigkeit, es vermittelt uns auch das Miterlebnis in der Welt. Vieles begibt sich in der Welt, weniges erleben wir selbst. Vieles ist vormals geschehen, weniges ist direkt zu unserer Kunde gekommen. Durch das Gespräch vermittelt sich uns die Teilnahme an alledem, was sich begibt. Und auch das, was nur flüchtig an uns vorübergegangen, das, was wir sogar selbst erlebt und wieder vergessen hatten: im Gespräch erneuert es sich immer wieder. Darauf hat Goethe seinen tiefen Spruch gedichtet:

Worte sind der Seele Bild,
Nicht ein Bild, sie sind ein Schatten,
Sagen herbe, deuten milde,
Was wir haben, was wir hatten.
Was wir hatten, wo ist's hin?
Und was ist denn, was wir haben?
Nun, wir sprechen: rasch, im Fliehen
Haschen wir des Lebens Gaben.

Und nicht allein, daß durch das Gespräch die Teilnahme und das Miterleben uns gesichert ist, das Gespräch ist auch ein Zusammenwachsen der Wissenschaft und der Wirklichkeit – sie werden lichtvoll, lebendig, wir sehen die Welt, wie wir sie sonst niemals sehen würden. Auch wo uns die Geschichte noch so treu und noch so eifrig erzählt: sie ist verhältnismäßig immer abstrakt, sie setzt unsere Weltkenntnis voraus, welche das, was gewissermaßen nur als Gerippe uns angedeutet wird, durch ihre eigene Tätigkeit mit Fleisch und Blut erfüllen soll. Die Gespräche sind es, welche das alltägliche Leben uns in vollen Bildern zeigen, welche alle einzelnen Ereignisse im Wechsel nacheinander an uns vorüberführen und so unsere Anschauung, unsere wirkliche Weltkenntnis immer voller und reicher gestalten. Ein Wesen, das von einem anderen Gestirn auf die Erde versetzt und mit einer menschlichen Sprache begabt würde, möchte doch aus allen beschreibenden und wissenschaftlichen Büchern schwer, aus Gesprächen aber leicht ein leidlich volles Bild unseres Erdenlebens gewinnen. Gespräche knüpfen außerdem meist an das wirkliche Leben an und steigen zu allgemeinen und erhebenden Gedanken empor; während Bücher meist von uns fordern, uns der Erinnerung an die eigene Wirklichkeit zu entschlagen.

Die Wissenschaft bietet uns eine Welt von Begriffen in systematischer Ordnung, welche die Welt der wirklichen Erscheinung und der Ideale umspannt.

Die persönlichen Auffassungen der Begriffe, die Art, wie sie von jedem persönlich gedacht werden, ist individuell; im Grunde hat jeder energisch Denkende *sein* System; vielleicht als *Ganzes* lückenhaft, aber im einzelnen lebendig bestimmt.

Aber die Begriffe sind *allgemein;* ihnen gegenüber ist die wirkliche Welt konkret, individuell in ihren Gestaltungen, z. B. Ästhetik und ein Kunstwerk.

Im Gespräch nun wird das konkrete individuelle Ereignis, Kunstwerk etc. auf vielfach individuelle Art angeschaut und beurteilt.

So entfernt sich das Gespräch immer mehr von der Denkform der Wissenschaft, aber es bereichert die Gedankenwelt und ihre Fähigkeit, ein Spiegel der Wirklichkeit zu sein oder die Ideale lebendiger, deutlicher und energischer zu erfassen.

Darum werden hier in der *Muße* sowohl die schöpferische Kraft der Wissenschaft vermehrt als auch die Fähigkeit, sie mit Erfolg in sich aufzunehmen.

Aber dazu kommt noch ein anderes. Die größte Feinheit in der Durchbildung der Sprache, die zarteste Blüte der Synonymik, mit welcher ja auch eine ebenmäßige Verfeinerung des apperzipierenden Denkens Hand in Hand geht, wird durch das Gespräch erhalten, verbreitet, vielleicht sogar geschaffen. Denn hier, im Leben und Gespräch, tritt auch die reichste Kasuistik hervor, um der Sprache zum Objekt und Mittel zu dienen, und in der Muße des freien Gesprächs gedeiht vielleicht am ehesten – oder sollte doch gedeihen – die reine, ziellose Freude an scharfem Denken und genauem Reden. Die Wissenschaft hat meist andere und wichtigere Sorgen als diese feinste Ziselierung ihrer äußersten Ausläufer. Auch sind ja die Übungen der Wissenschaft und der Kunst, verglichen mit denen des Gesprächs, verschwindend selten. Jene sollen dem Gespräch die Wege weisen; aber dieses wird das Ziel aufsuchen und den Erfolg durch die Wiederholung befestigen. Das eigentliche, blühende, wirkliche Leben führt die Sprache also vorzugsweise in den Gesprächen. Wie groß mag die Zahl unserer Schriftsteller sein? Die der Unterredenden ist so groß wie die des Volkes, von dem heute glücklicherweise kaum die Taubstummen eine Ausnahme machen. Nicht im Geschriebenen und Gelesenen, sondern im Sprechen *lebt* der Volksgeist mit seiner Sprache.

Literatur verhält sich zum Gespräch etwa so wie eigentliches *Schaffen* zum bloßen, aber wirklichen *Leben*. Auch verdanken wir die fortwährende Verjüngung der Sprache nicht am wenigsten den Klassen des Volkes, welche am wenigsten lesen und gar nicht schreiben. An der Sprache, aber auch an den Gedanken, wie wir gleich noch sehen werden, bewährt sich die zündende und zeugende Kraft der lebendigen Aktion. Sokrates hat kein Buch geschrieben; aber bis zur Leidenschaft ein Freund, bis zur Kunstfertigkeit ein Meister der Gespräche, ist er ein Meister des Denkens geworden, dessen höchste Form Plato als *Dialektik* bezeichnet hat. Und von einem großen Staatsmann unserer Zeit berichtet man, daß er seine besten Gedanken »an einen Zuhörer hinreden« muß.

Zu gleicher Zeit aber gewinnen wir nicht nur ein tieferes Verständnis der Wissenschaft, eine vollere Auffassung des Lebens, sondern es vollzieht sich auch die Zusammenschließung der Seelen, sei es, daß die einzelnen sich im Gespräch miteinander zusammenfinden, sei es, daß der einzelne in den Zusammenhang mit der Gesamtheit des öffentlichen Geistes tritt, mit dem, was man die »öffentliche Meinung«, den »Volksgeist« nennt. Während sich sonst die Menschen bei ihrer Arbeit isoliert finden und ziemlich schroff und straff neben und gegeneinander stehen, pulsiert durch die fortwährend umlaufenden Gespräche von Glied zu Glied geistiges, einigendes Leben.

Alle können nicht alles lesen; aber das Gespräch vermittelt den Gewinn, den einer aus der Lektüre gezogen, auch für alle übrigen Glieder eines geselligen Kreises; der Bildungsgrad eines solchen wird sich daher auch nicht nach dem gleichen bestimmen, was alle gesamt und gesondert, sondern nach dem verschiedenen, was alle als einzelne gelesen haben.

So erzeugen die Gespräche teils neben, teils durch die Presse zunächst die Kenntnis, dann aber, was noch viel wichtiger ist, gleichsam die Interpretation der Ereignisse, die sich in der Welt begeben, und weiterhin die Interpretation derjenigen Interpretation, welche Literatur und Tagespresse ihnen gegeben haben.

Aber die Gespräche befestigen nicht bloß, sie läutern und heben die öffentliche Meinung; sie machen aus den vielen kleinen und mittelmäßigen Geistern den einen großen, öffentlichen Geist. Wie eine große Anzahl von Menschen, deren jeder einzeln genommen gering an Kraft und Intelligenz ist, dennoch als Masse die Wahrheit enthalten, und zwar nicht so, daß sie in der vorzüglichsten, sondern gerade in der großen Masse als solcher vertreten ist, mag man immerhin als ein Rätsel, als ein sehr wichtiges Rätsel betrachten; aber man ist leichter imstande, der Lösung dieses Rätsels nahezukommen, wenn man nur ein Dutzend mittelmäßigste Stammgäste um den Tisch versammelt gesehen, ihre Gespräche gehört und sie dann im Geiste verfolgt hat.

Über den vorliegenden Gegenstand sagt der eine nach dem Maße seiner mäßigen Dummheit etwas mäßig Dummes; der andere etwas mäßig Kluges und der dritte vielleicht ein mittleres. Hätte der vierte *zuerst* seine Meinung sagen sollen, so wäre sie vielleicht die dümmste gewesen; aber jetzt ist sie notwendig die klügste; er pflügt mit drei Ochsen. Er wird der Sache näherkommen etc.

Wenn sie weggehen, spricht jeder *die Meinung* aus, die die Diagonale ist; alle Kräfte sind in ihr enthalten!

Aber von dieser aus dem Kreislaufe der Gespräche, gleich wie im Körper aus dem Kreislauf des Blutes stammenden Lebendigkeit des Geistes abgesehen, gewinnt er durch sie eine ganz eigene Art der Vertiefung. Einmal gibt es viele Dinge, welche durch kein kaltes Buch, durch keine trockene Darstellung in Buchstaben vollkommen erreicht und erschöpft werden; wir dringen nicht bis in das Innerste der Sache, es sei denn, daß ein Auge ist, welches uns ansieht, eine Stimme, die zu uns spricht, ein Geist, der vor uns, in unserer Gegenwart denkt und welchem wir mit unseren Gedanken entgegentreten, den wir herausfordern können, uns zu berichtigen, uns zu ergänzen und zu vertiefen. Es gibt viele Dinge, die absolut niemals in ihrer Vollständigkeit, Tiefe und Innigkeit von uns erfaßt werden, wenn sie nicht Gegenstand des Gespräches sind. Ich kann wiederum keinen besseren, keinen höheren Gewährsmann für diesen Gedanken anführen als Goethe: »Über die wichtigsten Angelegenheiten des Gefühls wie der Vernunft, der Erfahrung wie des Nachdenkens«, sagt er, »soll man nur mündlich verhandeln. Das ausgesprochene Wort ist sogleich tot, wenn es nicht durch ein folgendes, dem Hörer gemäßes am Leben erhalten wird. Mit dem geschriebenen ist es noch schlimmer.« – Ein besonderer Vorzug des Gesprächs schließt sich daran, daß es eben gemeinschaftliche Arbeit der Geister ist, an das Bewußtsein und die unmittelbare Wahrnehmung: Der Gedanke wird nicht von mir und nicht von dir allein, sondern von uns beiden erzeugt. Dieses Bewußtsein schon bietet ein erhebendes Moment, aber es führt außerdem zu einer bedeutenden Vertiefung. Was uns hemmt, die Wahrheit zu erkennen, ist meistenteils die Individualität der Voraussetzung, unter welcher wir stehen, das Historische und Zufällige in dem Erwachen und in der Entwicklung des einzelnen denkenden Geistes. Wenn ich aber die Meinung des andern im Gespräch widerlegen will, so richtet sich meine Kritik vor allem darauf, dieser Zufälligkeit entgegenzutreten und das Allgemeine, die Wahrheit zu finden. Schließlich, wenn ich den andern widerlege, habe ich in den meisten Fällen mich selbst widerlegt; bin ich über seine Meinung zu einer höheren Stufe der Anschauung hinaufgestiegen, so bin ich meist auch über diejenige Stufe hinweggekommen, auf welcher ich selbst vorher gestanden habe; beide haben wir ein und denselben Prozeß vollzogen und die Schlacken der Individualität ausgeschieden, um das reine Metall der Wahrheit zu finden. So arbeitet jeder mit dem andern zusammen; so wird uns die Wahrheit auch darum wertvoller und teurer, daß sie eben nicht das Erzeugnis des Individuellen, sondern das Erzeugnis des Gesamtgeistes ist. Diese den Geist des *anderen* belebende und schöpferisch machende Kunst besitzen freilich nicht viele. Sie ist der ausschließliche Besitz des Genies der Persönlichkeit, welches eben so wie das der Kunst und der Wissenschaft selten ist. Auch sehr gute Gesellschafter gibt es, Leute, die vortrefflich erzählen, rasch und treffend reflektieren und dennoch nur durch eigene Leistung zu glänzen, aber nicht die des anderen hervorzurufen verstehen. Bei Gesprächen wird man immer wieder an Sokrates erinnert; er war stolz auf das Erbteil seiner Mutter, welche die Hebammenkunst verstanden habe. Vielleicht ist diese Tugend des Gesprächs so selten, weil die Vereinigung des Empfangens und des Gebens in der gleichen Natur überhaupt selten ist.

Die Kunst, habe ich irgendwo gelesen, die Kunst der Konversation besteht eigentlich nur in der Ausübung zweier schöner Eigenschaften. Man muß schaffen und sich für Vorhandenes interessieren, man muß gleichzeitig die Gabe der Mitteilung und die Gabe des Zuhörens besitzen. Ein solches Zusammentreffen ist selten, aber dann auch unwiderstehlich.

Unwiderstehlich! denn wir empfangen aus solchen Gesprächen in unmittelbarer Erfahrung wenigstens eine Ahnung von jener großen und tiefen Tatsache des geschichtlichen Lebensprozesses, daß die einzelnen aus dem Born des allgemeinen Geistes schöpfen und daß und wie sie wiederum für den allgemeinen Geist leisten und wirken. Der eigentliche Zauber dieser Wahrnehmung aber beruht darin, daß das Individuum als solches mit seinem geistig individuellen Lebensinhalt den zwiefachen Gegensatz darstellt, einmal gegen das Allgemeine des Gedankens und dann gegen die Gesamtheit der Denkenden oder den Gesamtgeist und – daß beide Gegensätze damit gleichzeitig überwunden werden.

An dies Höchste im Menschenleben schließt sich so unter günstigen Umständen auch das Gespräch an. Man hat oft unsere Lektüre, den wissenschaftlichen Unterricht und dergleichen als »geistige Nahrung« bezeichnet. Wenn dies Gleichnis richtig ist, dann vielleicht noch mehr das andere: Wenn dies geistige Nahrung ist, dann sind die Gespräche die geistige Atmosphäre, in welcher ein Mensch lebt und atmet. Wie wünschenswert ist es, daß die Luft, die wir im Gespräch atmen, rein und frei sei! Wie haben wir alle auch hier die diätetische Sorge zu tragen, daß wir in reiner Luft atmen, daß wir zuweilen auf die Höhen emporsteigen, um dort jene besonders reine Luft in erhebenden, läuternden und vertiefenden Gesprächen zu atmen.

Wer je das Glück gehabt hat, solcher Gespräche teilhaft zu werden, der hat an sich empfunden und wird allen dieselbe Erfahrung wünschen, daß die Worte des Gesprächs der Schlüssel sind, der die Herzen aufschließt; das Band, welches die Seele verbindet, und das Licht, welches in die Geister gegenseitig hineinleuchtet und sie sehen macht. Welche Sehnsucht empfinden wir oft nach einem solchen Gespräch! Und wenn wir es gehabt haben, wie wird unser Gemüt weit und weich, warm und voll, innig, lebendig und erlöst.

Quellen- und Übersetzernachweise

(Nicht kursiv gedruckte Textüberschriften stammen von der Herausgeberin. Die älteren deutschen Texte wurden behutsam modernisiert und der heute üblichen Orthographie und Zeichensetzung angeglichen.)

I. Antike Texte

Platon, Über den Eros. Aus: *Phaidros*. Herausgegeben und übersetzt von Wolfgang Buchwald. München 1964, S. 101–115. Abdruck mit freundlicher Genehmigung des Heimeran Verlages.

Aristoteles, Vom Umgang. Aus: *Die Nikomachische Ethik*. Neu übersetzt und herausgegeben von Olof Gigon. Zürich-Stuttgart ²1967, S. 145–150. Abdruck mit freundlicher Genehmigung des Artemis Verlages.

Theophrast, *Der Schmeichler. Der Schwätzer. Der Grobian. Der Aufschneider. Der Verleumder*. Aus: *Charakterskizzen*. Eingeleitet, verdeutscht und erläutert von Horst Rüdiger. München 1974, S. 20f., 31f., 34f., 49, 64f., 74f. Abdruck mit freundlicher Genehmigung des Heimeran Verlages.

Jesus Sirach, Unterricht über den Mund. Aus: *Das Buch Jesus Sirach*. Übersetzt und erklärt von Andreas Eberharter. Bonn 1925. Stellenangaben im Text.

Cicero, Über das Gespräch. Aus: *Abhandlung über die menschlichen Pflichten in drey Büchern*. Aus dem Lateinischen mit philosophischen Anmerkungen und Abhandlungen von Christian Garve. 2 Bde. Breslau 1783. Bd. 1, S. 101–106.

Plutarch, *Welches sind die Fragen und Scherze, von denen Xenophon sagt, daß es besser sei, sie bei Tische zu brauchen, als sie nicht zu brauchen?* Aus: *Vermischte Schriften*. Nach der Übersetzung von Kaltwasser vollständig herausgegeben von Heinrich Conrad. 3 Bde. München und Leipzig 1911. Bd. 1. *Tischgespräche*, S. 49–64.

II. Der gesprächige Umgang im 16. Jahrhundert

Giovanni Pontanus, Über den freundlichen Umgang. Aus: *Jiovannis Jiovani Pontani De Sermone Libri Sex*. Ediderunt S. Lupi et A. Risicato. Lucani 1954, S. 7–10, 44–50. Deutsch von Gottfried Glas.

Baldassare Castiglione, Von der lustigen Unterhaltung. Aus: *Das Buch vom Hofmann*. Übersetzt, eingeleitet und erläutert von Fritz Baumgart. Bremen 1966, S. 166f., 171–173, 175–177, 185–187. Abdruck mit freundlicher Genehmigung des Schünemann Verlages.

Antonio de Guevara, Das Gespräch mit dem Fürsten. Aus: *Institutiones vitae aulicae. Oder Hof-Schul. Begreifft gantz schöne, anmütige, zierliche und kurzweilige Unterrichtungen ... durch Aegidius Albertinus verteutscht*. München 1600, S. 31–38.

Giovanni della Casa, Vom täglichen Gespräch. Aus: *Galateus ...* Fünfsprachige Ausgabe. Genf 1609, S. 448–470.

Stefano Guazzo, Vom Konversieren. Aus: *De civili conversatione, Das ist/Von dem Bürgerlichen Wandel und zierlichen Sitten ...* In die Hochdeutsche Sprach gebracht von Nicolaus Rücker. Frankfurt am Mayn 1626, S. 104–108.

Michel de Montaigne, *Von der Kunst des Gesprächs*. Aus: *Essais*. Auswahl und Übersetzung von Herbert Lüthy. Zürich 1953, S. 724–730, 743f. Abdruck mit freundlicher Genehmigung des Manesse Verlages.

III. Die Epoche der Konversation

François de Sales, *Von den Konversationen und der Einsamkeit*. Aus: *Introduction à la vie dévote*. 2 Bde. Ed. par Charles Florisoone. Paris 1930. Bd. 2, S. 65–68. Deutsch von Angela von Hagen.

Francis Bacon, *Über die Unterhaltung*. Aus: *Essays*. Herausgegeben von Levin Schücking. Leipzig ³1967, S. 139–141. Deutsch von Elisabeth Schücking. Abdruck mit freundlicher Genehmigung der Dieterich'schen Verlagsbuchhandlung.

Nicolas Faret, *Allgemeine Maximen der Konversation*. Aus: *L'Honneste homme où l'art de plaire à la court*. Fr. et Esp. Paris 1634, S. 161–181, 201–209. Deutsch von Angela von Hagen und Claudia Schmölders.

Baltasar Gracián, *Über die kluge Konversation*. Aus: *Handorakel und Kunst der Weltklugheit*. Deutsch von Arthur Schopenhauer. In: *A. S., Sämtliche Werke*. Herausgegeben von Paul Deussen. Bd. 6. München 1923. Stellenangaben im Text.

Emanuele Tesauro, *Von der bürgerlichen Konversation*. Aus: *La filosofia morale*. Torino 1670. S. 205 ff. Deutsch von Claudia Schmölders.

Madeleine de Scudéry, *Konversation über die Konversation*. Aus: *Conversations sur divers sujets*. Amsterdam ⁵1686, S. 1–20. Deutsch von Claudia Schmölders.

IV. Die bürgerliche Unterhaltung

Christian Thomasius, *Von der Klugheit, sich in täglicher Konversation wohl aufzuführen. Von der auserlesenen Konversation unter guten Freunden*. Aus: *Kurzer Entwurf der politischen Klugheit ...* Franckfurt und Leipzig 1710, S. 105–108, 139–142.

Nikolaus Ludwig Graf Zinzendorf, *Gedanken vom Reden und Gebrauch der Worte*. Aus: *Der freywilligen Nachlese, Bey den bisherigen Gelehrten und erbaulichen Monaths-Schrifften VI. Sammlung*. Franckfurt und Leipzig 1723, S. 718–736.

Nicolas-Charles-Joseph Trublet, *Gedanken über die Konversation*. Aus: *Pensées de la conversation*. In: *Essais sur divers sujets de littérature et de morale*. 2. Bde. Paris 1735. Bd. 1, S. 19–22, 28–31, 44–49. Deutsch von Claudia Schmölders.

Henry Fielding, *Konversation unter Gleichen*. Aus: *Essay on Conversation*. In: *Miscellanies*. 3 Bde. Ed. by Henry K. Miller. Oxford 1972. Bd. 1, S. 120–152. Deutsch von Claudia Schmölders.

George Washington, *Regeln der Höflichkeit in der Konversation*. Aus: Llewellyn Miller, *The Encyclopedia of Eriquette*. New York 1967, S. 89–94. Deutsch von Claudia Schmölders.

Friedrich Gottlieb Klopstock, *Über den naiven Umgang*. Aus: *Über die Freundschaft*. In: *Ausgewählte Werke*. Herausgegeben von Karl August Schleiden. München 1962, S. 934–942.

Johann Wolfgang Goethe, *Unterhaltungen deutscher Ausgewanderten*. In: *Werke* in 14 Bdn. Herausgegeben von Erich Trunz. Hamburg ⁶1965. Bd. 6, S. 137–139.

V. Das Gespräch im 19. Jahrhundert

Christian Garve, Das ideale Gespräch. Aus: *Über Gesellschaft und Einsamkeit.*
In: *Versuche über verschiedene Gegenstände aus der Moral, der Litteratur und
dem gesellschaftlichen Leben.* 4 Theile. Breslau 1797–1800. 3. Theil, S. 17–25,
81–86, 148–157.

Adam Müller, *Vom Gespräch.* Aus: *Zwölf Reden über die Beredsamkeit und
deren Verfall in Deutschland.* Leipzig 1816, S. 27–48.

Friedrich Daniel Schleiermacher, Das eigentliche Gespräch. Aus: *Einleitung in
die Dialektik.* In: *Friedrich Schleiermachers Dialektik.* Herausgegeben von
Rudolf Odebrecht. Leipzig 1942 (Darmstadt 1976), S. 7–10.

Sören Kierkegaard, Die ironische Redefigur. Aus: *Über den Begriff der Ironie.*
Deutsch von Emanuel und Rose Hirsch. Düsseldorf 1961, S. 251 f. Abdruck
mit freundlicher Genehmigung des Diederichs Verlages.

Ralph Waldo Emerson, Zwiegespräch. Aus: *Freundschaft.* In: *Essays.* 2. Reihe.
Jena 1910, S. 34 f. Deutsch von Heinrich Conrad.

Thomas De Quincey, *Konversation.* Aus: *Conversation.* In: *The Collected Writ-
ings of Th. D. Q.* 14 Bde. Ed. by David Masson. Edinburgh 1889–1890. Bd. 10,
S. 264–288. Deutsch von Peter Naujack.

Bogumil Goltz, *Umgangs-Philosophie.* Aus: *Die Weltklugheit und die Lebens-
Weisheit mit ihren correspondirenden Studien.* 2 Bde. in 1. Berlin 1869. Bd. 1,
S. 89–95.

Moritz Lazarus, *Über Gespräche.* In: *Ideale Fragen.* Berlin 1878, S. 237–264.

Literaturhinweise

1. Konversation allgemein

Allen, Donald E./Rebecca Guy, *Conversation Analysis;* the Sociology of Talk. The Hague 1974.

Henn-Schmölders, Claudia, *Ars conversationis.* Zur Geschichte des sprachlichen Umgangs. In: arcadia 10 (1975), S. 16–33.

Heseltine, Olive, *Conversation.* London 1927.

Lerg, Winfried, *Das Gespräch.* Theorie und Praxis der unvermittelten Kommunikation. Düsseldorf 1970.

Mathews, William, *The Great Conversers* and Other Essays. Chicago 1874.

Spitz, René, *Vom Dialog.* Studien über den Ursprung der menschlichen Kommunikation und ihrer Rolle in der Persönlichkeitsbildung. Stuttgart 1976.

2. Die Etikette

Bobbitt, Mary R., *A Bibliography of Etiquette Books Published in America Before 1900.* New York 1947.

Börner, Aloys, *Anstand und Etikette nach den Theorien der Humanisten.* In: Neue Jahrbücher für das klassische Altertum 14. Leipzig 1904.

Bonneau, Alcide, *La civilité puérile par Erasme de Rotterdam.* Précédé d'une notice sur les livres de civilité depuis le XVIe siècle. Paris 1877.

Burger, Heinz-Otto, *Europäisches Adelsideal und deutsche Klassik.* In: H.-O. B., *Dasein heißt eine Rolle spielen.* München 1963.

Carson, Gerald, *The Polite Americans.* 300 Years of More or Less Good Behaviour, London-Melbourne 1967.

Cohn, Egon, *Gesellschaftsideale und Gesellschaftsroman des 17. Jahrhunderts.* Berlin 1921.

Crane, Thomas F., *Italian Social Customs of the Sixteenth Century and Their Influence on the Literature of Europe.* New Haven 1920, ²1971.

Elias, Norbert, *Über den Prozeß der Zivilisation.* Soziogenetische und psychogenetische Untersuchungen. 2 Bde. Bern 1939, ²1969.

Franklin, Alfred, *La civilité, l'étiquette, la mode, le bon ton du XIIIe au XIXe siècle.* 2 Bde. Paris 1908.

Heimeran, Ernst, *Quellenwerke zur Anstandsgeschichte.* In: *Anstandsbuch für Anständige.* München 1937.

Heltzel, Virgil B., *A Check List of Courtesy Books* in the Newberry Library. Chicago 1942.

Holme, James W., *Italian Courtesy Books of the Sixteenth Century.* In: Modern Language Review 5 (1910), S. 145–166.

Kelsoe, Ruth, *The Doctrine of the English Gentleman in the Sixteenth Century,* with a Bibliographical List of Treatises on the Gentleman and Related Subjects Published in Europe to 1625. In: University of Illinois Studies in Language and Literature XIV, 1–2, Febr.–May 1929.

Magendie, Maurice, *La Politesse mondaine et les théories de l'honnêteté en France au XVIIe siècle, 1600–1660.* Thèse Paris 1925, ²1970.

Mason, John E., *Gentlefolk in the Making.* Studies in the History of English Courtesy Literature and Related Topics from 1531–1774. Philadelphia 1935.

Nicolson, Harold, *Good Behaviour*. Being a Study of Certain Types of Civility. London 1955.

Noyes, Gertrud E., *Bibliography of Courtesy and Conduct Books in Seventeenth Century England*. New Haven 1937.

Oswald, Ernst, *Early German Courtesy Books*. In: Early English Text Society Series EETSOS 8 (1869), 2, S. 77–147.

Pohlenz, Max, *Tò prépōn*. Ein Beitrag zur Geschichte des griechischen Geistes. In: Nachrichten von der Akademie der Wissenschaften zu Göttingen. Phil.-Hist. Kl. 1933, S. 53–92.

Schlesinger, Arthur M., *Learning How to Behave*. A Historical Study of American Etiquette Books. New York 1947.

Thornton, Thomas P. (Hrsg.), *Höfische Tischzuchten*. (= Texte des späten Mittelalters, H. 4.) Berlin 1957.

Ders. (Hrsg.), *Grobianische Tischzuchten*. (= Texte des späten Mittelalters, H. 5.) Berlin 1957.

Wildeblood, Joan/Peter Brinson, *The Polite World*. A Guide to English Manners and Deportment from the 13th to the 19th Century. London 1965.

Wiley, William L., *The Gentleman of Renaissance France*. Cambridge Mass. 1954.

3. Die Stilistik

Böckmann, Paul, *Die Begründung einer Formkultur des Witzes durch Christian Wolff und Gottsched*. In: P. B., Formgeschichte der deutschen Dichtung. Bd. 1. Hamburg 1949.

Bray, René, *La préciosité et les précieux*. Paris 1948.

Büchner, Wilhelm, *Über den Begriff der Eironeia*. In: Hermes 76 (1941), S. 339–358.

Crane, William G., *Wit and Rhetoric in the Renaissance*. New York 1937.

Curtius, Ernst R., *Die Lehre von den drei Stilen in Altertum und Mittelalter*. In: Romanische Forschungen 64 (1952).

Freud, Sigmund, *Der Witz und seine Beziehung zum Unbewußten*. Wien 1905.

Hayn, Hugo, *Deutsche Complimentir-Bücher von der Mitte XVII. bis Mitte XVIII. Jahrhunderts*. In: Zentralblatt für Bibliothekswesen VII (1890).

Henn, Claudia, »La naïveté du style«. Zur französisch-deutschen Geschichte eines Stilideals. In: Romanische Forschungen 87 (1975), S. 617–638.

Dies., »Sinnreiche Gedancken«. Zur Hermeneutik des Chladenius. In: Archiv für die Geschichte der Philosophie 58 (1976), S. 240–264.

Messerschmidt, Ludwig, *Über französisch »bel esprit«*. Eine wortgeschichtliche Studie. Phil. Diss. Gießen 1922.

Ramage, Edwin S., *Urbanitas*. Ancient Sophistication and Refinement. Oklahoma UP 1973.

Schmitz, Heinz-Günther, *Physiologie des Scherzes*. Bedeutung und Rechtfertigung der Ars locandi im 16. Jahrhundert, Hildesheim-New York 1972.

Wendland, Ulrich, *Die Theoretiker und Theorien der sogenannten galanten Stilepoche und die deutsche Sprache*. Leipzig 1930.

4. Die Sozialität

Ariès, Philipe, *Geschichte der Kindheit*. München 1960. (Taschenbuchausgabe München 1978).

Benjamin, Walter, *Der Flaneur*. In: W. B., *Charles Baudelaire*. Ein Lyriker im

Zeitalter des Hochkapitalismus. Hrsg. v. Rolf Tiedemann. Frankfurt/M. 1955, ²1974.

Gleichen-Rußwurm, Alexander von, *Die Freundschaft*. Psychologie, Geschichte und Wandlungen eines Ideals. Bern 1961.

Habermas, Jürgen, *Strukturwandel der Öffentlichkeit*. Neuwied-Berlin 1969, ⁹1978.

Heuer, Karl Heinz, *Comitas – facilitas – liberalitas*. Studien zur gesellschaftlichen Kultur der ciceronischen Zeit. Phil. Diss. Münster 1941.

Homans, George C., The Human Group. New York 1960. Deutsch unter dem Titel: *Theorie der sozialen Gruppe*. Köln-Opladen 1960.

Jäger, Hella, *Naivität*. Eine kritisch-utopische Kategorie in der bürgerlichen Literatur und Ästhetik des 18. Jahrhunderts. Kronberg/Ts. 1975.

Kloft, Hans, *Liberalitas Principis*. Herkunft und Bedeutung. Köln-Wien 1970.

Pfister, Oskar, *Das Christentum und die Angst*. Eine religionspsychologische, historische und religionshygienische Untersuchung. Zürich 1944.

Kaiser, Gerhard, *Pietismus und Patriotismus im literarischen Deutschland*. Wiesbaden 1961.

Marcuse, Herbert, *Eros and Civilization*. A Philosophical Inquiry Into Freud. Boston 1955. Deutsch unter dem Titel: *Triebstruktur und Gesellschaft*. Frankfurt/M. 1968.

Mercer, Philip, *Sympathy and Ethics*. A Study of the Relationship Between Sympathy and Morality with Special Reference to Hume's Treatise. Oxford 1972.

Rasch, Wolfdietrich, *Freundschaftskult und Freundschaftsdichtung* im deutschen Schrifttum des 18. Jahrhunderts vom Ausgang des Barock bis zu Klopstock. Halle/Saale 1936.

Sengle, Friedrich, *Formen des idyllischen Menschenbildes*. In: F. S., *Arbeiten zur deutschen Literatur 1750–1850*. Stuttgart 1965, S. 212–231.

Süß, Wilhelm, *Ethos*. Studien zur älteren griechischen Rhetorik. Leipzig 1910.

5. Die Institutionen

Elias, Norbert, *Wohnstrukturen als Anzeiger gesellschaftlicher Strukturen*. In: N. E., *Die höfische Gesellschaft*. Darmstadt-Neuwied 1969.

Gleichen-Rußwurm, Alexander von, *Geselligkeit*. Sitten und Gebräuche der europäischen Welt 1789–1900. Stuttgart 1910.

Picard, Roger, *Les Salons littéraires et la societé française 1610–1789*. New York 1943.

Preußner, Eberhard, *Die bürgerliche Musikkultur*. Ein Beitrag zur deutschen Musikgeschichte des 18. Jahrhunderts. Kassel-Basel 1935, ²1954.

Reinhold, Helmut, *Zur Sozialgeschichte des Kaffees und des Kaffeehauses*. In: Kölner Zeitschrift für Soziologie 10 (1958), S. 151 ff.

Simmel, Georg, *Soziologie der Mahlzeit*. In: G. S., *Brücke und Tür*. Im Verein mit Margarete Susmann herausgegeben von Michael Landmann. Stuttgart 1957, S. 243–250.

Ders., *Die Großstädte und das Geistesleben*. Ebd., S. 227–242.

Timbes, John, *Club Life of London,* with Anecdotes of the Clubs, Coffeehouses and Taverns of the Metropolis During the 17th, 18th, and 19th Centuries. 2 Bde. London 1866.

Tornius, Valerian, *Salons*. Bilder gesellschaftlicher Kultur aus fünf Jahrhunder-
ten. 2 Bde. Leipzig 1913.
Von der Mühll, Peter, *Das griechische Symposion*. In: Xenophon, *Das Gastmahl*.
Herausgegeben von Georg Peter Landmann. Hamburg 1957.

6. Konversationelle Literatur

Brockmeier, Peter, *Lust und Herrschaft*. Studien über gesellschaftliche Aspekte
der Novellistik. Stuttgart 1962.
Haacke, Wilmont, *Handbuch des Feuilletons*. 3 Bde. Emsdetten 1951–1953.
Haas, Gerhard, *Essay*. Stuttgart 1969.
Hain, Mathilde, *Rätsel*. Stuttgart 1966.
Hirzel, Rudolf, *Der Dialog*. Ein literarhistorischer Versuch. 2 Theile. Leipzig
1895.
Martens, Wolfgang, *Die Botschaft der Tugend*. Die Aufklärung im Spiegel der
deutschen moralischen Wochenschriften. Stuttgart 1968.
Martin, Josef, *Symposion*. Geschichte einer literarischen Form. Paderborn 1931.
Neumann, Gerhard (Hrsg.), *Der Aphorismus*. Darmstadt 1976.
Steinhausen, Georg, *Geschichte des deutschen Briefes*. Zur Kulturgeschichte des
deutschen Volkes. Berlin 1889.

7. Zu einzelnen Autoren

Auernheimer, Richard, *Gemeinschaft und Gespräch*. Stefano Guazzos Begriff
der ›conversazione civile‹. München 1973.
Blüher, Karl Alfred, *Graciáns Aphorismen im ›Oráculo manual‹ und die Tradi-
tion der politischen Aphorismen-Sammlungen in Spanien*. In: Ibero-Romania 1
(1969), S. 319–327.
Gadamer, Hans-Georg, *Platos dialektische Ethik*. Hamburg 1931.
Garve, Christian, *Popularphilosophische Schriften*, Herausgegeben und mit ei-
nem Nachwort von Kurt Wölfel. 2 Bde. Stuttgart 1974.
Grey, Ernest, *Guevara, a Forgotten Renaissance Author*. The Hague 1973.
Hardie, W. F. R., *Aristotle's Ethical Theory*. Oxford 1968.
Henckmann, Gisela, *Gespräch und Geselligkeit in Goethes ›West-östlichem
Divan‹*. Stuttgart-Berlin-Köln-Mainz 1975.
Henn-Schmölders, Claudia, *Sprache und Geld oder »Vom Gespräch«*. Über
Adam Müller. In: Jahrbuch der deutschen Schillergesellschaft XXI. (1977),
S. 327–351.
Künzli, Arnold, *Die Angst als abendländische Krankheit*. Dargestellt am Leben
und Denken Sören Kierkegaards, Zürich 1948.
Lange, Klaus-Peter, *Theoretiker des literarischen Manierismus*. Tesauros und
Pellegrinis Lehre von der »acutezza« oder von der Macht der Sprache. Mün-
chen 1968.
Loos, Erich, *Baldassare Castigliones »Libro del Cortegiano«*. Studien zur Tu-
gendauffassung des Cinquecento. Frankfurt/M. 1955.
Miller, Henry Knight, *»An Essay on Conversation«*. In: H. K. M., *Essays on
Fielding's Miscellanies*. A Commentary on vol. 1. Princeton 1961, S. 164–189.
Mongrédien, Georges, *Mademoiselle de Scudéry et son salon*. D'après des docu-
ments inédits. Paris 1946.
Murphy, Ruth, *François de Sales et la civilité chrétienne*. Paris 1964.
Pfister, Oskar, *Die Frömmigkeit des Grafen Ludwig von Zinzendorf*. Leipzig
1910.

Schneiders, Werner, *Naturrecht und Liebesethik*. Zur Geschichte der praktischen Philosophie im Hinblick auf Christian Thomasius. Hildesheim-New York 1971.

Schon, Martin, *Vorformen des Essays in Antike und Humanismus*. Ein Beitrag zur Entstehungsgeschichte der Essais von Montaigne. Wiesbaden 1954.

Spiegel, Yorik, *Theologie der bürgerlichen Gesellschaft*. Sozialphilosophie und Glaubenslehre bei Friedrich Schleiermacher. München 1968.

Thamin, Raymond, *St. Ambroise et la morale chrétienne au 4e siècle*. Etude comparée des traitées »Des devoirs« de Cicéron et de St. Ambroise. Thèse Paris 1895.

Walser, Ernst, *Die Theorie des Witzes und der Novelle nach dem De Sermone des Iovanis Pontanus*. Straßburg 1908.

Zaehle, Barbara, *Knigges Umgang mit Menschen und seine Vorläufer*. Ein Beitrag zur Gesellschaftsethik. Heidelberg 1933.

Zeller, Rosmarie, *Spiel und Konversation im Barock*. Untersuchungen zu Harsdörffers Gesprächsspielen. Berlin-New York 1974.

dtv klassik
Klassische Schriften zur Kunst, Literatur und Sprache

Friedrich Schiller
Über das Schöne
und die Kunst

Schriften zur Ästhetik

dtv klassik

Hrsg. und kommentiert
von Gerhard Fricke und
Herbert G. Göpfert
dtv 2138

Hrsg. und kommentiert
sowie mit einem Nach-
wort versehen von
Jürgen Trabant
Originalausgabe
dtv 2143

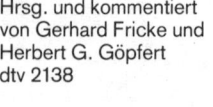

Wilhelm von Humboldt
Über die Sprache

Ausgewählte Schriften

dtv klassik

Jacob Grimm
Selbstbiographie

Ausgewählte Schriften
Reden und Abhandlungen

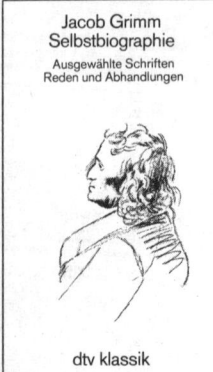

dtv klassik

Hrsg. und mit einer
Einführung versehen
von Ulrich Wyss
Originalausgabe
dtv 2139

Friedrich Schlegel
Schriften zur Literatur

dtv klassik

Hrsg. und kommentiert,
mit einem Nachwort,
einer Bibliographie und
einem Register versehen
von Wolfdietrich Rasch
dtv 2148